普通高等教育“十一五”国家级规划教材

遥感原理与应用

李小文　主　编

刘素红　副主编

科学出版社

北　京

内 容 简 介

本书是普通高等教育“十一五”国家级规划教材。本书系统地介绍了遥感科学与技术的基本原理与概念，并详细探讨了遥感各应用领域的研究方法与实践案例，共14章。主要内容包括：绪论、遥感的基本概念、电磁波与辐射度学基础、辐射传输基础、遥感平台与传感器系统、遥感图像的数字处理、热红外遥感、微波遥感、植被遥感、海洋水色遥感、陆面蒸散发的遥感估算、城市遥感、地质遥感和遥感考古。

本书可作为高等院校遥感、地理信息系统、测绘等专业的本科生教材，也可供相关专业研究人员参考使用。

图书在版编目 CIP 数据

遥感原理与应用/李小文主编. —北京：科学出版社，2008
普通高等教育“十一五”国家级规划教材
ISBN 978-7-03-021428-7

Ⅰ. 遥… Ⅱ. 李… Ⅲ. 遥感技术-高等学校-教材 Ⅳ. TP7

中国版本图书馆 CIP 数据核字（2008）第 037578 号

责任编辑：杨 红 王日臣 / 责任校对：宋玲玲
责任印制：赵 博 / 封面设计：耕者设计工作室

科学出版社 出版
北京东黄城根北街16号
邮政编码：100717
http://www.sciencep.com

北京九州迅驰传媒文化有限公司印刷
科学出版社发行 各地新华书店经销

*

2008年 8 月第 一 版 开本：720×1000 1/16
2024年 7 月第十七次印刷 印张：17
字数：331 000

定价：49.00 元

（如有印装质量问题，我社负责调换）

前　言

遥感科学是随着现代科学技术的进步发展起来的一门新兴学科。当现代技术让人类有能力在不同的平台上（航空或航天）回望地球时，人类得以从一个全新的视角来重新认识和发现自己的家园；重新从一个宏观的尺度上来整合人类对地球的现有认识，获取所居住环境的参数和信息；重新探索全球气候变化、陆地与极地的冰雪变化、森林火灾、矿产资源开发等与人类生活息息相关的环境问题的解决方案。在这样一个全新的尺度下，认识问题和研究问题的方法也是全新的，而原有概念的意义也发生了巨大的变化。新的观测不断验证着以往研究的结论，也展现着我们前所未见的现象和问题，这些问题既困扰着我们，又激励着我们去发现其中的规律。

在本书的编写过程中，我们参考了目前非常受欢迎的几本教科书，如赵英时老师的《遥感应用分析原理与方法》；Robert A. Schowengerdt 编著的 *Remote Sensing：Models and Methods for Image Processing*（*Third Edition*）；Thomas M. Lillesand，Ralph W. Kiefer 和 Jonathan W. Chipman 编著的 *Remote Sensing and Image Interpretation* 等。

遥感作为一门迅速发展的多学科交叉的科学，是一门综合性的高新技术，任何一本书要想包括遥感技术和科学的全部内容都是不现实的。本书力争为地学类本科高年级学生和遥感专业的学生把遥感的基本原理、基本概念讲透，使读者学完这本书及相关课程后，能掌握从事遥感行业工作的基本技术，同时培养出更深入研究遥感科学、发展遥感技术的兴趣和潜力。本书主要内容包括（带 * 号的为阅读材料）：第 1 章，绪论；第 2 章，遥感的基本概念；第 3 章，电磁波与辐射度学基础；第 4 章，辐射传输基础；第 5 章，遥感平台与传感器系统；第 6 章，遥感图像的数字处理；第 7 章，热红外遥感；第 8 章，微波遥感；第 9 章，植被遥感；第 10 章，海洋水色遥感；第 11 章，陆面蒸散发的遥感估算；第 12 章，城市遥感；第 13 章，地质遥感；第 14 章，遥感考古*。

本书第 1～8 章，着重阐述遥感基本原理；第 9～14 章，着重阐述遥感应用的具体研究方法和研究案例。具体编写分工如下：第 1、2 章由李小文编写；第 3、4、10 章由唐军武编写；第 5 章由赵红蕊编写；第 6 章由刘素红编写；第 7 章由阎广建编写；第 8 章由张立新、蒋玲梅编写；第 9 章由孙睿编写；第 11 章由刘绍民、詹志明编写；第 12 章由陈云浩编写；第 13 章由赵永超编写；第 14 章由王心源编写。以上编写人员不仅提供了本书的手稿，还提供了大量的教学讲义。本书讲义从2003年开始在各级本科生中试读。彭睿、龚冰蕾、胡蕾秋、瞿瑛、任华忠、王立钊、周公器、梁星涛、阮智星、雷星松、潘金梅、张春燕、常燕、陈伟等学生对书稿也做了大量的校对工作。在此对他们的工作表示衷心的感谢。

编写本书的目的是为全面系统阐述遥感科学的基本原理和具体应用方法。我们希望本书既能够博采众家之长，又能够体现我们的特点；既能够传达丰富的知识信息，又能够明白晓畅、通俗易懂。

由于编者水平和编写时间所限，书中不足之处在所难免，恳切希望广大读者和有关专家不吝指正，以便今后修订完善。

编著者

2008年6月

目　录

第1章 绪　论

遥感作为一门综合技术，是美国学者 E. L. Pruitt 在 1960 年提出来的。为了比较全面地描述这种技术和方法，E. L. Pruitt 把遥感定义为“以摄影方式或非摄影方式获得被探测目标的图像或数据的技术”。从现实意义看，一般称遥感是通过某种传感器装置，在不与研究对象直接接触的情况下，获取其特征信息，并对这些信息进行提取、加工、表达和应用的一门技术。

遥感，顾名思义，就是遥远地感知。人类通过大量的实践，发现地球上每一个物体都在不停地吸收、发射和反射信息和能量，其中有一种人类已经认识到的形式——电磁波；并且发现不同物体的电磁波特性是不同的。遥感就是根据这个原理来探测地表物体对电磁波的反射和自身发射的电磁波，从而提取这些物体的信息，完成远距离识别物体。

人类一直憧憬具有遥感的能力，像唐代诗人李贺的《梦天》就幻想从月球上获取大地的图像；宋代诗人苏轼则论证了跳出地表来观察地表宏观结构的必要：“不识庐山真面目，只缘身在此山中。”从古代幻想的千里眼，到近代用信鸽来做平台进行照相侦察，直到 20 世纪后期，人类才真正走进了从航空航天平台上频繁获取地表海量空间信息的时代。

遥感是现代科技推动下发展起来的对地观测信息获取和处理技术的一场革命。遥感技术对地理学的推动作用可以与望远镜的发明对天文学的推动作用相比。天文学的发展推动了数学、物理学的发展，进而推动了欧洲的工业革命。

遥感技术对地学的推动作用在现代中国则得到了高度重视，这应该归功于老一辈科学家，如王之卓、黄秉维和陈述彭等老先生们对新技术的敏锐洞察和对地理学发展的高瞻远瞩。他们很早就抓住了从航片解译到航天遥感的机遇，既推动遥感应用，又强调对遥感影像的地学理解和智能分析，为中国现代地理学的发展开拓了一条充满希望的大道。

反观美国，直至 1978 年，当时的美国地理学会会长还著文批评一批较年轻的地理学家以计算机和遥感为技术手段，打着科学的旗号，篡改地理学作为一种描述性艺术的实质。二十年来的事实证明，美国大学中凡是没有抓住计算机和遥感机遇的地理系，纷纷走向衰亡。但是，二十年来的事实也证明，卫星和计算机只能辅助，并不能取代人们对地学规律的认识、分析和表述。如果数据获取和地学规律提炼“一手硬，一手软”，就会造成人类有了海量卫星数据，却无法从中提取有用信息以形成知识的窘况。

总之，遥感不单是现代科学技术在地理学上的应用，遥感也是一门科学。遥感科学是在地球科学与传统物理学、现代高科技基础上发展起来的一门新兴交叉学科，有自己独特的科学问题。

1.1 什么是遥感

遥感的定义：遥感是通过不接触被探测的目标，利用传感器获取目标数据，通过对数据进行分析，获取被探测目标、区域和现象的有用信息。

遥感的英文缩写是 RS(remote sensing)，广义遥感是在不直接接触的情况下，对目标物或自然现象远距离感知的一种探测技术；狭义遥感是指在高空和外层空间的各种平台上，应用各种传感器（摄影仪、扫描仪和雷达等）获取地表的信息，通过数据的传输和处理，从而实现研究地面物体形状、大小、位置、性质及其环境的相互关系的一门现代化应用技术科学。

1.2 遥感数据获取的基本过程

遥感是通过对地面目标进行探测，获取目标的信息，再对所获取的信息进行处理，从而实现对目标的了解和描述。获取信息是通过传感器来实现的。传感器之所以能收集地表的信息，是因为地表任何物体表面都辐射电磁波，同时也反射入照的电磁波。这种入照的电磁波可以是太阳直射光、天空和环境的漫射光，也可以是有源遥感器的“闪光灯”。总之，地表任何物体表面，随其材料、结构、物理/化学特性，呈现自己的波谱辐射亮度。

这些不同亮度的辐射，向上穿过大气层，经大气层的吸收衰减和散射，穿透大气层，到达航天遥感器。遥感器可以是帧成像的，好像相机，一次成一幅二维遥感图像；可以是推帚式的，即一次成一条线状的图像，随着卫星的前进，再成下一条线状图像，最后拼成一“轨”卫星图像；也可以是扫描式的，即一次只记录下一个像元的亮度波谱，逐点扫描推进，最后组装为一幅遥感图像（或者不组装）。这三种方式，加上多谱段的处理，原则上都是成像时间和传感器阵列空间之间各种要求的折中，对一个像元来说则都是一样的。我们这里可以忽略各种纠正（留待以后的章节），简单理解卫星上的遥感器为一个个“相机”，给地表照相。但注意“相机”有很多种。

1.3 遥感的分类

1. 按平台高度

按平台高度大致可以分为航空、航天与地面测量。这里地面的测量是基础性和服务性的（如收集地物波谱，为航空航天遥感器定标，验证航空航天遥感性能及结果等）。平台高度包括手持（约 1m）、观测架（1.5～2m）、遥感车（10～20m）、观测塔(30～350m)等。航空遥感平台的高度从数百米、数千米、20km(高空侦察机)到35km(高空气球)。航天平台高度从低轨(<500km)、极轨(保持太阳同步,随重复周期轨道高度可变,一般在700～900km)到静止卫星轨道(与地面自转同步,高度约3.6万km),再到L-1轨道(此处太阳与地球对卫星引力平衡,离地约150万km)。

2. 按遥感波段

以遥感使用的波段大体上可分为光学与微波。这里光学包括波长小于热红外(10μm左右)的电磁波。由于波长小于数十微米,可以认为地面物体的特征远大于波长,因而可以忽略衍射,用几何光学处理光与地表的相互作用。

微波波长可以从亚毫米到米,此时衍射、干涉和极化已很难忽略,故与光学遥感在成像机理和仪器制造上差别较大。

3. 按成像信号能量来源

以成像信号能量来源来分,遥感可分为被动式与主动式两种。被动式又可分为反射式(反射太阳光)与发射式(被感目标本身的辐射)两种;而主动式又可分为反射式(反射"闪光灯"的照射)与受激发射两种。

4. 按应用

以应用来分,这本身又是一个多维的分类问题。从空间尺度分类,有全球遥感、区域遥感、局地遥感(如城市遥感);从地表类型分类,有海洋遥感、陆地遥感、大气遥感;从行业分类,有环境遥感、农业遥感、林业遥感、水文遥感、地质遥感等。

1.4 遥感技术与科学的发展历史

人类憧憬从高空观察地球的历史是非常悠久的。人类的这种憧憬,大概来自登山。我国的春秋时代就有"登东山而小鲁,登泰山而小天下"的说法,对观察对象与观测距离的尺度效应有了初步的认识。战国时期,就有了登高临远时大气中的气溶胶影响能见度的记载。烽火台、箭楼、敌楼等建筑,无不沉淀着人类对观察高度的追求。

现代意义上的航空遥感,一般追溯到1856年,法国用载人气球从空中拍摄了巴黎的街区图,离摄影技术的发明(1839年)不到20年。20世纪,航空遥感以飞机为主,但气球(或飞艇)仍有其优点,迄今仍有运用。从传感器和记录器方面来说,1934年开始有彩色摄影,9年后有了彩红外胶片,在诺曼底登陆战中初露锋芒,迄今仍为航测航判的主要媒介之一。

1.4.1　可见光、近红外和热红外遥感的发展历史

20 世纪 60 年代以来，航天遥感加速发展。最初是气象卫星，1960 年美国"泰诺斯"卫星和"云雨"卫星发回了第一张全球云图。卫星云图的出现不动声色地结束了我国关于应该靠气象台站和模型还是应该靠发动群众看蚂蚁搬家来预报天气的大辩论。

气象卫星后来迅速向两个方向发展：一是极轨太阳同步卫星（1978，NOAA 系列，高度 800km 左右，轨度倾斜角 98°左右），分辨率容易做得较高；二是自转同步静止卫星（1975，GOES，轨道高度 36 000m），与覆盖地域（约半个地球）自转同步，但边缘分辨率太低，只标中间部分。

在"云雨"气象卫星基础上，美国 1972 年发射了第一颗"地球资源技术卫星"（ERTS），1975 年发射第二颗时正名为"陆地卫星"（Landsat-2），迄 Landsat-3 止主要传感器均为 MSS（多光谱扫描仪），地面分辨率 79m，包括绿、红及两个近红外共四波段。

1982 年 7 月，Landsat-4 成功发射，较之前三颗卫星，Landsat-4 新增了 TM（专题成像仪），与 MSS 相比空间分辨率提高到 30m（热红外除外），波段数增到 7 个（扩展到热红外），全球覆盖周期从 18 天缩至 16 天，从此 TM 取代 MSS 成为陆地遥感卫星的主流。

在 TM 成功的基础上，各国竞相改进。法国的 SPOT 卫星于 1986 年成功发射，搭载两台 CCD 相机，空间分辨率提高到 10m（全色）和 20m（三波段），能偏离星下点成像以构成立体像对。这些带原创性的改进也成为后来各国仿效和改进的基础，如印度的 IRS 系列（IRS-1，发射于 1995）、日本的 AVNIR（1996）和 ALOS（2002）等。

我国的资源卫星系列也分别可视为 TM 或 SPOT 的改进型。美国自己发射的 Landsat-7 搭载的 ETM（增强型 TM）则主要在 TM 的基础上，吸取了 SPOT 的一些优点，如增加全色波段（分辨率 15m）。

1.4.2　微波遥感的发展历史

最早的航天 SAR 是海洋卫星（美，Seasat），1978 年 6 月入轨，共获取了 70 天的数据。但美国花了 4 年才处理完这些数据，广泛应用于极冰测绘、海洋监测、地质测绘、水文学等领域。随即美国又用航天飞机实施了 SIR-A/B/C 等 SAR 遥感项目。

随着 SIR-A/B/C（1981/1984/1991）的巨大成功，各发达国家迅速跟进，苏联在 1987/1990 分别发射成功钻石-Ⅰ/Ⅱ；欧洲空间局发射了 ERS -1，2（1991/

1995)，Envisat-1(2000)；日本在1992年发射了JERS-1；加拿大1995年成功发射了Radarsat-1，这颗卫星获得的巨大成功主要在其产业化程度，其SAR影像全球销售额稳居第一。

除SAR以外，其他类型的微波遥感由于其对云层和小雨的穿透能力强，在对地(和大气)遥感有重要的应用价值，其中常用的有微波辐射计、微波散射计和雷达高度计。前者为被动式，后二者为主动式，但用途各异，不能相互取代。目前总的趋势是探测频带进一步拓宽，一方面拓展到米波频段，一方面拓展到亚毫米波段(主要用于大气遥感)。

1.5　遥感技术与科学的发展趋势

陆地卫星进一步朝高空间分辨率和高光谱分辨力发展。新一代对地遥感器的标志性的指标大致为：全色波段分辨力达到0.15～3m，在保持中等空间分辨力(数十米到数百米)的情况下，光谱分辨力达2nm，从可见光到红外范围获取数百到上千波段，且波段覆盖向长波红外延伸。

航天遥感目前的另一个发展趋势是小卫星。小卫星主要指体积小、重量轻、功能单一的卫星，使用小火箭或搭载发射，研制周期短，卫星成本大为降低。在对地观测领域，小卫星使对地球的观测功能增强，向大众化和商业化迈进一大步。小卫星技术促使整个空间技术发生变革，可能将成为未来航天高技术竞争的主要热点之一。

为了用小卫星来实现像EOS那样大计划的目的，很快又发展了小卫星群的概念。但是微、小卫星群平台技术、有效载荷、定位技术、编队飞行及管理模式等方面都有很多关键技术有待突破。

遥感科学的发展远远滞后于遥感技术。直到20世纪80年代初，美国航空航天局(NASA)终于认识到遥感是一门新兴的科学，所以组织了“遥感科学计划”项目，执行了15年。随后又酝酿组织了EOS计划中的科学层面的研究项目(见后EOS计划简介)。

遥感技术是一种以物理手段、数学方法和地学分析为基础的综合性应用技术，是现代科学技术的一个重要组成部分。

物理手段——指传感器、平台以及信息获取及传输的各种手段。

数学方法——包括计算机图像处理、数理统计分析以及地学计量分析等。

地学分析——指以地学规律为基础的进行遥感分析的地学处理过程(geo-processing)遥感的特性。

希望今后在地学或信息科学领域，遥感科学也能有自己应有的地位。

1.6 EOS计划简介

尽管EOS计划遭遇到了很多困难，但其系统设计思想仍是很有代表性的，甚至是指导性的，这里做一简要介绍。

地球自诞生以来，经历了许多重大变化，生物圈也经历了多次沧桑。人类曾觉得似乎可以主宰世界，但随着经济和科学技术的蓬勃发展，人类活动对自然界无意的影响也越来越大。植被破坏、土地沙化、臭氧层出现空洞、工业废气等一系列全球性环境问题开始困扰着人类。我们只有连续不断地对地进行观测，捕捉各种变化信息，才能从整体上揭示这些变化的规律性，进而预测地球的未来。

1983年美国地球科学界和航空航天局（NASA）明确提出以地球系统科学作为今后20年内的重大科学目标，发展极地轨道平台作为用于这一科学研究的最主要的地球观测系统（EOS）。

美国提出EOS计划之后，得到了欧洲空间局（ESA）、日本空间发展局（NASDA）、加拿大政府和苏联/俄罗斯的支持，它们把参加EOS计划作为自身空间科学和应用计划的一部分而协调发展。EOS计划的目标，主要是科学认识全球尺度范围内整个地球系统及其各圈层之间的相互作用及其作用机理等，进而预测未来10年到1个世纪地球系统的变化及其对人类的影响。

地球系统科学需要的全球变量是描述地球系统的状态和演化的时空函数。为了获得全球系统的这些时空多变要素，至少需要15年系统而连续的观测资料。为了实现这一目标，EOS计划由以下3部分组成：

（1）EOS科学计划。科学研究是EOS计划的基础，它以NASA和其他研究机构及其国际合作伙伴的地球科学研究工作为基础，其主要研究任务是：①现有卫星资料的应用及评估；②EOS资料应用的预研；③发展对观测资料进行分析和判释的数值模式。

（2）EOS资料和信息系统（EOSDIS）。EOSDIS的基本思想是：有利于各研究机构对EOS资料的充分利用；在历时15年的EOS任务期间，通过网络向用户长期提供可信度高的观测资料。

（3）EOS观测平台。从地球系统科学目标出发，要求EOS对地球同一地区做1天4次以上的观测，对热带地区加密观测。EOS平台按5年寿命设计，为了完成15年的EOS计划，需要3组6个平台组成，其中包括5颗卫星（NASA两个、ESA两个、日本一个）和一个载人太空站。

1991年2月，EOS的第一个平台（AM-1）拟装载的观测仪器初选选定，有14种之多。当时计划提供如下环境变量：

①云特性；②地球和空间之间的能量变换；③表面温度；④大气的结构、成分和大气动力，风、雷电和降水；⑤雪的增厚和消融；⑥陆地和表层水中的生物活动；

⑦海洋环流；⑧地球表面和大气之间的能量、动量和气体交换；⑨海水的结构和运动的能量、动量和气体交换；⑩裸土和岩石的无机物成分；⑪地质断层周围受力和表面高度的变化；⑫太阳辐射和能量粒子对地球的输入。

EOS计划以EOS-AM-1，EOS-PM-1，EOS-PM-2……的方式按2～3年间隔发射上天。这里AM和PM分别表示卫星通过赤道面的时间为上午10:30和下午1:30，以求在地球云量最少时更全面地获得不同时刻的对地观测数据。

1999年12月，EOS-AM-1发射成功，发射前按西方传统，需要给卫星取一个名字。最后一位中学生建议的名字中选，叫"Terra"。源自希腊文"大地母亲"的意思，普遍认为这个名字反映了对地遥感的本质。2000年2月底Terra投入科学运行。尽管传感器校正和数据验证工作仍在进行，但是一些影像和数据已可提供订货（网址为http://terra.nasa.gov）。

Terra上装有5种仪器：先进星载热发射及光反射辐射计ASTER（advanced spaceborne thermal emission and reflection radiometer）、云和地表辐射能系统CERES（clouds and the earth's radiant energy system）、多角度成像光谱辐射计MISR（multiangle imaging spectro-radiometer）、中分辨率成像光谱辐射计MODIS（moderate-resolution imaging spectroradiomter）和对流层污染量测仪MOPITT（measurements of pollution in the troposphere）。ASTER的特点是有3个15m分辨率并构成立体像对的可见光与近红外波段，6个30m分辨率的短波红外和5个90m分辨率的热红外波段；CERES尽管空间分辨率仅为20km，但其光谱波长从0.3～200μm；MISR有9个CCD成像传感器布置成0°、±26°、±40°、±60°和±71°全时获得4个波段（蓝、绿、红、近红外）250m、500m和1km空间分辨率图像，可为多角度卫星遥感提供丰富的数据；MODIS为36波段中分辨率成像光谱仪，其空间分辨率分别为250m（波段1～2）、500m（波段3～7）和1000m（波段8～36）；MOPITT有8个波段，空间分辨率为22km（天底），用来测定一氧化碳（CO）和甲烷（CH_4）的廓线（4km分辨率）。

总的说来，EOS计划具有以下主要特点：

(1) 一个史无前例的规模巨大的国际综合性空间计划。其核心是把地球看作一个复杂的系统，从地圈、水圈、大气圈、冰雪圈和生物圈等多学科领域收集资料，研究和解决地球系统科学问题，有别于执行单一任务的卫星遥感系统。

(2) 计划的提出和实施过程都以科技研究为先导。例如，为了确保EOS计划的顺利进行，成立了由世界各国著名科学家组成的EOS调研工作组（EOSIWG）和10余个专家组（含大气、海洋、地球生物化学循环、定标和检验、气候和水文学等）。专家组的主要任务是确定研究课题、研究仪器性能、选择卫星仪器及研究EOS资料的数值模式等。

(3) EOS是空间、遥感、电子和计算机等世界领先技术的最高水平的集中体现。EOS平台安装十多种高精尖的多波段高光谱分辨率、高灵敏度的仪器。仪器频率覆盖宽，同时具有多视角多极化遥感能力。这一新空间计划的实施将会给天气预报、气候预测以及全球生态变化监测等地学和环境科学领域等一系列重大科学问题可能带来突破性进展。

如前所述，EOS计划虽然后来缩水较多，但其把大地作为一个系统，从全球尺度上综合理解的宏图，为对地遥感开创了一个新时代。

1.7 遥感数据的处理到应用的基本过程

第1.2节简要介绍了遥感数据的获取过程。在地表辐射亮度传播到星上"相机"的过程中，穿透了大气，因而不可避免地受到衰减，同时也加上了大气自身的辐射，对每一像元信号来讲，还要加上邻近像元的影响，等等。因此，卫星获取的遥感图像必须经过一系列的处理，才能作为产品分发给用户。一般说来，这部分图像处理是由卫星地面站进行的，与应用目的是相对独立的。我国卫星遥感图像应用的元勋之一，中国科学院卫星地面站的戴昌达先生建议将这一步图像处理称为"系统处理"，以区别于针对不同应用目的、需要处理者对卫星图像有较深刻地学理解的"应用处理"。本书着重应用处理。

一般讲图像(系统)处理的书，选用的例子常常是简单的图像(女士的玉照、水滴溅起等)，而卫星地面站的产品遥感图像，则需要一定知识才能看懂。例如，红外图像上的植被为什么是红的？总之，地面站的产品遥感图像称为"数据"。人们通常用如下框图来表示从数据到应用的过程，如图1.1所示。

图1.1 遥感图像从数据到应用的流程

要使定量遥感数据变为可应用的数据，作者建议的流程如图1.2所示。

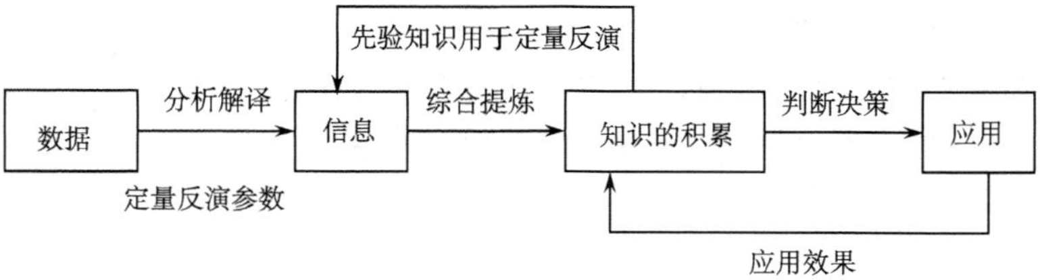

图1.2 定量遥感从数据到应用的流程

图1.2主要是强调知识的积累和应用这一积累来辅助从遥感图像中提取信息，所以增加了两个反馈环。

第2章　遥感的基本概念

人类“顾影自怜”的历史大约和人类历史本身一样悠久。青铜时代的出土文物中，铜镜就占了相当一部分。人们给镜子里看见的自己取了一个名字，叫做“像”。当时写字很麻烦，能省则省，“同音假借”，也写作“象”。什么时候用“象”，什么时候用“像”，一定也让古人很伤脑筋。所以《易经》的作者不得不申明:“象也者像也”。遥感传感器获取到的是地表反射和发射电磁波空间分布的图像，与人照镜子的原理相似。

2.1　几何光学基础

人们在实践中认识到光在均匀媒质中是沿直线方向传播的，可以用几何学上的直线代表光的传播方向，我们把这种描述光的传播方向的几何线叫做光线。以光线来研究光的传播及在界面反射和折射的光学理论称为几何光学。一般说来，若研究对象的几何尺寸远远大于光波长，则几何光学简单明了且与实际相符；反之，若研究对象的几何尺寸和单色光波长相近时，衍射和干涉不可忽略，必须考虑光的波动性，才符合实际。在对地遥感中，由于可见光和微波波长的不同，我们必须用不同的理论来对待“光学遥感”和“微波遥感”。对于可见光遥感，我们有必要了解几何光学的基本内容。

几何光学的基本定律：

光的直线传播定律:光在均匀媒质中是沿直线方向传播的，可以用几何学上的直线代表光的传播方向，并把这种描述光的传播方向的几何线叫做光线。

光的独立传播定律:沿不同方向传播的或由不同物体发出的光，即使相交也互不干涉。

光的反射定律:当光从一种媒质传播到另一种媒质时，在两种媒质的分界面上，光的传播方向发生了变化，一部分光又返回原来的媒质。如果分界面是均匀光滑的，则产生镜面反射。如图2.1所示，入射角和反射角在同一个平面上，并且相等，即 $i_1=i_2$。

光的折射定律:光在两种均匀透明介质的表面，除反射外，透过分界面的光线方向发生了偏折的现象，具体几何关系如图2.1所示。

朗伯定律(漫反射):当两种介质交界面不光滑的时候，可能发生漫反射，或称朗伯反射。一般说来，当表面粗糙度和波长相近时，可以近似为朗伯表面，但没有严格的定义。通常测量用的“参考板”——灰板或白板，是相对严格的朗伯表面。一般的墙面、公路表面等，可以视作近似朗伯表面。

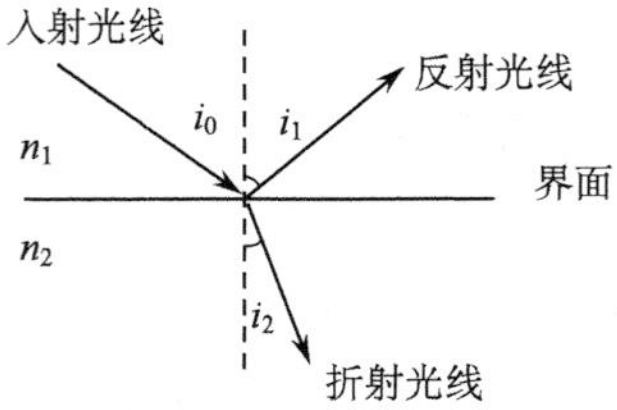

图 2.1　光线在界面处发生的反射和折射几何关系

当入射光照射到两种透明介质的分界面上时，将有一部分光被反射，另一部分光透过分界面进入第二介质中，如图 2.1 所示。被反射的光线满足反射定律；透过分界面的光线，符合折射定律。

(1) 入射光线、折射光线和通过入射点所作的界面法线在同一平面内；而且折射光线与入射光线分别在法线的两侧。折射角 i_2（折射光线与法线的夹角）的大小与入射角 i_1 的大小有关。它们服从：

$$n_1 \sin i_0 = n_2 \sin i_2 \tag{2.1}$$

的规律，其中 n_1 为入射光线所在介质的折射率，n_2 为折射光线所在介质的折射率。

(2) 透镜是应用最广的光学元件，各种仪器的光学系统主要由透镜组合而成，因此研究透镜的光学特性是很重要的。

薄透镜的成像作用，实际上就是两个单球面两次折射的总效果，通过一定的数学演变（章志鸣，2000）就能推导出薄透镜的理想成像公式：

$$\frac{n'}{e'} - \frac{n}{e} = \frac{n_L - n}{r_1} + \frac{n' - n_L}{r_2} \tag{2.2}$$

式中，n_L 为薄透镜的折射率；n 和 n' 分别为左右两侧的折射率；e 为物距，即从透镜中心 O 到物点 A 的距离；e' 为像距，从透镜中心 O 到像点 A 的距离。e 和 e' 的符合规定是这样的：以 O 为起点，与光线传播方向相同的为正，反之为负。f 和 f' 分别为透镜的物方及像方焦距，它们的符合规定与 e 和 e' 一样。在作图时，只标线段的绝对值，因此线段是正值，在图上就标出原值，如线段是负值就在前面加一个负号，如图 2.2 所示。

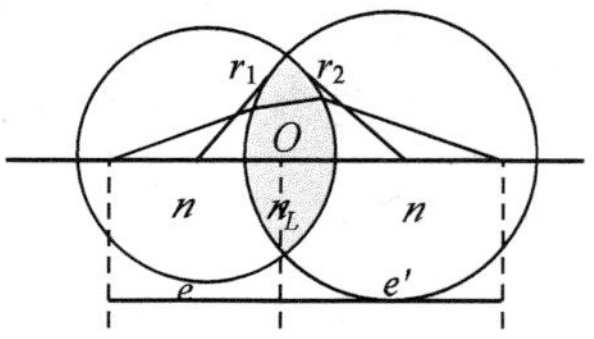

图 2.2　透镜示意图

(3) 光线在棱镜主截面内的折射。棱镜是由两个以上互不平行的折射面组成的，它是光学仪器中经常遇到的光学元件，它的式样很多，我们以三棱镜为例，讨论它的基本作用，它的主要作用是使不同波长光线在行进方向上发生偏折。

现在，我们来分析光线在三棱镜中折射的情况。参看图 2.3，当光线从棱镜的一个折射面 AB 由空气射入玻璃时，由于是从光疏媒质射向光密媒质，折射角 i_2 小于入射角 i_1，所以光线向法线靠拢，也就是偏向棱镜的底面 BC；当这条光线继续前进通过另一折射面 AC 时，是从光密媒质射向光疏媒质，这时折射角 i_4 大于入射角 i_3，因此折射光线将偏离法线，即再次向着棱镜底面 BC 偏折。由此可见，光线通过棱镜后，由于两次向底面偏折的结果，它的方向发生了明显的转折。这个转折的角度，即出射光线和入射光线之间的夹角称为棱镜的偏向角。偏向角的大小与棱镜的顶角有关,与棱镜的材料有关,也与入射角 i_1 的大小有关。

由于玻璃对波长越长的光的折射率越小,红、橙、黄、绿、蓝、靛、紫 7 种颜色的光波波长依次越来越短,所以折射率依次越来越大,因此偏折的程度也就依次增大,形成了如图 2.4 所示的彩色分布,这类棱镜称为色散棱镜。

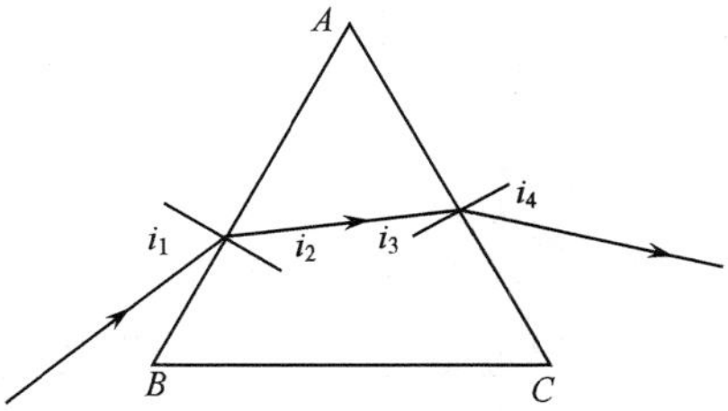

图 2.3　光线在三棱镜中的折射

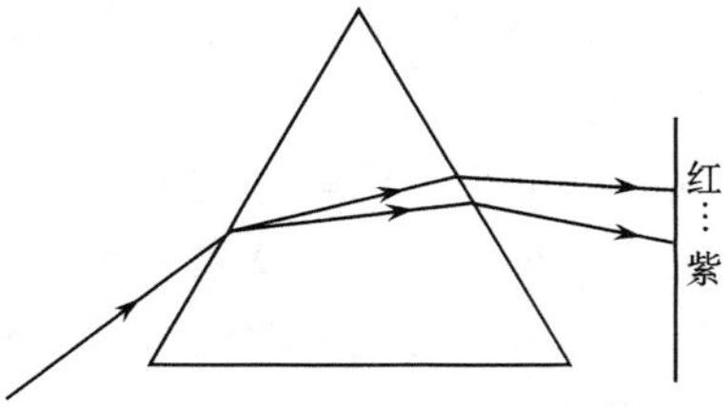

图 2.4　光线色散示意图

三棱镜的分光作用,使之成为分光仪器(如棱镜摄谱仪)中的一个重要的光学器件。三棱镜除了有使光线偏转方向和分光的作用以外,还能起与反射同样的作用(利用它的全反射原理),这类棱镜称为转向棱镜。

2.2　摄影成像的基本概念

人类使用镜子几千年,但只有到了几何光学原理比较清楚了以后,才弄清楚为什么人们能从镜子里看到自己。几何光学原理可以说破解了人们的千年之谜。

在第 2.1 节已经接触了几何光学的基本概念,下面介绍摄影成像的基本原理。图 2.5是常见的照相机的原理示意图。

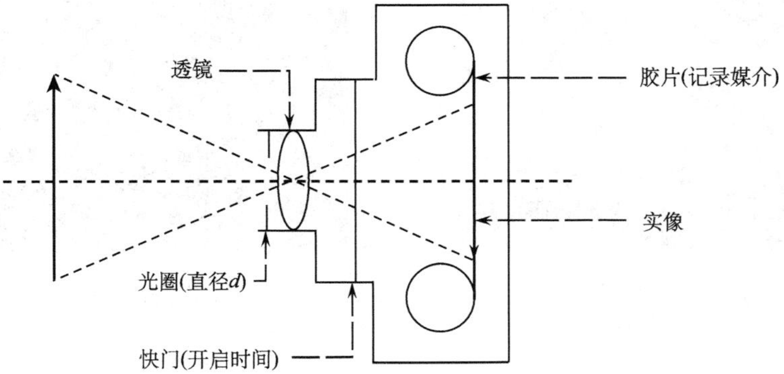

图 2.5　照相机原理示意图

根据凸透镜成像原理可以知道，对无穷远的物体凸透镜能在焦平面上成像，对有限远的物体则需要调焦，使成像清晰。在对地遥感中，地物到传感器的距离可以认为是无穷远的，所以像能够投影到焦平面上，不存在调焦的问题。同时，由于距离很远，地物的光谱信号弱了很多，所以光圈(镜头)、焦距都比普通相机大很多，甚至到达分米、米级，这种不需要调焦的原理类似于我们常见的“傻瓜相机”。它的基本原理和常见的照相机是一样的，只不过它的传感器是光电子、微电子器件。

这里讨论一个问题：一张照片是一个真实(三维)物体向摄影方向投影的记录，那么我们怎么才能知道这张照片里的影像都是些什么东西呢？

这个问题看起来有些简单，因为谁都看过照片。但卫星上天后，遥感器传回地表的影像有自己的特点，我们同样还要确认影像是否真实反映了大地的外貌，因为还存在着变形，确认的方法一定要看照片上是否正确地反映了我们已知位置和已知地物的特征。影像的特征还受到环境的干扰，确认影像的质量以后，我们才能根据我们对各种地物特征的了解，对影像加以正确的解译。

2.3 地物的空间特征与波谱特征

拿到一张黑白照片，我们可以看到其灰度(即明暗程度)是变化的。正是这种灰度的变化，给我们提供了信息，使我们能辨识照片上的人和景物。

全色波段(或单波段)的遥感影像，同样也是靠灰度的空间变化来表达地物的空间特征的。从图2.6，我们可以看出哪些空间特征呢？图2.7中的白色部分又代表什么地物呢？

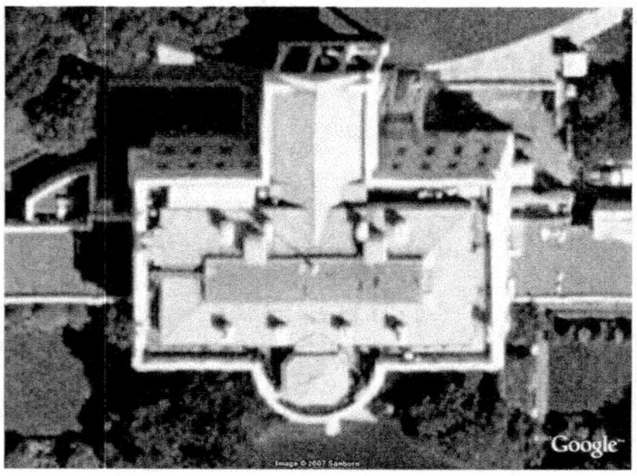

图2.6 美国白宫建筑遥感影像图①

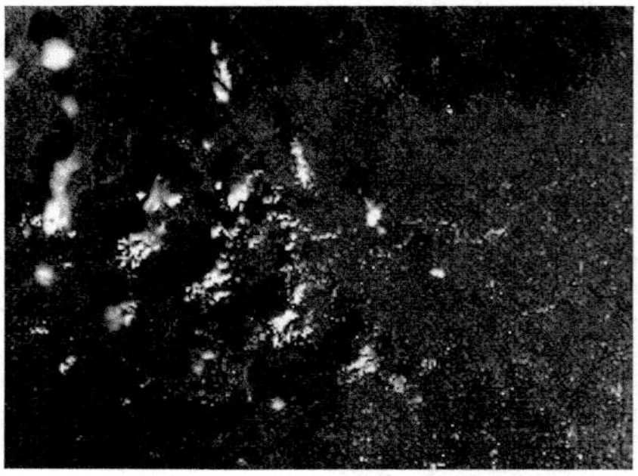

图2.7 北京西北部黑白影像(分辨率:30m)

① 来自 Google Earth。

(1) 线状特征：从图 2.6 中，我们很容易看出一些线状特征。一种是线状特征两边的灰度相对均匀，但在线状特征处发生突变，如图中屋顶的边缘；一种是在相对均匀的背景下，线状特征处本身灰度迥异于背景。

(2) 点状特征：在图 2.6 中屋顶上有一些白色的点，我们可以猜它们是建筑屋顶的排水设备，但很难判断其准确用途。这种随机分布的点不能称为特征点。线性特征的交点通常可以作为特征点。例如，图中白宫顶部的几条直线，就产生了几个交点。这种特征点对图像的识别和后续处理都是十分有用的。

(3) 面特征：闭合的线特征，可以构成物体的轮廓。图 2.6 中比较大的轮廓包括屋顶几个面；小的轮廓包括白宫的窗户等。

如果一个闭合的轮廓内灰度相对均一，或者只有简单的梯度，或者有相对均匀的纹理或图案，并且此外不包含明显的轮廓线，我们称这一闭合轮廓包围的区域为面特征。从面特征上看灰度的梯度，往往我们能猜测或看出其是平面或曲面。如白宫的顶部两个面之间的倾斜关系可以认为这是个中间高、两侧低的平面组合，这是地面瞻仰所得不到的信息。

所以相邻连接的特征面，以及它们的阴影，能给我们提供地面物体的三维结构信息。上面讲到的白宫屋顶不同的灰度差异，是由于它们相对于太阳的投影角度形成的。这类明暗变化，我们可以称为本影。整个屋顶投到地面的阴影，我们称为落影。从这些空间特征，我们基本上可以判定白宫这一物体的结构和大小。

有的时候，阴影比物体本身还能提供更多的信息。如白宫旁边的阴影暗含了地物的高度信息。图 2.7 是北京西北部的一幅 30m 黑白影像，从照片中可以看到云的落影。从落影与云本身的距离，再知道太阳的位置，我们不难估算出云的高度。

所有这些例子，说明地物的空间特征不仅是由单个像元的灰度和位置决定的，而且是由像元与像元之间的空间关系构成的，而这种空间关系，可以跨越很大的距离。

除了地物的空间特征，地物还有自己的波谱特征，由不同地物、不同波段的反射率、发射率、散射等的不同而构成不同的波谱特征。彩色(多光谱合成)影像提供了更多的地物信息。黑白图像由灰度级来表征，彩色图像由 R(红)、G(绿)、B(蓝)合成。

总之，要从遥感影像中识别地物、提取有关特定地物的参数信息，就必须充分利用由地物的点状特征、线状特征、面特征及其空间关系等空间特征，加上波谱特征，构成的“地物识别的十项基本特征”，即：尺寸、形状、阴影、色调/颜色、纹理、图案、高程/深度、地形/地势、位置、相关布局。

2.4 遥感影像的"测量维"分辨力

什么叫"维"? 如果我们要做一次野外测量,有些东西必须是事先设计好的,可以控制的。比如说,我们想知道一块田的土壤含水量,我们可以事先设计隔多远采一个土样、每一个采样测量精度到几位有效数字、每隔多少天重复测一遍。

这些可设计,可控制的测量条件,构成了一个多维参数空间。依靠这些可控的测量条件,做不同的多次测量,人们就可以从这些测量数据中提取所蕴含的其他信息,或者选择最佳的测量条件适应特定的应用目的。对遥感图像来说,最常用到的可选测量条件是:

空间分辨力:这在第 1 章里已提到,可从 1m 到数千米;

波谱分辨力:可从数纳米到微米级;

时间分辨力:可从每天数次到每年或几年一次(图 2.8);

辐射分辨力:即遥感图像的灰度级,从 6～10bit,对应 64 个灰度级到 1024 个灰度级。

目前相对较少可供选择的测量条件是:

角度分辨力:目前常用的观测角度 2、3 个到大约 10 个(不同方向),特殊的可达数百个(图 2.9);

极化(偏振)分辨力:对被动遥感来讲,指垂直极化(V)或水平极化(H)。对主动遥感来讲,单波形可以是 VV,VH 或 HH,HV 四种,分别对应发射与接收的不同极化方式,多波形则相应增加。

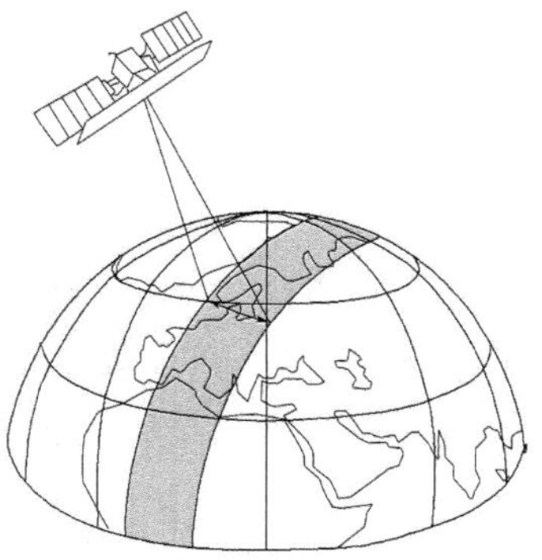

图 2.8　轨道周期:周期性(动态观测)

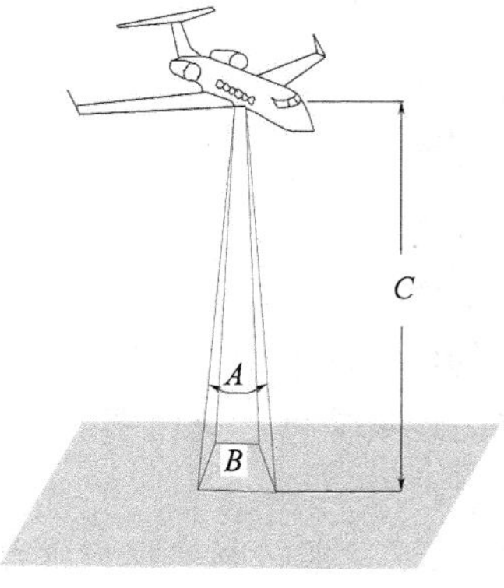

图 2.9　角度分辨力

注意分辨力与分辨率的区别。《遥感大辞典》中曾列举了遥感涉及的 18 种分辨率，其中最受用户关注的是地面分辨率，其次是时间分辨率。

2.5　遥感中的尺度效应问题

“尺度”这个词，原指官方规定的尺寸标准，引申为标准、规制。在现代则作为英文单词 Scale 对应的译名之一。但正如 Goodchild 所说，Scale 在英文中是最多义的词之一(见 Quattrochi 和 Goodchild 主编，*Scale in Remote Sensing and GIS*，Lewis Publisher，1997)。仅在地理学中，至少有 4 种不同的意义。

尺度问题相当普遍，只要我们打算描述自然界或自然现象，我们就面临描述多大范围和表达细节到什么程度的问题：对画家来说，“远山无皱，远水无波”的画法口诀也许就够用了；对物理学家来讲，他们要么宏观到把地球作为一个质点，要么微观到把一个电子作为一团不确定性的云，尺度跨度极大。但对这之间的尺度，比如从树叶到森林这个尺度，从局地到景观再到区域这个尺度，就不是他们的研究范围了。遥感中的尺度范围又是多少呢？

在遥感中，我们用“尺度”来描述地表的范围和细节表达的详细程度。对遥感图像而言，就是取景的范围及其分辨力。在考虑尺度效应时，分辨力的效果就更加明显了。

遥感科学中尺度范围依赖于遥感图像的分辨率，而因为遥感图像的分辨力变化范围极大，从亚米、米、10m、30m、79m、90m、120m、250m、500m、1km、数千米到数十千米，几乎是连续变化的。再加上气象、水文、农学的传统“点”测量与大气环流模型对十万米尺度分辨力的数据要求，使遥感尺度变化范围极大。

不同尺度数据间的转换和同化成为一个关键的科学问题。例如，最著名的海岸线长度的测量问题。其实在这之前，国境线的测量值随比例尺不同而变，就曾经引起国际纠纷。但只是在 20 世纪 70 年代初曼德尔布罗特(Mandelbrot)从理论的高度提出分形、分维和自相似性以后，才形成了突破，并在此基础上发展了一套非欧几何——分形几何学。

不单是测量值随尺度变化，测量值本身的性质、所遵循的规律以及与其他值的关系也可能随尺度不同而变化。这些就是现在遥感中尺度效用问题。

关于遥感的几个基本概念就介绍到这里，在第 3 章，我们将详细讲解遥感电磁波与辐射度学的内容。

思考题：

1. 指出图 2.10 为测试何种分辨力的标靶，并辨析空间分辨力、波谱分辨力和辐射分辨力。

2. 画图说明三棱镜如何发挥反射作用。

3. 遥感图像怎样表达地物的空间特征？

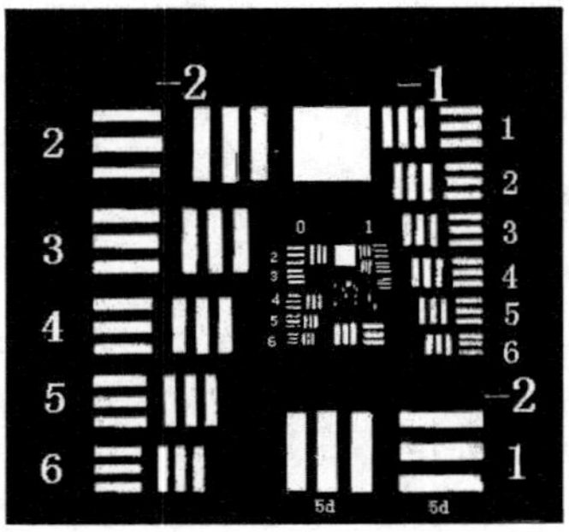

图 2.10　测试分辨力的标靶

4. 遥感影像的“测量维”分辨力都有哪些？具体指什么？

5. 谈谈你对光的本质学说的认识。

6. 几何光学包括哪些基本原理？什么情况下可以使用几何光学基本原理？几何光学理论在遥感中应用如何，什么时候又不成立？

7. 遥感和普通相机在原理上的异同点是什么？

8. 简述地物的空间特征和波谱特征。

第3章 电磁波与辐射度学基础

3.1 电磁波与电磁波谱

电磁辐射有双重本质，它既表现为辐射的离散量子又表现为电磁波的形式(Born and Wolf，1999；Hecht，2002)。在量子方式的描述中，辐射以光子(photon)形式传播。光子也叫量子(quanta)，它是由原子和分子状态改变而释放出的稳定的、不带电荷的、没有质量的、只能以光速存在的基本粒子。

每一光子携带的能量 e 可以表达为

$$e = hf \tag{3.1}$$

式中，f 是频率，单位是赫兹(Hz)；$h=6.625\times10^{-34}\,\mathrm{J\cdot s}$，是普朗克常量。当辐射只是由少量的分子源产生时，这些光子是离散的；当光子源的数量增加，经典的波动解就适用于辐射的描述。

在波的描述中，麦克斯韦方程表达了电磁辐射的规律，其中描述辐射传输介质的参数是磁导率 μ、介电常数 ε 和电导率 σ。

麦克斯韦方程的平面波解以电场矢量 $\boldsymbol{E}$ 和磁场矢量 $\boldsymbol{B}$ 给出(这里黑体表示向量)，且 $\boldsymbol{B}$ 和 $\boldsymbol{E}$ 互相垂直并与其传播方向垂直。用这些符号，平面波解有如下形式：

$$\boldsymbol{E} = \boldsymbol{E}_0 \exp[\mathrm{i}(kz - \omega t)] \tag{3.2}$$

式中，$\boldsymbol{E}_0$ 是复数波振幅；$k=k+\mathrm{i}k_{im}$ 是复波数，有实部 k 和虚部 k_{im}；ω 是波频率，单位是 rad/s；k 与波长 λ 的关系是 $k=2\pi/\lambda$；ω 与波周期 T 的关系是 $\omega=2\pi/T$，与频率的关系是 $\omega=2\pi f$。$\boldsymbol{B}$ 与 $\boldsymbol{E}$ 有类似的形式。

波长 λ 的单位根据观察窗口不同，分别以 m、μm(微米或 10^{-6} m)或 nm(纳米或 10^{-9} m)表示；波频率 f 的单位是 Hz、MHz(兆赫兹或 10^6 Hz)或 GHz(千兆赫或者 10^9 Hz)。由于早期的光学实验者研究习惯的不同，波在不同波段用不同的单位描述。可见光和红外波段的波基本以波长为单位描述(表 3.1)，微波波段的波长以频率为单位描述(表 3.2)。同样，因为在第二次世界大战中雷达研发中的保密原因，微波频率常常用字母来描述，如 C 频段(5GHz)和 K 频段(13.6GHZ)。

卫星遥感所用的电磁波谱，特别是在微波部分非常拥挤，从而限制了遥感观测频率位置和带宽。图 3.1 给出了电磁波谱使用分配情况。10^5 Hz 附近频率范围，调幅(AM)无线电波长在千米级，并没有用在卫星遥感中；$10^7\sim10^8$ Hz 更高频率范围，包含调频(FM)、电视和移动电话波段；$10^9\sim10^{11}$ Hz($1\sim100$GHz)频率范围，包含被动、主动微波遥感和大量商业、军用的通信和地面雷达业务；$10^{13} \sim 10^{14}$ GHz 频率范围是红外波段；10^{15} GHz 附近频率范围是狭窄的可见光波段；更高的频率区域则是紫外（UV）波段。

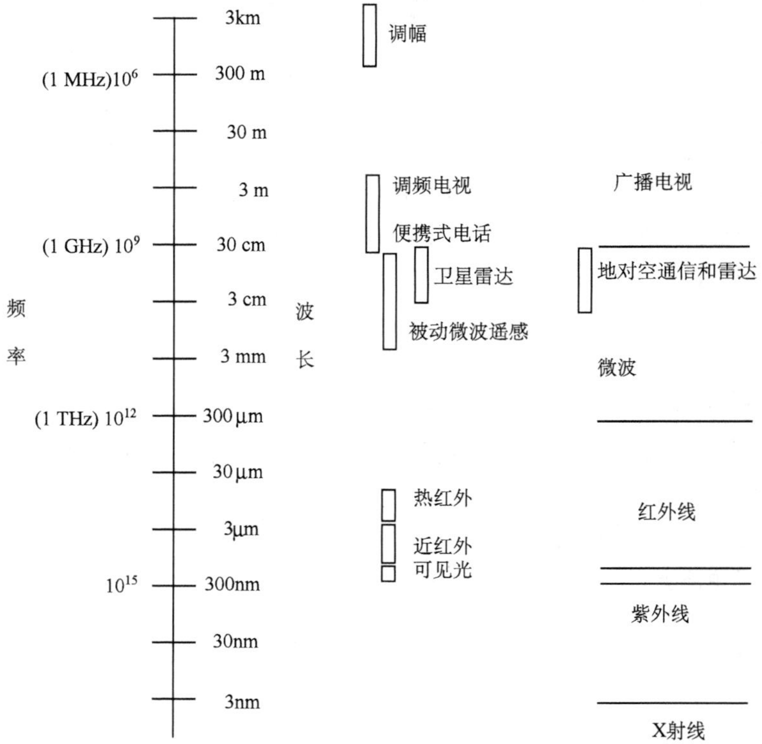

图 3.1　电磁波谱及其应用（引自 Martin，2004）

表 3.1　从紫外到红外的光谱分区

名　称	缩写	波长范围
紫外（ultraviolet）	UV	10～400nm
紫外-B（ultraviolet-B）	UV-B	280～320nm
可见光（visible）	V 或 VIS	400～700nm
近红外（near infrared）	NIR	0.7～3.5μm
可见近红外（visible/near infrared）	VNIR	0.4～3.5μm
热红外（thermal infrared）	TIR	3.5～20μm
可见/红外（visible/infrared）	VIR	0.4～20μm

表 3.2　微波频率分区与命名

名称	频率/GHz	波长
P	0.225～0.390	76.9～133cm
L	0.390～1.55	19.35～76.9cm
S	1.55～4.20	7.14～19.35cm
C	4.20～5.75	5.22～7.14cm
X	5.75～10.9	2.75～5.22cm
K_u	10.9～22.0	1.36～2.75cm
K_a	22.0～36.0	8.33～13.6mm
Q	36.0～46.0	6.52～8.33mm
V	46.0～56.0	5.36～6.52mm
W	56.0～100	3.0～5.36mm

更详细的频率分配图可在网站 http://www.ntia.doc.gov/osmhome/osmhome.html 上看到，该网站由美国商业部国家无线电通信和信息管理局的波谱管理办公室(Office of Spectrum Management，National Telecommunications and information Administration，US Department of Commerce)维护。该办公室所提供的信息表明了广泛的用户群体及其对遥感波段产生的压力，尤其是在 1～10GHz 微波范围。这些频率的辐射在大气和云中的传播只有少量或几乎没有衰减，有大量来自军用和民用雷达、飞机导航、卫星直播和通信、移动电话系统等对频率分配的需求。这给遥感频率的使用产生了巨大压力，遥感分配的频率已被迫改变并限制了其带宽。

可见光与红外(VIR)波长大约在 0.4～20μm，在遥感中广泛使用，但易受云和大气的干扰。表 3.1 给出了在可见光与红外波段内及其临近波长的术语和缩写。可见光波谱位于 0.4～0.7μm，并且近似分成以下色段：400～440nm，紫色；440～500nm，蓝色；500～550nm，绿色；550～590nm，黄色；590～630nm，橙色；630～700nm，红色。紫外带(UV)的波长比可见光短。为完整起见，表 3.1 中列出对于生物很重要的 UV-B 辐射的波长范围，它破坏 DNA 并且导致皮肤癌。近红外(NIR)波长比可见光长，与可见光相似，主要是反射的太阳辐射。热红外(TIR)包括那些主要由地球表面热辐射构成的信号，可用来反演地表温度。

3.2　辐射度学的基本参数

3.2.1　立　体　角

一个半径为 r 的球面，从球心向球面作任意形状的锥面，锥面与球面相交的面

积为 A，则 A/r^2 就是此锥体的立体角。一般用符号 Ω 表示，单位为球面度 sr。如图 3.2 所示。

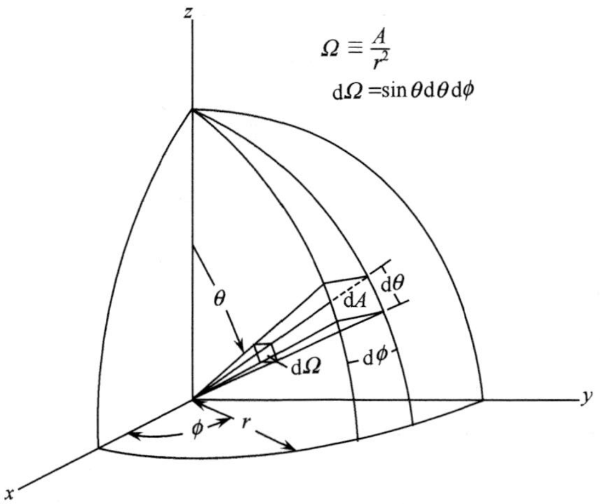

图 3.2　立体角定义

立体角的微分定义是：

$$d\Omega = dA/r^2 \tag{3.3}$$

在球坐标中，

$$dA = (r\sin\theta\, d\phi)(r d\theta) = r^2 \sin\theta\, d\theta d\phi \tag{3.4}$$

因此

$$d\Omega = \sin\theta\, d\theta d\phi \tag{3.5}$$

一个球面的面积为 $4\pi r^2$，因此球体的立体角是 4π。

3.2.2　辐射通量

在单位时间内通过某一面积的辐射能，称为通过该面积的辐射通量，符号 Φ，单位为 W，如果是某个波长的辐射通量，则记为 $\Phi(\lambda)$。

3.2.3　辐射强度

点辐射源在某一方向上的单位立体角所发出的辐射通量。符号 I，单位为 W/sr。

$$I = \lim_{\Delta\Omega \to 0} \frac{\Delta\Phi}{\Delta\Omega} = d\Phi/d\Omega \tag{3.6}$$

3.2.4 辐射出射度

对于面辐射元，其单位面积向半球空间（2π 立体角空间）内发射的辐射通量，称为辐射出射度，符号 M，单位 $\mathrm{W/m^2}$。

$$M = \lim_{\Delta\Omega -> 0} \frac{\Delta\Phi}{\Delta A} = \mathrm{d}\Phi/\mathrm{d}A \tag{3.7}$$

式中，$\Delta\Phi$ 为小面元 ΔA 发出的辐射通量。

辐射出射度是描述面元特性的，因此又称为辐射通量密度。

3.2.5 辐照度

单位面积接收到的辐射通量，称为该处的辐照度。符号为 E，单位为 $\mathrm{W/m^2}$。如果是单位光谱波长上的，单位为 $\mathrm{W/(m^2 \cdot \mu m)}$。

$$E(\lambda) = \frac{\mathrm{d}\Phi(\lambda)}{\mathrm{d}A} \tag{3.8}$$

式中，$E(\lambda)$ 为波长为 λ 的光谱辐照度；$\Phi(\lambda)$ 为光谱辐射通量（$\mathrm{W/\mu m}$）；A 为面积（$\mathrm{m^2}$）。

在光学遥感中，有以下辐照度参数：

(1) 大气层外太阳辐照度。符号 F_0，表示大气层外垂直入射的太阳辐照度。平均日地距离处的 F_0，记为 $\overline{F}_0$。

(2) 地表入射辐照度（或向下辐照度）。符号 E_s 或 $E_d(0^+)$，0^+ 表示水面以上。如果没有特指，即为总辐照度。

(3) 天空漫射辐照度，简称漫射辐照度。符号 E_{dif}，表示总辐照度减掉太阳直射辐照度后的结果。

(4) 太阳直射辐照度，简称直射辐照度。符号 E_{dir}，表示总辐照度减掉太阳漫射辐照度后的结果。

对于水体光学遥感，还有以下参数：

(1) 刚好处于水表面以下的辐照度。①符号 $E_d(0^-)$ 表示刚好处于水表面以下的向下辐照度；②符号 $E_u(0^-)$ 表示刚好处于水表面以下的向上辐照度；③$0^-$ 含义为刚好处于水表面以下。

(2) 水体剖面向下/向上辐照度。①符号 $E_d(z)$ 表示水下 z 深度处的向下辐照度；②符号 $E_u(z)$ 表示水下 z 深度处的向上辐照度；③深度 z 的单位为米（m）。

辐照度剖面对于刻画介质内部（如水体）光场分布具有重要的意义。

3.2.6　辐亮度

单位投影面积、单位立体角上的辐射通量(图 3.3)。辐亮度的符号为 L,单位为 W/(m² · sr),如果是单位光谱波长上的,单位为 W/(m² · μm · sr)(先前的一些教科书可能用“辐射率”,这种说法是不规范的)。

$$L = \frac{d^2\Phi(\lambda)}{dA\cos\theta\, d\Omega} \tag{3.9}$$

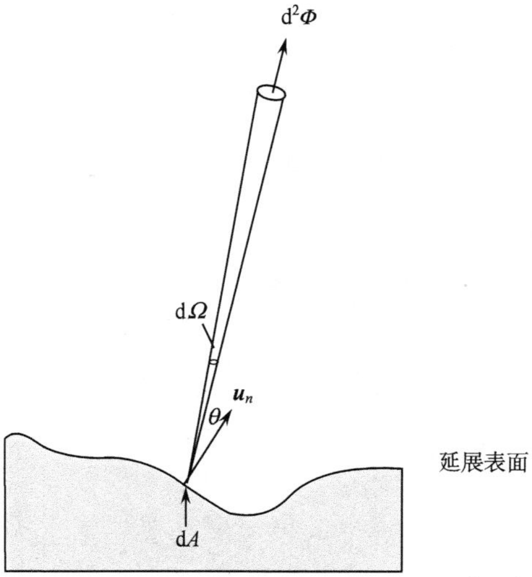

图 3.3　辐亮度定义

如果辐射源的面元非常小,可以看作一个点,则在单位立体角 $d\Omega$ 内的辐射通量等于辐射强度 I,其与辐亮度的关系为

$$I = \frac{d\Phi(\lambda)}{d\Omega} = L \cdot dA \cdot \cos\theta \tag{3.10}$$

辐亮度随波长变化,且具有方向性,$L=L(\lambda,\varphi,\theta)$,其中 φ 为方位角,θ 为观测角。辐亮度是遥感中的最重要的基本物理量,具有与距离无关的特性。

考虑与图 3.4 所示的两个面元,若两个面元的面积分别为 dA_1、dA_2,距离为 r,面元之间的辐射通量矢量为 Φ,两个面元中心的连线与各自的法线夹角分别为 θ_1、θ_2,面元 1 向面元 2 所张开的立体角为 $d\Omega_1$,面元 2 向面元 1 所张开的立体角为 $d\Omega_2$,假设 $d\Phi_1$ 为离开 dA_1 的通量,$d\Phi_2$ 为 dA_2 接收的通量,则辐亮度分别为

$$L_1 = \frac{d^2\Phi_1}{dA_1\cos\theta_1\, d\Omega_1}, \qquad L_2 = \frac{d^2\Phi_2}{dA_2\cos\theta_2\, d\Omega_2}$$

由于 $d^2\Phi_1 = d^2\Phi_2$,因此 $L_1 dA_1 \cos\theta_1 d\Omega_1 = L_2 dA_2 \cos\theta_2 d\Omega_2$。

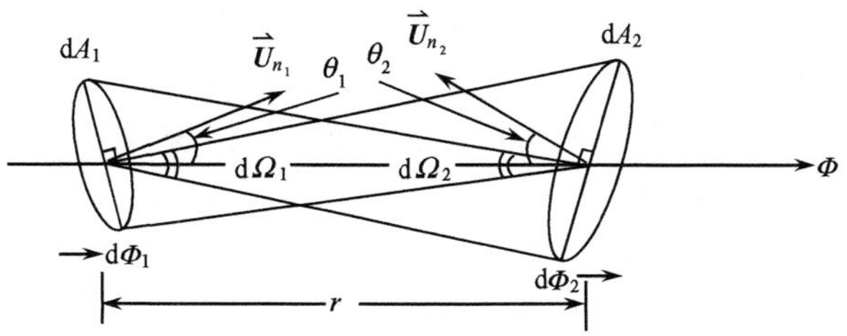

图 3.4　辐亮度与距离无关的示意图

而根据立体角的定义，$d\Omega_1 = dA_2 \cos\theta_2 / r^2$，$d\Omega_2 = dA_1 \cos\theta_1 / r^2$，因此可以得到 $L_1 = L_2$。

在水体光学及其遥感中，有以下辐亮度参数：

(1) 处于水表面以下的辐亮度。符号 $L_u(0^-)$ 表示刚好处于水表面以下的向上辐亮度；0^- 含义为刚好处于水表面以下。

(2) 剖面向下/向上辐亮度。符号 $L_u(z)$ 表示水下 z 深度处的向上辐亮度；深度 z 的单位为米(m)。

(3) 辐亮度。符号 L_w，含义为经水气界面反射和透射后的 $L_u(0^-)$，

$$L_w = \frac{(1-\rho_{wa})}{n^2} L_u(0^-) \tag{3.11}$$

式中，n 为水体折射系数，一般取 1.34；ρ_{wa} 为水气界面的反射率，与海面粗糙度、入射角度有关。

在不考虑离水辐亮度二向性时，可简单地令 $L_w = 0.54 L_u(0^-)$。

(4) 归一化离水辐亮度

$$L_{wn} = L_w * F_0 / E_s \tag{3.12}$$

含义：把太阳移到天顶、把大气去掉时的离水辐亮度。

这是目前最简单的、广泛使用的定义。更精确的定义，需要考虑水体的双向反射率特性，可参见 Morel 和 Gentili(1991，1993，1996)以及 Fargion 和 Mueller(2000)。

3.2.7　漫辐射体与朗伯余弦定律

辐射亮度与方向无关的辐射源就是漫辐射源。

设垂直于漫辐射面和与辐射面法线方向交角为 θ 的辐射强度分别为 I_0 和 I_θ，根据辐亮度与辐射强度的定义，有 $L = I_0/\Delta A = I_\theta/\Delta A\cos\theta$，因此，

$$I_\theta = I_0 \cos\theta \tag{3.13}$$

理想漫辐射面的辐射强度按余弦规律变化，因此理想漫射表面也称为余弦表

面，或朗伯表面。

根据辐亮度与辐照度的定义：

$E=\mathrm{d}\Phi/\mathrm{d}A$，而 $\mathrm{d}^2\Phi=L\cos\theta\ \mathrm{d}\Omega\ \mathrm{d}A$，　$\mathrm{d}\Phi=\int_{2\pi}\mathrm{d}^2\Phi=\left(\int_{2\pi}L\cos\theta\ \mathrm{d}\Omega\right)\mathrm{d}A$，

因此

$$E=\int_{2\pi}L\cos\theta\ \mathrm{d}\Omega \tag{3.14}$$

由于漫射体的辐亮度 L_0 与方向无关，因此漫射体的出射辐照度与辐亮度的关系为

$$E=L_0\int_{2\pi}\cos\theta\ \mathrm{d}\Omega=L_0\int_{2\pi}\cos\theta\ \sin\theta\ \mathrm{d}\theta\mathrm{d}\varphi=\pi L_0$$

对于理想的漫反射表面，即朗伯表面，不管入射辐射的方向如何，其漫反射后的各方向上的辐射亮度相同，即满足辐射强度分布服从余弦定律。其辐射亮度只与其反射比和入射辐照度有关。

$$M=\rho E \tag{3.15}$$

式中，M 为漫射表面的辐射出射度；E 为入射辐照度；ρ 为反射比。

因此朗伯面的辐亮度，

$$L=M/\pi=\rho E/\pi \tag{3.16}$$

3.2.8 辐射测量的基本定律

设辐射强度为 I 的点辐射源，平面 A 上点 P 与点源的连线与平面法线夹角为 θ，点源距离 P 点的距离为 r。由点源到达点 P 周围 $\mathrm{d}A$ 面积上的辐射通量 $\mathrm{d}\Phi=I\,\mathrm{d}\Phi$，$\mathrm{d}\Phi$ 为点源向 $\mathrm{d}A$ 所张开的立体角。

而辐照度

$$E=\mathrm{d}\Phi/\mathrm{d}A=(\mathrm{d}\Phi/\mathrm{d}\Omega)(\mathrm{d}\Omega/\mathrm{d}A)=I(\mathrm{d}A\cos\theta/r^2)/\mathrm{d}A=I\cos\theta/r^2 \tag{3.17}$$

由此可以得到辐射测量中的重要关系：

(1) 辐照度与距离的平方反比关系；

(2) 平面辐照度与辐射强度的余弦关系。

3.3 普朗克定理

3.3.1 波长、波数与频率

(1) 波长 λ，光学遥感中一般单位用 μm 或 nm；

(2) 波数 $\upsilon=1/\lambda$，单位一般为 cm^{-1}；

例如，波长 $\lambda=500\text{nm}$ 对应的波数为 $\upsilon=1/(500\times10^{-9})=20\ 000(\text{cm}^{-1})$

(3) 频率 $f=c_0/\lambda$，单位为 1/s，其中 c_0 为光速。

3.3.2 普朗克定律

所有物体都在不断地发射和吸收着辐射能量。

入射的电磁波全部被吸收，没有反射和透射的物体称为黑体。黑体表面的辐射特性是唯一由其温度决定且是光谱连续的，是朗伯表面，且在热平衡的条件下，其发射的能量等于其吸收的能量。黑体辐射出射度 M，由普朗克公式表述。

如果用波长表示，

$$M(\lambda,T)\mathrm{d}\lambda=\frac{2\pi c_0^2 h}{\lambda^5\ \exp[hc_0/(\lambda kT)-1]}\mathrm{d}\lambda \tag{3.18}$$

式中，光速 $c_0=2.9979\times10^8(\text{m/s})$；普朗克常量 $h=6.625\times10^{-34}(\text{W}\cdot\text{s}^2$ 或 $\text{J}\cdot\text{s})$；玻尔兹曼(Boltzman)常量 $k=1.38\times10^{-23}(\text{J/K})$。

如果用波数表示，

$$M(\upsilon,T)\mathrm{d}\upsilon=\frac{2\pi c_0^2 h\upsilon^3}{\exp[c_0 h\upsilon/(kT)]-1}\mathrm{d}\upsilon \tag{3.19}$$

如果用频率表示，

$$M(f,T)\mathrm{d}\upsilon=\frac{2\pi hf^3}{c_0^2\{\exp[hf/(kT)]-1\}}\mathrm{d}f \tag{3.20}$$

在具体计算时，注意：

(1) 带入的参数单位应统一：长度 m，时间 s，温度 K；

(2) $M(\lambda,T)=M(\upsilon,T)\upsilon^2$；

(3) $M(\lambda,T)$ 的单位一般采用 W/m^3 或 $\text{W/(cm}^2\cdot\mu\text{m)}$ 或 $\text{W/(m}^2\cdot\mu\text{m)}$，但需进行数量级修订。

3.3.3 维恩位移定律

所有的黑体辐射与辐射波长的对应关系都是双值的，且在某一个波长上有最大值；最大值处的波长与黑体温度成反比，即温度越高，最大值对应的波长越短，这就是维恩位移定律。

普朗克公式可以表示为

$$M(\lambda,T)=\frac{2\pi c_0^2 h}{\lambda^5\{\exp[hc_0/(\lambda kT)]-1\}}=\frac{c_1\lambda^{-5}}{\exp[c_2/(\lambda T)]-1} \tag{3.21}$$

式中，$c_1=2\pi c_0 h=3.741\times10^8\,\text{W/(m}^2\cdot\mu\text{m}^4)$，$c_2=c_0 h/k=1.439\times10^4\,\mu\text{m}\cdot\text{K}$

令 $\mathrm{d}M/\mathrm{d}\lambda=0$，可得

$$\frac{-5c_1\lambda^{-6}}{\exp[c_2/(\lambda T)]-1}+\frac{(-1)c_1\lambda^{-5}}{\{\exp[c_2/(\lambda T)]-1\}^2}\exp[c_2/(\lambda T)](-1)\lambda^{-2}c_2T^{-1}=0$$

$$5\lambda=\frac{c_2T^{-1}\exp[c_2/(\lambda T)]}{\exp[c_2/(\lambda T)]-1} \tag{3.22}$$

令 $x=c_2/(\lambda T)$，则式(3.2.2)变为 $5(e^x-1)=xe^x$，这是一个超定方程，其解 $x=4.965$。

因此，最大值对应波长为

$$\lambda_{max}=c_2/4.965T=1.439\times10^4(\mu m\cdot K)/4.965T(K)$$

$$\lambda_{max}(\mu m)=2898.3/T \tag{3.23}$$

由此可得太阳辐射的最大值出现在 2898.3/6000＝0.48μm，25℃左右的海水的辐射峰值出现在 10μm 左右。

同时，可以看到，人类所看到的白色光，实际上是在蓝绿波段（青色）有一个峰值的光。

在海水的温度变化范围内，270～310K，不同红外波段的辐射随温度的变化如图 3.5 所示。

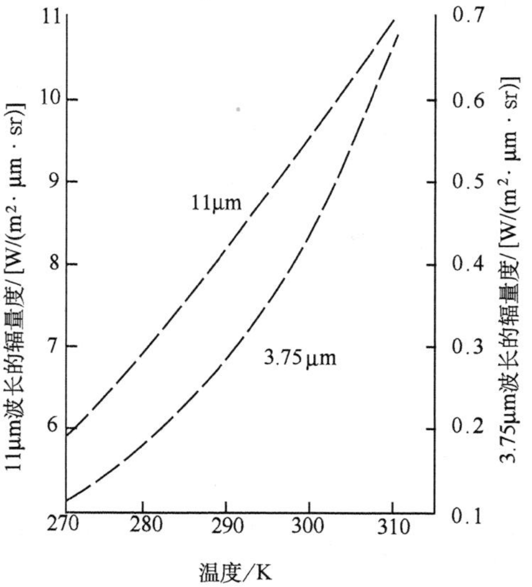

图 3.5　某一波长的红外辐射随黑体温度的变化

此图说明，在海洋温度范围内，11μm 左右峰值波长上的红外辐射，几乎随温度直线变化。因此，如果波段选择在 11μm 左右，信号强，有利于提高信噪比；而且其图像灰度与温度梯度有很好的相关性。

3.3.4　瑞利-琼斯定律

对于波长很长的波段，如在微波波段，公式(3.21)分母中的 e 指数项 $hc_0/(\lambda kT)$ 变得很小，例如，当 $\lambda_L=1cm=10\ 000\mu m$ 时，温度 273K 时，$hc_0/(\lambda kT)=0.005\ 27$。此时，$e^x=1+x$，则式(3.21)变为

$$M(\lambda_L,T)=\frac{2\pi kc_0}{\lambda^4}T \tag{3.24}$$

即表示在很长的波段时，黑体辐射与温度成正比。

3.3.5　斯特藩-玻尔兹曼定律

如果考虑所有频率上的黑体辐射，

$$M(T)=\int_0^{\infty}\frac{2\pi c_0^{-2}hf^3}{\exp[hf/(kT)]-1}\mathrm{d}f=\frac{2\pi k^4T^4}{c_0^2h^3}\int_0^{\infty}\frac{x^3}{\mathrm{e}^x-1}\mathrm{d}x$$
$$=\frac{\pi^4}{15}\times\frac{2\pi k^4}{c_0^2h^3}T^4=\sigma T^4 \tag{3.25}$$

式中，$\sigma=5.670\ 32\times10^{-8}\ \mathrm{W/(m^2\cdot K^4)}$ 为斯特藩-玻尔兹曼（Stefan-Boltzman）常量。

此公式表明，总辐射度与温度的四次方成正比，如果温度有微小的变化，就可以导致对应的辐射出射度发生很大的变化。

3.3.6　基尔霍夫定律

在达到热平衡的状态下，物体的单色辐出度 $E_{\nu,T}$ 和吸收比 $A_{\nu,T}$ 的比值与物体的性质无关，而只是频率和温度的函数，即

$$\frac{M(\lambda,T)}{\alpha_\lambda}=M_B(\lambda,T)$$

上述规律称为基尔霍夫定律。由德国物理学家基尔霍夫于 1859 年建立。式中 $M(\lambda,T)$ 是物体在温度 T 时的发射频率为 ν 的单色辐射出射度（简称单色辐出度），它反映了不同温度下，辐射能量按频率分布的情况。α_λ 是被物体吸收的单位波长间隔内的辐射通量与入射到该物体的辐射通量之比。该定律表明，热辐射辐出度大的物体其吸收比也大，反之亦然。

思考题：

1. 在遥感实验中，利用脸盆装水，忽略表面反射，是否可以直接测量出水的体散射？为什么？

2. 对点光源有如下规律：辐照度的强度与距点光源的距离的平方成反比，得到关系式：

$$E=I/d^2,E_1^*d_1^2=E_2^*d_2^2$$

试用 6000K 的黑体辐射来估算太阳常数（日地平均距离处，单位时间与太阳光线垂直的单位面积上的太阳辐射）。已知：太阳与地球距离为 1.496×10^{11} m，太阳平均半径为 6.96×10^{8} m。

3. 把 Planck 公式表示成关于频率 f 和绝对温度 T 的函数[$\mathrm{W/(m^2\cdot Hz)}$]。

第 4 章　辐射传输基础

4.1　介质固有的光学特性

光在传输过程中，受到介质的吸收和散射。介质的光谱吸收系数 $a(\lambda)$、散射系数 $b(\lambda)$、散射相函数 P 和光束衰减系数 $c(\lambda)$ 等参数为其固有光学特性。这些特性不随入射光场分布与强度变化而变化，只与介质本身的物理特性有关。

设有一介质薄层，其厚度为 $\mathrm{d}r$，入射光束的辐射通量为 Φ，在没有散射的情况下，经过该薄层介质后，该光束的通量损失 $\mathrm{d}\Phi_a$，则吸收系数 a 定义为

$$a = -\frac{\mathrm{d}\Phi_a}{\Phi \mathrm{d}r} \tag{4.1}$$

单位：m^{-1}。类似地，在仅有散射的情况下，经过该薄层介质后，该光束的通量损失 $\mathrm{d}\Phi_s$，则散射系数 b 可以定义为

$$b = -\frac{\mathrm{d}\Phi_b}{\Phi \mathrm{d}r} \tag{4.2}$$

单位：m^{-1}。而光束衰减系数 $c=a+b$，

$$c = -\frac{\mathrm{d}\Phi_c}{\Phi \mathrm{d}r} \tag{4.3}$$

单位：m^{-1}。固有光学特性（IOPs）的另外一个重要参数是体散射相函数或其归一化后的散射相函数。该参数决定了光场强度的角度分布。所谓体散射相函数，是指单位体积上单位入射辐照度在特定方向上的辐射强度。

考虑介质的一个很小的体积 $\mathrm{d}V$，一入射光束的辐照度为 E_{in}，从该体积介质散射出来的、在 (θ,ϕ) 方向上的光，可以看作是点光源发射出来的辐射强度 $\mathrm{d}I(\theta,\phi)$。则体散射相函数 $\beta(\theta,\phi)$ 为（图 4.1）

$$\beta(\theta,\phi) = \frac{\mathrm{d}I(\theta,\phi)}{E_{\mathrm{in}}\mathrm{d}V} \tag{4.4}$$

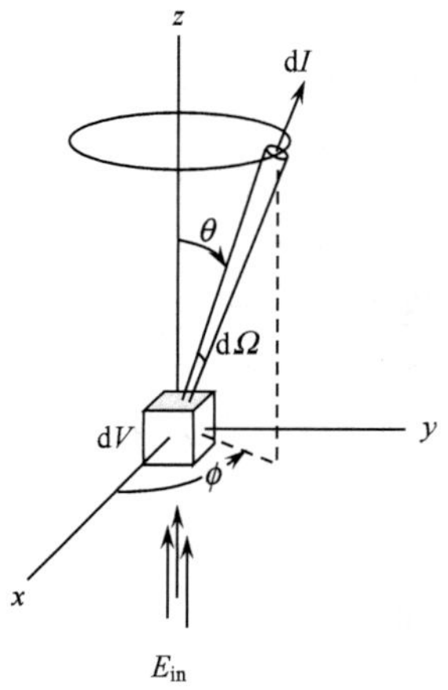

图 4.1　体散射函数的定义示意图

单位：$\mathrm{m}^{-1}\mathrm{sr}^{-1}$。由体散射相函数导出散射系数 b 为

$$b = \int_0^{4\pi} \beta \mathrm{d}\Omega = \int_0^{2\pi}\int_0^{\pi} \beta(\theta,\phi)\sin\theta \mathrm{d}\theta \mathrm{d}\phi \tag{4.5}$$

在图 4.1 中，由于散射强度与方位角无关，因此，

$$b = 2\pi\int_0^{\pi}\beta(\theta)\sin\theta\mathrm{d}\theta \tag{4.6}$$

散射相函数 $P(\theta,\phi)$ 的定义为

$$P(\theta,\phi) = 4\pi\beta(\theta,\phi)/b \tag{4.7}$$

P 的单位是 sr^{-1}。由此，可得 $\int_{4\pi}P(\theta,\phi)\mathrm{d}\Omega = 4\pi$。

不同粒子的散射相函数如图 4.2 所示。

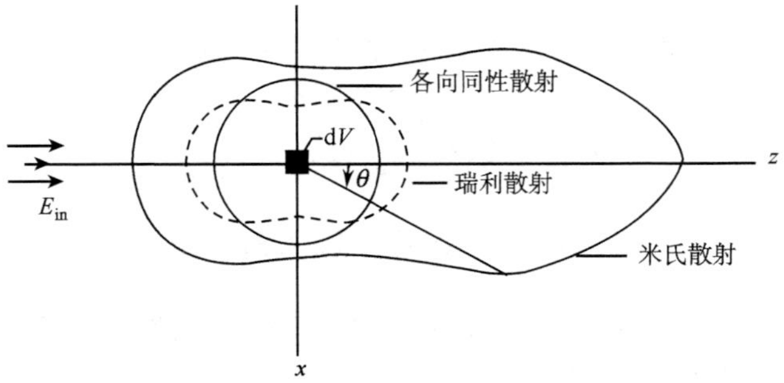

图 4.2　不同粒子的散射相函数示意图

很多时候，要用到单次散射反照率 $\omega_0 = b/c$，也可以解释为一个光子和一个介质粒子碰撞后，没有被吸收而是被散射出来的概率。

根据光束衰减系数，可以定义几何厚度 z、光束方向与法线方向夹角为 θ 的介质光学厚度 τ 为

$$\tau = \int_0^z c(r)\sec\theta\mathrm{d}r[\text{无量纲}] \tag{4.8}$$

散射系数又可以分为前向散射系数 b_f 和后向散射系数 b_b，并可由此定义前向和后向散射比例。

需要注意的是，此处固有光学量的定义均是针对“光束”的，而不是分布在 2π 空间的入射光场。如辐照度、辐亮度等，为表观光学量，针对这些表观量的分布光场的衰减是“漫衰减系数”，参见 4.2 节。

因此，介质的固有光学特性可以由吸收系数和体散射相函数来决定。但截至目前在遥感中的大多数地物波谱库中，几乎没有包含介质的固有光学特性。

4.2　介质内部光场的漫衰减

现以无限介质的向下辐照度 E_d 为例。刚好在介质表面下(0^- m)的 $E_\mathrm{d}(0^-)$ 与某一深度 z 处的辐照度 $E_\mathrm{d}(z)$ 的关系为

$$E_d(z) = E_d(0^-)\exp\left(-\int_0^z K_d(z)\mathrm{d}z\right) \tag{4.9}$$

式中，$K_d(z)$为 E_d 在深度 z 的漫衰减系数，因此有：

$$K_d(z) = -\left.\frac{\mathrm{d}[\ln(E_d(z'))]}{\mathrm{d}z'}\right|_z \tag{4.10}$$

差分运算为

$$K_d(z) = -\frac{\ln[E_d(z_2)] - \ln[E_d(z_1)]}{z_2 - z_1} \tag{4.11}$$

如果 $z_1 \sim z_2$ 深度范围为均匀介质层，其中 $z_1 \sim z_2$ 深度范围的 $K_d(z)$基本是常数 K_d，则可导出

$$E_d(z_2) = E_d(z_1)\exp(-K_d z) \tag{4.12}$$

4.3 辐射传输方程

介质中某一光场的分布是多次散射、吸收的结果，同时与边界条件，如太阳入射角度、地面或水面的反射、大气散射、热辐射特性等有关。光场是与角度有关的。定义如图 4.3 所示的坐标系。

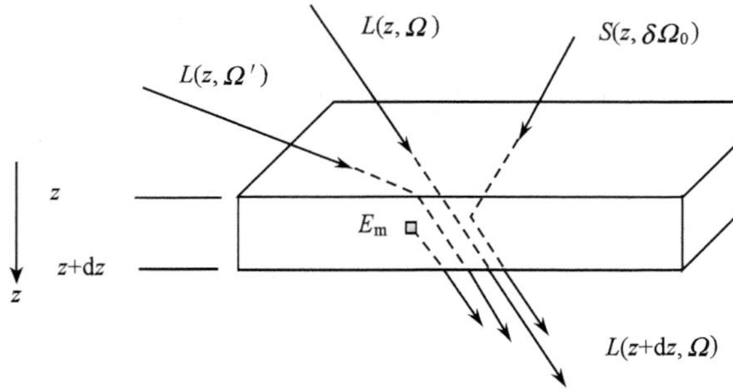

图 4.3 辐射传输方程的导出示意图

在经过介质内部任意薄层$(z, z+\mathrm{d}z)$的某一方向(θ, ϕ)的辐射亮度 L 的变化过程中，考虑以下 4 项：

(1) 该方向上的光束衰减，$\Omega \to \Omega'$方向；

(2) 其他所有 4π 方向上的光在该薄层散射进入该方向的辐射，$\Omega' \to \Omega$ 方向；

(3) 光源 S 经过斜程厚度 $z\sec\theta_0$ 的介质后，在本层产生的散射，进入到该方向的辐射，$\delta\Omega_0 \to \Omega$ 方向；

(4) 该层本身产生的黑体辐射 E_m，$4\pi \to \Omega$ 方向。

根据光束衰减系数的定义，参见如下公式：

$$dL = L(z + dz, \Omega) - L(z, \Omega) = -cL(\Omega)dz/\cos\theta \tag{4.13}$$

或

$$\frac{dL(\theta,\phi)}{\sec\theta\ dz} = -cL(\theta,\phi)。 \tag{4.14}$$

对于其他方向的辐射(除直射光源外的漫射光场)的散射所导致的辐亮度改变为

$$dL(\theta,\phi) = \int_{4\pi}\beta(\Omega',\Omega)L(\Omega')d\Omega' = \int_0^{2\pi}\int_0^{\pi}\beta(\theta',\phi',\theta,\phi)L(\theta',\phi')\sin\theta' d\theta' d\phi' \tag{4.15}$$

介质外光源 S 的辐亮度为 $L_0\delta(\cos\theta - \cos\theta_0)\delta(\phi - \phi_0)$，经过 $z/\cos\theta$ 距离后到达该薄层，其亮度变为

$$L_0(z) = L_0(0)\exp(-\sec\theta\int_0^z c(z')dz') = L_0\exp[-\tau(z)\sec\theta_0] \tag{4.16}$$

而 $L_0(z)$ 散射到 (θ,ϕ) 方向的辐亮度为

$$dL(\theta,\phi) = \beta(\theta_0,\phi_0,\theta,\phi)L_0\delta(\cos\theta - \cos\theta_0)\delta(\phi - \phi_0)\exp[-\tau(z)\sec\theta_0] \tag{4.17}$$

对于该薄层介质本身的辐射，假设该薄层温度为 T，若是黑体，其辐射出射度为 E_m；根据基尔霍夫定律，热平衡状态下物体发射的能量等于吸收的能量，因此该层介质出射的辐照度为 aE_m：

$$dL = aE_m/\pi = (c - b)E_m/\pi \tag{4.18}$$

由以上可得

$$\frac{dL(\theta,\phi)}{\sec\theta\ dz} = -cL(\theta,\phi) + \int_0^{2\pi}\int_0^{\pi}\beta(\theta',\phi',\theta,\phi)L(\theta',\phi')\sin\theta' d\theta' d\phi' + \beta(\theta_0,\phi_0,\theta,\phi)L_0\exp[-\tau(z)\sec\theta_0] + aE_m(T_z)/\pi \tag{4.19}$$

两边同时除以 c，根据 $\omega_0 = b/c$，$P = 4\pi\beta/b$，$d\tau = c\ dz$，可得

$$\frac{dL(\theta,\phi)}{\sec\theta\ d\tau} = -L(\theta,\phi) + \frac{\omega_0}{4\pi}\int_0^{2\pi}\int_0^{\pi}P(\theta',\phi',\theta,\phi)L(\theta',\phi')\sin\theta' d\theta' d\phi' + \frac{\omega_0}{4\pi}P(\theta_0,\phi_0,\theta,\phi)L_0\delta(\cos\theta - \cos\theta_0)\delta(\phi - \phi_0)\exp[-\tau(z)\sec\theta_0] + (1 - \omega_0)E_m(T_z)/\pi \tag{4.20}$$

如果是可见光近红外波段，可以忽略第四项；如果是热红外波段，可以忽略第三项。

辐射传输方程是一个复杂的微分积分方程，目前有多种数值解法，常用的包括逐次散射法、离散坐标法、矩阵算子法、不变嵌入法等。另外，随着遥感定量化技术

的进步，更多的计算需要采用带偏振的辐射传递方程数值解。

4.4 太阳光与大气、地表的相互作用

4.4.1 大气层外太阳辐照度

在可见光与红外遥感中，大气层外的太阳辐照度是重要的基础数据。目前广泛采用的数据，应当是 Neck 和 Labs(1984)的数据。地球观测系统委员定标检验组会(CEOS WGCV)推荐采用 Thuillier 等(2003)的数据，如图 4.4 所示。

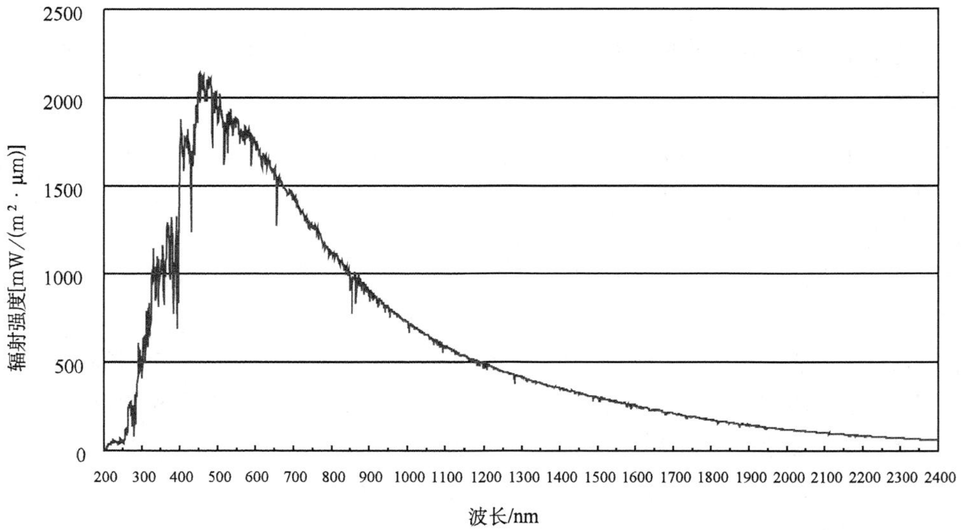

图 4.4 平均日地距离大气层外垂直入射太阳辐照度

从图 4.4 中可以看到多处明显的夫琅和费吸收谱线。这些吸收线可以作为高广谱分辨率仪器的光谱位置定标和检验之用；同时，在进行波段光谱能量计算时，这意味着不能简单地采用中心波长的太阳辐照度值，而应当进行波段平均计算。

4.4.2 大气对辐射信号的衰减

1. 大气吸收

大气分子的转动能级变化产生微波和远红外的辐射和吸收，分子内部原子的振动能级变化产生近红外辐射和吸收，而原子的电子能级跃迁产生紫外和可见光的辐射和吸收。由于这些能级是离散的，因此，大气吸收光谱位置、形状和强度具有强烈的变化。如果知道每个吸收谱线的特性，那么就可以逐个积分得到某一个带宽内的总吸收，但这个计算量非常大。因此一般采用等效波段内的吸收来进行一般遥感中的吸收计算(图 4.5 至图 4.7)。例如，MODTRAN 采用 $5cm^{-1}$ 的光谱

分辨率，6S 采用 10cm^{-1}的光谱分辨率。

了解了大气吸收特性，就可以为传感器波段配置、反演算法研究、大气剖面参数反演等方面提供系统的知识。

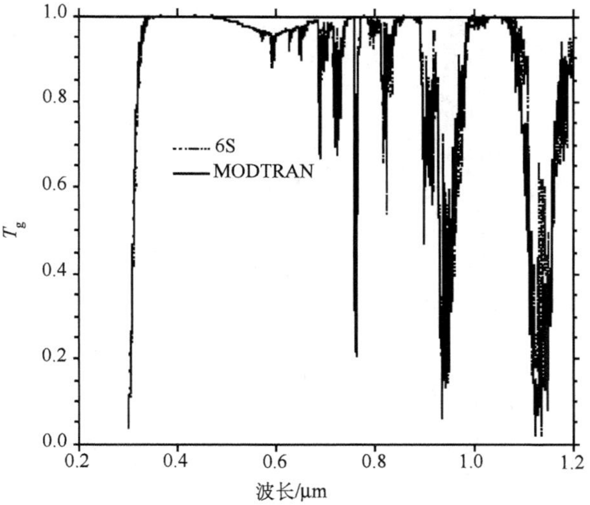

图 4.5 可见近红外波段的大气总吸收导致的透过率光谱

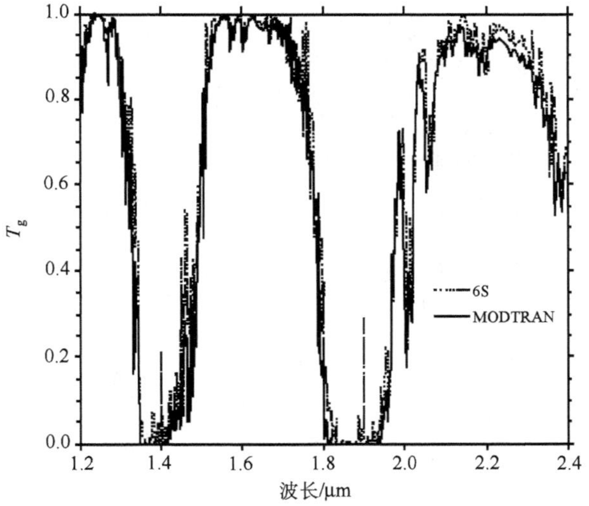

图 4.6 近红外波段大气总吸收

(1) 可见近红外波段的大气吸收导致的大气透过率(T_g)光谱变化。

在 0.4～2.5μm 波段范围内，几种主要吸收气体是水汽、臭氧、二氧化碳、氧气等，其吸收光谱位置分别如图 4.8(a)～4.8(f)所示。

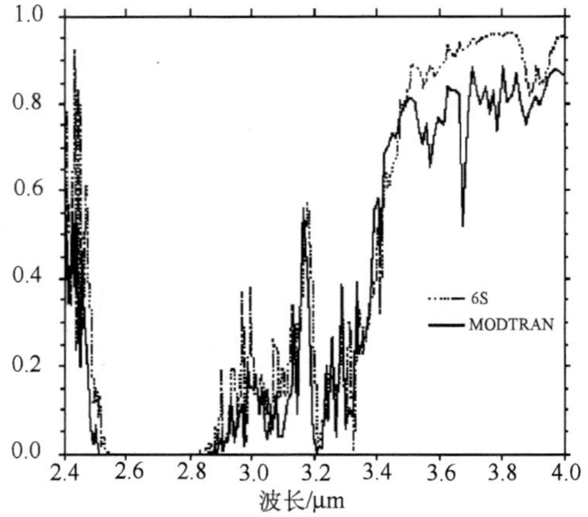

图 4.7　中红外波段大气总透过率

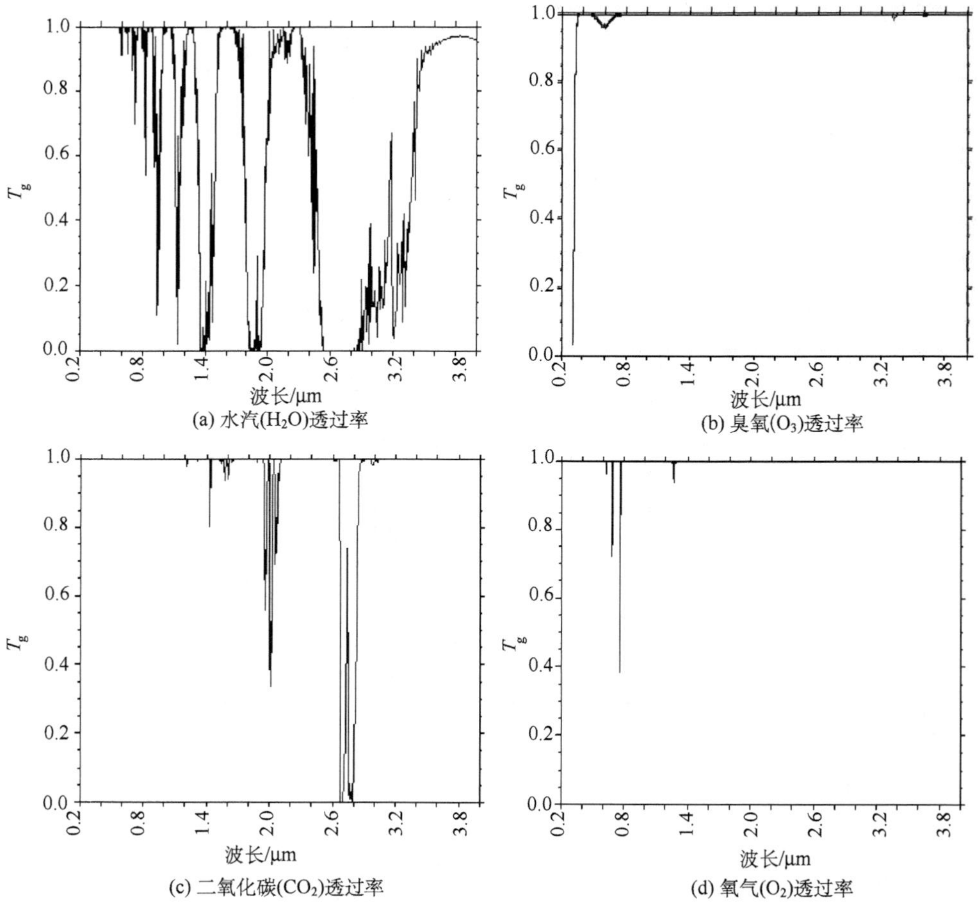

图 4.8　可见近红外波段主要吸收气体吸收光谱

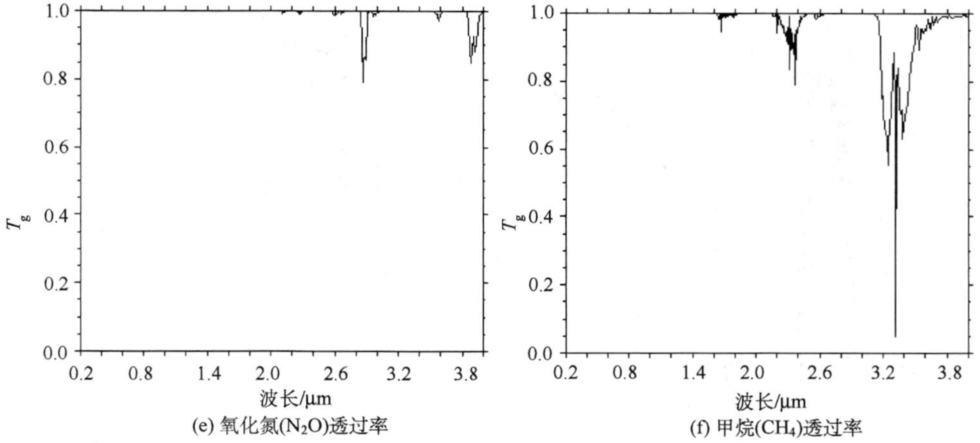

图 4.8（续）

(2) 红外波段的大气吸收。

在红外波段，最主要的吸收气体是水汽、二氧化碳、臭氧、氮气，分别参见由 MODTRAN 计算的透过率(图 4.9 和图 4.10)。

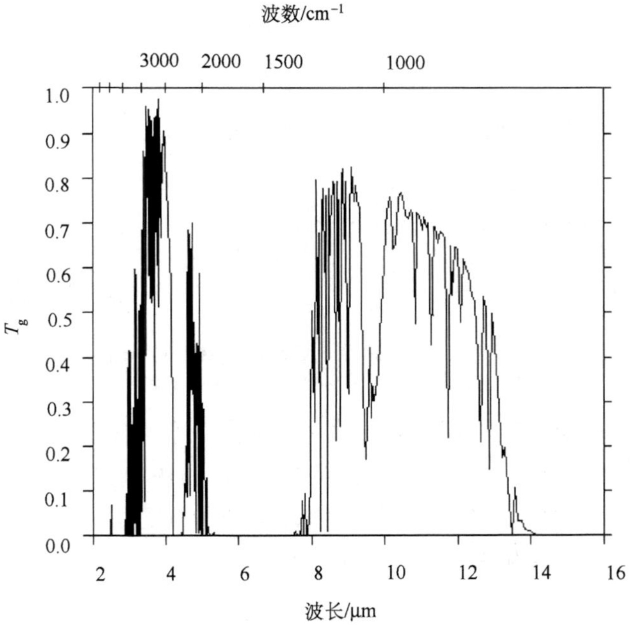

图 4.9　MODTRAN 计算的红外波段大气总透过率(中纬度夏季)

2. 大气散射

大气散射包括大气分子的瑞利散射和大粒子气溶胶的米氏散射。这里给出气

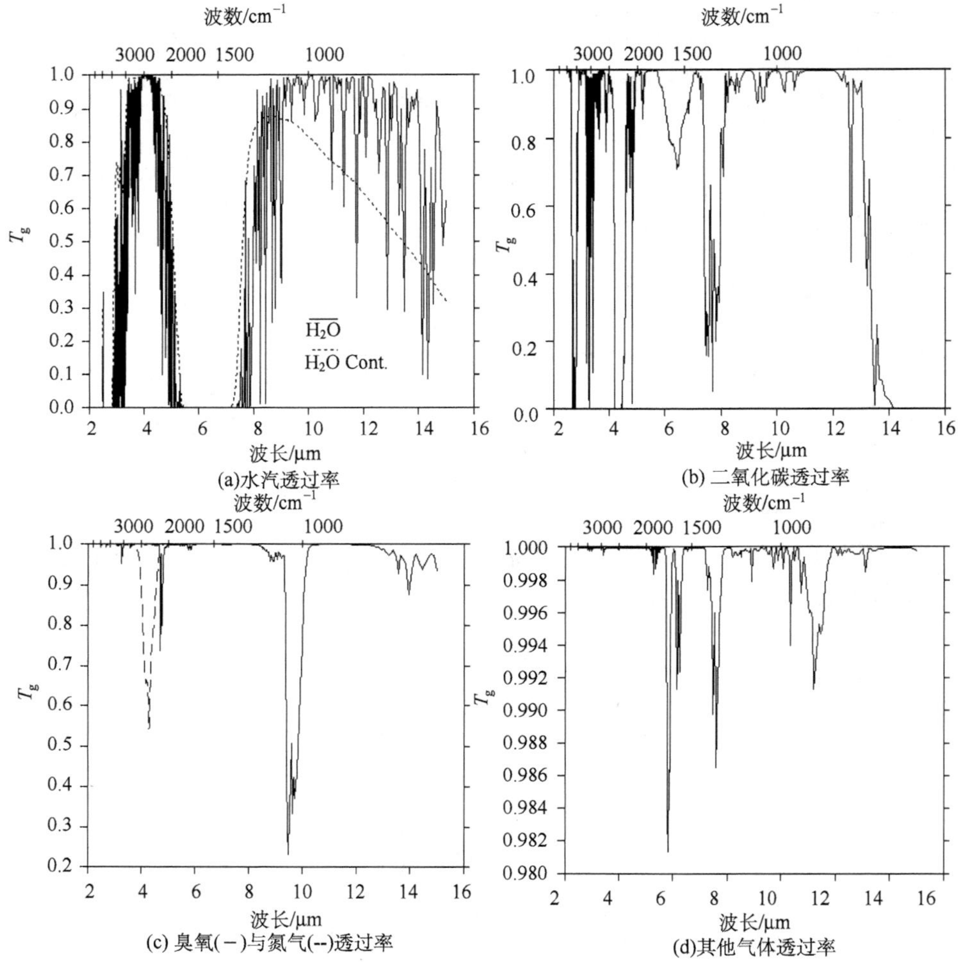

图 4.10 红外波段主要吸收气体吸收光谱

溶胶和分子散射的相对光谱变化，以及散射与吸收总透过率的相对贡献(图 4.11)。

从图 4.11 中可以看出，分子散射随波长的增加快速减少，实际上约是 λ^{-4} 的关系；气溶胶的散射的光谱变化比较平缓，随波长变化是 $\lambda^{0}\sim\lambda^{-2.5}$ 之间的关系；近红外波段主要是气溶胶和水汽吸收的影响较大。

4.4.3 典型地物反射特性

在遥感中，几种典型地物是：水体、植被、土壤、新雪。这些地物的特征有着明显的区别，并涵盖通常的卫星-大气-地表信号范围。在遥感中，往往是要根据这些地物的不同光谱特征，采取不同的反演算法或近似策略。

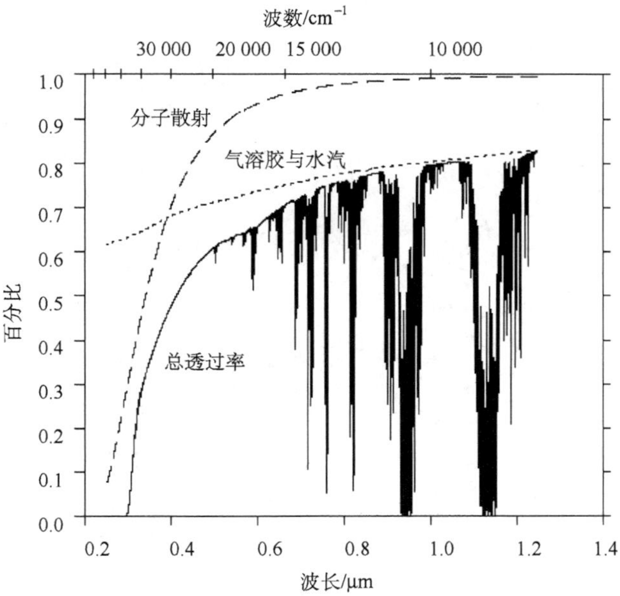

图 4.11　分子散射与气溶胶散射对直射透过率的影响

(MODTRAN 计算,条件为:中纬度夏季,海洋型气溶胶,能见度 23km)

典型的地物反射率如图 4.12 所示。

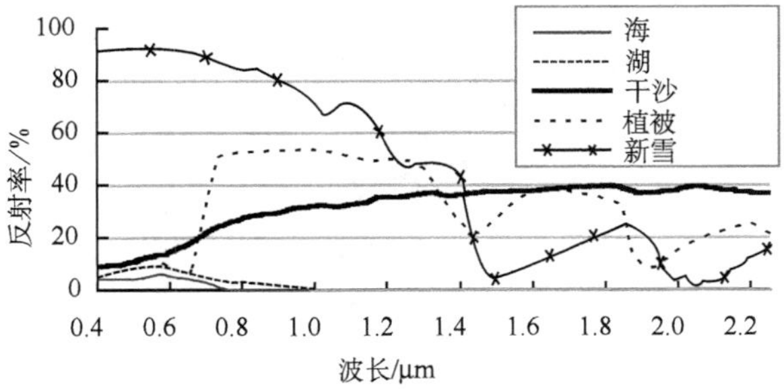

图 4.12　典型地物反射率

4.5　遥感观测信号的构成分析

传感器的观测信号,由经大气散射、大气衰减后的地表反射信号构成。具体涉及太阳位置、观测几何、大气光学特性(气象条件)、地物光谱与空间分布构成等因素。

由于传感器接收到的绝对光谱辐亮度信号受光源的光谱特性影响,不利于表征大气或地物的内在光谱吸收与散射特性,因此定义表观反射率信号:

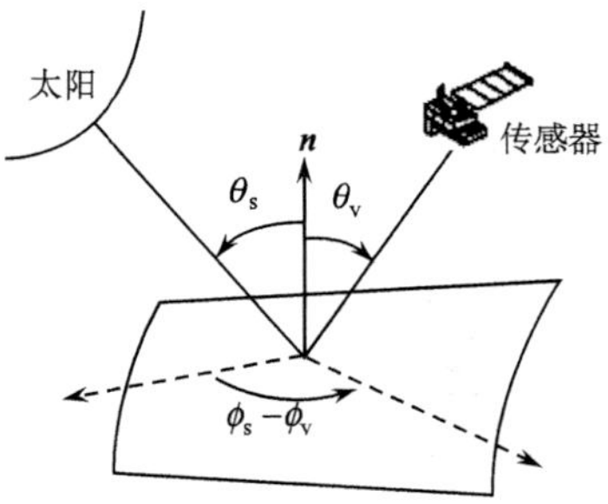

图 4.13　太阳与观测几何定义

$$\rho(\lambda)=\frac{\pi L(\lambda)}{\mu_s E_s(\lambda)} \tag{4.21}$$

式中，L 为辐亮度；$\mu_s=\cos(\theta_s)$，θ_s 为太阳天顶角；E_s 为垂直于太阳光线的平面上的大气层外太阳辐照度。

参照 6S 的太阳角度和观测角度定义，如图 4.13 所示(Vermote et al.，1997)。

4.5.1　到达地面的辐照度

1）太阳直射辐照度

$$E_{sol}^{dir}=\mu_s E_s \exp(-\tau/\mu_s) \tag{4.22}$$

式中，τ 为大气光学厚度；$\exp(-\tau/\mu_s)$为大气对太阳直射光的大气透过率或光束透过率(图 4.14)。

2）天空漫射辐照度

$$E_{sol}^{diff}=\mu_s E_s t_d \tag{4.23}$$

式中，t_d 为太阳漫射透过率(图 4.15)。

3）地表与大气之间的多次散射漫射辐照度

$$[E_{sol}^{dir}+E_{sol}^{diff}][\rho_t S+\rho_t^2 S^2+\cdots] \tag{4.24}$$

式中，ρ_t 为地表反射率；S 为大气的反照率(图 4.16)。

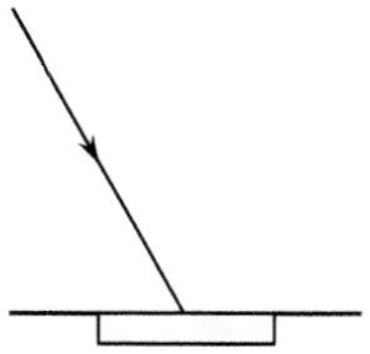
图 4.14　太阳直接辐射

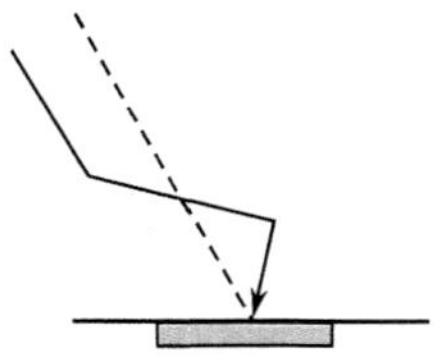
图 4.15　天空漫射

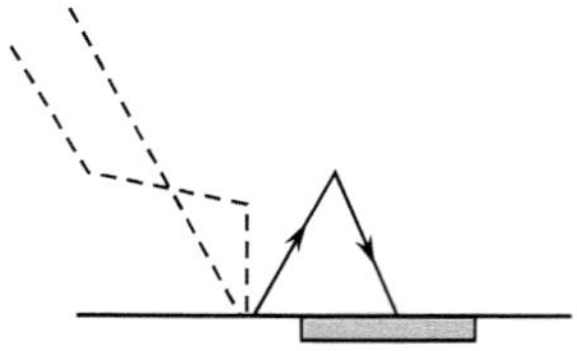
图 4.16　地表与大气多次散射漫射

根据等比级数的计算公式，上式可以写为

$$\mu_s E_s T(\theta_s)\ \frac{\rho_t S}{1-\rho_t S} \tag{4.25}$$

式中，$T(\theta_s)$为总透过率，且 $T(\theta_s)=\exp(-\tau/\mu_s)+t_d(\theta_s)$。

上述三项之和为到达地面的总辐照度：

$$\mu_s E_s T(\theta_s)+\mu_s E_s T(\theta_s)\ \frac{\rho_t S}{1-\rho_t S}=\mu_s E_s T(\theta_s)/(1-\rho_t S)。 \tag{4.26}$$

4.5.2　均匀一致朗伯地物的地表与大气信号

1）观测像元的经大气光束衰减后的地表反射信号

$$\mu_s E_s \frac{T(\theta_s)}{(1-\rho_t S)}\rho_t \exp(-\tau/\mu_v) \tag{4.27}$$

式中，$\mu_v = \cos\theta_v$，θ_v 为传感器观测天顶角；$\exp(-\tau/\mu_v)$ 为大气的直射透过率（图 4.17）。

2）大气对太阳光的散射信号（图 4.18）

$$\mu_s E_s \rho_a(\theta_s, \theta_v, \phi_s - \phi_v) \tag{4.28}$$

3）周围像元的信号贡献

$$\mu_s E_s \frac{T(\theta_s)}{1-\rho_t S}\rho_t t'_d(\theta_v) \tag{4.29}$$

这是在地面目标均匀一致、且具有朗伯表面前提下的公式。根据互易定律，其中 $t'_d(\theta_v) = t_d(\theta_v)$。定义 $T(\theta_v) = \exp(-\tau/\mu_v) + t_d(\theta_v)$（图 4.19）。

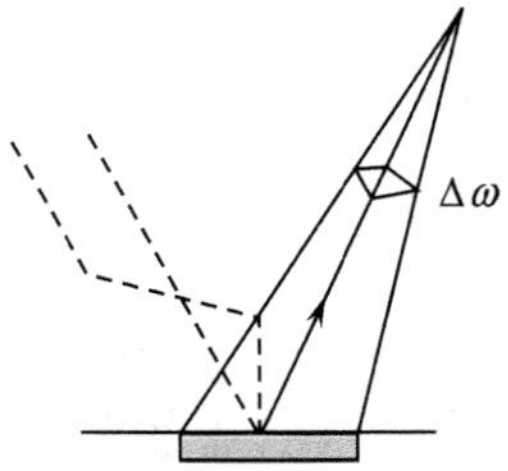

图 4.17　经大气光束衰减后的地表反射信号

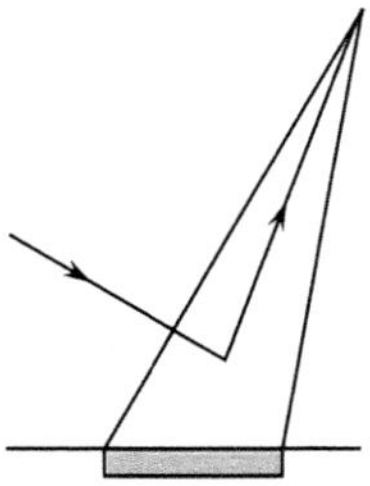
图4.18　大气对太阳光的散射信号

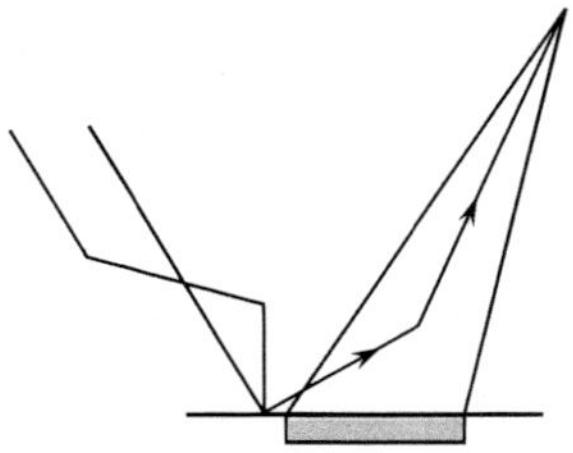
图 4.19　周围像元的信号贡献

因此，总的卫星信号，即表观反射率 ρ^* 为

$$\begin{aligned}\rho^* &= \rho_a(\theta_s, \theta_v, \phi_s - \phi_v) + \frac{T(\theta_s)}{1-\rho_t S}\rho_t[\exp(-\tau/\mu_v) + t_d(\theta_v)] \\ &= \rho_a(\theta_s, \theta_v, \phi_s - \phi_v) + \frac{\rho_t}{1-\rho_t S}T(\theta_s)T(\theta_v)\end{aligned} \tag{4.30}$$

4.5.3　环境像元对观测像元信号的影响

首先假设一个反射率为 $\rho_c(M)$ 的目标被均匀的反射率为 $\rho_e(M)$ 的地物所包围。此时，卫星传感器接收到的表观反射率为

$$\rho^* = \rho_a(\theta_s, \theta_v, \phi_s - \phi_v) + \frac{T(\theta_s)}{1-\rho_e(M)S}[\rho_c(M)\exp(-\tau/\mu_v) + \rho_e(M)t_d(\theta_v)] \tag{4.31}$$

如果考虑周围地物不均匀，定义具有平均效果的等效环境反射率为$\langle\rho(M)\rangle$，则公式变为

$$\rho^* = \rho_a(\theta_s,\theta_v,\phi_s-\phi_v)+\frac{T(\theta_s)}{1-\langle\rho(M)\rangle S}[\rho_c(M)\exp(-\tau/\mu_v)+\langle\rho(M)\rangle t_d(\theta_v)] \tag{4.32}$$

但与周围像元对观测像元的影响是与距离成反比的。$\langle\rho(M)\rangle$可以表达为

$$\langle\rho(M)\rangle = \frac{1}{t_d(\theta_v)}\int_{-\infty}^{+\infty}\int_{-\infty}^{+\infty}\rho'(x,y)e(x,y,\theta_v)\,\mathrm{d}x\mathrm{d}y \tag{4.33}$$

式中，$\rho'(x,y)$为周围(x,y)点像元的反射率（原点在观测像元中心）；e 为(x,y)点反射率对 t_d 的相对贡献。

4.5.4 地物双向反射率特性的影响

所谓二向性反射率和双向反射率是指地物的反射率随入射方向和反射方向而变化的特性。实际地物目标的反射率都是具有方向性的，是入射方向和观测方向的函数。

双向反射分布函数（BRDF）的定义是（李小文、王锦地，1995）：

$$\mathrm{BRDF}(\Omega_i,\Omega_r) = \frac{\mathrm{d}L(\Omega_r)}{\mathrm{d}E(\Omega_i)} \tag{4.34}$$

单位：sr^{-1}。式中，Ω_i 表示在(θ_i,ϕ_i)入射方向上的非常小的立体角；Ω_r 表示在(θ_r,ϕ_r)反射方向上的非常小的立体角；$\mathrm{d}E(\Omega_i)$表示由于入射方向 Ω_i 上入射辐亮度的改变，导致在微分面元 dA 上的辐照度的改变；$\mathrm{d}L(\Omega_r)$是因为入射辐照度的变化而引起的(θ_r,ϕ_r)反射方向上的辐亮度变化，如图 4.20 所示。

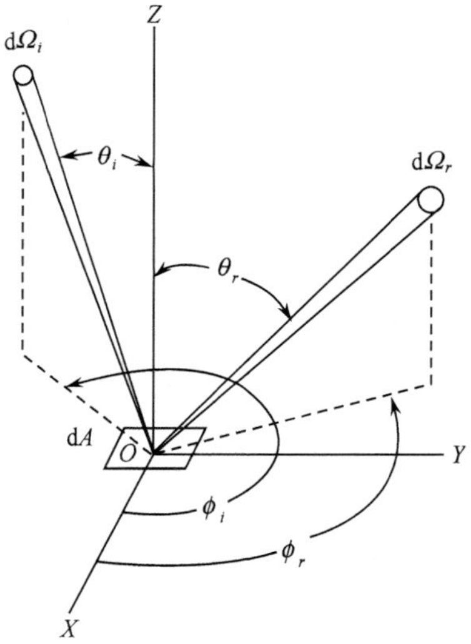

图 4.20 二向性反射分布函数定义示意图

双向反射率特性的主要作用是目标对直射太阳光的不同方向的反射，特别是前向热点和后向热点，即在反射方向和入射方向的反方向信号有明显的增强。天空光分布的不均匀性，导致双向反射率的修正困难，但这是次要贡献。由此导致双向地表——大气系统的信号与朗伯表面的地表——大气系统信号有相当大的差异。

另外值得注意的是测量中使用的标准板的双向反射率校正。

(1) 太阳直射光经双向反射后进入传感器(图 4.21)的信号

$$\exp(-\tau/\mu_s)\rho_t(\mu_s,\mu_v,\phi)\exp(-\tau/\mu_v) \tag{4.35}$$

(2) 天空漫射光经双向反射后进入视场(图 4.22)的信号

$$\begin{aligned}&t_d(\mu_s)\langle\rho_t(\mu_s,\mu_v,\phi)\rangle\exp(-\tau/\mu_v)\\&=t_d(\mu_s)\frac{\int_0^{2\pi}\int_0^{\pi}\cos\theta' L(\theta_s,\theta',\phi')\rho_t(\theta',\theta_v,\phi',\phi_v)\sin\theta'\mathrm{d}\theta'\mathrm{d}\phi'}{\int_0^{2\pi}\int_0^{\pi}\cos\theta' L(\theta_s,\theta',\phi')\sin\theta'\mathrm{d}\theta'\mathrm{d}\phi'}\exp(-\tau/\mu_v)\\&=t_d(\mu_s)\frac{\int_0^{2\pi}\int_0^{1}\mu L(\mu_s,\mu,\phi)\rho_t(\mu,\mu_v,\phi,\phi_v)\mathrm{d}\mu\mathrm{d}\phi}{\int_0^{2\pi}\int_0^{1}\mu L(\mu_s,\mu,\phi)\mathrm{d}\mu\mathrm{d}\phi}\exp(-\tau/\mu_v)\end{aligned} \tag{4.36}$$

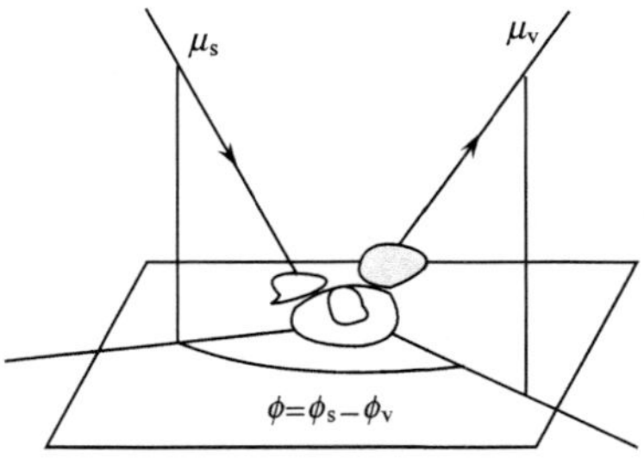

图 4.21　双向反射示意图 1

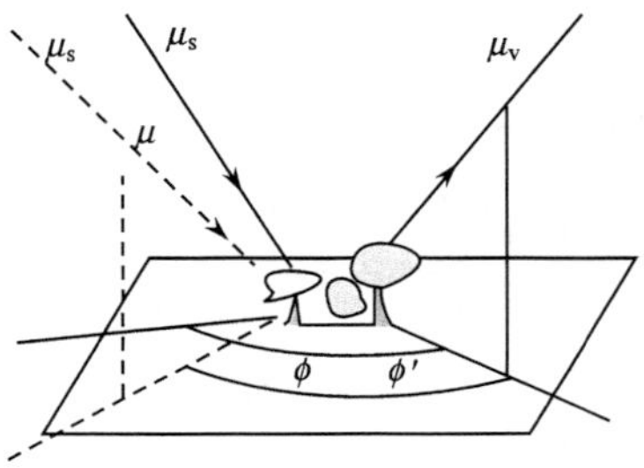

图 4.22　双向反射示意图 2

(3) 太阳直射经目标反射到其他方向再经大气散射后进入传感器视场(图 4.23),根据互易定律,

$$t_d(\mu_v)\langle\rho'_t(\mu_s,\mu_v,\phi)\rangle\exp(-\tau/\mu_s)=t_d(\theta_v)\langle\rho_t(\mu_v,\mu_s,\phi)\rangle\exp(-\tau/\mu_s) \tag{4.37}$$

(4) 漫射天空光经目标反射后再经大气散射进入传感器视场(图 4.24)。

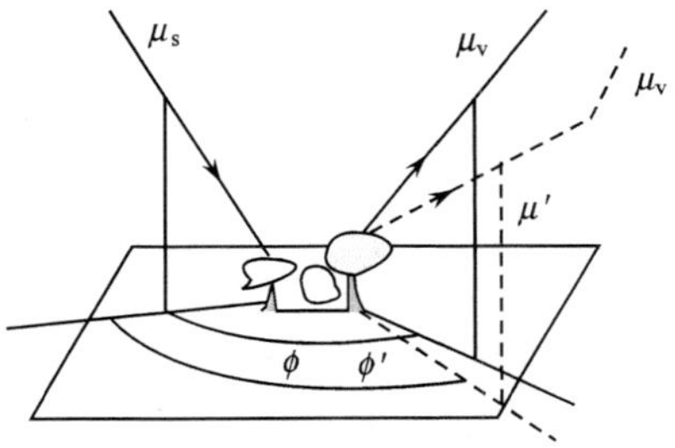

图 4.23　双向反射示意图 3

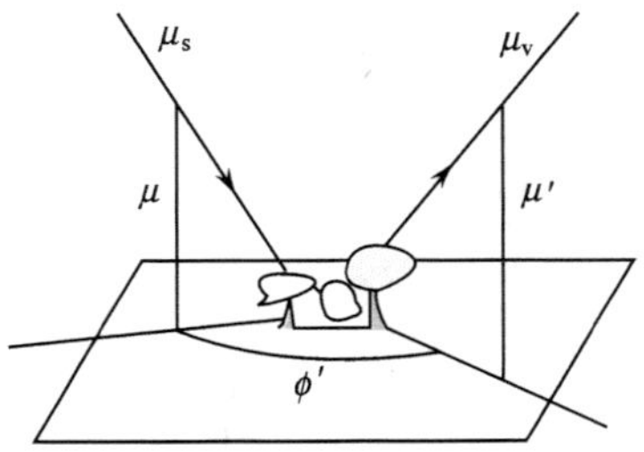

图 4.24　双向反射示意图 4

此项修正较弱，且趋于各向同性，因此可以利用目标的半球反射率(即等效的各向同性反射率)进行计算。

思考题：

1. 用遥感专业知识解释“夕阳方照桃花坞，柳絮飞来片片红”。
2. 推导考虑天空漫散射光时的表观辐亮度公式。

第5章　遥感平台与传感器系统

按照遥感平台的高低，遥感系统一般分为航空（包括近地面）遥感和航天遥感。本章将分别介绍航空遥感和航天遥感的原理、数据的获取和存储、管理和分析等过程，并分析影响两种遥感方式的各种因素。最后还简单介绍了 Landsat、SPOT 等卫星和遥感器的相关情况。

5.1　航空遥感

航空遥感是以飞机、气球等飞行于大气层中的飞行器作为遥感平台的遥感。包括利用各种遥感器：航空摄影仪（相机）、电视摄像机、扫描仪、散射/辐射计、雷达等。但由于航空摄影仍是应用最为广泛的方法，故在本章中将加以重点介绍。

5.1.1　航空遥感概述

1. 航空遥感历史

亘古以来，人们一直向往着能在天空飞翔和鸟瞰大地。古希腊神话中即有 Daedalus 及其子 Icarus 用羽毛和蜡做成翅膀飞翔的传说。在我国，明代科学家万户也有尝试乘坐火箭升空的伟大创举。

自热气球和照相技术于 19 世纪出现以来，上述梦想有了实现的可能。1858 年法国人 Gaspard Felix Tournachon 乘坐热气球在离地 80m 的高度，拍摄了法国 Bievre 的相片，进行了人类历史上第一次航空摄影，开创了航空遥感的先河。其后，人们将照相技术与多种航空技术结合起来，进行了各种航空遥感的有益尝试。Julius Neubronner 于 1903 年用鸽子、George R. Lawrence 于 1906 年用风筝和 Alfred Maul 于 1912 年用火箭分别进行了航空摄影。

上述航空遥感手段在可控性和稳定性等方面具有显而易见的不足。在飞机于 1903 年问世后，它逐渐成为最广泛使用的航空遥感平台，并与摄影、扫描等信息获取方式结合，形成了丰富的航空遥感技术。

2. 航空遥感的特点

航空遥感是很常见的遥感形式，与地面观测相比，有以下优点：

1）可以居高临下地观察

航空遥感可以提供大面积鸟瞰图，可使我们看到空间脉络的地面特征。而通过地面观测得到这样的图件是非常困难的。此外，它能将地面观察到的各种特征同时记录于一张图上，不同专业的人可从同一张图上提取自己感兴趣的信息。

2）可以记录动态现象

航空遥感可以通过连续记录将动态现象用图像的形式记录下来。这个特点被广泛地用于洪水、交通、溢油和森林火灾等动态现象的监测。

3）扩大了光谱感应范围

和肉眼相比，航空遥感通过特殊的胶片或雷达等其他传感器，可以记录更大波段范围的信息。如红外感光胶片感光范围为 0.3～0.9μm；经加石英透镜改善影像质量后，可得到感光范围为 0.3～0.4μm 的紫外摄影。

4）可以提高空间分辨率和几何保真

对航空摄影而言，如果对摄影机、胶片和飞行参数选用得当，在航空像片上可以得到更多的空间细节。如果有合适的地面参照数据，从航片上还可以获取地物精确的位置、距离、方位、高度、体积和坡度等量测数据。

3. 航空遥感的用途

航空遥感主要用于以下几个方面：

对太空飞行器上装载的遥感器进行模拟试验，论证其可靠性和有效性，如 MAS（MODIS airborne simulator）即为 MODIS（moderate resolution imaging spectroradiometer）的航空模拟遥感器；作为太空遥感的必要辅助手段，通过太空遥感影像与飞机遥感影像的对比分析，有助于航天遥感影像或数据的处理与理解；直接进行各种遥感应用作业，如军事侦察和资源与环境遥感。

5.1.2　航空遥感平台

如前所述，历史上曾出现过多种航空遥感平台。但目前最广泛应用的仍为飞机。装载各种遥感器的飞机在军事上称侦察飞机、在民用方面称遥感飞机。它可在 10 多米至 20 多千米的各种高度获取遥感数据。

1. 航空遥感平台分类

根据飞行高度可将航空遥感平台分为：

1）低空平台

飞行高度在 2000m 以下、对流层下层飞行的航空器。包括直升机等各种低空飞行飞机和可在空中固定位置的遥感气球。

2）中空平台

飞行高度在 2000～6000m 左右、对流层中层飞行的航空器。

3）高空平台

飞行高度在 12 000m 以上、对流层顶部同温层下层飞行的航空器。如高空飞机和可在平流层中自由漂移的高空气球。

2. 平台选择

在应用中需要根据不同需求，对飞机的性能进行选择。最主要的指标包括：

(1) 航高——飞机的实用升限；

(2) 航速——包括飞机的巡航速度和爬高速度；

(3) 航程——最大飞行距离或最大飞行时数。

此外还应考虑的飞机的稳定性。对机载遥感而言，飞机的稳定性非常重要。造成飞机不稳定的主要因素包括飞机本身运动中的颤动和大气状态影响，对前者可采用陀螺仪等保持传感器稳定，对后者可采用高空飞行加以避免，而采用喷气或涡轮发动机的飞机较活塞发动机飞机可使二者都得到改善。

考虑到航空遥感作业区变化较大和遥感影像的处理与判读等因素，遥感飞机上应装备自动驾驶仪、惯性导航仪、测高仪、飞行姿态记录仪及通信系统等。其中，对于飞行姿态的描述主要由滚动角 ω(roll)，俯仰角 φ(pitch)和偏航角 χ(yaw)来表述，如图 5.1 所示。

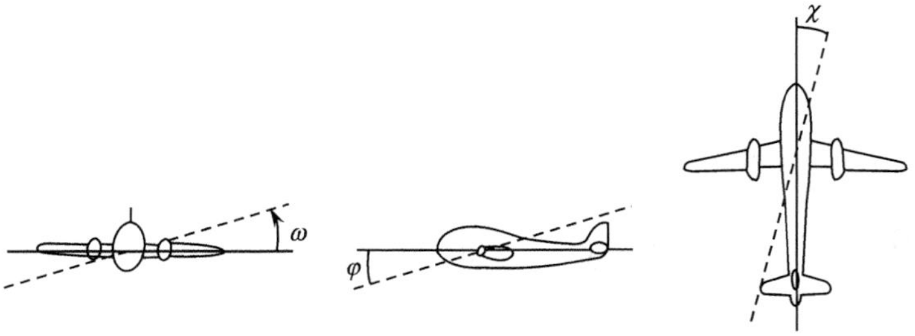

(a) 滚动角 ω(roll)　　(b) 俯仰角 φ (pitch)　　(c) 偏航角 χ(yaw)

图 5.1　飞行姿态描述参数

5.1.3　航空摄影系统

1. 胶片曝光量

胶片作为信息记录介质，在航空摄影系统中起着重要作用。摄影胶片上任意一点的曝光量与很多因素有关，除了受目标景物的复杂光谱特性制约外，还与摄影系统的透镜孔径、相机焦距、曝光时间以及用于记录胶片的对不同波长的敏感性和响应速度等关系密切。同时几何因素也是影响曝光量的重要因素。

1) 焦距与物距关系

摄影机的聚焦作用包括 3 个参数：摄影镜头的焦距 f、物距 f_1(摄影透镜与目标物之间的距离)和像距 f_2(摄影透镜与像平面距离)。若摄影机聚焦合适，那么焦距、物距和像距三者之间将满足以下关系：

$$\frac{1}{f} = \frac{1}{f_1} + \frac{1}{f_2} \tag{5.1}$$

对于一个给定的摄影镜头，其焦距 f 是一个定值常数，随着物距 f_1 的变化，像距 f_2

也发生相应的改变。为达到合适的聚焦效果,可以通过伸缩摄影机透镜与胶片平面(或者像平面)之间的距离来实现。实际上,在航空摄影中,物距总是相对无限远,也就是公式(5.1)中 $1/f_1$ 收敛于 0,那么此时焦距等于像距,即 $f=f_2$。所以在绝大多数航空摄影的胶片平面精确的位于距离镜头的固定距离 f 处,也就是置于焦平面上。

2) 曝光量

摄影相机焦平面上的任意点的曝光量 E 由目标物的辐亮度、曝光时间和镜头各参数决定。其具体可表示为

$$E=\frac{sd^2t}{4f^2} \tag{5.2}$$

式中,E 为焦平面曝光量(J/mm^2);s 为目标物的辐亮度[$J/(mm^2\cdot s)$];t 为曝光时间(s);d 为镜头孔径(mm);f 为镜头焦距(mm)。

从上式可知,对于给定的摄影相机和目标物,可以通过调节曝光时间(改变快门速度)、镜头孔径来改变曝光时间,当然不同的 t 和 d 组合可以达到同样的曝光量。

摄影机透镜孔径用调节光圈至特定光圈定位来解决,也即是光圈系数 F:

$$F=\frac{f}{d} \tag{5.3}$$

于是式(5.2)用光圈指数可以简化为

$$F=\frac{st}{4F^2} \tag{5.4}$$

那么光圈指数越大,则透镜孔径缩小,因此胶片的曝光量就越小。一般快门速度以 2 的倍数顺序递增(即$\frac{1}{125}$s,$\frac{1}{250}$s,$\frac{1}{500}$s,…),因此光圈指数与 2 的平方根成正比。典型的 F 有 $F/1$(主距等于孔径),$F/1.4$,$F/2$(主距为 2 倍孔径),$F/2.8$,…,$F/22$。F 以近似$\sqrt{2}$增加,对应的感光量则以 2 倍的速度减少。

3) 几何因素对曝光量的影响

在理想情况下,航空摄影胶片上景物亮度差异是由于地面物体的种类和条件不同而引起的。但同时,与许多和地表特征和条件无关的因素也影响着图像的亮度,主要包括几何因素和大气影响。本节主要讨论几何因素对胶片曝光量的影响。

曝光色散是影响胶片曝光的最重要的几何影响。这种外部条件是由像点与中心的距离不同引起的焦平面曝光量的不同。由于存在色散,在空间上具有相同反射系数的地表景物不能在焦平面上产生空间上的均匀的曝光效果。对于均匀的地表场景,在焦平面上的曝光量在胶片中心处最大,并随着中心向外逐渐减少。

图 5.2 表明了色散对胶片曝光量的影响。我们假设来自均匀地表的光线进入孔径面积为 A 的曝光量为 E_0。胶片中心处的曝光量为 E_0,而其他处的曝光量大小与透镜的有效采光面积A_θ、偏离光轴角度θ以及胶片的有效曝光小单元面积

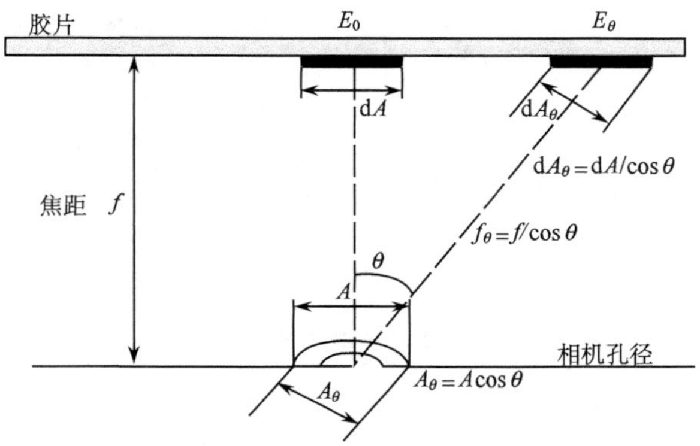

图 5.2　色散对曝光量影响示意图

dA_θ 有关。具体地说：

(1) 在偏离光轴的区域，透镜的有效采光面积 A_θ 随着 $\cos\theta$ 成比例的减少，即

$$A_\theta = A\cos\theta;$$

(2) 从摄影透镜到胶片的距离 f_θ 与 $1/\cos\theta$ 成正比，即 $f_\theta = f/\cos\theta$。因为曝光量与此距离平方成反比，即随着 $\cos^2\theta$ 成比例减小；

(3) 胶片的有效曝光小单元面积 dA_θ，当偏离光轴时，在垂直于光束方向上的投影面积与随着 θ 的增大而减少，即 $dA_\theta = dA\cos\theta$。

于是，综合上面的因素，可以得出离开光轴点的曝光量的理论的表达式为

$$E_\theta = E_0\cos^4\theta \tag{5.5}$$

实际摄影机的真实的色散特性不到理论的 $\cos^4\theta$，其指数取值范围通常在1.5～4。我们可以按照特定相机的色散特征来调整偏离光轴点的曝光量。

胶片的曝光量还和太阳高度角、方位角和摄像机的视角有关系。几何位置显著影响反射系数和曝光量。由于地形起伏变化，航空摄影在顶部和略微偏的视角将反映出部分垂直特征；由于地貌的侧面是向光面或是背光面，同一物体在图像上的位置不同，也将产生不同的曝光量。图 5.3(a)从侧面显示了差分阴影，胶片从 B 树的向光面获得的能量要比从 A 树背光面获得的多。可以看出，差分阴影是太阳高度角和地物高度的函数，特别是在低太阳角时作用明显。图 5.3(b)显示了差分大气散射效应。大气中的分子、固体粒子和气溶胶等反向散射增强了来自地物的光线。几何关系导致胶片在 D 区域的收集到的反向散射比在 C 区域的要强。在大雾天气时，不同数量的大气反向散射将导致不同程度的曝光。

同时，场景内的镜面反射也是影响胶片曝光量的重要因子。水体通常为镜面反射，代表方向反射的极端。图 5.3(c)显示在 E 点及其附近的曝光量由于镜面反射的存在而增加；相反，F 点及其附近区域的曝光量将相对减少。

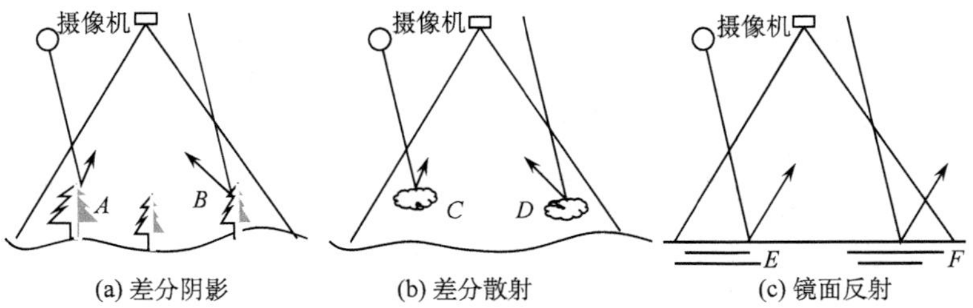

图 5.3　几何位置对曝光量的影响示意图

2. 航空摄影机

几乎任何型号的摄影机均可用于航空摄影。不过由于航空遥感要求快速连续地拍摄大量照片，故对摄影机的构造有一些特殊要求。目前常用的航空摄影机大致可分为 4 类：单镜头分幅摄影机、多镜头分幅摄影机、航带摄影机、全景摄影机。

1）单镜头分幅摄影机

单镜头分幅摄影机是使用最早、目前应用较多的摄影机。它的大概结构如图 5.4 所示。镜筒装置包括透镜、滤色片、快门和光圈。透镜由复合透镜元件组成，将目标物反射光线在焦平面上聚焦。快门和光圈控制胶片曝光量。机身主要装有电动胶片驱动装置，可以卷片、曝光时压平胶片、上快门和释放快门。暗盒部分包括供片盘和卷片盘、胶片传输装置和胶片压平装置，其中胶片的压平是靠焦平面后的真空板把胶片吸附紧贴而成的。

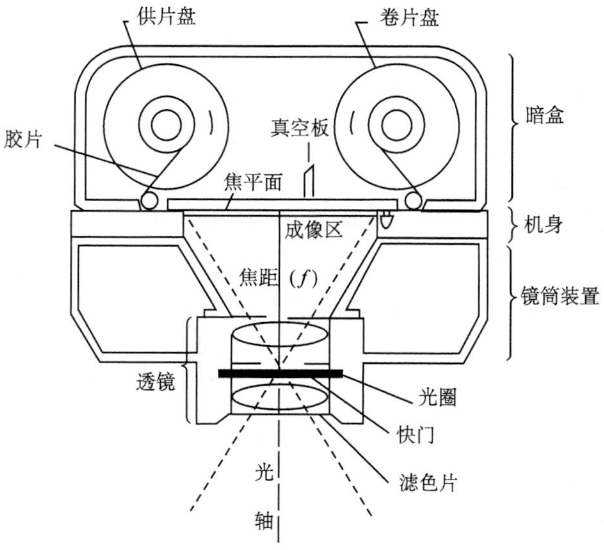

图 5.4　单镜头分幅摄影机结构示意图

当开启分幅摄影机的快门进行摄影时，飞机的运动会使图像模糊。为了消除这种影响，在许多分幅摄影机中都装有机内像移补偿装置，使胶片沿焦平面以图像的移动速度移动以达到去除图像模糊的目的。图像移动速度(v)取决于飞机飞行速度(V)、航高(H)与焦距(f)。

$$v = V \times (f/H) \tag{5.6}$$

2) 多镜头分幅摄影机

由于用单镜头分幅摄影机拍摄的照片具有较宽的波段响应范围(全色波段约为 0.3～0.7μm)，因此在此波长范围内地物对不同波长电磁辐射的不同反射将无法在一张照片上得到体现。为了得到地物对不同波长电磁辐射的反射特征，在航空摄影时人们也常使用多镜头分幅摄影机。

多镜头分幅摄影机可以利用不同的胶片-滤光片组合，从同一位置同时获取地物对不同波长电磁辐射的反射能量记录。将这些信息组合起来可以帮助人们更准确地将地物区分开来。如图 5.5 所示，由于我们已知典型地物的反射光谱，因此通过各个波段的组合就很容易判别出裸土(真彩色合成图像中红褐部分)和植被(标准假彩色合成图像中鲜红色部分)，而在全色波段黑白图像上很难做出同样的判断。

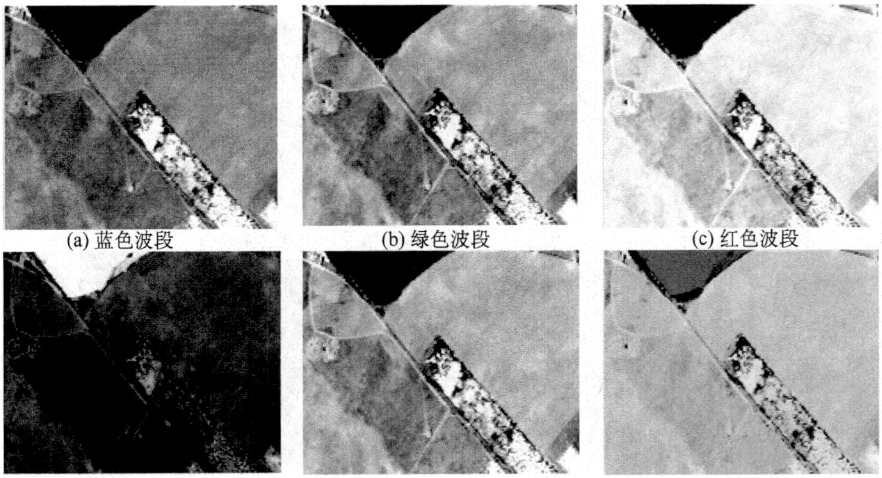
(a) 蓝色波段　(b) 绿色波段　(c) 红色波段

(d) 近红外波段　(e) 真彩色合成图像　(f) 标准假彩色合成图像

图 5.5　多波段航空摄影的黑白照片及其合成彩色照片

作为多镜头摄影机的替代，在实践中用不同胶片-滤光片组合的几个单镜头分幅摄影并加以妥善排列和固定，也可以达到多波段摄影的目的。

3) 航带摄影机

航带摄影机是通过将胶片移动过焦平面上一条很窄的缝隙使之感光而成像

的。曝光量由调整狭缝的大小来控制。与分幅式摄影不同的是：在摄影过程中，航带摄影机的快门是一直开启的。胶片通过缝隙的移动速度与图像移动速度相等以避免图像模糊，如图 5.6 所示。

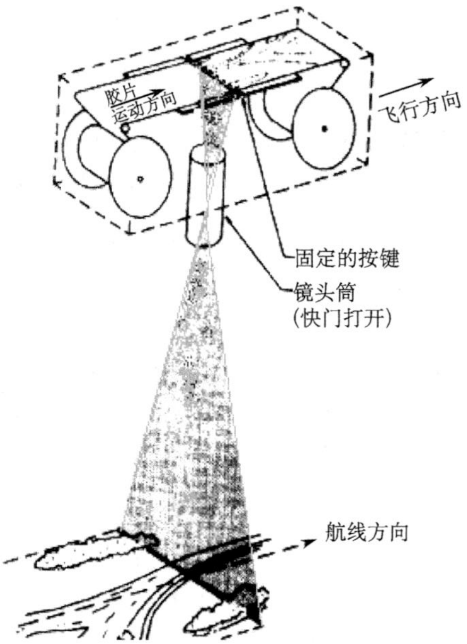

图 5.6　航带摄影机工作原理示意图

航带摄影机主要提供低空、高速军事侦察用。它的连续像移补偿可在此飞行条件下提供详细的摄影。在民用方面，它主要用于公路、铁路选线等线状地区研究方面。

除上述三种摄影机外，还有一种全景摄影机。由于它有较大的几何畸变，目前应用较少。在此不做详细介绍。

3. 航空像片

将航空摄影后得到的底片晒印后即得到航空像片，简称“航片”。由于分幅式摄影机应用最为广泛，因此以后涉及航片均指由分幅式摄影所得到的。

1）航片类型

航空像片按倾角可分为垂直摄影和倾斜摄影航片。航片倾角是指航空摄影机主光轴与通过透镜中心的地面铅垂线（主垂线）之间的夹角。航片倾角为 0°时是垂直摄影，此时主光轴垂直于地面（主光轴与主垂线重合）。但由于飞行中各种原因，航片倾角不可能绝对为 0°，因此我们将倾角小于 3°的均称为垂直摄影，将垂直摄影得到的航片称为水平航片。水平航片上的地物影像，一般与地物顶部形状基本相似，航片各部分比例尺大致相同。所以可用水平航片来进行各目标位置关系判断和距离等几何要素的量算。

航片倾角大于 3°时为倾斜摄影，所获得航片称倾斜航片，如图 5.7 所示。

2）航片的获取

绝大部分航片是用分幅摄影机沿航带拍摄的，拍摄时主光轴与地表交点的连线称天底点线。为了保证拍摄的多张分幅像片能对目标区完全覆盖和航向上相邻航片具有立体像对，在航向上通常要保证 55％～65％的重叠，如图 5.8 所示。

如果目标区面积很大，一条航带无法保证完全覆盖。当需要数条航带对目标区进行摄影时，各航带应保持平行。此时为保证对目标区完全覆盖，航带之间也要保证一定的重叠，重叠率大约为 15％～30％。

3）航片简介

目前我国常用的航片像幅有 18cm×18cm、23cm×23cm 和 30cm×30cm 3 种。

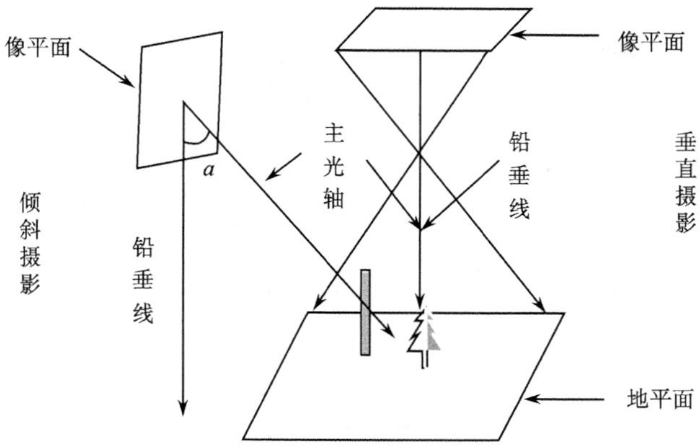

图 5.7　垂直投影和倾斜投影

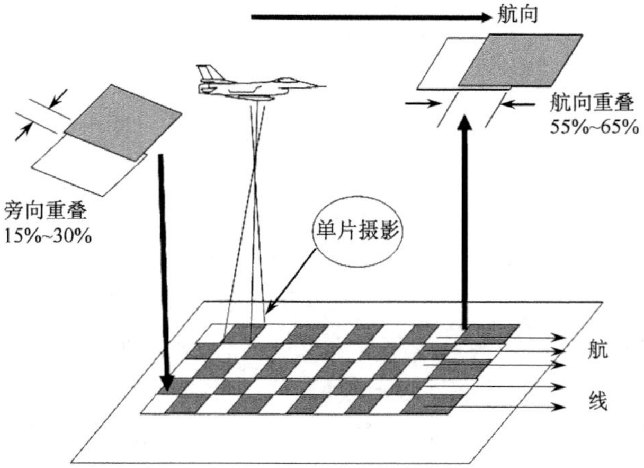

图 5.8　航空影像获取过程示意图

在航片四边，通常印有摄影状态的记录，如图 5.9 所示。

（1）框标：像片四边中间的黑色箭头（也有在像片四角用“×”表示）。对称两框标连线的交点为像片中心点。

（2）像主点：主光轴与像平面的垂足。在垂直摄影时，像片中心点与像主点重合。

（3）压平线：像片四周的井字形直线。其弯曲度说明摄影时由于胶片未压平而产生的影像变形情况。

（4）水准器：水准器中的气泡说明该像片摄影时光轴的倾斜情况。气泡居中为水平航片，同心圆每圈代表 1°。

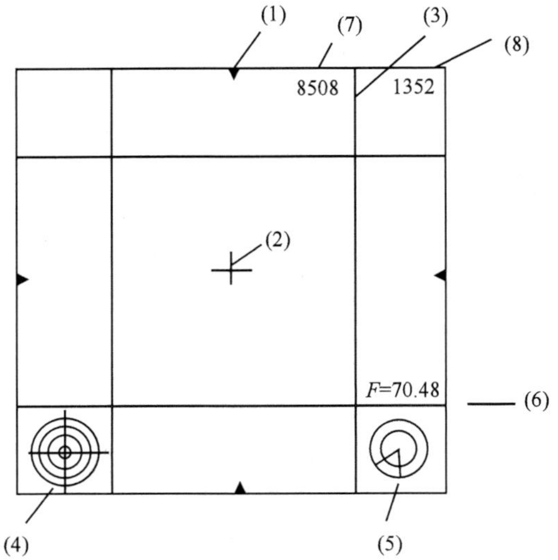

图 5.9 航片示意图

(5) 时表：记录该航片拍摄时间。

(6) 焦距：f。

(7) 航摄地区编号：表示航摄区位置。

(8) 像片编号：表示该像片在整个图幅及本条航带中的顺序。

除此以外，在航片底边还有灰阶，即标有标准密度值的一系列按某一密度值递增的中性灰密度序列，它反映了该胶片对细部的表达能力和对地物反差和辐射水平的表达范围。通常由黑到白分为十级。

航片质量的评价要求影像清晰、灰度适中、反差正常、像片中央和边缘色调均匀，云影、阴影和擦痕不影响观察和使用。

5.1.4 航空像片几何特征

1. 航片的投影

1) 航片是中心投影

中心投影是指空间任意直线均通过一固定点（投影中心）而投射到一平面（投影平面）上而形成的透视关系。如图 5.10 所示，S 为投影中心，P 为投影平面，SA 为投影光线，SA 与 P 的交点 a 为空间点 A 的中心投影。P、S、A 三者位置关系是任意的。航空摄影时，地物的反射光线都通过航摄机镜头投影到焦平面上的底片而形成影像。镜头相当于投影中心，底片平面相当于投影面，所以说航空像片属于中心投影。

摄影时，底片曝光过程相当于图 5.10(b)，而接触晒印获得航片过程相当于

图 5.10(a)。

2) 中心投影与垂直投影的区别

航空像片是中心投影，地形图是垂直投影。二者的区别主要体现在以下方面：

(1)投影距离的影响。对垂直投影，空间点在投影面上的位置与投影距离无关；而中心投影时，空间点在投影面(像平面)上的位置随投影距离(航高)而变化。如图 5.11 所示。这是由于随着航高的变化，航片具有不同的比例尺。

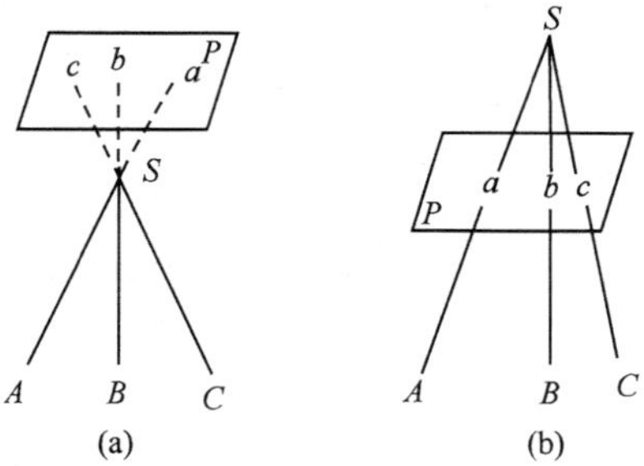

图 5.10　中心投影

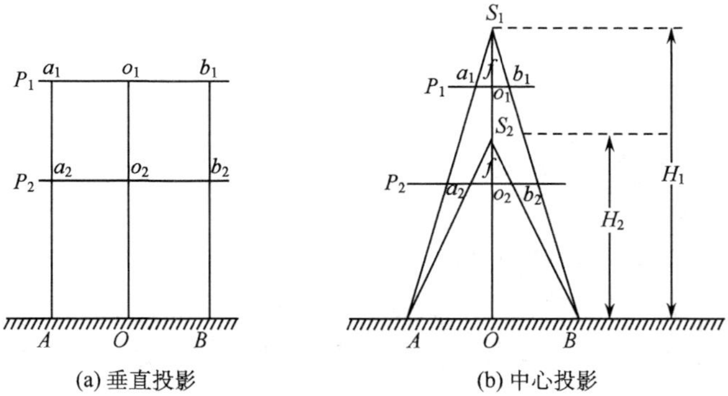

图 5.11　投影距离变化的影响

(2)投影面倾斜的影响。对垂直投影，投影面总是水平的，航片上各部分比例尺是统一的。对于中心投影，若投影面倾斜，则像片各部分比例尺就不一样。如图 5.12 所示。地面点 A、O、B 距离相等，但在倾斜投影面上，ao 不等于 ob。

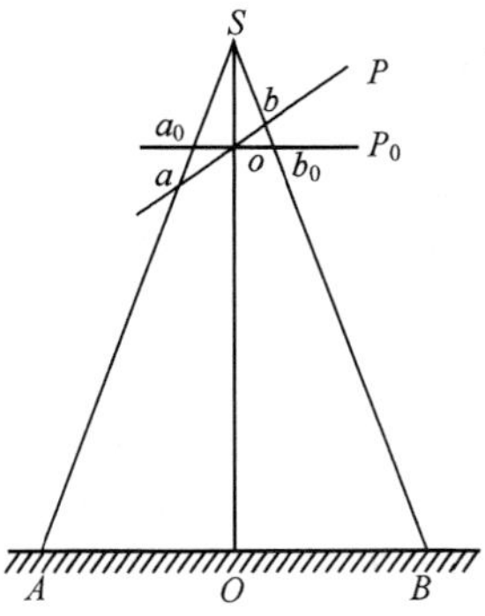

图 5.12　投影面倾斜的影响

(3)地形起伏的影响。地形起伏对垂直投影没有影响，如图 5.13(a)所示。A 与 A_0 虽然位于不同高度，但其垂直投影均位于 a。但对于中心投影则有影响，如图 5.13(b)中 A 与 A_0 是位于同一垂线上不同高度的点，A 点投影为 a，A_0 点投影为 a_0，aa_0 是由中心投影引起的投影差。地形起伏越大，投影差越大。

由此可见，在利用航片绘制地形图或进行量算时，由于像片倾斜或地形起伏引起的误差必须加以纠正。

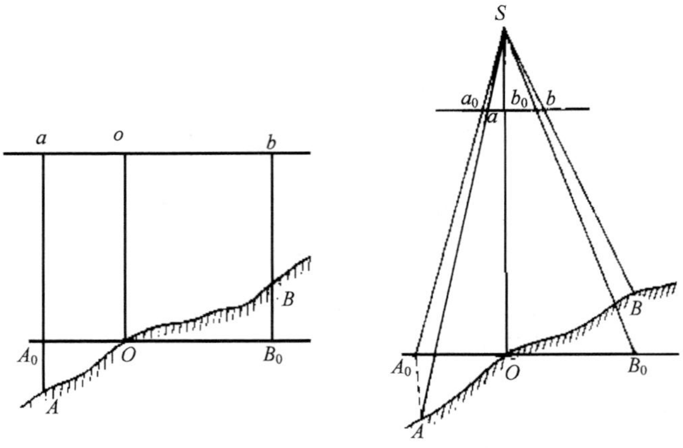

图 5.13　地形起伏的影响

2. 航片上的特征点、线与方位要素

1）特征点、线

如前面所述，实际中很难得到绝对的水平航片，一般航片总存在一定倾斜。在这种航片上有一些具有特殊性质的点、线，它们对研究误差规律等有重要作用。

如图 5.14 所示，P 为倾斜像平面，S 为镜头中心，P_0 为过 S 的水平面，P_0 与 P 夹角 α 为航片倾角。

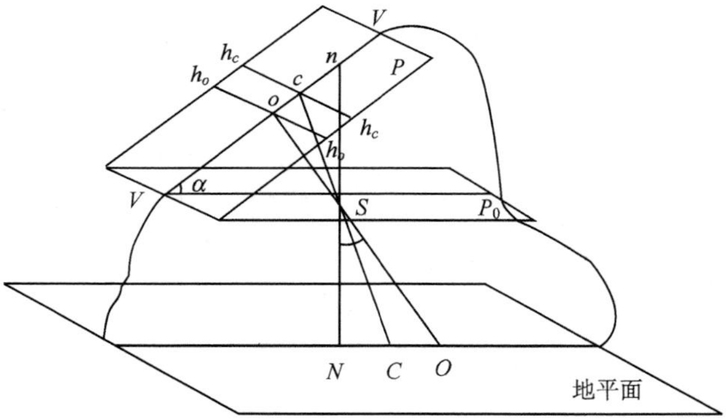

图 5.14　航片上的特征点、线

像主点(o)：主光轴 SO 与像平面 P 的交点。

像底点(n)：通过 S 的地面铅垂线(主垂线)SN 与像平面的交点。

等角点(c)：主光轴与主垂线夹角的角平分线 SC 与像平面的交点。

主纵线与主横线：包括主光轴与主垂线的平面称主垂面，它与像平面的交线

VV 称主纵线，即像主点与像底点的连线。与它垂直且通过像主点的直线 $h_o h_o$ 称主横线。它们共同构成像平面上的直角坐标系。

等比线：通过等角点且垂直与主纵线的直线 $h_c h_c$ 称为等比线，等比线上比例尺不变。

2）方位要素

确定航片在摄影瞬间位置的要素称为方位要素。航片的方位要素分内、外方位要素。内方位要素用以确定投影中心相对与航片的位置，外方位要素用以确定光束在摄影瞬间的位置。

属于内方位要素的有：像主点坐标 x_0 和 y_0 以及焦距 f。属于外方位要素的有：镜头中心 S 的坐标 X_S、Y_S、Z_S，以及三个角方位转角 φ,ω,κ（它们分别指水平航片绕 Y 轴、X 轴和 Z 轴的转角）。

按航片和内方位要素将光束恢复后，再按外方位要素将该光束进行安置，则可使航片恢复到对地面进行摄影时的位置。

3. 航片比例尺及其测定

航片上某一线段长度与地面相应线段长度之比，称为航片比例尺。

根据简单的几何知识可知：在针对平坦目标区得到的水平航片上，航片比例尺处处一致且与选取线段的长度和方向无关，仅取决于焦距（f）和航高（h）。即：$1:m=f:H$。其中 m 为比例尺分母。航高一定时，焦距越大，航片比例尺越大。

但由于现实中这样的理想状况很难同时出现，在此我们有必要讨论地表有起伏时倾斜航片比例尺的计算。

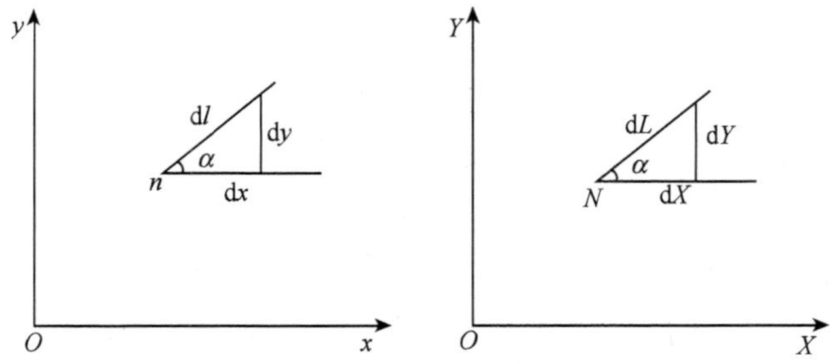

图 5.15　像面坐标与地面坐标

当航片倾斜时，确定某像点 n（图 5.15）比例尺方法如下（详细论述参见其他专著）：

首先，从该点向某一方向（方位角 φ）做微分线段 $\mathrm{d}l$（在本章后面内容中，所有小写字母均代表像平面上的元素，对应大写字母代表对应地表元素），该线段与地表对应线段比例如下：

$$1:m=\mathrm{d}l:\mathrm{d}L \tag{5.7}$$

用 $\mathrm{d}x$、$\mathrm{d}y$ 和 $\mathrm{d}X$、$\mathrm{d}Y$ 表示线段 $\mathrm{d}l$ 和 $\mathrm{d}L$ 在相应坐标轴上的投影后，上式变为

$$1 : m = \mathrm{d}x : (\cos\varphi\sqrt{\mathrm{d}X^2 + \mathrm{d}Y^2}) \tag{5.8}$$

然后，利用航片的方位要素，确定地面点 N 与像点 n 的坐标关系后，不难推出下式：

$$\mathrm{d}X = H\frac{f\cos\varepsilon - y\sin\varepsilon + x\sin\varepsilon\tan\varphi}{(f\cos\varepsilon - y\sin\varepsilon)^2}\mathrm{d}x \tag{5.9}$$

$$\mathrm{d}Y = H\frac{f\tan\varphi}{(f\cos\varepsilon - y\sin\varepsilon)^2}\mathrm{d}x \tag{5.10}$$

经必要的简化后，最后得到下式：

$$\frac{1}{m} = \frac{1}{H}k^2[(k\cos\varphi + c\sin\varphi)^2 + \sin^2\varphi]^{-\frac{1}{2}} \tag{5.11}$$

其中，

$$k = \cos\varepsilon - \frac{y}{f}\sin\varepsilon \tag{5.12}$$

$$c = \frac{x}{f}\sin\varepsilon \tag{5.13}$$

式中，f 为焦距；H 为航高；ε 为航片倾角。

由此可见，倾斜航片的比例尺取决于焦距、航高、倾角、微分线段 $\mathrm{d}l$ 的点位及其方向。

当地表有起伏时，地面各点到摄影机镜头的距离各不相同。因此，即使航片水平，各像点处比例尺仍有不同。

5.1.5 航空摄影测量

摄影测量的基本原理是：用立体像对来恢复三维物体的原始形状，即形成所谓的立体模型，然后在立体模型中量测物体的三维空间坐标、形状和大小及其相互关系等信息。所谓立体像对就是在两个不同的地方摄影的具有一定重叠度的同一景物的两张影像。当然，我们只有在两张影像重叠的地方才能恢复三维物体的立体形状。

图 5.8 表明，在航空摄影中，一般来说航向上的重叠度为 55%～60%，而航线间的重叠度为 15%～30%。任何两张在航线方向上的影像，都可用来形成一个立体模型，而能形成立体模型的范围大约为影像范围的 60%。

1. 立体观察原理

一只眼睛看东西会分辨不出物体的远近，而两只眼睛能办到的原因在于两只眼睛看物体时，交会角存在差异，从而导致生理视差，最终产生地物远近的感觉(图 5.16)。

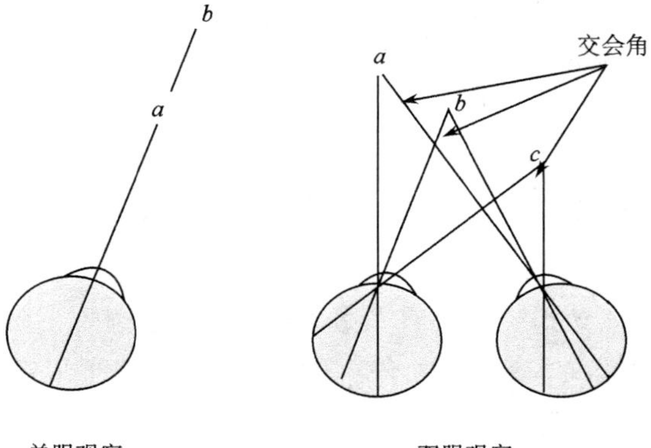

图 5.16　立体观察原理

2. 摄影测量常用的坐标系

摄影测量常用的坐标系包括像平面坐标系,像空间坐标系、像空间辅助坐标系和物方空间坐标系。

1) 像平面坐标系 o-xy

像平面坐标系是影像平面内的直角坐标系(图 5.17),用以表示像点在像平面上的位置(x,y)。该坐标系一般以像主点 o 为坐标原点。在航空影像中,两对边机械框标(图 5.9)的连线为 x 轴和 y 轴的坐标系称为框标坐标系,其与航线方向一致的连线为 x 轴,航线方向为正方向,像平面坐标系的方向和框标坐标系的方向相同。

2) 像空间坐标系 S-xyz

该坐标系是一个过渡坐标系,用来表示像点在像物方坐标系的位置(图 5.17)。该坐标系以投影中心 S 为坐标原点,摄影机的主光轴 So 为坐标系的 z 轴,像空间坐标系的 x、y 轴分别与像平面的 x、y 轴平行。因此像平面坐标系上的点(x,y)在像空间坐标系的坐标即为$(x,y,-f)$,其中 f 为摄像机的焦距。

3) 像空间辅助坐标系 S-XYZ

该坐标系也是一个过渡坐标系,它仍以投影中心 S 为坐标原点,在航空摄影中通常以铅垂方向为 Z 轴,并取航线方向为 X 轴。这样有利于改正沿航线方向累积的系统误差,用

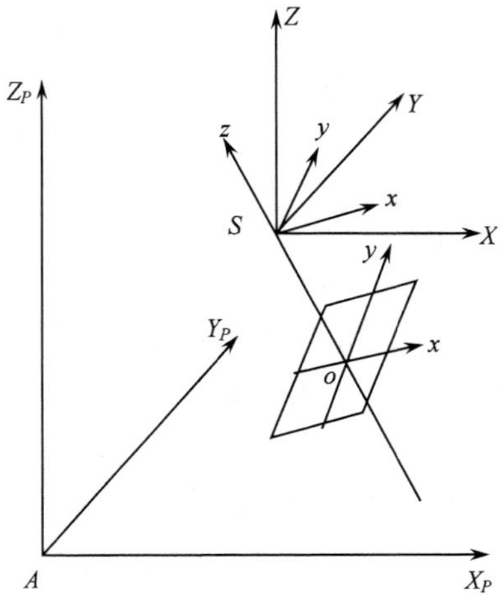

图 5.17　摄影测量常用的坐标系

右手定则可以确定 Y 轴(图 5.17)。

4) 摄影测量坐标系 $A\text{-}X_PY_PZ_P$

该坐标系用来描述解析测量过程中模型点的坐标。在航空摄影测量中通常以地面上某一点 A 为坐标原点,而它的坐标轴与像空间辅助坐标轴平行(图 5.17)。

5) 物方空间坐标系 $O\text{-}X_tY_tZ_t$

描述地面点在物方空间的位置。测绘中所用的是地面测量坐标系(大地坐标系)。前面的 4 种坐标系均为右手直角坐标系,而地面测量坐标系为左手坐标系,它的 X_t 轴指向正北方向,与大地测量中的高斯-克吕格平面坐标系相同,高程则以我国黄海高程系统为基准。

另外,影像的方位元素包括 3 个内方位元素(x_0,y_0,f)和 6 个外方位元素(X_S、Y_S、Z_S 和 φ,ω,κ),其定义在 5.1.4 节已经给出,在此不再赘述。

3. 像点空间坐标系的旋转变换

像点空间直角坐标的旋转变换是指像空间坐标与像空间辅助坐标之间的变换。空间直角坐标的变换是正交变换,一个坐标系按照某种顺序一次地旋转三个角度即可变换成为另一个同原点的坐标系。由于角元素的描述有多种方式,我们在此规定使用的是以 Y 轴为主轴的 $\varphi\text{-}\omega\text{-}\kappa$ 系统。

假设有一像点 a,它在像空间坐标辅助坐标系 $S\text{-}XYZ$ 中的坐标为(X,Y,Z),在像空间坐标系 $S\text{-}xyz$ 中的坐标为(x_0,y_0,$-f$),从空间解析几何可知,像点 a 在这两种坐标系中的坐标有如下关系:

$$
\begin{aligned}
X &= a_1x + a_2y + a_3z \\
Y &= b_1x + b_2y + b_3z \qquad z = -f \\
Z &= c_1x + c_2y + c_3z
\end{aligned}
\tag{5.14}
$$

X 写成矩阵形式为

$$
\begin{bmatrix} X \\ Y \\ Z \end{bmatrix} = \begin{bmatrix} a_1 & a_2 & a_3 \\ b_1 & b_2 & b_3 \\ c_1 & c_2 & c_3 \end{bmatrix} \begin{bmatrix} x \\ y \\ -f \end{bmatrix} = R \begin{bmatrix} x \\ y \\ -f \end{bmatrix}
\tag{5.15}
$$

因此,要进行空间两个直角坐标系的转换,关键是如何确定一个正交矩阵 $\boldsymbol{R}$。若影像的 3 个外方位角元素 φ、ω、κ 确定,那么公式(5.15)便可理解为像空间坐标系是空间辅助坐标系(相当于摄影光束的起始位置)依次绕相应的坐标轴旋转 φ、ω、κ 三个角度后的位置。于是此时的旋转矩阵 $\boldsymbol{R}$ 便可写成:

$$
\boldsymbol{R} = R_\varphi R_\omega R_\kappa = \begin{bmatrix} \cos\varphi & 0 & -\sin\varphi \\ 0 & 1 & 0 \\ \sin\varphi & 0 & \cos\varphi \end{bmatrix} \begin{bmatrix} 1 & 0 & 0 \\ 0 & \cos\omega & -\sin\omega \\ 0 & \sin\omega & \cos\omega \end{bmatrix} \begin{bmatrix} \cos\kappa & -\sin\kappa & 0 \\ \sin\kappa & \cos\kappa & 0 \\ 0 & 0 & 1 \end{bmatrix}
$$

$$= \begin{bmatrix} a_1 & a_2 & a_3 \\ b_1 & b_2 & b_3 \\ c_1 & c_2 & c_3 \end{bmatrix} \tag{5.16}$$

式(5.16)中各个旋转矩阵的各个分量分别为

$$\begin{aligned}
a_1 &= \cos\varphi \cos\kappa - \sin\varphi \sin\omega \sin\kappa \\
a_2 &= - \cos\varphi \sin\kappa - \sin\varphi \sin\omega \cos\kappa \\
a_3 &= - \sin\varphi \cos\omega \\
b_1 &= \cos\omega \sin\kappa \\
b_2 &= \cos\omega \cos\kappa \\
b_3 &= - \sin\omega \\
c_1 &= \sin\varphi \cos\kappa + \cos\varphi \sin\omega \sin\kappa \\
c_2 &= - \sin\varphi \sin\kappa + \cos\varphi \sin\omega \cos\kappa \\
c_3 &= \cos\varphi \cos\omega
\end{aligned} \tag{5.17}$$

从式(5.17)中可以看出，如果已知一幅影像的 3 个姿态角元素 φ、ω、κ，就可以求出 9 个方位余弦，也就知道像空间坐标系到像空间辅助坐标系的正交矩阵 $\boldsymbol{R}$，从而实现了两种坐标系的相互转换。

4. 共线方程

共线条件是中心投影构像的数学基础，也是各种摄影测量处理方法的重要理论基础。如图 5.18 所示，S 为摄影中心，在某一规定的物方空间坐标系中其坐标为(X_S,Y_S,Z_S)，M 为任一物方空间点，它的物方空间坐标为(X,Y,Z)。m 为 M 在影像上的构像，其相应的像空间坐标和像辅助坐标分别为$(x,y,-f)$和(X,Y,Z)。摄影时，S、m、M 三点一线，于是像点 m 的空间辅助坐标与物方点 M 物方空间坐标之间有以下关系：

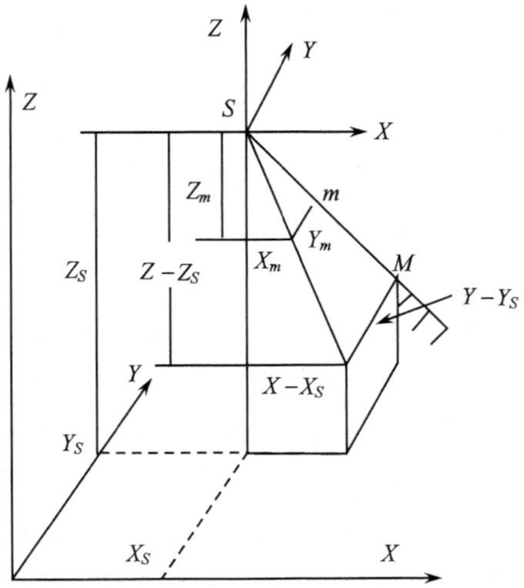

图 5.18　共线条件方程

$$\frac{X_m}{X - X_S} = \frac{Y_m}{Y - Y_S} = \frac{Z_m}{Z - Z_S} = \lambda_m$$

则

$$X_m = \lambda_m(X - X_S), Y_m = \lambda_m(Y - Y_S), \quad Z_m = \lambda_m(Z - Z_m) \tag{5.18}$$

根据公式(5.15)可知，像空间坐标和像空间辅助坐标有下列关系：

$$\begin{bmatrix} x \\ y \\ -f \end{bmatrix} = \boldsymbol{R}^{\mathrm{T}} \begin{bmatrix} X \\ Y \\ Z \end{bmatrix} = \begin{bmatrix} a_1 & b_1 & c_1 \\ a_2 & b_2 & c_2 \\ a_3 & b_3 & c_3 \end{bmatrix} \begin{bmatrix} X_m \\ Y_m \\ Z_m \end{bmatrix} \tag{5.19}$$

将上式展开为

$$\frac{x}{-f} = \frac{a_1 X_m + b_1 Y_m + c_1 Z_m}{a_3 X_m + b_3 Y_m + c_3 Z_m}$$

$$\frac{y}{-f} = \frac{a_2 X_m + b_2 Y_m + c_2 Z_m}{a_3 X_m + b_3 Y_m + c_3 Z_m}$$

再将公式(5.16)带入以上两式,并考虑像主点(x_0,y_0)可以得到

$$\begin{aligned} x &= x_0 - f\frac{a_1(X - X_S) + b_1(Y - Y_S) + c_1(Z - Z_S)}{a_3(X - X_S) + b_3(Y - Y_S) + c_3(Z - Z_S)} \\ y &= y_0 - f\frac{a_2(X - X_S) + b_2(Y - Y_S) + c_2(Z - Z_S)}{a_3(X - X_S) + b_3(Y - Y_S) + c_3(Z - Z_S)} \end{aligned} \tag{5.20}$$

上式便是共线条件方程,它描述了摄影瞬间摄影镜头光心、地面点及其像点同在一条摄影光束的条件。共 12 个数据,从内方位元素、地面点坐标可以得到像点坐标。

5. 后方交会与前方交会

如果知道每幅影像的 6 个外方元素,就可以确定被摄影物体与航摄影像的关系。要获取影像的外方元素,可采取的方法很多,包括:利用雷达、全球定位系统(GPS)、惯性导航系统(INS)以及星相摄影机来获取影像的外方元素;也可以在像机内方位元素经检测已知的情况下,利用一定数量(至少三个)的地面控制点,分别量测其物方坐标和像方坐标,反求像片的外方位元素,这种方法称为单张像片空间后方交会。其基本公式就是共线条件方程。

利用单像空间后方交会求得影像的外方元素后,却不能由单幅影像上的像点坐标来反求相应地面点的空间坐标。这是因为,根据单个像点及其相应的外方位元素只能确定地面点所在的空间方向,而使用立体像对上的同名像点,就能得到两条同名射线在空间的方向,这两条射线在空间上一定相交,其相交处必然是该地面点的空间位置。这种由立体像对左右两个影像的内、外方位元素和同名像点的影像坐标量测值,利用共线条件方程来确定该点的物方空间坐标的方法,称作立体像对的空间前方交会。可以想象,如果把一个立体像对的左右影像放到同摄影机一模一样的两个投影机中,并且左右两投影机的像对位置也恢复到摄影机摄影时的位置和姿态,那么,从左右两影像投下来的光束就会在空中交会形成一个立体模型,如图 5.19 所示。也就是说,若地面点 A 在左右影像分别成像为 a'、a'',并且假设我们知道左右影像的各自的内外方位元素,那么只要测得 a'、a''点像平面坐标,便可通过共线条件方程公式(5.20)来求解 A 的地面坐标(X_A,Y_A,Z_A)。如

果知道摄影过程中每张像片的内外方位元素,就可以恢复摄影光束,重建地面模型。

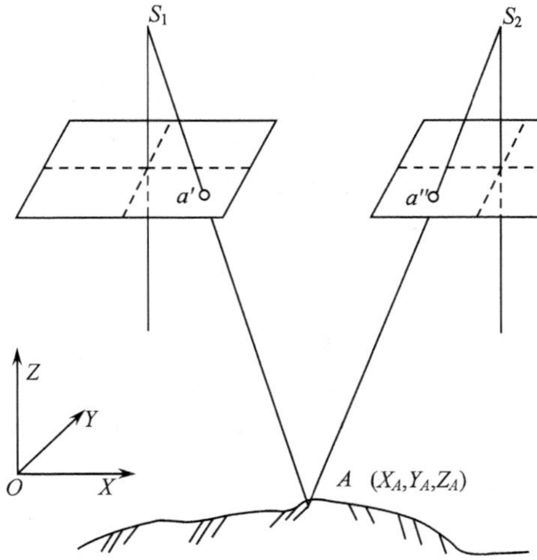

图 5.19　立体像对三维重建示意图

5.2　航 天 遥 感

人造卫星的发射成功标志着遥感领域的进一步扩大。最初的航天遥感主要是用于气象监测和军事观察,但日新月异的科技水平和能够实时、动态和全天候地获取地物信息的特征使得遥感技术广泛地运用于环境变化监测、城市建设与管理以及地表水热平衡等领域,并发挥着越来越重要的作用。

5.2.1　航天遥感的特点

借助于遥感平台的高低来划分航空和航天遥感,并常以 100km 为界线。常用的航天遥感平台有人造卫星、载人飞船、太空船和空间站,例如美国 Landsat 系列、法国 SPOT 系列、加拿大的 ENVISAT 以及中巴资源卫星等。卫星通常是由服务舱和仪器舱两部分组成;载人飞船和空间站则由服务舱、仪器舱和工作舱(货舱)三部分组成,其中仪器舱专用于安装各种星上遥感装置。

和航空遥感一样,航天遥感多利用可见光、近红外、短波红外、热红外以及微波波段来获取地物的不同信息。但相比于航空遥感,航天遥感具有以下优势:

(1) 具有更大的覆盖面积。根据几何原理,在同样的视场角下,航高越大,地面覆盖范围越大。例如,Landsat 的 TM(thematic mapper,专题制图仪)的一景影像大小为 185km×172km,远大于诸如飞机、飞艇平台的航空遥感。

(2) "再访"观测能力。航空遥感器可以按照一定的时间频率对同一地面区域进行重复监测。例如,Landsat 和 SPOT 卫星的再访时间间隔分别为 16 天和 26 天。这样的"再访"能力具有两方面的重要意义:一是,"再访"能力增加了遥感器对区域的观测频率,潜在地提高了云层覆盖区域的分辨能力;二是,遥感器按照一定频率对同一地物的观测,为分析地物的动态变化提供可能。

(3) 地面特征的定量测量。经过地形配准、大气纠正和辐射定标以及地面同步测量数据,可以利用遥感数据反演地物的各个物理、化学和生物因素等参数,例如,地表温度、水热通量、生物量、海洋水色、风速、风向以及气溶胶。相关内容和方法将在本书的第 7 章和第 9～13 章阐述。

(4) 半自动处理和分析能力。航天遥感的数据获取介质采用了像元数字记录方式,并通过设置数字记录的位数(如 MSS-6 bits,TM-8 bits)来控制信息的辐射分辨率。例如,电荷耦合设置 CCD(charge coupled devices)常作为可见光-红外遥感器数据获取的介质。那么,这样的信息记录方式为遥感数据的空间传输、地面存储、数据处理和分析的计算机自动化运行提供前提,但由于地物各个要素的复杂性和多变性,人的主观判断和先验知识的介入是无法避免的,也是必要的。

(5) 相对低成本效益。尽管制造和发射卫星的绝对成本远高于航空遥感设备,但是航天遥感获取的海量数据使得相比成本远低于航空遥感。对于一般的遥感器而言,其设计生命周期都为若干年。以 Landsat-5 为例,自其 1984 年 3 月发射至今,每 16 天可以获得 233×248km 景影像,因此相比之下的平均成本就较低了。

5.2.2 空间轨道及其运行特征

星载遥感器获取地面信息的过程不仅受太阳辐照度、天顶角、方位角和大气状况、地理位置、地形地貌等外界因素影响,还与其自身的运行方式、轨道参数、姿态情况和信息灵敏度等有关。本节将以卫星平台为例来阐述卫星轨道及其运行特征。

1. 开普勒定律

在空间运行的卫星都将遵循天体运动的开普勒三定律,即:

(1) 星体绕地球(或太阳)运动的轨道是一个椭圆,地球(太阳)正好位于椭圆的一个焦点上;

(2) 从地心或者太阳中心到星体的连线(星体向径),星体在单位时间内扫过的面积相等(面积速度守恒);

(3) 星体绕地球或太阳一周所需时间的平方与椭圆轨道半径长轴的立方成正比。

于是,我们可以利用开普勒定律根据需求来设计卫星的运行轨道,还可以推求卫星运动周期和在各点的运动速度。下面实例展示了运用开普勒第三定律来推算卫星绕地球运行的周期。

例：已知地球静止轨道的高度 $h=36\ 000\text{km}$，地球半径 $R_0=6371\text{km}$，试推算一颗 $H=800\text{km}$ 高度卫星的周期 T(单位：min)。

解：地球静止卫星绕地球运行的周期等于地球自转周期，其值可以取为 $T_s=24\text{h}$，同时其运行半径 $R_s=h+R_0=42\ 371\text{km}$(近似为长轴)，而另一卫星的运行半径为 $R=H+R_0=7171\text{km}$，也是根据开普勒第三定律便可求出待测卫星的运行周期 T：

$$\frac{T_s^2}{R_s^3}=\frac{T^2}{R^3}\rightarrow T=T_s\sqrt{\frac{R^3}{R_s^3}}=100.26\text{min}$$

常用卫星的运行周期均可以从相关网站上查询。其中 Landsat-1～Landsat-4 约为 103.1min，而 Landsat-5，Landsat-7 约为 99min；SPOT 为 101.4min。

2. 轨道参数

与地面运动的物体一样，卫星的运动状态也可以用一系列参数来描述。而建立适当的坐标系是确定各个参数的参照基础。常用的坐标系为赤道坐标系。

赤道坐标系是取赤道面为基准面，以地球自转轴和从地心指向春分点的直线为坐标轴所构成的坐标系。虽然由于地轴的进动而使得该坐标系相对于恒星来说其位置是变动的，但是对于轨道寿命有限的卫星运动来说，影响很小(图 5.20)。

图 5.20　赤道坐标系

用于描述轨道特征的参数包括：轨道倾角、升交点赤径、近地点幅角、轨道高度、轨道长轴、轨道偏心率和卫星过近地点时刻。

(1) 轨道倾角：轨道平面与地球赤道平面的夹角。当 $0°<i<90°$ 时，卫星运动方向与地球自转方向一致，因此称为“正方向卫星”，假设它是在赤道上发射的，则可以获得 462m/s 的附加地转速度；当 $90°<i<180°$ 时，则称为“反方向卫星”，即卫星运动与地转方向相反；当 $i=90°$ 时，卫星绕两极运行，叫“极轨”或“两极”卫星；当 $i=0°$ 或 $i=180°$ 时，卫星绕赤道上空运行，称为“赤道卫星”。

(2) 升交点赤径：卫星由南向北运行时经过赤道平面的那一点称为“升交点”。

该点离春分点的径度值就是升交点赤径。而“降交点”则是太阳从北向南半球运动时跟地球赤道平面的交点(图 5.21)。为了实用,常常用卫星通过升降点的时刻来表示。轨道倾角和升交点赤径共同决定了卫星轨道平面的空间位置。

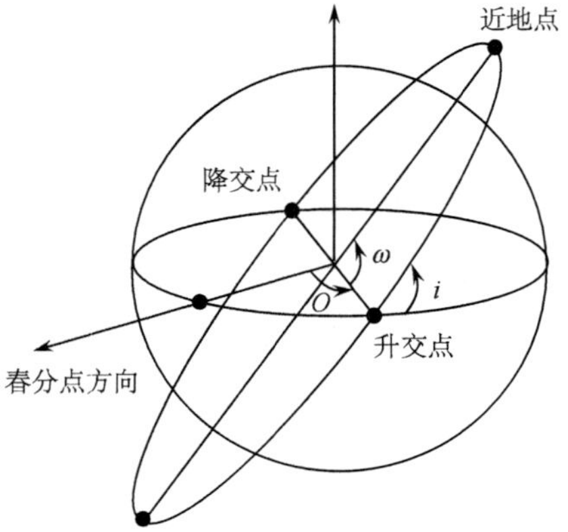

图 5.21　卫星的轨道倾角 i,近地点幅角 ω 和升降交点

(3) 近地点幅角:地心与升交点连线和地心与近地点连线之间的夹角(图 5.21)。由于入轨后其升交点和近地点是相对稳定的,所以近地点幅角通常是不变的,它可以确定卫星轨道半长轴方向。

(4) 轨道高度:卫星所在轨道位置到星下点的垂直距离。对于椭圆轨道,轨道高度指近地点和远地点高度的平均值。一般可以分为低轨(150～300km),中轨(350～1500km)和高轨(35～800km)。例如,Landsat-1～Landsat-4 轨道高度为 918km,Landsat-5～Landsat-7 为 705km。

(5) 轨道半长轴:近地点与远地点连线的一半,它标志卫星轨道的大小。

(6) 轨道偏心率:椭圆轨道两个焦点间距离之半与半长轴的比值,用以表示轨道的形状。

(7) 卫星过近地点时刻:卫星经过近地点的时间,以格林尼治时间为准,北京时间比其早 8 小时。与卫星近地点时刻相对应的是卫星过境时间,它由地理位置所决定。

3. 轨道类型

所有轨道所在的平面都必须经过地球球心,但是不同轨道类型将使卫星获得不同地表范围的信息。根据轨道的形状一般可分为圆(或近圆)轨道和椭圆轨道。轨道趋于圆形的主要目的是使在不同地区获取影像比例尺接近一致。此外,近圆形轨道可使卫星的速度也近匀速,便于扫描仪用固定扫描频率对地面扫描成像,避免造成扫描行之间不衔接的现象。

根据轨道倾角的大小可以分为顺行轨道、逆行轨道、赤道轨道和极地轨道。顺行轨道上运行的卫星绝大多数离地面较近,高度仅为数百公里,故又称为近地轨道。不难想象,在赤道上朝正东方向发射卫星,可以利用地球自转速度最大。世界各国早期发射的卫星和后来发射的大部分卫星都是采用这种轨道。除了太阳同步轨道外,一般不采用逆行轨道。极地轨道是指卫星轨道通过地球两极,但是严格意义的极地轨道较少,而是多采用近极地轨道,即轨道平面与地球自转轴的夹角略小于 90°,具有合适偏角的近极地轨道卫星借助“再访”能力几乎可以覆盖全球地表,

Landsat 和 SPOT 的轨道均属于此类。

另外，值得提及的是太阳同步轨道和地球同步轨道。

(1) 太阳同步轨道：该轨道上的卫星和太阳夹角是固定的，其可以满足卫星每次以相同太阳时和高度经过地面上同一点，这样就可以保证遥感器每次对地观测时，地物具有同样的太阳辐射(不考虑季节变化)。我国用长征四号火箭发射的 2 颗风云一号气象卫星，中巴资源卫星以及 Landsat 系列等均采用此类轨道。

(2) 地球同步轨道：一天绕地球一周，并能够回到原来位置，周期与地球自转相同。如果倾角为 0°，即为地球静止轨道。当轨道周期为地球自转周期的整数分之一时称为准同步轨道。

然而，卫星的轨道并不是稳定的，常常会因为太阳和月球的引力场与磁场、空气摩擦力、太阳风、宇宙垃圾或射线等而偏离原先轨道，这就要求通过一定的方式来调整卫星轨道。广义上，常采用两种控制轨道的方式：①同轨面调整，即是偏离轨道和设定轨道在同一平面内，可以增加或者减少速度改变轨道的尺寸和形状。②异轨面调整，即偏离轨道和设定轨道有一定的夹角，可以利用卫星内部动力系统来改变轨道倾角。当卫星姿态发生改变时，可以借助地球重力场、旋转和三轴控制 3 种方式来进行调整。

5.2.3　数 据 获 取

和航空遥感一样，航天遥感也是利用卫星平台的行进和旋转扫描系统对与平台垂直方向的地面进行扫描，获得二维遥感数据，按照一定的格式组织数据并传回地面接收站。因此航天遥感系统至少包括扫描系统、存储系统和地面接收站。

1. 遥感器

在航天遥感中，卫星仅仅是作为平台，而真正获取的地表信息的是其上搭载的各个遥感器(sensors)。遥感器，是由扫描系统(旋转扫描仪)、聚焦系统(反射镜组)、分光系统(棱镜、光栅)、检测系统(探测元件——光机转换系统、放大器、CCD 等)、记录系统(磁带或磁盘)等组成。遥感器并不能直接的获取地物的辐照度或辐亮度，而是记录与辐射能量有关的 DN 值(digital number)，再间接的推算出地物的辐亮度和反射率等特性。以 Landsat-5 TM 遥感器为例，式(5.21)和式(5.22)分别给出了通过 DN 求算各个波段辐亮度 L 和反射率 ρ 过程：

$$L = \frac{L_{\max} - L_{\min}}{\mathrm{DN}_{\max} - \mathrm{DN}_{\min}} \cdot (\mathrm{DN} - \mathrm{DN}_{\min}) + L_{\min} \tag{5.21}$$

$$\rho = \frac{\pi L d^2}{E_{\mathrm{sun}} \cdot \cos\theta} \tag{5.22}$$

式中，$L_{\max}$ 和 $L_{\min}$ 分别为 TM 各个波段辐亮度的最大值和最小值；d 为用天文单位表示的日地距离；E_{sun} 为 TM 各个波段在大气层上的太阳平均辐照度；θ 为太阳天顶角(和太阳高度角互为余角);L_{max}、L_{min}、d 和 E_{sun} 可以根据查表获得。一般地 $DN_{max}=255$,$DN_{min}=1$。

不同波段的电磁波可以反映地物的不同特性,例如,蓝光波段对水的穿透能力好,可以用于判断水深、水体浑浊度、浅海水下地形;绿光波段位于绿色植物的可见光反射峰处,可以用于识别植物类型和评价植物生产力;近红外位于植物的高反射区,光谱特征受植物细胞结构的控制,反映植物大量信息,可以用于植物识别分类、生物量调查及作物长势测定;短波红外可以用于反映土壤和植物水分含量;热红外可以用来反演地表温度;微波波段可以用于监测海浪、风速和风力场等。因此,我们可以根据用途来设置遥感器的类型和波段范围,这也为用户有目的地运用遥感数据提供保障。例如,Aqua/Terra 搭载的 MODIS(moderate resolution imaging spectroradiometer)所设置的 36 个波段中,第 20、22、23、29、31 和 32 波段能够很好地反映地物的辐射率(发射率)。为了分段获得各个波段的信息,大部分航空和航天遥感器都采用分光辐射计(spectroradiometer)光学系统。

在第 2 章提及的遥感影像的空间分辨率、光谱分辨率和辐射分辨率都与遥感器的内部结构和对信息的敏感度有关。按照所选择的波段范围可以将遥感器分为光学遥感器(可见光-近红外:0.4～1.1μm)和微波遥感器(1mm～1m)。微波遥感器将在本书第 8 章详细介绍,这里主要介绍光学遥感器所涉及的光谱特性、辐射特性和几何特性。

1) 光谱特性

即遥感器对各个波段的响应能力。图 5.22 展示了常用于表征遥感器光谱特性的 3 个参数:中心波长(遥感器光谱响应最大灵敏度时所对应的波长)、波段范围(最大灵敏度的半值宽度,FWHM)和光谱响应曲线(响应灵敏度与波长的函数关系)。对于胶片型遥感器来说,其光谱特性主要由所用胶片的感光特性和所用滤光片的投射特性来决定;对于扫描型遥感器则由探测器和分光元件的特性决定。透镜的色、像差也影响遥感器的光谱特性。若已知光谱响应为 $R(\lambda)$,入射通量为 $\phi(\lambda)$,那么在一个窄波段 $\Delta\lambda$ 内遥感得到的信号可以表示为

$$\Delta S_1 = R(\lambda_1)\phi(\lambda_1)\Delta\lambda,\Delta S_2 = R(\lambda_2)\phi(\lambda_2)\Delta\lambda$$
$$\Delta S = \Delta S_1 + \Delta S_2 \tag{5.23}$$

于是在波段$[\lambda_1,\lambda_2]$内的总信号就为

$$S = \int_{\lambda_1}^{\lambda_2} R(\lambda)\phi(\lambda)\mathrm{d}\lambda \tag{5.24}$$

由此可以推导出在波段$[\lambda_1,\lambda_2]$的光谱反照率为

$$\rho = \frac{\int_{\lambda_1}^{\lambda_2} R(\lambda)\phi(\lambda)\mathrm{d}\lambda}{\int_{\lambda_1}^{\lambda_2} \phi(\lambda)\mathrm{d}\lambda} \tag{5.25}$$

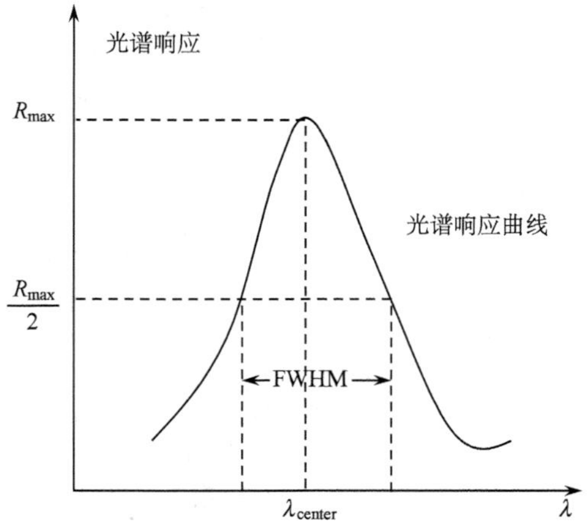

图 5.22　光谱响应曲线

2)辐射特性

指用光学遥感器测量时,来自目标反射或辐射电磁波中的物理量在通过光学系统后会发生何种变化。一般用以下指标描述:

(1) 探测精度,包括所测亮度的绝对精度和二点间亮度差的相对精度。

(2) 信噪比(SNR),指有效信号(signal)与噪声(noise)之比,即信号功率与噪声功率之比。为了使用方便,信噪比常定义为信号均方根电压和噪声均方根电压之比,单位均为分贝(dB)。

$$S/N = 10\lg \frac{P_s}{P_n} = 20\lg \frac{V_s}{V_n} \tag{5.26}$$

式中,P_s 和 P_n 分别为信号、噪声的平均功率;V_s 和 V_n 分别为信号、噪声的均方根电压。

(3) 灵敏度,通常用噪声等效功率(NEP)表示。NEP 指信号输出和噪声输出相等时的输入信号的大小,即探测器产生数值等于 1 的信噪比($S/N=1$)所需的功率。它是衡量探测器接收弱信号能力的性能参数,与遥感器探测元件的面积、频带宽度等直接相关。NEP 越小,探测器性能越好。它决定其最大探测距离、最小可测温差或可探测目标的最小尺度。

(4) 动态范围指遥感器可测量的最大信号与可检测的最小信号之比。最大信号指在此值以外无论输入信号有多强,响应也无变化的饱和区;最小信号指在此值以外,对输入的弱信号无响应的无感应区;两者之间即为动态范围区,在此区域内输入信号与输出信号几乎呈线性关系(图 5.23)。遥感器的有效量化级数一般由动态范围和 SNR 来确定。

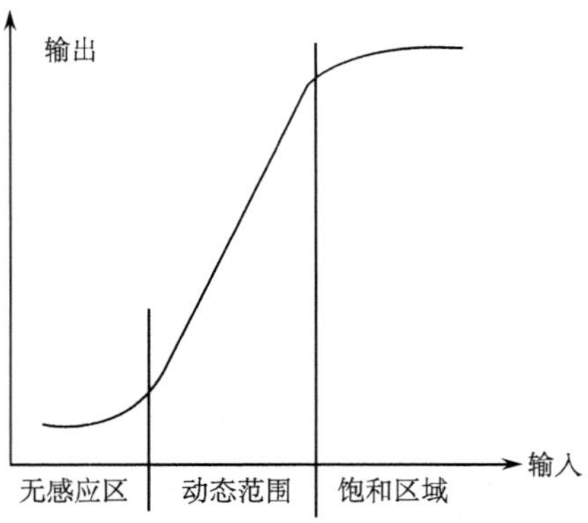

图 5.23 输入与输出特征区域

3)几何特性

指遥感器获取空间数据时涉及的几何特征。常常包括视场(field of view, FOV)、瞬时视场(instantaneous FOV,IFOV)和几何畸变等。

所谓视场,即遥感器可能观测的最大范围,决定了遥感器一景的幅宽(swath width)大小。如图 5.24 所示。而遥感器的光学分辨率(空间分辨率)通常由瞬时视场,探测器的像元尺寸决定,通常用毫弧度(mrad)来表示。

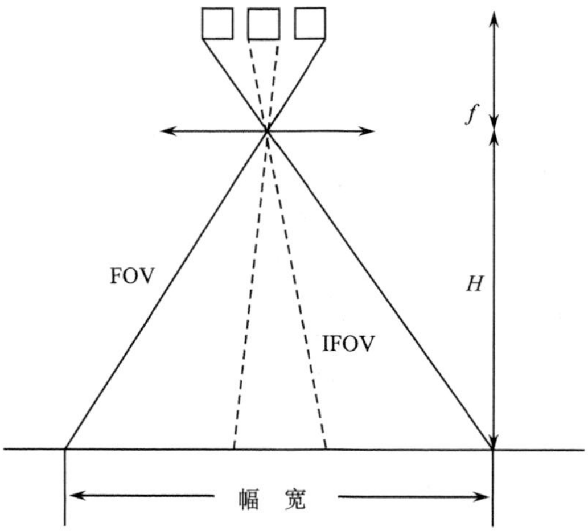

图 5.24 视场角和瞬时视场角

在一幅数字扫描图像中,相邻采样点之间的地面距离并不是精确等于投影在地面的 IFOV 的大小,而相互之间具有重叠现象,也就是图 5.25 所示的光学像元 A(IFOV 地面投影面积)和地面几何像元 B 之间有重叠区域,这是因为采样时间间隔导致了地面几何像元宽度小于投影在该地面的扫描仪的 IFOV 值,当然在某些情形下二者大小是可以相等的。而遥感数据存储的数据范围由采样时间间隔确定,其获取信息面积范围也就是图中的 B 而不是实际的 A。

另外,遥感器投影方式、姿态特征、地物地理位置、地形特征等因素常常会导致遥感影像发生一定程度的几何畸变。这些畸变可以经过一定的数学变换进行几何纠正(见第 6 章),以最大限度地与地物实际情况保持一致。另外,波段的分段处理可能导致波段与波段间信息不能完全衔接,位置发生偏移。

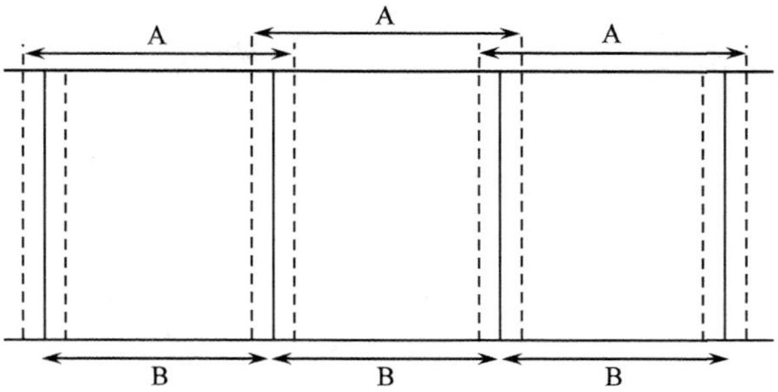

图 5.25　光学像元 A 和地面几何像元 B

2. 扫描方式

在航天遥感中,扫描系统常采用 3 种扫描方式,即挥帚式扫描、推扫式扫描和中心投影方式。

(1) 挥帚式扫描方式(scanning):又称为光机扫描(optical mechanical scanning)或物面扫描(crack-track scanning)。如图 5.26(a)所示,挥帚式扫描仪的原理是在卫星运行的侧向上,利用扫描镜的来回旋转以反射来自不同位置的地物信息,入射波谱被光学分光计分离成若干较窄波段,再感应相应的探测器产生不同的电信号并被放大记录在多波段的记录设备中。挥帚式扫描是行扫描,每条扫描线均有一个投影中心,所得的影像是多中心投影影像。因此像元是一个一个的轮流采光,沿扫描线逐带点扫描成像。影像的飞行方向和扫描方向的比例尺是不一致的。在一条扫描线上,中心投影及地面起伏会产生像点位移,且离投影中心越远,像点位移越大。这种扫描方式获得数据的覆盖范围呈狭长形。MSS(multiple spectral scanner)为四波段光-机扫描仪。TM 是一种改进型的多光谱扫描仪,其空间、光谱、辐射性能均比 MSS 有明显提高,因而数据质量提高、数据量增加。

(2) 推扫式扫描方式(push-broom scanning):又称"像面"扫描(along-track scanning),用广角光学系统,在整个视场内成像,如图 5.26(b)所示。它所记录的多光谱图像数据是沿着飞行方向的条幅。它利用卫星的前向运动,借助于与飞行方向垂直的"扫描"线记录,而构成二维图像,也就是通过卫星与探测器成正交方向的移动获得目标的二维信息。和挥帚式扫描不同的是,推扫式扫描不用扫描镜,而是把探测器按扫描方向(垂直于飞行方向)阵列式排列来感应地面响应,以替代机械的真扫描。具体地说,就是通过仪器中的广角光学系统——平面反射镜采集地面辐射能,并将之反射到反射镜组,再通过聚焦投射到焦平面的阵列探测元件上。这些光电转换元件同时感应地面响应,同时采光,同时转换电信号,同时成像。若探测器按线性阵列排列,则可以同时得到整行数据;若按面阵式排列,则同时得到整幅影像。

一般线性阵列由许多 CCD(charge coupled device)电荷耦合器件组成。CCD

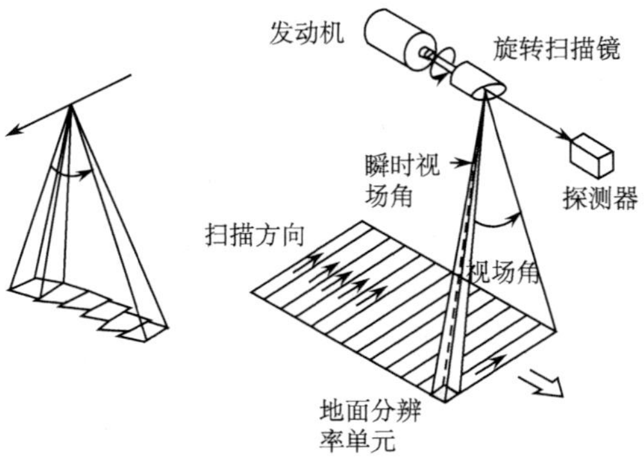

(a) 挥帚式扫描

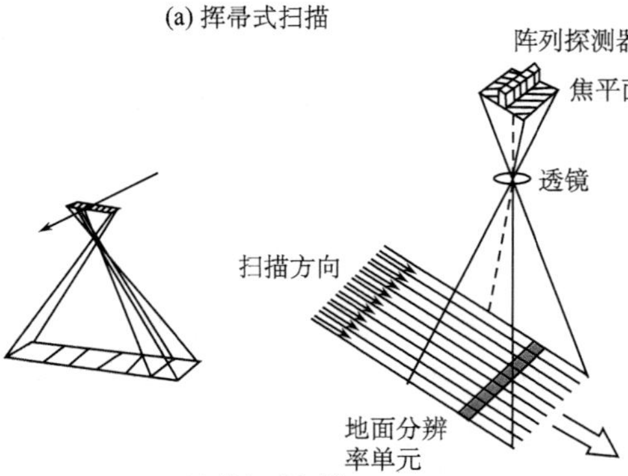

(b) 推扫式扫描

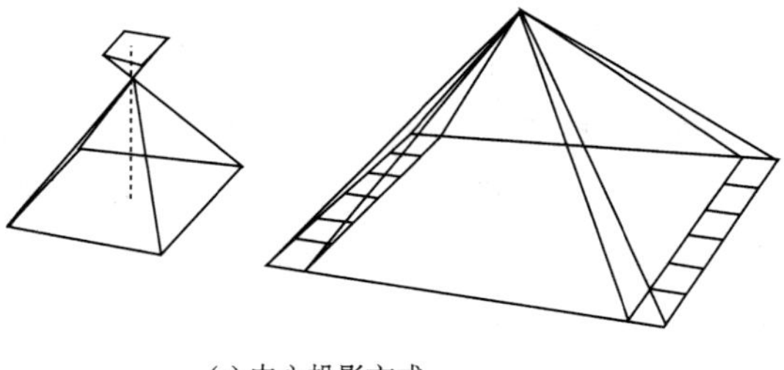

(c) 中心投影方式

图 5.26　常用扫描方式示意图

为一种固态光电转换元件。每个探测元件感应相应“扫描”行上一个唯一的地面分辨单元能量。图像上每行数据是由沿线性阵列的每个探测器元件采样得到的。探测器元件的大小决定了每个地面分辨单元的大小，也就决定了影像的空间分辨率。因此，CCD 被设计得很小，一个线性阵列可以包含上千、上万个分离的探测器元件。每个光谱波段都有自己的线性阵列。阵列一般都位于遥感器的焦平面上，以确保所有阵列同时观测所有的“扫描线”。法国 SPOT 地球观测卫星系统采用了推扫式线性阵列成像，其基本探测元件便是 CCD，并首次具有旋转的平面镜，可获得倾斜图像而使它具有倾斜观测能力和立体成像能力。

表 5.1 是挥帚式扫描和推扫式扫描的各个属性的比较。

表 5.1　挥帚式扫描和推扫式扫描对照表

属　性	挥帚式扫描	推扫式扫描
视场角(angular field of view)	较宽	较窄
机械系统(mechanical system)	复杂	简单
光学系统(optical system)	简单	复杂
光谱范围(spectral range)	较宽	较窄,当正在提高
滞留时间(dwell time)	较短	较长

具体地说,线性阵列的推扫式扫描方式较挥帚式扫描方式具有以下优点:①线性阵列系统可以为每个探测器提供较长的停留时间,以便更充分地测量每个地面分辨单元的能量。因此,它能够有更强的记录信号和更大的感应范围(动态范围),增加了相对信噪比(SNR),从而得到更高的空间分辨率和辐射分辨率。②记录每行数据的探测元件间有固定关系,且它消除了因扫描过程中扫描镜速度变化所引起的几何误差,具有更大的稳定性。因此,线性阵列系统的几何完整性更好、几何精度更高。③CCD 是固态微电子装置,一般它们体积小、重量轻、能耗低。④没有挥帚式扫描的机械运动部件,线性系统稳定性更好,且结构的可靠性高,使用寿命更长。

当然,推扫式扫描也有它固有的问题,如大量探测器之间灵敏度的差异,往往会产生带状噪声,需要进行校准;CCD 探测器灵敏度多限于可见光和近红外,更长波段的探测受到限制;推扫式扫描的总视场一般小于挥帚式扫描。

(3) 中心投影方式:是除挥帚式扫描和推扫式扫描另一种方式,它的原理在本章的航空遥感内容中加以介绍,在此不再赘述。不同的是,此处的中心投影方式结合了光机扫描技术或者线性阵列方式来形成中心投影图像,因此其投影中心是整幅图像的中心而不是每条扫描线的中心,如图 5.26(c)所示。

3. 数据格式

遥感数字图像数据常以不同的数据格式存在磁带或光盘中,主要有 BSQ、BIL、BIP、HDF 和行程编码。

1) BSQ 格式(band sequential format)

各波段的二维数据按波段顺序排列,每行数据后面紧接着同一波段的下一行数据。其蕴涵模式可以表示为:(((像元…),行…),波段…)。这种格式最适于对单个波段中任何部分的空间(x,y)存取。

2) BIL 格式(band interleaved by line)

图像先存储第一波段的第一行,接着是第二波段的第一行,然后是第三波段的第一行，交叉存取直到波段总数为止。每个波段随后的行按照类似的方式交叉存取，这个格式要求必须把一景图像的所有波段数据读完后才能生成图像。其蕴涵模式可以表示为：(((像元…)，波段…)，行…)。该格式提供了空间和波谱处理之间的一种折中方式。

3) BIP 格式(band interleaved by pixel)

按像元顺序记录图像数据，即在每一行中，每个像元按光谱波段次序进行排列，然后对该行的全部像元进行这种波段次序排列，最后对各行进行重复。其蕴涵模式可以表示为：(((波段…)，像元…)，行…)。这种格式为图像数据波谱(Z)的存取提供最佳性能。

4) HDF 格式

HDF(hierarchical data format)格式是一种不必转换格式就可以在不同平台间传递的新型数据格式，由美国国家高级计算应用中心(NCSA)研制，也被应用于 MODIS、MISR 等数据中。

HDF 有 6 种主要数据类型：栅格图像数据、调色板(图像色谱)、科学数据集(multidimensional array)、HDF 注释(信息说明数据)、Vdata(数据表)、Vgroup(相关数据组合)。HDF 采用分层式数据管理结构，并通过所提供的“总体目录结构”可以直接从嵌套的文件中获取各种信息。因此，打开一个 HDF 文件，在读取图像数据的同时可以方便的查取到其地理位置、轨道参数、图像属性和图像噪声等各个信息参数。

具体地讲，一个 HDF 文件包括一个头文件和一个或多个数据对象。一个数据对象是由一个数据描述符和一个数据元素组成。前者包含数据元素的类型、位置、尺度等信息；后者是实际的数据资料。HDF 这种数据组织方式可以实现 HDF 数据的自我描述。HDF 用户可以通过应用界面来处理各个数据集，如 ENVI 软件；也可以通过一定的程序代码读取数据集的单个像元值。下面是在 IDL 环境下从一个名为“MOD12Q1_Emiss.hdf”文件中读取属性“Emiss_20”(比辐射率)的一段参考代码。其中所设计的函数 hdf_sd_start( )，hdf_sd_nametoindex( )，hdf_sd_select( )和 hdf_sd_getdata 都是 IDL 库函数。(分号“;”表示其后内容为注释语句)

IDL>hdfid=hdf_sd_start('MOD12Q1_Emiss.hdf')；打开文件

IDL>index=hdf_sd_nametoindex(hdfid,“Emiss_20”)；建立文件中名为“Emiss_20”属性的索引

IDL>varid=hdf_sd_select(hdfid,index)；

IDL>hdf_sd_getdata,varid,data,_extra=extra_keywords；读取数据，并将其保存在 data 变量中

IDL>scltv,data；用窗口显示数据

5）行程编码(run-length encoding)

为了压缩数据，采用行程编码形式，属波段连续方式，即对每条扫描线仅存储亮度值及其亮度值出现的次数。如一条扫描线上有60个亮度值为10的水体，它在计算机内以060010整数格式存储。其含义为60个像元，每个像元的亮度值为10。计算机仅存储了60和10。这个比存储60个10的存储量少得多，但是对于仅有相似值的混杂数据，此法并不合适。

5.2.4　数据传输与接收

遥感器所获得地面数据并不是立即传回地面接收站，而是首先存储在随行的存储系统中，待卫星经过地面接收站的接收范围时才以电磁波的形式返回地面，有时也利用中继卫星(TDRS)间接的传输遥感数据。

可以根据卫星高度和天线接收的最低仰角α来计算理论斜距R和接收半径D(α由卫星功率、地面站天线及周围环境等决定)，见图5.27。

$$R = (R_e + h)\sin\beta/\cos\alpha \tag{5.27}$$

$$D = 2\pi R_e\beta/360 \tag{5.28}$$

式中，R_e为地球半径；β为地面站到卫星的地心角。

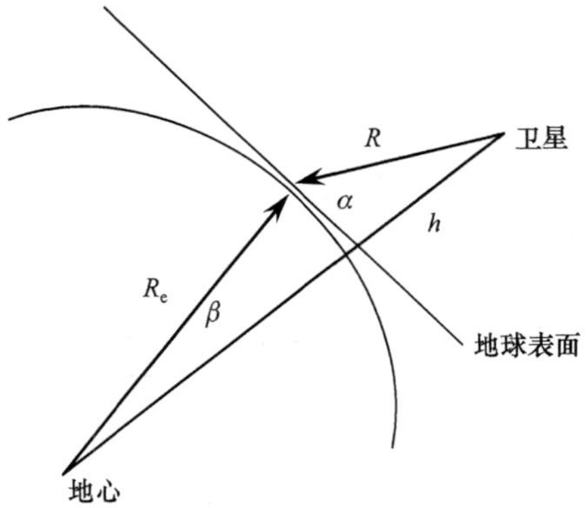

图5.27　地面站接收范围几何图

地面接收系统一般由以下部分组成：卫星控制系统和卫星跟踪站(保证卫星正常运行)、数据接收系统、数据处理(校正)系统(辐射校正和几何校正)、数据存储系统、图像分析系统和运行管理系统(包含数据分发)等。接收站应尽量设置在天气状况稳定、少云少雾的地区，以减少大气对数据传输过程的影响。由于现行卫星多为极地或近极地卫星，其经过高纬度地区频率较大，所以常常会在高纬度范围内设置站点。例如，SPOT卫星地面接收站类型可以分为主要接收站(main receiving station)、直接接收站(direct receiving station)和前操作接收站(pre-operational receiving station)。两个主要接收站分布在法国的图卢兹(Toulouse)和瑞典的基律纳(Kiruna),可以接收2500km半径范围内的数据,或接收星上记录的数据。21个直接接收站(DRS)只能接收其圈定范围内的数据。中国卫星地面站现建有密云、喀什、三亚、昆明、北极5个卫星接收站,具有覆盖我国全部领土和亚洲70%陆地区域的卫星数据实时接收能力,以及全球卫星数据的快速获取能力。

5.3 卫星和遥感器简介

5.3.1 陆地卫星 Landsat

美国航空与航天局于1967年开始计划地球资源技术卫星(ERTS)系列,决定发射6颗卫星系列,曾命名为ERTS-A,-B,-C,-D,-E和-F(发射到预定轨道后又改名为ERTS-1,-2,-3,-4,-5和-6)。

ERTS-1于1972年7月23日用Thro-Delta火箭发射并一直运转到1978年1月6日。它是专门设计用来收集地球资源数据的第一颗不载人卫星。在ERTS-B发射以前,美国国家航空与航天局为了区别于海洋卫星计划,将ERTS计划正式改名为大家现在所熟知的"陆地卫星"(Landsat)计划。因此,地球资源技术卫星1号(ERTS-1)相应的改名为陆地卫星1号(Landsat-1),后来发射的系列卫星以Landsat命名。到2006年,该计划已发射了7颗卫星,其中Landsat-6发射失败。

表5.2是Landsat系列卫星的相关信息,其所搭载的遥感器包括:反束光摄像机(RBV)、多光谱扫描仪(MSS)、专题成像仪(Thematic Mapper,TM)、增强专题成像仪(ETM)以及增强专题成像仪(ETM+)。

表5.2 Landsat系列卫星(Lillesand et al.,2000)

卫 星	发射时间/(年-月-日)	退役时间/(年-月-日)	RBV波段	MSS波段	TM波段	轨 道
Landsat-1	1972-7-23	1978-1-6	1～3(同步摄影)	4～7	无	18天/900km
Landsat-2	1975-1-22	1982-2-25	1～3(同步摄影)	4～7	无	18天/900km
Landsat-3	1978-3-5	1983-3-31	A～D(单波段并行摄影)	4～8	无	18天/900km
Landsat-4	1982-7-16	—	无	1～4	1～7	16天/705km
Landsat-5	1984-3-1	—	无	1～4	1～7	16天/705km
Landsat-6	1993-10-5	发送失败	无	无	1～7,全色波段(ETM)	16天/705km
Landsat-7	1999-4-15	—	无	无	1～7,全色波段(ETM+)	16天/705km

表 5.3 显示了 Landsat 卫星上的五种遥感器的波段设置和空间分辨率统计信息。其中，由于发生技术故障，RBV 仅获得很少资料。因 Landsat-6 发射失败，ETM 仅作为一个标志，所以只有 MSS、TM 和 ETM+所得数据才被广泛使用。TM 各个波段用途见表 5.4。

表 5.3　Landsat 系列卫星搭载的各类遥感器波段范围和空间分辨率

传感器	计　划	灵敏性/μm	分辨率/m
RBV	Landsat-1，2	0.475～0.575	80
		0.580～0.680	80
		0.690～0.830	80
	Landsat-3	0.505～0.750	30
MSS	Landsat-1～5	0.5～0.6	79/82①
		0.6～0.7	79/82①
		0.7～0.8	79/82①
		0.8～1.1	79/82①
	Landsat-3	10.4～12.6②	240
TM	Landsat-4，5	0.45～0.52	30
		0.52～0.60	30
		0.63～0.69	30
		0.76～0.90	30
		1.55～1.75	30
		10.4～12.5	120
		2.08～2.35	30
ETM③	Landsat-6	上述 TM 波段	30(热红外 120)
		0.50～0.90	15
ETM+	Landsat-7	上述 TM 波段	30(热红外 60)
		0.50～0.90	15

注：①Landsat-1～Landsat-3 的分辨率为 79m，Landsat-5 的分辨率为 82m。
②发射后不久就失败。
③发射失败。

表 5.4　TM 遥感器的各波段用途

波　段		主 要 作 用
1	蓝绿	用于勾画沿岸水域，区分土壤和植被，森林类型制图，探测人文特征等
2	绿	反映健康植被的绿光反射率，也用于区分人文特征
3	红	用于区分许多植物物种，也用于确定土壤界限、地理边界和人文特征
4	近红外	该波段尤其反映影像中的植被生物量，用于作物识别，突出土壤、作物及水陆反差
5	短波近红外	该波段对植物中水分含量敏感，用于作物旱灾研究和植物健康分析，也是能用于区分云、雪、冰
6	热红外	该波段用于植被和作物状况调查、热量强度、杀虫剂应用效果，以及定位热污染，也用于定位地热活动
7	短波红外	用于区分地质岩类、土壤界限及土壤、植被含水量

Landsat 系列卫星采用了近极地太阳同步近圆形轨道。近极地轨道有利于增大卫星对地面总的观测范围，基本上覆盖了南北纬 81°之间的区域。卫星与太阳同步，使卫星以同一地方时通过地面一点，有利于卫星在相近的光照条件下对地面观测，此外还能保证卫星在固定的时间飞临接收站上空，并使卫星的太阳能电池得到稳定的太阳照度。同时，Landsat 卫星的光照角设计为 37°30′，通过轨道的进动(由西向东，每天 0.9856°)来弥补地球公转的影响，实现太阳同步。在南北纬 70°之间，Landsat 卫星由北往南运动中，地方时大约在上午 9 时多到 11 时多，这样就保证了 Landsat 的搭载的传感器能够在较为一致的光照条件下对地面进行探测，以获得质量较高的图像。另外，Landsat-1/2/3 的重访周期为 18 天，而 Landsat-4/5/7 的重访周期为 16 天，也就是由于地球自转，同一天相邻轨道在赤道上向西偏移的距离为 2572km，第二天同一轨道向西偏移 10.8°，约 1204km。

另外，Landsat 各卫星的轨道幅宽为 185km。Landsat-1/2/3 轨道从东到西共 251 圈，依次编设 251 个轨道号。于西经 65.48°过赤道，并将其轨道编号为 001。同一轨上获取前后两景影像的时间间隔约为 25s，一条轨道的总时间(即周期 T)6196s，可获得约 247.84 景，取整为 248。东西相邻各景名义上有相同的轨道，同一纬度上的各景影像可以用相同的行号来表示。行号 060 对应赤道附近。从北向南，行号增大，即北纬 80°1′12″为行 001，南纬 80°1′12″为行 119。并规定按先轨道号后行号规则编号，例如，编号 123-32 表示其轨道号为 123，行号为 32。同样地，Landsat-4/5/7 轨道从东到西共 233 圈，依次编号 001～233。001 轨道于西经 65.6°穿过赤道。这三颗卫星同一轨道上获取数据的时间间隔为 23.92 秒，共 248 景。行号 060、184 分别对应降交点和升交点。从北向南运动时，北纬 80°47′为行 001，南纬 81°51′为行 122。其复合编号规则和 Landsat-1/2/3 一样。

Landsat-1/2/3 利用星上磁带记录仪存储数据，当卫星运行到地面站接收范围时，再回放磁带数据，由地面站接收。它们采用 S-Band(2～2.6GHz)及特高频(VHF)通信，数据传输率为 15Mbps。其中 Landsat-3 运用中继卫星以提高数据传输速率。Landsat-4/5 利用由几个跟踪与数据中继卫星组成的实时传输系统(TDRSS)近实时的采集数据，在 1992 年后采用 X-Band(8～9GHz)向下直接传输，数据传输率为 85Mbps。Landsat-7 具有 3 种数据传输方式：TDRSS(tracking and data relay satellite system)实时传输系统、磁带记录回放和 GPS 接收站，数据传输率为 150Mbps。

中国高分系列、资源系列等传感器功能设置和美国陆地资源卫星相近，中国自然资源部卫星应用中心的轨道预测界面如图 5.28 所示。

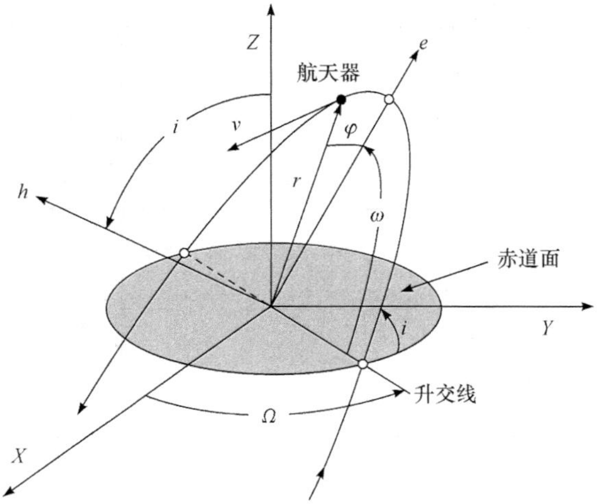

图 5.28　中国自然资源部卫星应用中心的轨道预测界面

5.3.2　SPOT 卫星

法国政府在 1978 年决定承担 SPOT 项目的开发，之后瑞典、比利时、欧盟、意大利等相继加入该计划。SPOT 是由法国国家空间研究中心(CNES)构思和设计的，目前它已经发展成为一个大范围的国际性计划，SPOT 数据的地面接收站和数据分发地分布在 20 余个国家。

SPOT1 于 1986 年 3 月 21 日从法国圭亚那的 Kourou 发射场发射升空，它首次运用了线性阵列传感器和推扫式扫描技术，并首次具有旋转式平面镜，可获得倾斜图像而使它具有倾斜观测能力和立体成像能力。

SPOT 采用与太阳同步的近极地圆形轨道，轨道高度在北纬 45°处为 830km，轨道倾角 98.7°，每天绕地球 14＋5/25 圈，重复覆盖周期 26 天(绕行 369 圈)，通过赤道的地方为 10 点 30 分±15 分。

表 5.5 是 SPOT 项目的系列卫星，它们搭载的传感器包括高分辨率可见光扫描仪(high resolution visible sensor，HRV)，高分辨率可见光红外扫描仪(high resolution visible and infrared，HRVIR)，高分辨率几何成像装置(high resolution geometric，HRG)和植被探测器 VEG(VEGETATION)，高分辨率立体成像装置(high resolution stereoscopic，HRS)。表 5.6 是 SPOT1～SPOT5 所载遥感器的相关参数特征。

表 5.5　SPOT 系列卫星

卫星	发射时间/(年-月-日)	传感器
SPOT1	1986-2-21	HRV(2)
SPOT2	1990-1-21	HRV(2)
SPOT3	1993-9-25	HRV(2)
SPOT4	1998-3-24	HRVIR(2)
		VEG
SPOT5	2002-5-4	HRG
		VEG
		HRS

表 5.6　SPOT 系列卫星遥感器的相关参数

SPOT1～SPOT3		SPOT4			SPOT5			
波段	HRV	波段	HRVIR	VEG	波段	HRG	VEG	HRS
0.51～0.73	10m	0.49～0.73	10m		PA:0.49～0.69			10m
		0.43～0.47		1.15km	B:0.43～0.47		1km	
0.50～0.59	20m	0.50～0.59	20m	1.15km	VIS:0.49～0.61	10m		
0.61～0.68	20m	0.61～0.68		1.15km	R:0.61～0.68	10m	1km	
0.79～0.89	20m	0.78～0.89	20m	1.15km	NIR:0.78～0.89	10m	1km	
		1.58～1.78	20m	1.15km	SWIR:1.58～1.78	20m	1km	
视场	60km	视场	60km	2250km	视场	60km	2250km	120km

5.3.3　EOS-Terra

EOS 是美国航天航空局(NASA)所倡导思想的一个重要组成部分，被称为行星地球计划(MTPE)，1998 年正式更名为地球科学计划(ESE)。ESE 作为一个国际地球科学计划，它的目的在于提供评价、理解和模拟自然事件和人类活动对地球环境的影响的数据。它包括了基于太空和基于地面两个方面的测量系统，为全球变化研究提供基础性数据。

1999 年 12 月 18 日成功发射的 Terra 卫星。作为 EOS 的第一颗先进的极地轨道环境遥感卫星，Terra 是第一个提供对地球过程进行整体观测的系统，它的主要目标是实现从单系列极轨空间平台对太阳辐射、大气、海洋和陆地进行综合观测。

Terra 是一个复杂的系统，它大约有 6.8m 长，直径为 3.5m，重量为 5190kg。它轨道高度为 705km，为太阳同步近极地轨道，在地方时 10:30am 穿过赤道。在 Terra 之后的是 Aqua，于地方时 1:30pm 穿过赤道，因此这两颗卫星的测量数据提供了每天的变化情况。

设计 Terra 的目的是提供一个高度协同的仪器平台。Terra 搭载了 5 种不同的传感器，分别是高级星载热发射与反射辐射计（ASTER）、云与地球的辐射能量系统（CERES）、多角度成像分光辐射计（MISR）、中等分辨率成像分光辐射计（MODIS）、对流层污染测量（MOPITT）。这些传感器的数据相互补充，有助于许多相关的科学的研究，例如，这 5 种仪器中的 4 种以互补方式来获取有关云的属性数据，有 1 种仪器获得的数据（如 MISR），用于另一种数据（如 MODIS）的大气纠正。表 5.7 说明了 Terra 搭载的传感器及其主要应用。

表 5.7　Terra 搭载的传感器及其主要应用（Lillesand et al.，2000）

传感器	常规特征	主要应用
ASTER	三个扫描仪，工作在可见光、近红外、中红外、热红外，分辨率为 15～90m，立体像对沿航迹方向	研究植被、岩石特征、火山、云；产生 DEM；为整个任务提供所需要的高分辨率数据
CERES	两个宽波段扫描仪	测量大气顶层的辐射通量，以监测地球总的辐射能量平衡
MISR	四通道 CCD 阵列，提供九个单独的观测角度	提供地球表面地物的多角度观测，云和气溶胶数据，为 ASTER 和 MODIS 数据提供大气影响校正
MODIS	三十六通道成像分光计；分辨率为 250m 到 1km	在陆地和海洋方面有多种应用，并且应用于云的覆盖与云的属性
MOPITT	三个通道近红外扫描仪	测量整个大气柱中的一氧化碳和甲烷含量

MODIS 是 EOS AM-1 系列卫星的主要探测仪器，也是 EOS Terra/Aqua 平台上唯一能进行直接广播的对地观测仪器。MODIS 是当前世界上新一代“图谱合一”的光学遥感器。

MODIS 具有 36 个光谱通道，分布在 0.4～14μm 的电磁波谱范围内，其中 2 个通道（可见光 0.62～0.67μm、近红外 0.841～0.876μm）的空间分辨率为 250m，5 个可见光、远红外通道空间分辨率为 500m，其中 29 个通道空间分辨率为 1000m。MODIS 的总视野为±55°，视幅宽度为 2330km。

MODIS 的主要特征有：

（1）NASA 对 MODIS 数据实行全球免费直接广播，有利于获得廉价和实用数据；

（2）MODIS 数据涉及波段范围广、分辨率比 NOAA/AVHHRR 有较大改进；

（3）搭载卫星 Terra 是太阳同步极轨卫星，其在地方时上午 10:30 过境，配合 Aqua 上的数据，可以得到实时地球观测和灾害监测数据。

5.3.4 中巴地球资源卫星(CBERS)

1988年中国和巴西两国政府联合议定书批准，在中国资源一号原方案基础上，由中、巴两国共同投资，联合研制中巴地球资源卫星(代号 CBERS)。并规定CBERS投入运行后，由两国共同使用。

资源一号卫星(CBERS-1)于1999年10月14日发射升空，它是我国第一代传输型地球资源卫星，星上三种遥感相机(表5.8)可昼夜观察地球，获取的数据传输回地面接收站，经加工、处理成各种所需的图片，供各类用户使用。

表5.8 CBERS-1遥感器参数(www.cresda.com)

遥感器	CCD相机	红外相机	宽视场相机
遥感光谱段(μm)	0.45～0.52 0.52～0.59 0.63～0.69 0.77～0.89 0.51～0.73	0.50～0.90 1.55～1.75 2.08～2.35 10.4～12.5	0.63～0.69 0.77～0.89
空间分辨率	20m	80m/160m	260m
温度分辨率		1.2K	
轨道	太阳同步极地轨道，轨道高度778km		
重复周期	26天；绕地球一圈时间为100.26min		
地面扫描宽度	113km	120km	890km

思考题：

1. 列表比较航空遥感与航天遥感的优缺点。

2. 从理论上解释曝光色散(即焦平面的中心曝光最强，周边变弱)的原因。

3. 请利用中心投影的特点，通过一张水平航空照片推导计算垂直建筑物高度的公式。图5.29中aa'为建筑AA'在像平面上的投影。请用oa长度r，aa'长度d和H来表示AA'高度h。

4. 航空摄影遥感制定飞行计划时，无论是航线方向还是垂直航线方向，照片都会有一定重叠，请简述其中原因。

5. 简述可能会影响到航空像片比例尺的因素。

6. SPOT卫星采用把数据记录在卫星上再间接传送到接收站的方式，请问为什么SPOT卫星要在高纬度设立接收站？

7. 遥感器的扫描方式有哪些？它们各自有什么特征？

8. 详述BSQ、BIL和BIP三种存储方法，并说明其各自的适用场合。

9. 什么是太阳同步轨道？请阐述采用太阳同步轨道的主要用途。

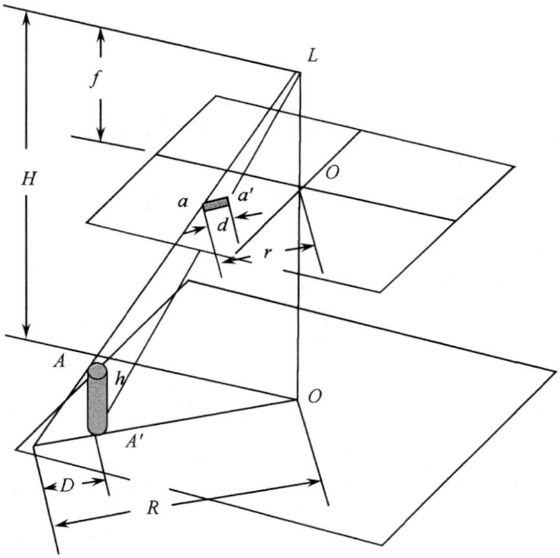

图 5.29

10. 已知 Landsat-5 卫星的航高为 705km，周期为 98.8min。请根据开普勒定律计算高度为 920km 卫星的运转周期 T。已知地球半径 $R_0=6371$km。

第6章　遥感图像的数字处理

语言文字、数学符号和图形图像是人类信息传递和表达的主要载体:语言文字因易于表达,而成为最为通用的信息表现形式;数学符号因其表达形式简洁,而成为复杂信息的重要载体;图形图像因其传递信息的丰富、直观,而越来越受到重视。"百闻不如一见"和"一幅图胜过千言万语",都说明图形图像在信息表达上具有巨大优势。

遥感图像中丰富的光谱信息为人们提取地物特征提供了可能。在计算机的辅助下,以数字方式处理这些数据,则为人类增添了一双观察世界的眼睛。

从本质上说,遥感数据是由地面、航空和航天不同遥感平台上,不同波谱分辨率的传感器所记录的地物反射或者发射的电磁能量。遥感数据的数字处理是利用计算机程序实现数据的自动分析和处理,利用反演,通过电磁能量值获得目标的其他物理特性或几何特性,从而达到识别地物目标的目的。

6.1　遥感图像的统计特征

自然界地物的影像在空间、时间和波谱频率上都是连续的,而遥感传感器获取地物是在一定时间分辨率、一定空间分辨率和一定波谱分辨率下的离散采样数据,并通过模数转换器将信号量化成 DN 值,即遥感数据,而其图像显示则为具有一定辐射分辨率的遥感图像。

遥感图像可以理解为由不同波段信号组成的多层网格数据,信号的强度表现为图像上的亮度值。这些亮度值体现出的统计特征,如同人们体检时获取的"身高"、"血压"等数据,有利于人们发现图像信息中蕴含的规律,对人们分析与理解图像具有重要的意义。

图像的统计分析是图像处理的基础性工作,这些统计分析通常包括计算图像的直方图、均值、方差、中值、陡度、峰态、相关系数矩阵和协方差矩阵等。单波段的遥感数据的统计称为单元统计,涉及多波段的遥感数据统计称为多元统计。

6.1.1　直　方　图

直方图是多种空域处理技术的基础,直方图操作能有效地用于图像增强。所谓直方图就是图像的灰度分布统计图(图 6.1),统计图像中每个灰度等级出现的频度或数目,也即是离散的概率密度分布,见图 6.1。

$$\text{hist}(\text{DN}) = \text{count}(\text{DN})/N \approx \text{PDF}(\text{DN}) \tag{6.1}$$

式中，hist(DN)为灰度值为 DN 的像元的频度；count(DN)为灰度值为 DN 的像元的数目；PDF(DN)为连续概率密度分布函数在 DN 处的函数值。

累积直方图(图 6.1)同样以灰度值 DN 为横坐标，只是其纵坐标不再是 hist(DN)，而是比该灰度值小的所有像元的频度之和 chist(DN)：

$$\text{chist(DN)} = \sum_{\text{DN}=\text{DN}_{\min}}^{\text{DN}} \text{hist(DN)} \quad (6.2)$$

式中，chist(DN)为灰度值小于 DN 的像元的频度。

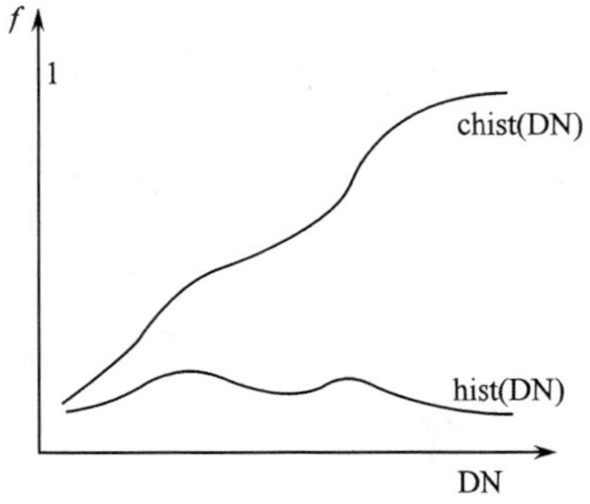

图 6.1　直方图和累计直方图示意图

6.1.2　均　　值

均值是整幅图像所有像元的灰度平均值：

$$\mu = \frac{1}{N}\sum_{p=1}^{N}\text{DN}_{\text{pixels}} = \sum_{\text{DN}=\text{DN}_{\min}}^{\text{DN}_{\max}} \text{DN} \cdot \text{hist(DN)} \quad (6.3)$$

6.1.3　方　　差

方差用来描述整幅图像的灰度值分布的离散程度：

$$\sigma = \frac{1}{N-1}\sum_{p=1}^{N}(\text{DN}_{\text{p}}-\mu)^2 = \frac{1}{N-1}\sum_{\text{DN}=\text{DN}_{\min}}^{\text{DN}_{\max}}(\text{DN}-\mu)^2 \times \text{hist(DN)} \quad (6.4)$$

6.1.4　中　　值

图像中各个像元按其灰度值大小排序后处于中间位置的灰度值即为中值。

6.1.5　偏　　度

偏度是一种反映频数分布的偏态方向和程度的指标，在图形中表现为对称分布和不对称分布两种形式，其公式为

$$\text{skewness} = \frac{1}{N}\sum_{p=1}^{N}\left(\frac{(\text{DN}_{\text{p}}-\mu)}{\sigma}\right)^3 = \sum_{\text{DN}=\text{DN}_{\min}}^{\text{DN}_{\max}}\left(\frac{\text{DN}-\mu}{\sigma}\right)^3 \times \text{hist(DN)} \quad (6.5)$$

若 skewness＝0，表明分布是对称的；

若 skewness＞0，表明分布右偏，且偏度系数越大表明右偏程度越大；

若 skewness＜0，表明分布左偏，且偏度系数越小表明左偏程度越大。

6.1.6 陡　　度

陡度表示与正态分布相比顶点的尖锐程度：

$$\text{Kurtosis} = \left[\frac{1}{N}\sum_{P=1}^{N}\left(\frac{DN_p - \mu}{\sigma}\right)^4\right] - 3 \tag{6.6}$$

若 Kurtosis=0，表明分布是正态的；

若 Kurtosis>0，表明顶点的尖锐度大于高斯分布；

若 Kurtosis<0，表明顶点的尖锐度小于高斯分布。

6.1.7 波段间相关系数矩阵和协方差矩阵

对于多于一个波段的遥感数据，统计量还包括协方差 C 和相关系数矩阵 $\boldsymbol{R}$。

一幅由 N 个像素，n 个波段构成的遥感图像，其第 m 波段的影像和第 n 波段的影像的协方差 C_{mn} 为

$$C_{mn} = \frac{1}{N-1}\sum_{p=1}^{N}(\mathrm{DN}_{pn} - \mu_m)(\mathrm{DN}_{pn} - \mu_n) \tag{6.7}$$

式中：DN_{pn} 为第 p 个像素在第 n 波段的值；μ_m 为第 m 波段影像的均值；μ_n 为第 n 波段影像的均值。

图像的相关系数矩阵 $\boldsymbol{R}$ 为

$$\boldsymbol{R} = \begin{bmatrix} C_{11} & C_{12} & \cdots & C_{1n} \\ C_{21} & C_{22} & \cdots & C_{2n} \\ \vdots & \vdots & & \vdots \\ C_{n1} & C_{n2} & \cdots & C_{nn} \end{bmatrix} \tag{6.8}$$

或

$$\boldsymbol{R} = \begin{bmatrix} 1 & \cdots & \rho_{1n} \\ \vdots & & \vdots \\ \rho_{n1} & \cdots & 1 \end{bmatrix} \tag{6.9}$$

其中，$\rho_{ij} = C_{ij}/(C_{ii} \cdot C_{jj})^{\frac{1}{2}} \quad (i \neq j \qquad i,j=1,\cdots,n)$。

6.2 图像预处理

当我们获取到一张遥感图像后，首先要对遥感图像进行预处理，校正在图像数据获取过程中所出现的图像畸变并恢复图像质量。图像校正和恢复主要包括图像的几何校正、辐射校正和噪声消除 3 个方面。

6.2.1　几何校正

几何畸变常常来源于传感器平台的纬度、高度、速度的变化，并受到诸如全景畸变、地球曲率、大气反射、地形的高低以及传感器的 IFOV（瞬时视场角）在扫描过程中所具有的非线性特征等多种因素的影响。几何校正的目的就是纠正这些因素导致的畸变，以使校正后的图像具有最大的几何精度。

在几何校正中，经常采用最近邻法（nearest neighbor）、双线性内插法（bilinear interpolation）或三次卷积法（cubic convolution）对图像重采样来实现几何校正。

6.2.2　辐射校正

影响系统测得的辐射率的因素包括地面照明条件、大气条件、传感器拍摄的几何特征、传感器的响应特性等。

在大多数应用中，通常需要进行太阳高度角校正（sun elevation correction）、日地距离校正（earth-sun distance correction）和大气纠正（atmospheric correction）。

太阳高度角校正是用于标准化地球和太阳间的相对位置的季节变化；日地距离校正则是用于标准化地球和太阳间的距离的季节变化。通过太阳高度角校正和日地距离校正，将不同太阳高度角照射条件下、不同日地距离的图像数据的像元亮度值，标准化到假设太阳在天顶时的像元亮度值。在不考虑大气影响和地形影响的情况下，二者可统一表示为

$$E = \frac{E_0 \cos\theta_0}{d^2} \tag{6.10}$$

式中，E 为标准化的太阳辐射；E_0 为日地平均距离太阳辐射；θ_0 为太阳入射光天顶角；d 为日地平均距离，为一个天文单位（一个天文单位＝ 1.496×10^8 km）。

大气效果同样影响了太阳光照的变化，一方面，大气削弱了照射在地表物体上的能量；另一方面，大气本身作为一个反射体，增加了散射量，从而增大了传感器探测到的、与地物特征无关的辐射。一个简单的大气效应模型（不考虑多次反射）可以表示为

$$L_{\mathrm{tol}} = \frac{\rho E T}{\pi} + L_{\mathrm{p}} \tag{6.11}$$

式中，L_{tol}为传感器所获得的总辐亮度；ρ 为地表反射率；E 为地表辐照度；T 为大气透过率；L_{p} 为大气程辐射。

有许多工具软件包可以帮助我们去除大气效应的影响。如 LOWTRAN、MODTRAN、6S（second simulation of the satellite signal in the solar spectrum）等软件包，可对辐亮度的大气效应进行校正。

6.2.3 条带噪音消除

随着航天遥感技术的不断发展，对传感器的观测频率、扫描范围和空间分辨率的需求也越来越高。为满足这一需求，目前卫星平台上的多数传感器采用多个探测器并列扫描的方式（如 MODIS）或 CCD 线阵推扫方式（如 MERIS）。如果各个探测器的响应存在一定的差异，所获得的图像就会存在沿探测器阵列方向的条带。TM、MODIS 为横向条带，CCD 推扫图像为纵向条带。

在光谱响应比较均匀的水体、雪、沙漠等地面目标上，条带现象尤为严重，这不仅严重地影响了遥感图像质量和可视性，而且给遥感资料的定标处理造成了极大困难，因此在对数据进行定量分析应用之前，必须消除这种影响。

在实际应用中，通常每个通道选择一个确定的探测器作为标准元或参考探测器，其他探测器以此为标准进行调整，从而实现图像消条带过程的可追溯性。该标准探测器一般选实验室定标时的参考探测器，或某几个探测器的平均值作为虚拟参考探测器。

目前，消除条带噪音常用的方法有：矩匹配法、直方图匹配法和均匀区法等。

1. 矩匹配法

矩匹配法是一种统计方式的条带消除方法。根据地物的分布特点，可以假设一个波段的不同的探测器所观测的图像是相同的，如 MODIS 的每个水色波段的十个探测器，如果两个相邻的探测器的响应没有差异，则它们对应的图像扫描行观测值的均值（一阶矩）和方差（二阶矩）应该是完全相同的；如果二者观测值的均值和方差有差异，则可以把一个探测器的均值和方差调整到参考探测器的均值和方差上，从而达到消条带的目的。

假设探测器的响应是线性的，则探测器的输出 y 可写成输入辐射量 x（真实值）的函数：

$$y = f(x) = ax + b \tag{6.12}$$

每个探测器都有其固定的增益 a 和偏置 b。经验表明，条带主要是由探测器响应的增益和偏移值存在差异而产生的。

对于任意一个探测器 i，增益和偏置 a_i、b_i 一般通过统计探测器的输出数据来估计，可以通过下式计算出正确的辐射量。

$$x = g(y_i) = (y_i - b_i)/a_i \tag{6.13}$$

每个探测器记录一幅分图像，交叉起来构成完整的扫描图像。假定，对于足够大的图像，每个分图像的辐射量具有相同的概率分布，则各个分图像的真实辐射的均值和方差是相同的。通过将各个探测器的均值和方差与入射辐射的均值和方差建立关系，即可估计出各个探测器的增益和偏置。

首先根据一定的准则确定出基准探测器，即将该探测器的输出值作为参考，校正其他探测器的输出，使其他探测器记录的分图像的均值和标准差与参考图像的均值和标准差相匹配（基准探测器可以选择其均值与所有探测器的均值的平均值最接近的那个像元，也可以把几个探测器的平均值作为一个虚拟的基准探测器）。

设 m_0、σ_0 分别是标准参考探测器的均值和标准差，另外一个探测器输出值的均值和标准差分别为 m、σ，假设各探测器的响应是线性的，且不同探测器之间响应差异也是线性的，则

$$m = am_0 + b \tag{6.14}$$

$$\sigma = a\sigma_0 \tag{6.15}$$

可以得到：

$$a = \sigma/\sigma_0 \tag{6.16}$$

$$b = m - m_0\sigma/\sigma_0 \tag{6.17}$$

若用 y_{ij} 表示第 i 个探测器、第 j 个像元的输出值，x_{ij} 为相应的条带消除后的值或真实值，根据前述，即可得到校正式为

$$x_{ij} = (y_{ij} - b)/a \tag{6.18}$$

矩匹配法仅利用了一个均值附近的数值进行校正，适用于近似线性响应传感器，例如，该方法用于 MODIS 的结果，就比用于我国 HY-1 卫星十波段水色水温扫描仪的效果好，原因之一就是水色水温扫描仪（COCTS）的线性度不如 MODIS。

2. 直方图匹配法

直方图匹配法也称直方图规定化法，该方法分为两步：①构造映射表；②利用映射表进行像元灰度变换。

统计每个探测器观测值的概率分布，分别计算作为参考探测器 j 和任一探测器 i 的累积直方图。M、N 分别表示图像的行数和列数，D 为探测器的个数，$H_j(x)$ 表示标准参考探测器 j 的累积直方图；$H_i(x)$ 表示探测器 i 的累积直方图。通过 $H_j(x)$ 和 $H_i(x)$ 建立将 i 探测器输出值 x_i 变换到正确值 x_j 的映射表，映射表的值取满足下式的较小值：

$$H_j(x_j) <= H_i(x) < H_j(x_j + 1) \tag{6.19}$$

直方图匹配法的核心是对图像不同的灰度等级产生不同的校正量。在大样本情况下，可以对遥感图像各灰度等级进行分段修正，即使传感器有一定的非线性，但由于是在局部灰度修正的基础上完成整个图像灰度范围的修正，因此不受传感器的非线性影响，所以，直方图匹配法更适于非线性传感器的消条带。

需要特别注意的是，在进行可靠的统计之前，需要先剔除异常数值，如各波段

0 值或接近等效噪声的值、接近饱和的值等。

3. 均匀区法

均匀区法,就是在图像上找到分布均匀的目标,统计各探测器在这些目标上的观测值,然后进行响应差异校正。如果有多个亮度级的均匀图像,则可以构造校正直线、多个线段或拟合多项式。

假设第 k 个均匀区上的参考探测器均值为 $m[k]$,待校正探测器 i 的均值为 $m[i,k]$,则线性校正系数为

$$a[k] = m[k]/m[i,k] \tag{6.20}$$

但一般情况下,由于响应差异的非线性,应该用多个线段或多项式曲线拟合。

由于均匀区自动选取有一定难度,需要大量的人工交互,因此无法用于实时性要求高的业务化运行,但可以作为对不同消条带方法的检验。

实例:HY-1A 卫星 COCTS 条带消除。

推扫式遥感图像消条带方法需要进行以下两次处理:

(1) 把探测器阵列分为多个组,每组分别进行消条带。可采用直方图或矩匹配法,将每个探测器的累积直方图与小组所有探测器的累积直方图的平均累积直方图进行匹配,得到每个大条带(探测器组)内消条带的图像。

(2) 再把探测器阵列第二次分组,使得每组涵盖第一次分组的两个组的一半,如图 6.2 所示(但在边缘两端的分组为一个半组的大小)。再在第一次消条带的基础上,进行第二次消条带。

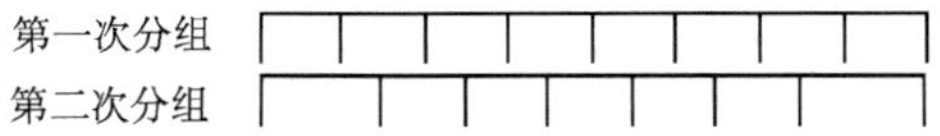

图 6.2　推扫式传感器探测器的分组消条带

也可以利用两个半组探测器的均值,进行大条带之间亮度的均衡化,从而得到完整的消条带图像。

探测器的分组大小需要根据传感器的具体情况进行调整,例如,250m 分辨率的 HY-1(海洋卫星 1 号)CCD 成像仪的分组大小为 8、16、32、64 个等。需要在正式进行业务化运行之前,根据均匀区或缓慢变化区(如水体)的各探测器数值变化情况予以确定。

图 6.3 显示了四元并扫的 HY-1A 卫星水色水温扫描仪(COCTS)消除条带的结果。

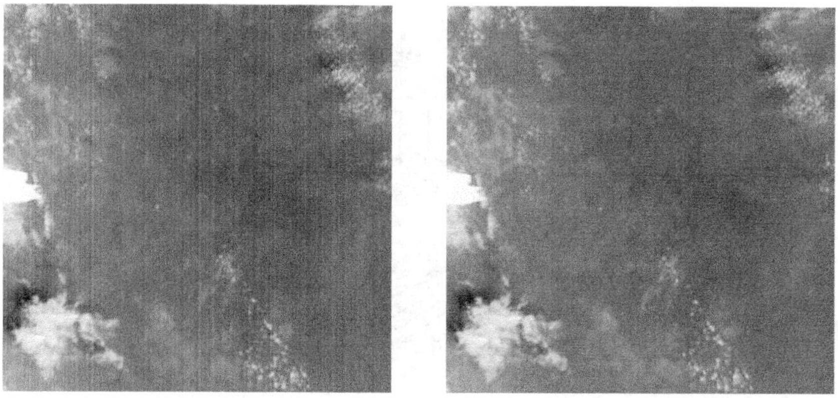

(a) HY-1 CCD B1(蓝光)通道的原始图像　　(b) HY-1 CCD B1图像经两次消条带后的结果

图 6.3　四元并扫的 HY-1A 卫星水色水温扫描仪(COCTS)消除条带

6.3　图像增强和变换

将原来不清晰的图像变清晰或将原来不够突出的特定图像信息和特征显现出来的图像处理方法称为图像增强。

图像增强的方法有很多,但所有的图像增强方法都是面向问题的,不存在对所有问题都有很好效果的算法。在进行图像增强之前需要注意,必须去除图像噪声,否则得到的就是噪声增强的图像,影响对图像的解译。应用最为普遍的图像增强技术包括反差处理、空间特征处理和多波段图像处理。

6.3.1　反 差 处 理

传感器记录来自地表各种物质反射和散射的辐射能量。某些区域(如海洋)的辐射强度很低,某些区域(如积雪和沙地)则具有很高的辐射强度,因此传感器的整个动态记录范围必须设计成能记录各种物质的辐射能量(或者亮度值)的较大范围。目前多数显示系统采用 8 个字节(即 0～255)记录,多数单幅图像上的亮度范围小于传感器的记录范围。但有些时候由于传感器有效亮度值区域未达到其全部亮度值范围,导致图像显示时的低对比度。另外,由于一些地物在可见光、近红外或中红外波段具有相似的辐射强度,当一幅图像中具有相似辐射强度的地物比较集中时,也会导致图像对比度较低。

对比度增强是将图像中亮度值范围拉伸或压缩成显示系统指定的亮度显示范围,从而提高图像全部或者局部的对比度。输入图像中的每个亮度值(DN)通过一定转化函数,对应于输出(或显示)图像中的一个显示值(GL),图 6.4 显示的是各种拉伸情况的对比。

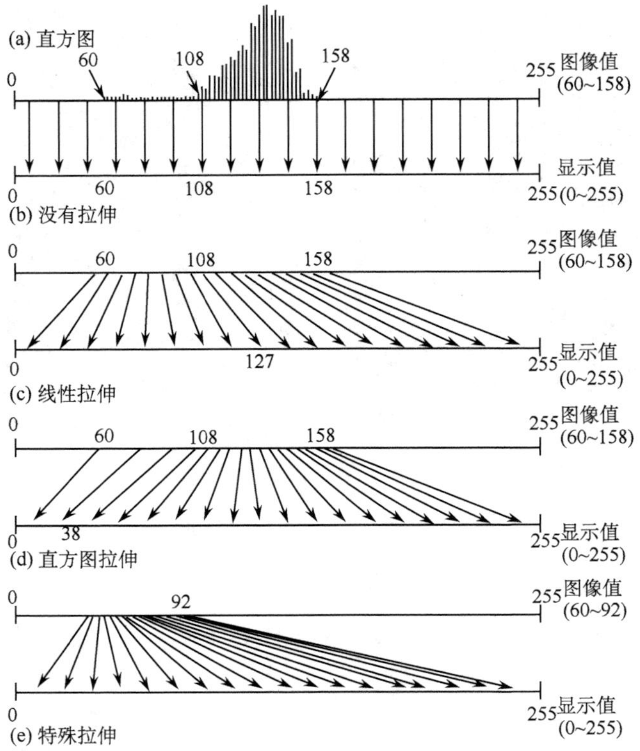

图 6.4　各种拉伸情况对比

灰度级分割将图像的亮度值划分一系列用户指定的间隔(或段),并将每一个间隔范围内的不同的亮度值显示为相同的值。

1. 线性拉伸/分段线性拉伸

如果用 MIN 和 MAX 代表一幅图像中的最小和最大的亮度值,最简单的线性拉伸算法将其亮度值范围扩展到整个输出显示范围(如 0～255)。可用下面的公式将原图像中的每个亮度值(DN)转化为显示图像中的亮度值(DN′):

$$DN' = \left(\frac{DN - MIN}{MAX - MIN}\right) \times 255 \tag{6.21}$$

这种拉伸算法通常被称作最大—最小对比度拉伸。由于同样的函数应用于所有的亮度值,因此其输入和输出亮度值之间的线性关系受输入图像中最大和最小值的影响。如果图像中最大或最小值偏离太远,这种线性拉伸效果就不会很好。因此,有时也根据原图像中亮度值的直方图分布指定位于某个积累百分比上的值来代替上公式中的最大及最小值(百分比线性拉伸),或者根据图像中亮度值的标准方差 δ 和均值 μ,用 $\delta+\mu$ 和 $\delta-\mu$ 代替公式中的最大和最小值。

以上的线性拉伸适合于亮度值正态分布或接近正态分布，图像的亮度比较集中，只有一个峰值的情况下。当图像亮度值不是正态分布时，可以用分段线性拉伸。分段线性拉伸是对不同段采用不同的线性函数进行拉伸。将原图亮度值划分为几段，将每段亮度拉伸到指定的亮度显示范围。这种拉伸方法只有在熟悉图像直方图的峰值范围所代表的地物的情况下才能使用，且经过这种分段线性拉伸后的图像不能用于进一步的图像分类。

2. 均衡化对比拉伸

直方图均衡化的原理是将灰度分布集中部分的灰度分布范围扩大。其优点是保持原来像元的相对亮度关系，即假设原始图像 $g(a)>g(b)$，在变换后仍然有 $g(a)>g(b)$。

如图 6.5 所示，设原图像灰度概率密度分布为 $p_r(r)$，经变换函数 $T(r)$ 转换后，灰度概率密度变为 $p_s(s)$。r 为变换前的亮度。

变换函数 $T(r)$ 的确定。设 r 是原始图像的灰度值，且已归一化，$0\leqslant r\leqslant 1$；$s=T(r)$ 为变换后的灰度值。

$T(r)$ 满足下述条件：①对 $0\leqslant r\leqslant 1$ 区间内，$T(r)$ 为单值单调增加；②对 $0\leqslant r\leqslant 1$，有 $0\leqslant s=T(r)\leqslant 1$。同样对于 $r=T^{-1}(s)$，$0\leqslant s\leqslant 1$，也假定满足上述条件。

对于连续的情况，由概率论知识，

$$p_s(s)\mathrm{d}s = p_r(r)\mathrm{d}r \tag{6.22}$$

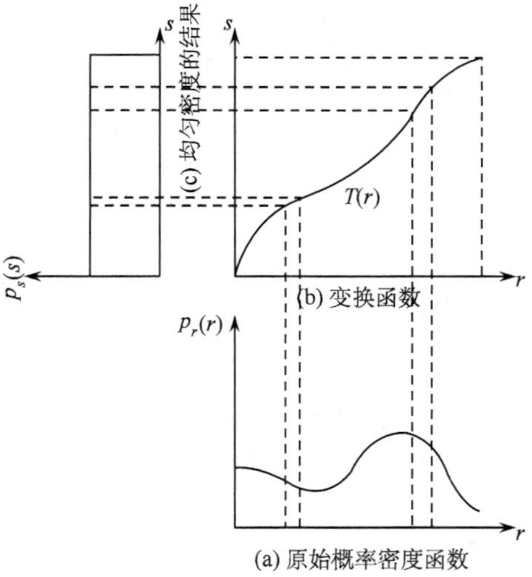

图 6.5　直方图均衡化示意图

直方图均衡化后，

$$p_s(s) = 1/L \tag{6.23}$$

式中，L 为均衡化后的亮度变化范围，一般以归一化亮度表示，$L=1$。因此

$$p_s(s) = 1/L = 1, \mathrm{d}s = p_r(r)\mathrm{d}r \tag{6.24}$$

由于 $s=T(r)$，因此又有

$$\mathrm{d}s = \mathrm{d}T(r) = p_r(r)\mathrm{d}r \tag{6.25}$$

两边取定积分，

$$s = T(r)\int_0^r p_r(r)\mathrm{d}r \tag{6.26}$$

该式表明，$T(r)$ 就是原始图像的累积分布函数。从式(6.24)就可以得到

$ds/dr=p_r(r)$。

对于离散情况，有：

$$p_r(r_k) = n_k/N \quad (0 \leqslant r_k \leqslant 1 \qquad k = 0,1,\cdots,L-1) \tag{6.27}$$

式中，L 为亮度等级；n_k 为 k 灰度级出现的像元数；N 为像元总数；$p_r(r_k)$ 也就是第 k 级的概率。则

$$s_k = T(r_k) = \sum_{j=0}^{k} \frac{n_j}{N} = \sum_{j=0}^{k} p_r(r_j) \tag{6.28}$$

3. 直方图规定化

直方图均衡化可以使一幅图像对应的直方图在各个灰度值上较为均匀的分布，由于实际的需要，有时我们并不需要使直方图均匀分布，而是让它的直方图具有特定的形态，这个过程就称为直方图规定化。

1）直方图规定化的基本原理

原图像均衡化后的累积直方图应该和目标图像均衡化后的累积直方图形状相同。

原图像的累积直方图的纵坐标 s_k 和横坐标 r_k 有如下关系：

$$s_k = T(r_k) = \sum_{j=0}^{k} p_r(r_j) = \sum_{j=0}^{k} \frac{n_j}{n} \quad (0 \leqslant r_k \leqslant 1; k = 0,1,\cdots,L-1) \tag{6.29}$$

假设要求的直方图的密度函数为 $p_u(u_i)$，则其均衡化后的累积直方图的纵坐标和横坐标有如下关系：

$$v_i = H(u_i) = \sum_{i=0}^{l} p_u(u_i) \quad (0 \leqslant u_i \leqslant 1; l = 0,1,\cdots,L-1) \tag{6.30}$$

则 $s_k = v_i, u_i = H^{-1}[T(r_k)]$；

2）直方图规定化实现的具体步骤

（1）首先绘制出原图像的累积直方图；

（2）根据直方图求出每个灰度值 r_j 对应的累计频度 s_k；

（3）根据规定的概率密度函数 $p_u(u_i)$，求出 v_i；

（4）对于原图像的每个灰度值 r_j，我们要求出处理后图像对应的灰度值 u_i。首先我们根据（2）中得到的公式求出每个灰度值 r_j 对应的 s_k，然后我们将 u_i 从 0 开始取值，直到 $v_i - s_k \geqslant 0$。这时 u_i 的取值就是 r_j 所对应的处理后图像的灰度值。

3）直方图规定化的特例

（1）高斯对比度拉伸。

高斯对比拉伸就是根据高斯概率密度函数对原图进行重新正态分布。默认 DN 值的均值为 127，以 127 为中心轴向两边进行拉伸，拉伸范围为 0～255。

$$p(x) = \frac{1}{\sqrt{2\pi}\sigma} e^{-\frac{(x-\mu)^2}{2\sigma^2}} \tag{6.31}$$

其中，均值决定了密度曲线对称轴的位置，而方差的大小决定了曲线的形态即峰的陡峭程度。

(2) 平方根对比度拉伸。

就是对输入直方图数据按照平方根方程拉伸到 0～255 的范围内。

6.3.2　空间特征处理

1. 空间邻域平滑滤波

1) 邻域平均法

有“1 邻域”(5 点)和 $n\times n$ 邻域两种。

对于“1 邻域”的 5 个点是：$f(i-1,j)$，$f(i+1,j)$，$f(i,j)$，$f(i,j-1)$，$f(i,j+1)$；$n\times n$ 邻域一般是 3×3、5×5、7×7、9×9、11×11 等。

$$g(i,j) = \frac{1}{N_s}\sum_{m,n\in S} f(m,n) \tag{6.32}$$

式中，S 为邻域点集合；N_s 为邻域内所有点的个数。

2) 改进邻域法

改进邻域方法主要有阈值邻域平均法和中值滤波法。

阈值邻域平均法：

当 $|f(i,j)-g(i,j)|>T$ 时，$g(i,j)=\frac{1}{N_s}\sum\limits_{m,n\in S} f(m,n)$，否则 $g(i,j)=f(i,j)$；其中，T 是人为确定的阈值。

中值滤波法：

当 $|f(i,j)-g(i,j)|>T$ 时，$g(i,j)=\text{MID}\{f(i,j),i,j\in S\}$。

这种方法可以减少周围异常点对本点的影响。

当用 $n\times n$ 进行平滑滤波时，不能盲目进行，否则一个异常点，将影响 $n\times n$ 点，可以先用阈值剔除异常点，然后再求平均。

2. 空域图像锐化

由前所述可以看到，平滑滤波是“积分”过程，因此，锐化就应该是“微分”过程。遥感图像的锐化一般是进行边缘提取。

由于图像中地物的边缘是任意取向的，因此，微分算法必须是方向无关的或称为各向同性的。常用的有梯度算子和拉普拉斯算子。

梯度算子：

$$|\,\text{grad}(f)\,| = \sqrt{\left(\frac{\partial f}{\partial x}\right)^2 + \left(\frac{\partial f}{\partial y}\right)^2} \tag{6.33}$$

拉普拉斯算子：

$$\nabla^2 f = \frac{\partial^2 f}{\partial x^2} + \frac{\partial^2 f}{\partial y^2} \tag{6.34}$$

对于离散梯度算子，

$$|\operatorname{grad}(f)| = \sqrt{(\Delta_x f)^2 + (\Delta_y f)^2} \tag{6.35}$$

其中，$\Delta_x f = f(i,j) - f(i-1,j)$ 或 $\Delta_x f = f(i+1,j) - f(i,j)$

$\Delta_y f = f(i,j) - f(i,j-1)$ 或 $\Delta_y f = f(i,j+1) - f(i,j)$

对于离散拉普拉斯算子，

$$\nabla^2 f = \Delta_x^2 f + \Delta_y^2 f \tag{6.36}$$

式中，

$$\begin{aligned}
\Delta_x^2 f &= \Delta_x f(i+1,j) - \Delta_x f(i,j) \\
&= [f(i+1,j) - f(i,j)] - [f(i,j) - f(i-1,j)] \\
&= f(i+1,j) - 2f(i,j) + f(i-1,j) \qquad (6.37) \\
\Delta_y^2 f &= f(i,j+1) - 2f(i,j) + f(i,j-1)
\end{aligned}$$

因此，又可得：

$$\nabla^2 f = f(i+1,j) + f(i-1,j) + f(i,j+1) + f(i,j-1) - 4f(i,j) \tag{6.38}$$

显然，结合阈值的方法，可以进行：

(1) 保留背景，强调边缘：

当 $|\operatorname{grad}(f)| \geqslant T$ 时，$g(i,j) = |\operatorname{grad}(f)|$，否则 $g(i,j) = f(i,j)$。

(2) 去掉背景，保留边缘亮度变化：

当 $|\operatorname{grad}(f)| \geqslant T$ 时，$g(i,j) = |\operatorname{grad}(f)|$，否则 $g(i,j) = L_b$，L_b 为人为设定灰度。

(3) 二值化边缘位置：

当 $|\operatorname{grad}(f)| \geqslant T$ 时，$g(i,j) = L_g$，否则 $g(i,j) = L_b$，L_g、L_b 为人为设定灰度。

3. 频域法

采用二维傅里叶变换，对变换后的频谱 $H(u, v)$ 乘上不同滤波函数 $K(u, v)$，称为“加窗”，再作反变换。选择不同的滤波函数，可以进行低通或高通滤波。

$$H(u,v) = \int_{-\infty}^{\infty}\int_{-\infty}^{\infty} f(x,y)\exp[-j2\pi(ux+vy)]\mathrm{d}x\mathrm{d}y \tag{6.39}$$

$$G(u,v) = H(u,v)K(u,v) \tag{6.40}$$

$$\begin{aligned}
g(x,y) &= \langle f(x,y) * k(x,y) \rangle \ (\text{卷积}) \\
&= \int_{-\infty}^{\infty}\int_{-\infty}^{\infty} G(u,v)\exp[j2\pi(ux+vy)]\mathrm{d}u\mathrm{d}v \qquad (6.41)
\end{aligned}$$

目前绝大多数商业化遥感图像处理软件都带有傅里叶工具，可以方便地进行频域高通、低通和带通滤波。

常规的图像随频率增长很快衰减，而噪声一般随频率增长而增加或没有明显的衰减。

需要注意，一般不采用突然截断的方式进行高通或低通滤波，而是要针对不同的情况，选择不同的窗口函数，如巴特沃斯函数(形状可调)、高斯函数、指数或梯形函数等。

6.3.3　多波段图像处理

1. 波段运算

波段运算是指遥感影像各波段之间、基于像素的运算。主要应用有植被遥感中植被指数的计算，如比值植被指数(RVI)、归一化植被指数(NDVI)、垂直植被指数(PVI)、土壤调节植被指数(SAVI)等。具体内容请参见第 9.2 节的介绍。

2. 主成分分析

一般来说，主成分分析就是设法将原来的指标重新组合成一组新的互相无关的几个综合指标来代替原来指标，同时根据实际需要从中选取几个较少的综合指标尽可能多地反映原来的指标的信息。主成分分析是考察多个数值变量间相关性的一种多元统计方法，它是研究如何通过少数几个主成分来解释多变量的方差/协方差结构。

多光谱图像波段通常是高度相关的，它们在视觉上和数值上相似。光谱波段之间的相关性受多个因素的影响：

(1) 物质光谱相关性：例如，在可见光区域植被的相对较低的反射率，在所有的可见光波段产生一个相似的信号。波长相关性的范围由物质的光谱反射率决定。

(2) 地形：对于所有的实际目的，地形上的底纹在所有的太阳反射波段是一样的，甚至在山区和弱日照的区域是占优势的图像成分。所以在日照反射区域导致一个与表面物质类型无关的波段和波段的相关性。

(3) 传感器波段重叠：理想情况下，这个因素在传感器设计阶段被减少到最小，但是它不可能被完全消除。重叠的数量在典型情况下较小，但是对于精确校准仍然是重要的。

主成分分析(PCA)就是一个设计来消除光谱冗余的特征空间转化。它是一种线性转化，对于一个带有一幅图像细节的矩阵 $\boldsymbol{W}_{PC}$，

$$\boldsymbol{PC} = \boldsymbol{W}_{PC} \cdot \mathrm{DN} \tag{6.42}$$

这个转化改变了原始波段间的协方差矩阵 $\boldsymbol{C}_{PC}$，变换后的协方差矩阵为

$$\boldsymbol{C}_{PC}=\boldsymbol{W}_{PC}\boldsymbol{C}\boldsymbol{W}_{PC}^{\mathrm{T}} \tag{6.43}$$

是一个对角矩阵，证明如下。

假设有一个向量的随机样本空间，记为

$$\{x\}=\begin{Bmatrix}\overline{x}_1\\\overline{x}_2\\\vdots\\\overline{x}_n\end{Bmatrix}=\begin{Bmatrix}x_1 & x_2 & \cdots & x_{1m}\\x_{21} & x_{22} & \cdots & x_{2m}\\\vdots & \vdots & & \vdots\\x_{n1} & x_{n2} & \cdots & x_{nm}\end{Bmatrix}_{m\times n}\Rightarrow m_x=\begin{Bmatrix}\overline{x}_1\\\overline{x}_2\\\vdots\\\overline{x}_n\end{Bmatrix}_m \tag{6.44}$$

它的协方差是一个对称，正定矩阵，矩阵为

$$\boldsymbol{C}_x=E\{(x-m_x)(x-m_x)^{\mathrm{T}}\} \tag{6.45}$$

定义变换为 $y=Ax$，其中 A 的行是 $\boldsymbol{C}_x$ 的特征向量

$$\begin{aligned}\boldsymbol{C}_y&=E\{(y-m_y)(y-m_y)^{\mathrm{T}}\}\\&=E\{(Ax-Am_x)(Ax-Am_x)^{\mathrm{T}}\}\\&=E\{A(x-m_x)(x-m_x)^{\mathrm{T}}\}A^{\mathrm{T}}\\&=AC_xA^{\mathrm{T}}\\&=\begin{pmatrix}\lambda_1 & 0 & 0 & 0\\0 & \lambda_2 & 0 & 0\\0 & 0 & \ddots & 0\\0 & 0 & 0 & \lambda_n\end{pmatrix}\end{aligned} \tag{6.46}$$

$y=Ax$ 的协方差矩阵为对角矩阵。

3. 彩色空间变换

人眼感知的彩色由原色红、绿、蓝，即 RGB，按各种比例组成。为了描述一副图像视觉观察上的彩色成分，我们一般不用红、绿、蓝 3 个颜色成分（RGB）的比例，而是用色度（H）、强度（I）、饱和度（S）来描述物体对应的彩色、亮度、色彩纯度。通常，对于一幅图像，强度、色度、饱和度的操作比红、绿、蓝三颜色的操作更容易预期视觉效果，在图像处理前把 RGB 成分转化为 HSI 成分可以对彩色拉伸提供更多的控制。我们把 RGB 到 HSI 的转化称为彩色空间变换（CST）。

1）RGB 彩色模型

该模型用一个定义在三维坐标系下的彩色立方体来表示，各个坐标轴分别代表 RGB 的量，所有立方体在 3 个坐标轴上的 3 个顶点代表红、绿、蓝，另外的 3 个顶点代表青、深红、黄，剩下的两个顶点代表黑、白，坐标系中的原点代表黑色，对角上的另一个点代表白。所以在该模型中，灰度线为黑白两点所确定的线，而其他不同的颜色则可以用立方体内部的向量来定义，且在该模型中 RGB 的值都规定在[0,1]内。

2) HSI 彩色模型

用色度、饱和度、强度这 3 个量来描述彩色（色度代表某种纯色如纯红色，饱和度代表一种纯色被白光稀释的程度，亮度是一个主观因子）。HSI 中的 3 个量在 RGB 立方体里表示如下：我们规定 RGB 立方体中黑点和白点连线（即灰度线）为一个强度轴，所以一个垂直于强度轴，且包含该彩色点的平面与强度轴的交点就确定出了一个在[0,1]范围内的强度值。强度轴上的饱和度为零，彩色点的饱和度则随其距离强度轴的距离而增加。RGB 立方体上的任意 3 个点确定的平面则确定了一个色度，且该平面内所有的点都具有相同的色度（其强度和饱和度不同而已）。

HSI 彩色模型可以从彩色图像中包含的彩色信息（色度和饱和度）里消去强度分量的影响，因此成为基于彩色描述的图像处理方法的一个有效工具。在 HSI 的感知彩色空间里，我们可以有目的性地改变任意的或者全部的成分。例如，饱和度成分可以通过一个合适的转化在所有像素上提高。之后将处理过的图像用 CST 的反转再被转回成 RGB 来显示，从而达到图像处理的目的。

6.4　遥感数据的融合

6.4.1　空域融合

空域融合的主要思想是把高分辨率图像的高分辨率内容转化成低分辨率图像。

通过空间均值计算将 Landsat MSS 的第一和第四波段的空间分辨率（原为 80m）降级为 240m 和 400m，再与原始的第二波段使用如下公式逐个像素进行重组。

$$R_{ijk} = M_{ijk} + \mathrm{HPH}_{ij} \tag{6.47}$$

式中，R_{ijk} 是指被融合图像的 k 波段值；M_{ijk} 是指低分辨率多光谱图像的 k 波段值；HPH_{ij} 是 H_{ij} 的高通道版，H_{ij} 是高分辨率图像的第二波段值。

重组的成功依赖于两幅图像的高频部分之间的辐射纠正。尽管从视觉上，R_{ij1}、R_{ij4} 和 M_{ij2} 的彩色合成图像比降级的第一、第四波段与原始的第二波段的合成图像更锐利，但是当第二波段与其他波段是负相关，尤其是接近植被和土壤边界时，就存在人造物。一个启发式的、空间变量的函数 K_{ijk} 可用来改善这些区域的融合效果。

$$R_{ijk} = M_{ijk} + K_{ijk}\,\mathrm{HPH}_{ij} \tag{6.48}$$

在高频率调整算法中，高分辨率全色图像 H 与多光谱低分辨率图像的每个波段相乘，再用 H 的低通道滤波 LPH 将其规定化处理，用来评估一幅多光谱影像的 k 波段，

$$R_{ijk} = M_{ijk} H_{ij} / \mathrm{LPH}_{ij} \tag{6.49}$$

因此，该算法假定增强的多光谱图像的 k 波段与相应的高分辨率图像的每一像素成比例。其比例系数为空间递增因数 K_{ijk}，

$$K_{ijk} = M_{ijk}/\mathrm{LPH}_{ij} \tag{6.50}$$

因此，公式(6.49)可变为

$$R_{ijk} = K_{ijk}H_{ij} \tag{6.51}$$

使用二成分空间频率图像模型，

$$H_{ij} = \mathrm{LPH}_{ij} + \mathrm{HPH}_{ij} \tag{6.52}$$

公式(6.49)可写成

$$\begin{aligned} R_{ijk} &= M_{ijk}(\mathrm{LPH}_{ij} + \mathrm{HPH}_{ij})/\mathrm{LPH}_{ij} \\ &= M_{ijk}(1 + \mathrm{HPH}_{ij}/\mathrm{LPH}_{ij}) \\ &= M_{ijk} + K_{ijk}\mathrm{HPH}_{ij} \end{aligned} \tag{6.53}$$

这与公式(6.48)的形式相同。因此高频率调整技术与 M 的高通滤波是等效的。

低通和高通滤波器必须用在高分辨率图像以实现空域融合。这些滤波器不是任意的，因为它们定义两幅图像之间的辐射规定化。例如，在公式(6.53)中，将 LPF 匹配到多光谱影像的有效的 PSF 似乎是合理的。这种直观的关系可以从数学上导出，但是在我们现有的范围之外。本质上，使用低分辨率和高分辨率图像之间的净相关 PSF 维持从原始图像到融合图像的定位辐射率。净 PSF 由 3 部分组成：

(1) GIFOV 差值，例如，合并 SPOT 全色图像和 TM 多光谱图像时选用3×3；

(2) 剩余传感器 PSF 差值；

(3) 用于图像配准的重采样函数。

6.4.2 频 域 融 合

我们可以把一幅多光谱图像转换到一个新的空间。在这个空间里，一幅图像表示其相关的成分。例如，主成分空间中第一主成分和彩色空间中的亮度。以主成分分析(PCA)在图像数据融合中的应用为例，见图 6.6(a)。PCA 常采用两种方法，一是用一幅高分辨率图像来替代多波段图像的第一主成分 PC_1；二是对多波段图像的所有波段进行 PCA。前者是通过高分辨率的图像来增加多波段图像的空间分辨率，即先将高分辨率的图像拉伸到 PC_1 的方差和均值，然后将拉伸后的图像替代多波段图像数据的 PC_1。由于 PC_1 包含了所有波段绝大部分的信息，因此融合后的图像既有多光谱信息又具有高分辨率。PCA 可被用在任何数量的波段中，但彩色空间变换只能被应用在三波段图像中，见图 6.6(b)。

原始成分和替换成分的辐射相关在两种方法中都很重要。如果两幅图像的柱

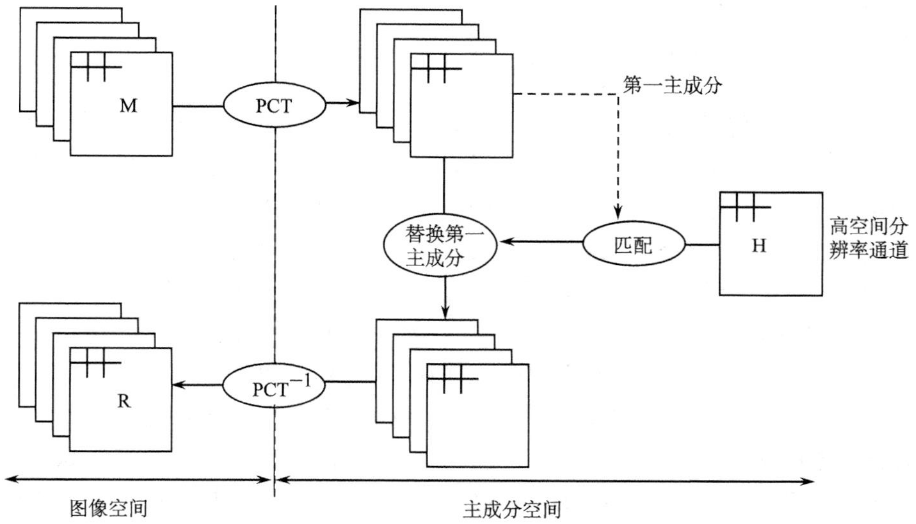

图 6.6(a)　使用 PCT 的图像融合和第一次主成分变换

PCT 为主成分变换;PCT^{-1}为主成分逆变换

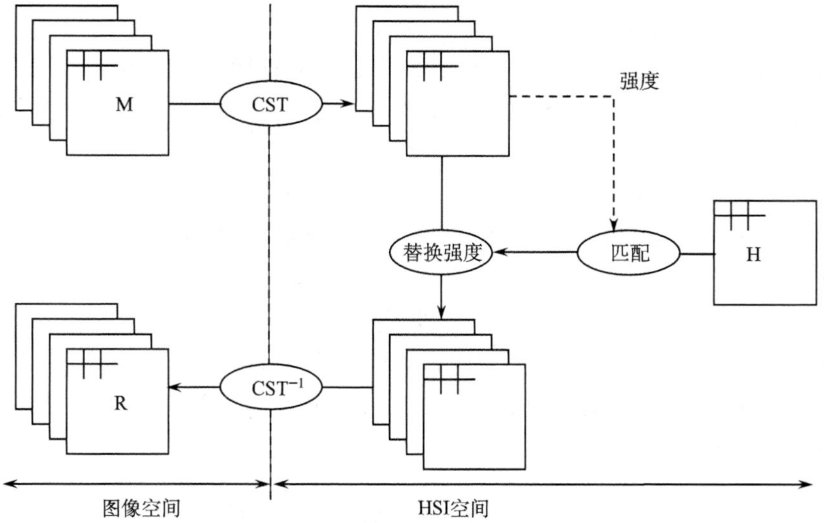

图 6.6(b)　使用彩色空间变换的图像融合

CST 为彩色空间变换;CST^{-1}为彩色空间逆变换

状图形状不同,那么线性地测量最小和最大 DN 值通常是不够充分的。这种情况下,一个参考伸展是很有用的,并且将部分补充原始成分和高分辨率替换相关关系的不足。

6.4.3 空间尺度融合

多分辨率图像的融合似乎是空间尺度概念的自然应用。小波变换现已经被用在融合 SPOT 多光谱影像和全色影像，以及 Landsat TM 影像和 SPOT 全色影像中。在合并 SPOT 多光谱和全色影像中，首先将全色影像参照多光谱影像延伸三次，每次匹配一个多光谱波段柱状图。小波变换的第一层为每一幅修正的全色图像而计算（因为 GSIs 因不同因数而不同）。使用每一幅原始多光谱图像（20m GSI）和相对应的修正全色图像的 3 个高频成分（L_xH_y，H_xL_y，H_xH_y）构建合成多光谱小波分解。由于小波变换中的向下采样，这些成分也在 20m GSI。小波变换的逆变换可生成三幅重新构建的 10m GSI 的多光谱图像。SPOT 全色影像和 TM 多光谱影像的融合方法与此相似。不同的是在后者中，两幅图像都需要构建一个五层小波金字塔，并且所有最高层中的 SPOT 数据都要被同一层中的 TM 数据取代。

这里以 TM（1987 年）与 SPOT-P（1996 年）数据融合为例说明。融合前，首先对两幅图像进行几何配准。为保证精度，需注意两点：一是控制点对的选取应在两图像的相应波段进行；二是应以高分辨率的 SPOT-P 为基础，对 TM 重采样到 10m，以保证空间配准精度在 1 个像元以内。

采用离散正交小波变换模型对两幅图像进行数据融合，基本步骤如下：

（1）对配准后的 TM 和 SPOT-P 图像分别进行小波正变换，获得各自的低频图像和细节/纹理图像；

（2）用 TM 的低频图像替代 SPOT-P 的低频图像；

（3）用替换后的 TM 低频图像与 SPOT-P 的细节图像进行小波逆变换得到融合结果图像。

需要注意的是，经高通和低通滤波器变换及替代处理后，会引起 TM 原有信息的部分丢失；此外，由于两幅图像成像时间差异大，像元灰度值明显不同，会引起 TM 光谱信息的变化，甚至出现噪声。为了减少或避免这方面误差，常需要先进行比值处理或直方图匹配。

6.5 遥感图像的专题分类

专题地图表示的是可识别的地表特征的空间分布状态，它用信息而不是数据描述一个给定的区域。遥感图像专题分类就是将遥感图像转换成专题地图的过程。

遥感图像专题分类的基本过程如下：

（1）预处理：通过空间变换或光谱变换，对初始输入图像进行一些处理。例如，选取波段的子集或空间平滑滤波等。这一步是选择性的，有些情况下多光谱图像可以被直接使用。

(2) 分类：人工提取特殊像元以训练分类器或自动集群生成训练标准，使其能够识别某一范畴，在特征空间内确定判别函数。主要包括监督分类和非监督分类。

(3) 标注：应用上一步的判别函数对图像的每一个像元进行分类。如果是监督分类，标注的精度取决于判别函数；如果是非监督分类，则需要对这一步进行监督。输出图像的每一个像元都有自己的标注。

6.5.1 监督分类

1. 概述

根据已知训练区提供的样本，通过选择特征参数，建立判别函数，把图像中各个像元点归化到给定类中的分类处理，叫做监督分类(supervised classification)。

2. 方法

监督分类的常用方法包括最小距离法、最大似然法、平行六面体、光谱角度制图、神经网络等。下面具体介绍最为常用的方法之一——最小距离分类法。

最小距离分类是按照模式与各类代表样本的距离进行模式分类的一种统计识别方法。在这种方法中，被识别模式与所属模式类别样本的距离最小。假定：R_1，R_2，…，R_c 为 c 个类别代表模式的特征向量；x 为被识别模式的特征向量；$|x-R_i|$ 为 x 与 $R_i(i=1,2,\cdots,c)$ 之间的距离。如果 $|x-R_i|$ 最小，则把 x 分为第 i 类。

在更复杂的情况下可以用各类的代表样本集合，而不仅仅是用一个样本作为最小距离分类的基础。进行最小距离分类首先要为每个类别确定它的代表模式的特征向量，这是用这种方法进行分类效果好坏的关键。各类代表特征向量可以根据所研究对象的物理、化学、生物等方面的机理来确定，常用的方法是收集各类样本，用各类样本特征向量的平均向量作为各类代表模式的特征向量。其次要选择一种确定的距离度量以计算被识别模式与各类代表模式特征向量之间的距离。常用的距离有欧几里得距离、绝对值距离等。

3. 特征

相比于非监督分类，监督分类的优点在于：①它不需要迭代运算，因而电脑的计算量相对较小，速度较快；②由于其训练样本是人工选取的，类特征受到分析者先验知识的限制，因而分类精度一般较高。

监督分类的不足也很明显：训练区的选取任务繁重且需要技巧，并要求分析者具有对目标区域的地理及遥感的先验知识。如果一幅多光谱图像包含足够的可视差异，那么通过简单目视即可进行适当的训练区选取。然而，大多数情况下，人们必须借助其他的信息，例如野外数据或现存地图，来找出每一类别的典型区域。

关于训练区的选取，一定要保证训练区是不同类别的均匀采样，同时包含一个类中的多种信息。因此，每一类通常需要选择多个训练区，例如，农用地这一地类，就包括水田、旱地、园地、有林地、牧草地、休耕地等多个不同的次级类，其光谱信息差异很大，这就需要分析员根据不同次级类，分别选取不同的均匀训练区；再在分类后进行合并、平滑等后处理，以达到较高精度的分类结果。

但是，在很多情况下不能获得均匀的点，一个混合像元就不可能被确定到一个指定的类别。稀疏植被是一个很常见的问题，它使植被制图和土壤制图变得复杂。这种情况下，可以在形成分类前先清除一些无关的像素，以改进分类数据。

6.5.2 非监督分类

1. 概述

根据图像数据本身的统计特征及点群的分布情况，从纯统计学的角度对图像数据进行类别划分的分类处理叫做非监督分类。它与分类器算法极为类似，只是它不需要训练样本，是一种无监督的统计方法。它迭代的进行图像分类并提取各类的特征值，可以说是一种自我训练的分类。

非监督分类在不同种类的点样本中，定位特征矢量的集合。这些被称作"集群"的集合被假设为在图中代表不同的类，并被用来计算分类信号。分析者通过计算机，对图像进行集群统计分析，根据待分类样本特征参数的统计特征，采用某种算法，自动建立决策规则来进行分类，把各样本的空间分布按其相似性分割或合并成一集群。在这之后，每一集群代表的地物类别，须经实地调查或与已知类型的地物加以比较才能确定。

这里需要说明的是，"集群"这一术语在大多数情况下具有误导性。它暗示在多维数据空间的局部区域里存在一组明显的像素矢量。而这种情况实际是很少见的。为了创造一组囊括整个数据空间的全面的类别，必须使用一个大的训练样本。由于子像素类的混合、传感器噪音、地形阴影和其他因素的影响，数据分类是典型分散的。优秀的算法，比如 K-均值聚类，能找到一个最优分割点，将数据分成指定数量的子区域。

2. 方法

非监督分类中，常用的算法有 K-均值聚类、ISODATA (iterative self-organizing data analysis technique)等。

确定数据中集群的方法的数量仅受研究者定义集群标准的灵活性限制。所有常用的算法都使用迭代公式找到给定数据的结果边界和最优标准。ISODATA 算法是 K-均值算法的常用修正法。它包括集群在阈值内分离时的集群合并和集群过大时的集群分离。但是值得注意的是，随着性能的增多，使用者需要设置的参量也就越多。下面简要介绍一下 K-均值聚类法。

K-均值聚类将特征空间中特征矢量(点)相近的对应图像中的像素分组，并形

成 k 个聚类，每个聚类对应一个图像区域。在感知上，一个区域内的像素特性是一致的，而不同区域的像素特性则不同。理想情况下，同区域的像素，对应的特征空间点是同一点；但实际上这不现实也没有必要，常常是这些特征空间的点相近即可，即在聚类空间形成一些聚类中心。好的分割使得每个聚类内的点与聚类中心较近，而不同聚类中心的距离较远。

从实现上来看，K-均值聚类先对当前的每一类求均值，然后按新均值，对像素进行重新分类（将像素归入与均值最近的类），对新生成的类再迭代执行前面的步骤，直到类内距离收敛，或达到规定迭代次数。图 6.7 显示了 K-均值算法在二维的理想数据集中的应用。

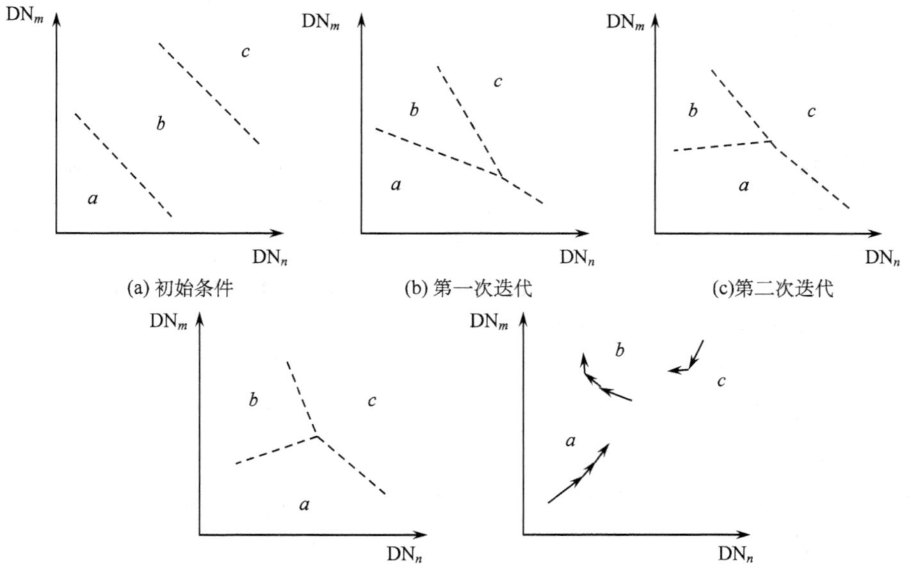

(a) 初始条件　(b) 第一次迭代　(c)第二次迭代　(d) 第三次迭代　(e) 均值矢量移动

图 6.7　K-均值算法在二维的理想数据集中的应用

在算法的第一步中，一个原始的均值矢量（“种子”）被任意地指定给每一个 K 集群。训练区中的每一个像素随之被分配给其均值矢量最接近该像素矢量的类，因此形成第一组结果边界。一组新的集群均值矢量从这个分类中计算出来，像素也随之重新分配。每一次迭代，K-均值将在其当前分配的特征空间区域里趋向于向数据集合移动。迭代将持续进行，直到两次迭代之间像素的分配没有显著变化为止。终止迭代过程的标准可以在两次迭代之间的净余均值移动下定义。特殊地，下面是均值矢量从第 $i-1$ 次迭代到第 i 次迭代的数量变化，包括所有的 K 集群。

$$\Delta\mu(i) = \sum_{k=1}^{K} \mid \mu_K(i) - \mu_{K-1}(i-1) \mid \tag{6.54}$$

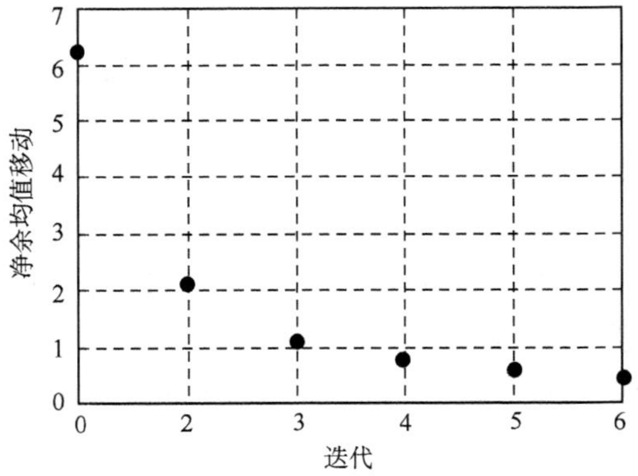

图 6.8　*K*-均值算法中两次迭代间净余均值移动的典型行为
图中黑点代表真实图像数据

最后，稳定的结果对种矢量的原始描述并不敏感。但是，如果最终的矢量不接近种矢量，则需要更多次的迭代进行收敛。图 6.8 显示了对于集群均值的净余移动中的一个典型的迭代序列。最终的集群均值矢量可能被用来在下一过程中使用最小距离分类法将整幅图像分类。或者，集群的斜方差矩阵可能被计算并和均值矢量一起被用在最大似然分类法中。

3. 特征

与监督分类相比，非监督分类的优势在于：①不需要人工的选取训练区，操作更为简便；②不需要分析者具备相关的先验知识，对分析者的要求较低；③其数据的内在结构由算法决定，而不受外界知识的约束，也较少受人工主观因素的影响。

非监督分类的缺点则体现在：①分类结果的精度依赖于所提供或生成的初始分割参数，一般低于监督分类的精度；②它没有考虑空间关联信息，因此也对噪声更加敏感。

在为非监督分类定义图像区域的时候，分析者不需要关注场的均匀性。不同类的场将被有目的地选取，以确保所有感兴趣的类和它们各自内部的多样性都包括在内。甚至整幅图像都可能被用在集群算法中，以实现铺满整幅图像的描述。在分类完成后，分析者需要给每一个集群做标注。因为非监督分类不需要除了图像本身外与其有关的任何信息，因此，把相对均匀的区域描述成潜在的监督训练区是很有用的。

6.6　遥感图像数字处理应用上的发展和展望

遥感图像数字处理在分类上的应用大大提高了土地利用类型制图的效率，为大面积土地覆盖和土地利用专题图的制作提供了可能。

在应用的过程中，把地理区域的图像数据与其他相关地理数据集合。数据集可能仅仅包括由同一传感器或不同传感器在其他日期拍摄到的图像数据，但数据合并的目的常常是将遥感图像与 GIS 中其他信息资源相结合。例如，遥感图像数据常常与土壤、地形、行政分区等辅助信息相结合。

高光谱数据在近年来的迅速发展，高光谱数据的数字处理应用越来越多，成为图像数字处理的主要内容之一。

遥感图像数字处理在生物及环境建模上的应用也成为一个重要的应用方向。生物建模的目的是把由遥感系统定量记录的数字化数据和地面测量的生物物理特征及现象联系起来。同样,为了便于环境建模,遥感图像经常与GIS技术结合以便于环境的建模。这些工作的目的是在空间上模拟环境系统的功能以及预测条件变更后环境系统的行为,如全球气候变化。

总之,遥感图像的数字处理为我们提供了理解地物信息的另一种方式,在遥感应用的各个领域,都会或多或少地用到遥感图像的数字处理技术。在后面的章节中,我们会提供在实际应用领域遥感图像数字处理的具体例子,实际上,遥感图像的数字处理的应用是如此广泛,以至于我们需要在这一领域深入探索,来揭开遥感图像的奥秘。

思考题:

1. 假设中心在(x_0,y_0)的平坦区域被一个强度分布为

$$i(x,y)=Ke^{-[(x-x_0)^2+(y-y_0)^2]}$$

的光源照射。为简单起见,假设区域的反射是恒定的,并等于1.0,令$K=255$。如果图像用k比特的强度分辨率进行数字化,并且眼睛可检测相邻像素间8种灰度的突变,那么k取什么值将导致可见的伪轮廓?[摘自冈萨雷斯的数字图像处理(第二版)]

2. 假定我们对一幅数字图像进行直方图均衡化处理,试说明:再一次直方图均衡化处理的结果与第一次直方图均衡化处理的结果相同。[摘自冈萨雷斯的数字图像处理(第二版)]

3. 描述一下在RGB彩色空间满足方程:

$$D(z,a)=[(z-a)^{\mathrm{T}}C^{-1}(z-a)]^{\frac{1}{2}}=D_0$$

的那些点组成的表面。这里D_0是特定的非零常数,假定$a=0$,并且:

$$\boldsymbol{C}=\begin{bmatrix}8&0&0\\0&1&0\\0&0&1\end{bmatrix}$$

4. 有Landsat不同时期的两幅图像,一副为彩色,一副为全色。欲得到融合后的新图像,使之具有全色的分辨率和多个波段。简述一套完整的步骤,其中,考虑以下几个问题:

(1) 需要进行哪些预处理?

(2) 可以采取哪些数据融合的方法?

(3) 这些方法需要什么新的数据或信息?

5. 简述监督分类和非监督分类的原理和适用条件。

第 7 章 热红外遥感

早在 1800 年，英国天文学家赫胥尔在寻找观察太阳保护自己眼睛的方法时，就发现了红外光这一“不可见光线”。由于军事上的迫切需要和航天工程的蓬勃开展，红外技术在第二次世界大战期间和战后的几十年取得迅速发展。

据说，伊拉克在攻击科威特前，为了避免其战车遭到美国飞机的轰炸，在沙漠中挖了很多地道，战时让战车躲入沙漠下的坑道内。可惜沙漠中白天温度非常高，战车又大多是金属，吸收了很多热量。黑夜时，沙漠的表面温度迅速降低，而埋在沙土里的战车温度较四周的沙土高，辐射出红外线。因此，美国的飞机黑夜时利用红外线探测器，将沙土下的战车全部摧毁。

虽然红外技术最初的发展得益于战争的需要，但是随着红外技术的不断发展，这项技术已经被广泛地应用到全球变化、资源环境问题研究以及日常生活中，成为一种非常重要的获取地物热状况信息的手段，受到了学者们越来越多的关注。

7.1 热红外遥感概述

7.1.1 热红外遥感的定义

所有的物质，只要其温度超过绝对零度，就会不断发射红外辐射(陈衡，1985)。其辐射波长大于 0.74μm 且小于 1mm 的波长范围被称为红外波谱区，该谱区又可分为：近红外/短波红外(0.74～2.5μm)，卫星传感器在该区域接收到的主要是地表对太阳辐射的反射能量，地球自身辐射的贡献非常小；中红外(2.5～6.0μm)，地物自身的热辐射和太阳辐射对遥感图像都有贡献，且处于同一数量级；热红外(6.0μm～1mm)，以地物的热辐射为主，反射太阳辐射的部分可以忽略。

热红外遥感就是利用星载或机载的传感器收集、记录地物的热红外信息(陈述彭，2000)，并利用这种信息来识别地物和反演地表参数(温度、湿度、热惯量等)的技术系统，在红外遥感研究中居于主导地位。

7.1.2 热红外遥感的发展史

热红外遥感的发展可以从 1962 年第一台红外测温仪诞生算起，1978 年美国发射了热惯量卫星(HCMM)，首次用卫星来观测地球表面的温度差异，这标志着热红外卫星遥感的开端。随后，红外技术不断发展，一系列航空航天传感器运用热红外波段采集地面数据，广泛应用于地质填图、热制图、热惯量估算以及灾害监测、环境污染等方面。我国从 1975 年研制第一台红外测温仪以来，先后研制了包括多个热红外波段在内的多光谱扫描仪。1988 年 9 月我国首次发射太阳同步轨道试验气象卫星“风云一号”，其上装有热扫描辐射计，它可以日夜观测云层、陆地和海面温度等。之后发射的风云二号 A 和风云二号 B 气象卫星都搭载了热传感器。

目前，热红外遥感的应用研究有很多，在城市热岛效应、林火监测、旱灾监测、探矿、探地热，岩溶区探水等领域都取得了不少成果，但是大多数热红外遥感应用还是以亮度温度为信息源的定性分析，定量研究还很不够。利用卫星遥感反演地表真实温度，无论是理论模型还是精度保证上离实用均有较大的差距。然而，地表能量交换是地球系统中水、热、碳各种循环和过程的主导因子，其中陆面温度又是地表能量交换的核心信息，热红外遥感是获取地表热状况非常重要的手段。因此，对热红外遥感的研究至关重要。

7.2　热红外遥感的基本原理

7.2.1　热红外遥感的理论基础

由经典力学的理论成果可知，只要物体的温度高于绝对零度，就会不断发射红外能量，即向外发射具有一定能量和波谱分布的电磁波，我们称之为热辐射，其辐射能量的强度和波谱分布是由物质类型和温度决定的。实际上，太阳和地球互相处在彼此的热辐射场中，两者在不同波段贡献的比重关系决定了各波段研究的主要内容(图 7.1)，如在可见光波段地球的热辐射场远远小于太阳的热辐射场，那么

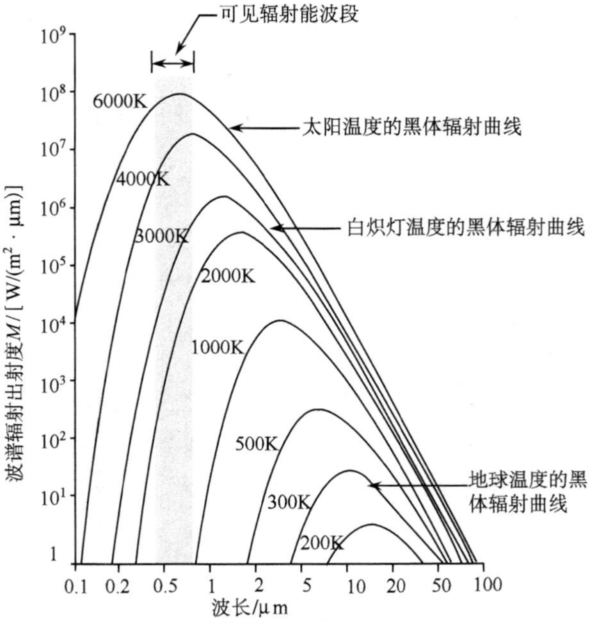

图 7.1　太阳与地球的辐射波谱(Thomas,1994)

可见光遥感主要研究的就是太阳辐射而忽略了地球自身的辐射。如果忽略太阳的贡献,对热红外的研究实质上就是对地球的热辐射场的研究。与可见光相似,它也是从地表、大气、地-气相互作用 3 个层次进行的。

1. 黑体

黑体是热辐射理论的基础假设,它的科学定义如下:在任何温度下,如果某物体对任何波长的电磁辐射能全部吸收,则称该物体为绝对黑体。即黑体是完全的吸收体($a_\lambda=1$)和发射体($\varepsilon_\lambda=1$),没有反射。绝对黑体在自然界是不存在的,但在理论上非常重要,可以在实验室中来近似模拟。

2. 基尔霍夫定律

在一定的温度下,任何物体的辐射出射度 $M(\lambda,T)$ 与其吸收率 $a(\lambda,T)$ 之间成正比关系,其比值只是温度、波长的函数。

$$\frac{M(\lambda,T)}{a(\lambda,T)}=M_{\mathrm{b}}(\lambda,T)$$

这就是基尔霍夫定律。对于黑体,由于其吸收率 $a(\lambda,T)=1$,所以这个普适函数就是黑体的辐射出射度。

由基尔霍夫定律可知,物体的吸收率越大,其发射能力就越强。我们只要知道某一物体的吸收光谱,其辐射光谱也就可以随之确定。

我们常用比辐射率的概念描述非黑体的辐射特性,后面将详细介绍比辐射率的相关概念。

3. 普朗克定律

绝对黑体的辐射光谱 $M_{\lambda,T}$ 对于研究一切物体的辐射规律具有根本的意义。1900 年普朗克引进量子概念,将辐射当作不连续的量子发射,成功地从理论上得出了与试验精确符合的绝对黑体辐射出射度随波长的分布函数。

$$M_{\lambda,T}=\frac{2\pi c^2 h}{\lambda^5}(M^{\frac{ch}{k\lambda T}}-1)^{-1}=\frac{c_1}{\lambda^5}\cdot(\mathrm{e}^{\frac{c_2}{\lambda T}}-1)^{-1} \tag{7.1}$$

单位是 $\mathrm{W/(m^2\cdot\mu m)}$。式中,$c$ 是光速,$c=2.997\ 93\times10^8\,\mathrm{m/s}$;$h$ 是普朗克常量,$h=6.6262\times10^{-34}\,\mathrm{J\cdot s}$;$k$ 是玻尔兹曼常量,$k=1.3806\times10^{-23}\,\mathrm{J\cdot K^{-1}}$;$c_1=2\pi hc^2=3.7418\times10^{-16}\,\mathrm{W\cdot m^2}$。

4. 斯特藩-玻尔兹曼定律

1879 年斯特藩由实验发现,绝对黑体的积分辐射能力 E_T 与其温度的 4 次方成正比,即 $M=\sigma T^4$。1884 年,玻尔兹曼由热力学理论得出了这个公式。$\sigma=5.6696\times10^{-8}\,\mathrm{W/(m^2\cdot K^4)}$,被称为斯特藩-玻尔兹曼常数。当物体为非黑体时,$M=\varepsilon\sigma T^4$,其中,$\varepsilon$ 是该物体的比辐射率。

5. 维恩位移定律

1893 年维恩从热力学理论导出黑体辐射光谱的极大值对应的波长 $\lambda_{\max}=\dfrac{b}{T}$,

$b=2897.8\mu mK$，温度愈高，λ_{max}愈小。太阳的辐射温度约6000K，这个最大峰值在可见光波段(中心波长为0.58μm)。森林火灾的峰值在5μm左右，而地球的峰值约在8～14μm之间。

6. 温度和比辐射率

1) 温度

(1) 真实温度。真实温度指分子运动温度即动力学温度，它是物质内部分子的平均热能，由物体分子平均不规则的振动导致。由于物体之间的热传递，所以很难准确地测量到物体的真实温度。测量温度的传统方法主要有两种，即接触式和非接触式。接触式是通过测温仪直接与被测物体相接触实现的，如体温计。这种方法的缺陷在于测温仪与物体表面接触时一般都会破坏原物体的热状态。非接触式测温仪则是不与被测物体直接接触，如非典时期在公共场所用到的点温仪。非接触式的测温也会受到周围微气象(如风速)、环境辐射的影响。

(2) 辐射温度、亮度温度。地表的真实温度往往难以精确测量，我们使用热红外传感器获得的是地物向外的辐射能量，大多数热传感器系统记录的都是地面物质的辐亮度。辐射能量对应的温度就是物体的辐射温度，包含了物体自身的辐射和所反射的周围环境的辐射。

前面已经指出黑体是我们研究热红外遥感的一个基本的标尺，我们通过建立物体与黑体之间的关系来描述物体的某种性质。若某物体与黑体的辐射出射度相等，那么此时黑体的温度就是该物体的亮度温度。黑体的辐射温度(T_{rad})及亮度温度(T_b)和它的动力学温度(T_{kin})是相等的，但对于真实地物，热遥感器所记录的亮度温度与物体的真实温度之间存在如下关系：

$$T_b=\varepsilon^{1/4}T_{kin}(0\leqslant\varepsilon\leqslant 1)$$

式中，ε是物体的发射率，从上式可以看出，物体的亮度温度总是小于它的分子运动温度。当我们从热图像上求解物体的真实温度时，必须要知道它的发射率。

(3) 地表温度。地表温度是地-气系统研究能量平衡的一个关键因子。除了太阳辐照度之外，地-气界面所有的通量都可参数化为温度的一个函数，而且通过测量地表温度，可以直接验证GCM输出的地表温度，同时温度也是如“全球环流模型”(GCM)等模型的初始化数据。

地表温度的测量方法也分为接触式和非接触式两种：①利用温度计或其他点接触探测头测定。这种方法受时间和空间的限制，没有足够的空间覆盖数据，并受其他外界环境的影响很难获得精确的表面温度。②利用热红外辐射仪来测定。在局部尺度上可以通过地面测量来实现；在大、中尺度上利用卫星进行空间测量。测量的量是波谱辐射能，与地表真实温度T_s、比辐射率ε、大气和周围环境密切相关。

2) 比辐射率

在可见光波段，我们用反射率这一概念描述地物对太阳光的作用能力。在热红外波段，太阳光的能量与地球自身辐射的能量相比微不足道，那么有没有一个与反射率相应的概念来描述地球自身的辐射能力呢。比辐射率就是这样一个量，它有大小和方向，是描述非黑体热辐射能力与热辐射方向性的重要参数。但它也有适用范围，一般而言，温度均匀的单纯像元热红外遥感问题都可以引用比辐射率概念。

如前所述，比辐射率可定义为

$$\varepsilon(\lambda, T) = \frac{M(\lambda, T)}{F_b(\lambda, T)}$$

即

$$\varepsilon(\lambda) = \frac{\text{物体(非黑体) 的辐射出射度}}{\text{同温下黑体的辐射出射度}}$$

在热平衡的条件下，$\varepsilon(\lambda, T) = a(\lambda, T)$，即物体的比辐射率等于其吸收率。绝对的热平衡状态并不存在，但“局地热平衡”却普遍存在。所谓“局地热平衡”指瞬时间热交换非常缓慢，物体向外辐射的能量基本等于从外界吸收的能量，此时物体处于热平衡状态。

与反射率相同，比辐射率也是一个没有量纲的量，取值在 0～1 之间。它也是物体的固有的物理属性，不仅依赖于地表物体的组成成分，而且与物体的表面状态（表面粗糙度等）及物理性质（介电常数、含水量、温度等）有关，是波长 λ 和观测角 θ 的函数。

通过实验测量可知，除金属表面外，比辐射率在较大的温度变化范围内都是常数，因此它不是温度的函数。在常温下，典型物体的比辐射率如表 7.1 所示，可以看出比辐射率可以作为区分物体的类别的属性。

表 7.1　各种常用物质的比辐射率

物　质	典型平均比辐射率	物　质	典型平均比辐射率
	8～14μm		8～14 μm
清水	0.98～0.99	水泥混凝土	0.92～0.94
湿雪	0.98～0.99	油漆	0.90～0.96
人的皮肤	0.97～0.99	干植被	0.88～0.94
粗冰	0.97～0.98	干雪	0.85～0.90
健康绿色植被	0.96～0.99	花岗岩	0.83～0.87
湿土	0.95～0.98	玻璃	0.77～0.81
沥青混凝土	0.94～0.97	粗铁片	0.63～0.70
砖	0.93～0.94	光滑金属	0.16～0.21
木	0.93～0.94	铝箔	0.03～0.07
玄武岩	0.92～0.96	亮金	0.02～0.03
干矿物质土	0.92～0.94		

表面粗糙度不同在一定程度上影响了比辐射率的方向性(主要还是由物体本身的性质决定的),通过实测发现:对于光滑表面,比辐射率随观测角的增加逐渐增加,到达布儒斯特角时达极大值,之后迅速下降,当观测角趋于 90°时比辐射率趋于 0;对于完全粗糙的表面即朗伯面,与反射率一样,比辐射率也具有各向同性。

7. 比辐射率的测量方法

辐射率的测定不是按照定义的简单测量。因为在自然环境下要证明被测物和一个黑体的表面温度相同很困难,而且测量到的信号包含了环境辐射,不知道比辐射率就无法与物体的辐射出射度分开。

比辐射率的测量方法可以概括为以下 3 种。

(1) 主动法:根据比辐射率与方向-半球反射率的关系($\varepsilon_\lambda(\theta)=\alpha_\lambda(\theta)=1-\rho_{\Omega,\lambda}(\theta)$),通过测定方向-半球反射率($2\pi$ 空间各方向上二向反射率的半球积分值)来测得目标物的方向比辐射率。

(2) 被动法:通过测量目标物自身发射的热辐射及其表面温度,基于比辐射率的定义 $\varepsilon_\lambda(\theta)=\dfrac{L_\lambda(\theta)}{L_{b\lambda}(T)}$,来求得比辐射率。

(3) 主动+被动法:用"双通道双温度法"测温,用主动法测二向性反射分布函数 BRDF,再改变环境辐照度将两者分开。

7.2.2　太阳的电磁辐射

陆地海洋表面反射的电磁辐射主要来自太阳,它们的吸收(或者说自身的发射)的电磁辐射也与太阳有关。如图 7.1 所示,太阳辐射能量在 0.48μm 时达到峰值,随着波长的增加,辐射能量逐渐减小,在 3.0μm 时几乎为零。热传感器检测到的地面目标的能量,除了太阳直接辐射和天空漫散射光经过地表的反射,再通过大气的作用之后的能量外,还包括大气和地表自身的热辐射。太阳辐亮度对热图像的贡献是个变化的值,这是因为云的覆盖不同,太阳辐亮度会随时间和季节不同而变化。与此同时,地球内部的辐射通量(主要是辐射衰减)对热图像也有一个较小(接近常数)的贡献。

7.2.3　地球表层的热辐射和热红外特性

地球表层的代表温度是 300K,所对应的黑体的光谱分布如图 7.1 所示,地表辐射能量基本上是红外辐射,都是在 3μm 以上的长波段,又称之为"长波辐射"或热红外辐射。地表的热红外辐射能量由地表比辐射率和地表温度两个因素决定。

地表温度是地球、太阳、大气相互作用的结果。地表接收太阳辐射,部分太阳辐射被吸收变为热能,部分被反射,地表还与大气和深层土壤进行热交换。因此地表温度与地表反射率、地表热学性质和地表的红外比辐射率等因素密切有关。

地表的热红外特性包括：

(1) 比热：单位质量的物质温度升高一度所需的热量称之为比热，单位为J/(kg·K)。

(2) 热传导率 K：热传导率是热量通过物体的速率的量度，等于单位时间内通过单位面积的热量与垂直于表面方向上的温度梯度的负值之比，单位为 cal/(m·s·K)。

(3) 热容量 C：热容量 C 是物质储存热的能力，它是在一定条件下，如定压或定容条件下，物体温度升高 1K 所需要的热量。均匀物质的热容量等于其比热与质量的乘积。$C=c\cdot m$，单位为 J/K。

(4) 热惯量 P：热惯量 P 是物质对温度变化的热反应的一种量度，物质热惯量的大小决定于其热传导率(k)、热容量(C)和密度(ρ)，定量关系为 $p=(k\rho c)^{\frac{1}{2}}$，单位为 $J/(m^2\cdot s^{\frac{1}{2}})$。通常，高热惯量的物质比低热惯量的物质在白天和黑夜的表面温度差异要小。

(5) 热扩散率 k：热扩散率 k 表征物质内部温度变化的速率，其值决定于单位时间内沿法线方向通过单位面积的热量与物质的比热、密度、法向上温度梯度三者的乘积之比。

$$k=\frac{R_A\cdot t}{o_c P\cdot \Delta T}=\frac{K}{c\cdot p},\text{单位为 } m^2/s$$

几种典型物质的热特性见表 7.2。

表 7.2 几种典型物质的热特性

	水	沙 土	玄武岩	不锈钢
热传导率(K)	0.0014	0.0014	0.0050	0.030
热容量(C)	1.0	0.24	0.20	0.12
密度(ρ)	1.0	1.82	2.80	7.83
热惯量(P)	0.038	0.024	0.053	0.168

7.2.4 大气的热辐射

传感器接收到的任何地表信息，都会受到大气的影响，热红外波段的大气影响更为复杂。在热红外波段，大气不但吸收、散射地面波，它自身还有发射。大气的长波辐射性质很复杂，不仅与吸收物质(水汽、CO_2 与 O_2)分布有关，而且与大气温度、压力有关。

从整层大气的长波透过率谱来看(图 7.2)，大气在整个长波段，除 8～14μm 一段外，其余透过率都接近于 0。大气在 8～14μm 的吸收率小，透明度大，称为“大气窗口”。地面的辐射在这一段窗口，经过大气后大部分能射向空间。但在这一窗口

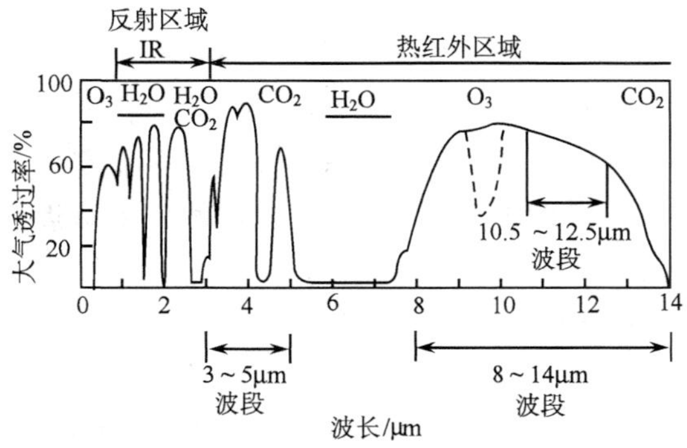

图 7.2　大气透过率谱

区中也有一个窄的 O_3 吸收带(9.6μm)，这主要是 O_3 层的作用。水汽红外区吸收带很强，又占有较宽的波段，是最主要的吸收物质。大气在 14μm 以上，可以看成是近于黑体。地面 14μm 以上的远红外辐射，不能透过大气传向空间。

除非有云或尘埃等大颗粒质点较多时，大气对长波辐射的散射削弱极小，一般可以忽略不计。在有云时，云对长波的吸收作用很大，较薄的云层已可视为黑体，因而热红外辐射的传播往往只考虑吸收作用，忽略散射。

大气不仅是削弱辐射的介质，而且它本身也发射辐射，有时甚至会超出吸收的部分，因此，必须将大气的发射和吸收同时考虑。

一方面，大气自身发射辐射，增加传感器接收到的地表热辐射的能量，使得地物比其应有的温度高；另一方面，大气又可以吸收地表的热辐射，从而使到达传感器的能量减少，使得地物比其应有的温度低。这两方面大气的综合效果与成像时的大气条件以及感应辐射的大气路径长度或者距离直接有关。当然，气象条件对大气热效应的大小和形式有很大的影响。雾和云对热辐射基本上是不透明的。即使是晴朗天气，气溶胶也能造成热响应信号的较大改变。灰尘、碳微粒、烟和水滴能完全改变热辐射能量。这些大气的组成，随着位置、高度、时间及地方天气条件的变化而变化。

7.2.5　热辐射的地-气作用

1. 热辐射与地面的相互作用

与可见光一样，地表物体也会反射热辐射的能量，而且地表物体自身还能辐射热能，因此，地表与辐射的相互更复杂一些。基尔霍夫定律指出，在热平衡条件下，物体的光谱发射率等于它的光谱吸收率，即 $\varepsilon(\lambda)=\alpha(\lambda)$。依据基尔霍夫定律，$\alpha(\lambda)+\rho(\lambda)+\tau(\lambda)=1$ 改写成 $\varepsilon(\lambda)+\rho(\lambda)+\tau(\lambda)=1$。其中，$\alpha(\lambda)$、$\rho(\lambda)$、$\tau(\lambda)$、$\varepsilon(\lambda)$ 分别表示地面物体的吸收率、反射率、透射率和发射率。遥感应用中的目标，一般

不是透明体,因此可认为 $\tau(\lambda)=0$。故而:

$$\varepsilon(\lambda)+\rho(\lambda)=1 \tag{7.1}$$

式(7.1)反映了在热辐射波段,物体的发射率和反射率之间的关系,反射率越大则发射率越小,如金属对热能的反射率很高故而发射率很低;反射率越小发射率越大,如水在热红外波段反射率几乎为零,而它的发射率却近似等于 1。同时,我们还可以通过测量反射率来测定发射率。

2. 热辐射与大气的相互作用(热辐射传输方程)

在热红外窗口,传感器接收到的能量既包含地表信息,也包含大气信息。如图 7.3 所示,传感器接收到的能量可分为 3 项:第一,地表热红外辐射经大气吸收衰减后到达传感器的辐射;第二,大气上行辐射项;第三,大气下行辐射项经地表反射后通过大气传输到传感器的辐射,可用下式表示(不考虑传感器的波谱响应函数)。

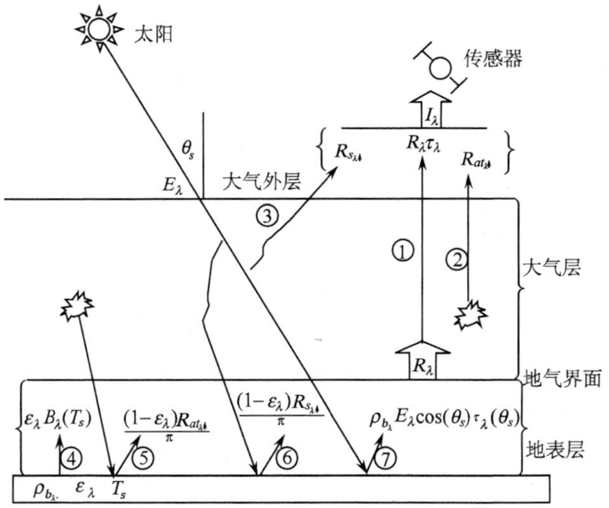

图 7.3 地气之间的相互作用

$$I_\lambda(\theta,\varphi)=R_\lambda(\theta,\varphi)\tau_\lambda(\theta,\varphi)+R_{at_\lambda\uparrow}(\theta,\varphi)+R_{s_\lambda\uparrow}(\theta,\varphi) \tag{7.2}$$

式中,I_λ 是卫星接收到的总的辐射;τ_λ 是整层大气的透过率;$R_{at_\lambda\uparrow}$ 是大气自身的上行辐射;$R_{s_\lambda\uparrow}$ 是太阳的能量经大气后向散射到达传感器的部分;R_λ 是地表热辐射,由四个部分组成:地表目标自身发射的能量、大气下行辐射经地表反射后的能量、太阳的能量经大气前向散射到达地表后又经地表反射的能量、太阳直射能量被地表反射的部分。

$$R_\lambda=\varepsilon_\lambda B_\lambda(T_s)+(1-\varepsilon_\lambda)\frac{R_{at_\lambda\downarrow}}{\pi}+(1-\varepsilon_\lambda)\frac{R_{s_\lambda\downarrow}}{\pi}+\rho_{b_\lambda}E_\lambda\cos(\theta_s)\tau_\lambda(\theta_s) \tag{7.3}$$

式中，ε_λ 是地物的发射率；$B_\lambda(T_s)$是地表物理温度 T_s（单位为 K 时）的普朗克黑体辐射亮度；$R_{at_\lambda\downarrow}$ 是大气的下行辐射；$R_{s_\lambda\downarrow}$ 是太阳的直射能量经大气前向散射到达地表的辐射；ρ_{b_λ}. 是在太阳天顶角 θ_s 和观测角 θ 方向上地表波谱二向性反射函数(BRDF)；E_λ 是大气层顶太阳的辐射入射度。

考虑到传感器的波谱响应函数 $f_i(\lambda)$，辐射计观测到的为一个波段内的加权平均值：

$$I_i = \frac{\int_0^\infty f_i(\lambda)I(\lambda)\mathrm{d}\lambda}{\int_0^\infty f_i(\lambda)\mathrm{d}\lambda} \tag{7.4}$$

星载辐射计的通道 i 观测到的辐射可表示为

$$I_i = R_i\tau_i + R_{ati\uparrow} + R_{si\uparrow} \tag{7.5}$$

如果忽略太阳的长波辐射的贡献，如夜晚成像，上式可简化为

传感器接收到的信号：

$$I_i(\theta,\varphi) = R_i(\theta,\varphi)\tau_i(\theta,\varphi) + R_{at_i}(\theta,\varphi) \tag{7.6}$$

地表辐射的能量：

$$R_i = \varepsilon_i\beta_i(T_s) + (1-\varepsilon_i)\frac{R_{at_i}}{\pi} \tag{7.7}$$

为了方便，人们习惯用通道 i 观测的辐射亮温 T_i 和地表辐射亮温 T_{gi} 来分别代替 I_i和 R_i：

$$I_i = B(T_i), R_i = B(T_{gi}) \tag{7.8}$$

对热红外辐射而言，海水近似黑体，黑体是朗伯体，陆地表面的比辐射率不等于 1，而且一般是非朗伯体，地表的比辐射率具有方向特征。但当遥感传感器的视角天顶角小于 40°时，地表的比辐射率随视角变化不明显，为了讨论问题的方便，一般假设地表对热红外辐射具有朗伯体性质。如果假设地表为朗伯体，大气水平均一且下行辐射强度在半球空间内为常数（不随传感器的视角而改变），热红外的宽波段辐射传输方程就可以简化为

$$I_i = B_i(T_s)\varepsilon_i\tau_{0i} + I_{0i}\uparrow + (1-\varepsilon_i)\tau_{0i}I_{0i}\downarrow \tag{7.9}$$

式中，$B_i(T_s)$是地表物理温度 T_s（单位为 K 时）的普朗克黑体辐射亮度；ε_i 是地表在宽波段 i 上的比辐射率；τ_{0i}是整层大气的透过率；$I_{0i}\uparrow$ 是大气的上行辐射；$I_{0i}\downarrow$ 是地表反射的大气下行辐射。

3. 传感器的接收

综上所述，由于地物本身的热过程、大气对热辐射的吸收散射及再辐射、地表层热状况（包括气象参数、土壤参数、植被覆盖状况、地表粗糙度、地形地貌等）都非

常复杂,热红外遥感比可见光遥感复杂很多。因此,我们要利用热红外遥感图像,就必须选择合适的波段。遥感传感器的波谱段选择有两个基本原则:

(1) 预期探测的目标在此波谱段有最强的信号特征。对地表温度遥感而言,地表温度 300K 左右,对应的发射波谱峰值波长 $\lambda=9.66\mu m$;林火温度 800～1000K,对应的峰值波长 $\lambda=2.90\sim3.62\mu m$。

(2) 所探测的遥感信息能最大限度地透过大气到达传感器。从整层大气的吸收光谱中可知,3～5μm 和 8～14μm 是红外波谱段的两个大气遥感窗口。

因此热红外遥感传感器的波谱段一般都是用中红外和热红外窗口区。以 NOAA/AVHRR 而言,第三通道波长 3.5～3.9μm,第四通道波长 10.5～11.5μm,第五通道波长 11.5～12.5μm,为地表温度的遥感反演提供了丰富的信息。

7.3 热红外遥感系统

红外遥感器一般是将物体反射或辐射红外特性的信息记录在胶片或磁带上,然后对影像进行判读或者将磁带上数据进行数字图像处理,以确定地物性质、状况和变化规律。它的优点是白天和夜间都能工作。一般常用的热探测仪器有热辐射计(非成像方式)和热扫描仪(成像方式)两种。

7.3.1 热辐射计

热辐射计是一种定量测量辐射温度的非成像装置,它用红外光敏探测器和滤色镜来测量特定波长的辐射,通常采用 8～14μm 波段。它的工作原理是将从地面接收的辐射压缩到一个内部定标源(参考源)上,通过一个断点器控制使来自目标的辐射(未知量)与辐射参考源的数据流(已知量)交替投射到探测器上,通过测量两者的肤色和差异来估计目标的辐射。

用红外辐射计获得的信号,无需通过反演就能得到目标的温度信息。如果用红外多波段探测则信息处理比较复杂,但可增强对地物目标的识别能力。

7.3.2 热扫描仪

热扫描仪是一种热成像技术,只能工作在 3～5μm 和(或)8～14μm,最常用的谱段范围是 8～14μm,是热红外遥感中应用最多的成像仪器。通常使用量子或光子探测器,这类探测器的响应速度非常快(小于 1μs),其工作原理是:辐射线入射的光子和探测器物质内电荷载体的能级之间的直接相互作用。探测器必须冷却到接近绝对零度才能将自己的热散射减少到最少,从而获得最高灵敏度。

一幅热扫描图像是探测器响应以逐行方式的图形化表示。对于观察地球表面有一个通用规则,既辐射温度越高的地区,其对应的图像色调越浅(亮)。当用于大气遥感时,这个规则相反,云彩(比地面冷)看起来呈现浅色调。

7.3.3　热扫描的辐射定标

热图像显示的是目标对象的辐射信息。热遥感器所获得的地物辐射信息(辐射亮度)除了受到大气效应的干扰外,还存在着一系列系统误差,如记录噪声、参考温度的变化和探测器误差等。为了从扫描数据中获得精确的辐射信息,扫描仪必须进行辐射定标,既在热遥感器输出值(DN 值)与入射的辐射亮度值之间建立定量关系。有多种扫描仪定标的方法,每种均有它自身的精度和效率。在任何给定的情况下,使用何种辐射定标形式,不仅与现有数据获取与处理设备的功能有关,还与应用需求有关。在这里介绍两种最常用的方法。

1. 内部温度参考源(内定标法)

目前所用的热扫描仪一般内部都装有固定的温标。仪器一般也装有两个"黑体"辐射定标源,扫描镜的每一次扫描时都能扫到它们。这些校准源的温度可以得到准确控制,并且,通常把温度定在要监测的地面实况的最"冷"和最"热"上。对于每一条扫描线,扫描器先记录冷参考源的辐射温度,然后扫描地面,最后再记录热参考源的辐射温度,所有的信号记录在磁带上,两个温度源也随图像数据被记录下来,以便推算整幅热图像的辐射温度以及当与其他热扫描仪输出值对比时,有一个绝对值作为参考。

经温度定标的热图像显示是定量的温度,其等值线便是等温线,也可以根据需要对某一温度范围作进一步的细化处理,以显示更细致的温度变化细节,提高图像的温度分辨率。

内定标法不能计算大气效应,所以往往测温误差较大。在晴朗干燥的天气条件下,飞行高度 600m,所测温度与实际温度相差小于 0.3℃,但大多数飞行条件下,大气效应能使扫描仪所测温度与实际温度相差 2℃。对于那些仅需地物间相对温度变化的应用,可以采用内定标法;但内定标法对于精确的定量研究并不适合。

2. 空中对地面的定标

对于热扫描仪定标,可应用经验或理论的大气模式来计算大气效应。在理论大气模型数学关系中利用观测到的各种环境参数(如温度、压力、二氧化碳浓度等),来预测大气对遥感信号的影响。但是,测量影响大气效应的因子和建模是很复杂的,往往建立实际地表测量值与相应扫描数据之间的经验关系,来消除大气的影响,即空-地相关定标法。

7.4　热红外遥感应用

7.4.1　地球表面温度反演

热成像是与温度有关的远距离测量地球表面特征的遥感分支,它所研究的问题可以小到探测一间屋子的热能泄漏情况，或者大到研究地球上的洋流。因为温度实质上是地面环境中一切物理、化学和生物过程的重要控制因素之一，因此，温度数据在经营管理地球资源的活动中必然占有极其重要的地位。故而，热红外遥感研究的重点就是如何从热图像上反映地表真实温度，而要从热红外遥感数据反演地球表面真实温度是相当复杂的。按照地表研究对象可以划分为：海洋表面温度的反演和陆地表面温度的反演。

1. 海洋

地球表面海洋所占面积很大(70.8%)，而且水的热容量很大，因此海洋是个巨大的能量库。通过海-气相互作用洋面的温度变化将对大气参数及全球气候变迁起到决定性作用。故而，海面温度的测量有重要的应用价值和科学意义。

水的比辐射率在热红外窗口 10 ～12mm 里是已知的，并且非常接近于 1(≈0.99)，辐射传输方程可简化为

$$B_i(T_i) = B_i(T_s)t_i + (1 - t_i)B_i(T_a \uparrow) \tag{7.10}$$

式中，T_i表示第 i 通道的亮度温度；t_i表示该通道的透过率；$T_a \uparrow$ 表示大气上行辐射的等效温度。

主要的海温遥感反演方法有：单通道直接反演法、单通道统计法、多通道法等，都是基于以上辐射传输方程的。目前应用最广泛的反演方法是多通道法，即“分裂窗口”方法。1975 年 McMillin 最早提出这种方法，其根本依据是大气在 AVHRR 第四、第五通道两个相邻的波谱窗口具有不同的吸收特性。假设：①海水近似为黑体，比辐射率等于 1；②大气窗口的水汽吸收很弱，大气的水汽吸收系数可以看作常数；③大气温度与海面温度相差不大，黑体辐射公式可以采用线性近似。海面温度可以表示为两个通道亮度温度的线性组合：

$$T_s = A_0 + A_1 T_4 + A_2 T_5 \tag{7.11}$$

系数 A_0、A_1、A_2 一般通过经验法或者模拟法得到，所谓“经验法”是指利用最小二乘法通过对亮温和海面实测温度的拟合得到系数，而“模拟法”是通过已有大气辐射传输模型的计算程序产生不同条件的模拟数据，进行拟合(会产生不同的系数)。使用“分裂窗”法反演海面温度的误差在 1～1.5K 之间。

“分裂窗”是基于对水汽吸收的线性近似以及对黑体辐射线性近似的基础之上的，因此大气透射率及水汽吸收的非线性将给海面温度的线性近似计算带来误差。当水蒸气量 W 介于 0.5～2g/cm^2 之间时，A_0、A_1、A_2 几乎为常数，与水蒸气量和观测角无关。当 $W>$ 2g/cm^2 时，需精确给出 A_0、A_1、A_2 与水蒸气量和观测角的函数关系。

2. 陆地

地表温度与土壤温度、近地气温、光合作用、蒸散发、风形成、火灾危险等都有直接的关系，是地表能量平衡的重要参数，也是资源环境动态变化的主要影响因

素，地表温度遥感已经成为遥感地学分析的一个重要研究领域。陆面温度的遥感反演问题最早可追溯到 TIROS2 上搭载的热红外辐射计，其波段为 8～14μm。目前用于地表温度反演的方法主要有单通道法、多通道法(分窗法)、单通道多角度法、多通道多角度法。

1) 单通道法

利用卫星传感器上单独的一个热红外通道获得的辐射，借助无线电探空或卫星遥感确定的大气廓线数据(温度、湿度、压力)，结合辐射传输方程来修正大气和比辐射率的影响。假设太阳的影响可忽略，地表真实温度可表示如下：

$$T_{si} = B_i^{-1} \times \frac{(B_i(T_i) - R_{ati}\uparrow)/\tau_i - (1-\varepsilon_i)R_{ati}\downarrow}{\varepsilon_i} \tag{7.12}$$

式中，T_{si}是 i 波段地表的真实温度；$B_i(T_i)$是 i 波段的表观辐亮度；$R_{ati}\uparrow$、$R_{ati}\downarrow$ 分别是大气的上下行辐射；τ_i 整层大气的透过率；ε_i 是地表的比辐射率。$R_{ati}\uparrow$、$R_{ati}\downarrow$ 及 τ_i 都是大气参数的函数，计算时需要知道大气的温度和在通道上大气吸收体密度的垂直廓线，而且还需知道这些大气吸收体的物理特性。

单通道法的精度取决于：

(1) 大气辐射传输模型的精度。现有的模型水汽连续统一体的吸收还不完全清楚，相对精度约 10%，且没有温度低于 280K 的有用吸收系数；

(2) 测定的或已知的通道比辐射率的精度，

$$\Delta T_\varepsilon \approx 0.2 \sim 0.6\,\frac{\Delta\varepsilon}{\varepsilon}$$

(3) 大气廓线的精度。

2) 多通道法(分裂窗法)

这种方法起初用来反演海水温度，后被推广到陆地温度的反演。

基本思路是利用 10～13μm 里，两个相邻通道(一个在 11μm 附近，另一个在 12μm 附近)上大气的吸收作用不同，通过两通道的组合来剔除大气的影响。

分窗技术的主要目的是剔除大气的影响，一般形式：

$$T_s = A(\mathrm{at}m,\theta,\varepsilon_i,\varepsilon_j)T_i + B(\mathrm{at}m,\theta,\varepsilon_i,\varepsilon_j)T_j + C(\mathrm{at}m,\theta,\varepsilon_i,\varepsilon_j) \tag{7.13}$$

式中，T_i 是 i 通道的亮度温度；T_j 是 j 通道的亮度温度；$\mathrm{at}m$、θ、ε_i，ε_j 分别是大气因素、观测角度和地物在 i、j 通道的系数；A、B、C 是与前面四个量相关的分窗系数。由于大气含水量、大气底层温度和地表温度各不相同，传感器的视角也各不相同，所以不能在所有的情况下都用相同的系数来反演地表温度。故而，虽然目前有多种方法求分裂窗系数，但都只是在一定范围内适用。

通过误差分析，目前用分窗技术反演的地表温度的精度取决于大气和比辐射率的校正误差，大气和比辐射率的校正误差又取决于水蒸气量和比辐射率的测定误差。因此，未来陆面温度反演的精度可能要从以下方面入手：如何减少大气水蒸气量的测定误差？如何减少比辐射率的测定误差？如何在地面上验证地表温度的反演算法？因为地表温度的时空变化，点与面相比的意义很难经得起推敲，而且由于缺乏地面有效的表面温度测量，由卫星数据反演的地表温度的精度目前只能通过理论误差分析和反演算法间的相互比较来估计。

3）单通道多角度法

由于同一物体从不同角度观测所经过的大气路径不同而产生不同的大气吸收，类似分窗算法，大气的作用可通过单通道在不同角度观测下所获得的亮温的线性组合来消除。目前，大量的工作用于研究海水表面温度的反演，由于不同角度的地面分辨率不同，以及陆地表面状况很不均匀和地物类型复杂，只有少量的关于陆面温度反演的研究。

4）多通道多角度法

这种方法是多通道法和多角度法的结合，基于无论是多通道还是多角度分裂窗法，地表真实温度是一致的，利用不同通道、不同角度对大气效应的不同反应，来消除大气效应，反演地表温度。例如，利用双角度传感器 ATSR 的 11μm、12μm 通道的近天顶角观测(0°)和前向观测(55°)的数据，可得多通道多角度的分裂窗方程：

$$\begin{aligned} T_s &= A_{0,\theta} + A_{1,\theta} T_\theta^{11} + A_{2,\theta} T_\theta^{11} \\ T_s &= A_{0,\theta} + A_{1,\theta} T_\theta^{12} + A_{2,\theta} T_\theta^{12} \end{aligned} \tag{7.14}$$

式中，T_θ^{11}、T_θ^{12} 分别表示 11μm、12μm 通道的亮度温度；$A_{0,\theta}A_{1,\theta}A_{2,\theta}$是当地的分裂窗系数，取决于地表发射率和大气状态。解方程组就可得到表面温度 T_s，这里假设两通道的发射率变化都为 0。

总之，陆面温度反演的研究多以分裂窗口方法为基础，为了提高温度的反演精度，不同的研究者从多个方面进行了研究。但是陆面温度反演问题存在很多复杂性，首先在比辐射率方面：陆地表面的比辐射率在时空领域变化大(11～12mm [0.9～0.99])，同时比辐射率还随波长和观测角的变化而变化；其次在温度本身也有很多问题：陆地表面温度和近地表气温差远大于海水表面温度和近海水气温差(普朗克一级近似不适用)，而且陆地表面温度在一个像元内变化很大，必须要考虑混合像元的问题；最后，地表反射的大气向下辐射也是不可忽略的。迄今为止，陆面温度反演的研究主要仍以可行性研究为主，地表比辐射率未知、地表温度的皮肤效应问题及大气效应的纠正仍制约着陆面温度遥感反演方法在实际中的应用。

7.4.2 在资源环境等领域的应用

热红外遥感对研究全球能量变换和可持续发展具有重要的意义，在地表温度反演的基础上，被广泛地应用到城市热岛效应、林火监测、旱灾监测、探矿、探地热，岩溶区探水等领域。

案例 1　林火监测

目前遥感监测火灾的主要利用 NOAA/AVHRR 和 MODIS 影像，而早在 20 世纪 70 年代，我国就进行了机载遥感——林火探测试验，在 3000m 高空通过热红外传感器可发现地面 0.1m^2 的火源。1987 年 5 月，黑龙江省大兴安岭森林特大火灾中，遥感在准确确定火源位置、范围，以及火源蔓延趋势，为扑灭大火提供及时准确的火情信息，以及在监测火势发展，灾后评估火灾损失和恢复重建规划方面，都发挥了重要的作用，获得显著的社会经济效益。

案例 2　岩溶区探水

20 世纪 80 年代，美国在夏威夷群岛利用红外遥感发现了 200 多处地下淡水出露点，从而解决了该岛对淡水的需求。我国在大连地区开展航空热红外遥感试验，在该地区沿海共发现 22 处从未有历史记录的淡水泉点，通过对这些泉点的分析，确定了地下淡水排泄地段，为解决沿海地区人畜饮水水源提供了一个重要途径。这些都说明了红外遥感图像在识别含水层、判断充水断层、查明富水地段位置方面是很有利的。

思考题：

1. 在同样的光照和大气环境下，利用 8～14μm 波段的红外测温仪测量空旷地面上理想的常温黑体和灰体表面，观测到的黑体亮温是否总比灰体大？为什么？

2. 分别计算太阳(6000K)和地球(300K)的峰值波长，(假设二者均为黑体)。并说明热红外遥感器所接收的热辐射的主要来源。

3. 表 7.3 中给出了几种物质的热传导率 K，热容量 C，和密度 ρ 等参数。

(1) 请计算出它们的热惯量 P 值。

(2) 请问这几种物质中哪种物质在一天 24 小时的周期中，温度的波动最大？

表 7.3

	水	沙土	玄武岩	不锈钢
K	0.0014	0.0014	0.0050	0.030
C	1.0	0.24	0.20	0.12
ρ	1.0	1.82	2.80	7.83
P				

4. 请问哪个波段最适宜监测森林火灾？说明理由(假设林火的温度为 1000℃)。

第8章　微波遥感

微波遥感是在20世纪90年代迅速发展起来的遥感技术。本章将要介绍微波遥感的基础知识，包括微波遥感的定义、波段划分、分类、特点、微波遥感原理、微波遥感系统及其图像特征，最后将对微波遥感的应用进行简单说明。

8.1　微波遥感概述

8.1.1　微波遥感的定义、波段划分与分类

微波是电磁波的一种形式。微波遥感，就是利用某种传感器接收地面各种地物发射或反射的微波信号，藉以识别、分析地物，提取所需的信息(舒宁，2003)。

微波同可见光、红外线、紫外线、X射线、γ射线以及无线电波一样，实质上也是一种电磁波，它的波长为1～1000mm，一般分为毫米波、厘米波、分米波和米波。

早在微波遥感发展的初期，出于军事保密的需要，前人采用了不同的字母来表示微波各个划分的子波段，现今这种命名方式作为惯例保留下来，如图8.1所示。

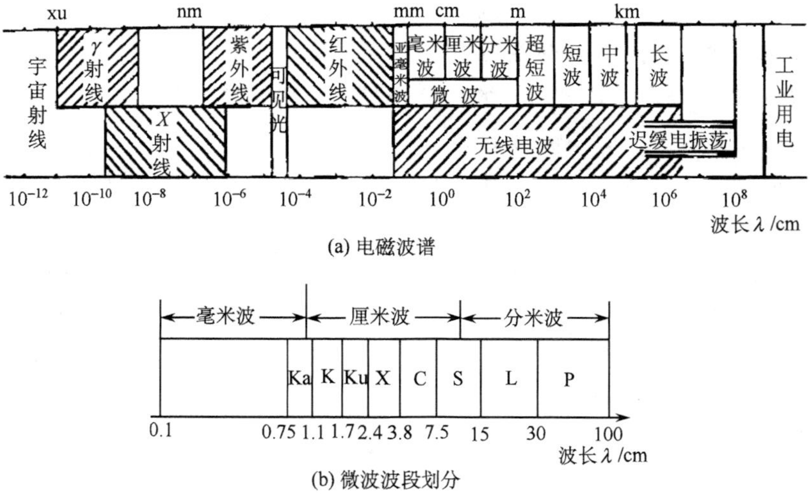

图8.1　电磁波与微波波段划分(舒宁，2003)

其中，在地球资源应用中的常用波段，有X(8～12.5GHz，2.4～3.8cm)、C(4～8GHz，3.8～7.5cm)、L(1～2GHz，15～30cm)。

在微波遥感中经常反复提到各波段对应的波长或频率，下面这个简单公式可

以进行两者之间的快速转换：

$$\lambda(\mathrm{cm}) = \frac{30}{\upsilon(\mathrm{GHz})}$$

据此可以算出，微波波长从 1mm(0.1cm)～1000mm(100cm)，其频率为 0.3GHz(300MHz)～300GHz。

微波遥感按照能量来源，有主动和被动之分。微波主动式传感器获得的图像常称为雷达图像。所谓雷达(RADAR)，它是主动发射微波，并接受目标的反射信号以进行探测。当将探测到的雷达回波记录在一幅图像上就成了雷达图像。微波遥感也可以采用被动工作方式，这主要是微波辐射计的工作方式。这种方式并不主动发射微波，而是用天线直接接收地面各类地物的微波辐射信号，从而形成图像。

然而，并不是所有微波遥感都成像。按照信息记录方式的不同，微波遥感可以分为成像和非成像两种。常用的非成像微波传感器有微波散射计、雷达高度计和无线电地下探测器。

8.1.2 微波遥感的特点

微波遥感自 20 世纪 60 年代始，之所以受到各国普遍关注并在 90 年代迅速发展起来，和它所拥有的独特优势是分不开的。

1) 微波能穿透云、雾、雨、雪，具有全天候的工作能力

电磁波受大气和云、雾、雨、雪等特殊天气状况的影响相比于可见光和红外线要小得多。

分析微波对云层和雨的透过率，如图 8.2 和图 8.3，我们可以看到，冰云对微波的传播毫无影响；当波长大于 3cm 时，水云和雨的影响也已经足够小。这些特征使微波遥感可以常年用于云区测绘，弥补可见光和红外的不足。

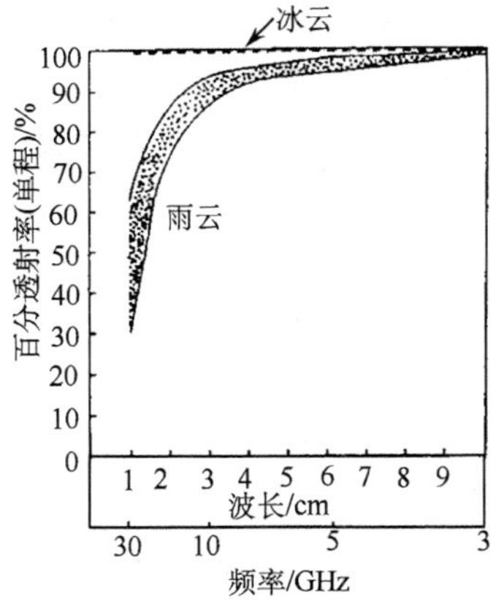

图 8.2 微波的云层透过率随波长的变化(卜兆宏，1987)

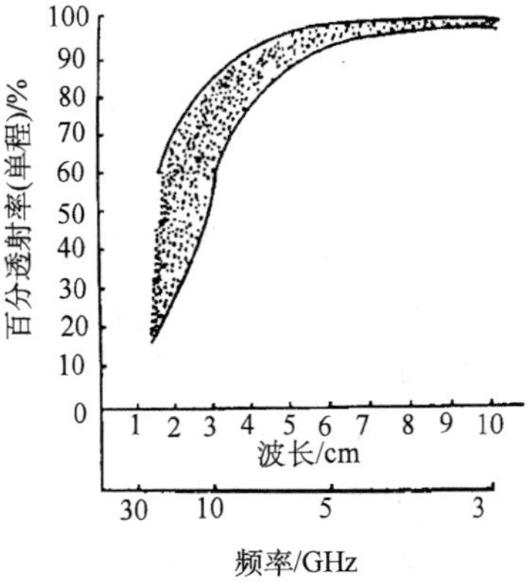

图 8.3 微波对雨的透过率随波长的变化(卜兆宏，1987)

另外主动方式的微波遥感，是由传感器发射微波波束，可以不依赖于太阳辐射。虽然红外遥感也可以夜间工作，但它受到大气衰减和云雨的影响太强烈，而微波则可以做到真正的全天时。

2）微波对地物有一定穿透能力

电磁波对物质的穿透能力，和地物的介电性质和自身的波长都有关系。一般来说，对于同一地物，波长越长，穿透深度就越深。

微波比光波能更深地穿透植被，因此不仅可以获取树枝、树干的信息，还可以用于反演被热带雨林遮蔽的林下河网。

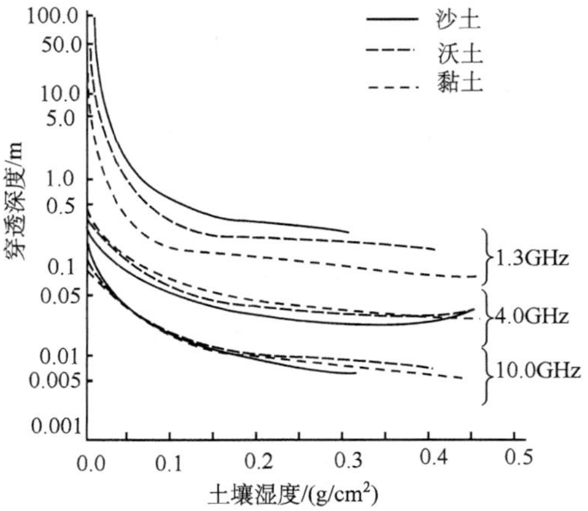

图 8.4　微波穿透深度与土壤湿度、频率和土壤类型之间的关系（卜兆宏，1987）

在图 8.4 中，我们可以看到不同的波长对不同类型的土壤的穿透情况。可以看出，同一种土壤，湿度越小，穿透越深。微波可以穿透数十米的干沙，100m 左右的冰层，但对潮湿的土壤仅能穿透数厘米到数米。即使如此，相对于可见光和红外，我们仍可以获得更多的土壤表层以下的信息，对土壤湿度以及温度的探知，也会更具代表性。

3）微波可以提供不同于可见光和红外遥感所能提供的某些信息

例如，微波高度计和合成孔径雷达具有测量距离的能力，可用于测定大地水准面，甚至可以获取重力波的波高和波长。此外，微波可以区分冰冻地和未冻地，区分各种冰的特性，测量冰雪的范围和厚度。再如，微波对海水很敏感，可以通过海洋表面的微波散射效应，估计海面风场，提取海面的动态信息。

4）主动微波遥感不仅可以记录电磁波的幅度信息，还可以记录电磁波的极化和相位信息

微波的极化特征在各电磁波段中反映显著，可以增加地物回波的信息含量。由数次同侧观测得到的数据可以计算出针对地面上每一点的相位差，进而计算出这一点的高程，其精度可以达到数米，这就是干涉测量。利用干涉测量，可以对由地震、地壳运动等引起的地形变换进行监测，目前已得到广泛应用。

5）微波波段可以覆盖更多的倍频程

微波波段的最长工作波长与最短工作波长之比（倍频程）大于实际使用的最长红外波长与最短可见光波长之比，这意味着微波遥感器能获取更多的信息，使地面目标更易识别。例如，当有薄云覆盖时，可见光、红外图像都看不清楚地面目标，这

时就可用微波的“色调”来代替可见光、红外的“色调”,作为地表性质差异的判据。

6) 微波对某些目标的鉴别能力更强

由于物质内原子和分子的电动力学过程,任何物体都会产生自然的无线电波辐射。不同物体,辐射频谱不同。例如钢、水和混凝土,在同温度下,其红外比辐射率分别为 0.6～0.9、0.9 和 0.9,差别并不明显,而相应的微波比辐射率则分别为 0.0、0.4 和 0.9。也就是说,根据遥感的辐射强度,就能辨认出目标究竟是导弹发射架还是高楼大厦。

当然,微波也并不是十全十美的,它也有自身的不足之处,例如:

(1) 除合成孔径雷达外,微波传感器的空间分辨率一般远比可见光和热红外传感器低。

(2) 由于微波特殊的成像方式,其数据的处理和解译较为困难。

(3) 不同于可见光,微波所携带的电磁信息与我们习惯的颜色信息很难匹配,从而不能记录与颜色有关的现象。

(4) 微波数据与可见光、红外数据很难取得空间上的一致性。

总之,电磁波的每个波段都有自己的优缺点,我们所要做的是发挥各自的长处,相互弥补不足。值得一提的是,遥感科学的发展很大程度依赖于遥感技术和其他相关学科的发展,因此随着人们对这些技术和学科的进一步认识,遥感科学也会有更为长足的发展。例如,现在航天微波遥感所能获取的图像空间分辨率,已经可以达到 10～20m,弥补了这方面的不足。

8.2　微波遥感原理

8.2.1　微波的特征

1. 微波的散射

1) 表面散射

表面散射是指在介质表面产生的散射,一般分为光滑表面与粗糙表面。雷达接收到的信号是微波入射方向上被地物反射回来的信号,即地物的后向散射。因此,在表面散射中,同一性质的散射面的粗糙程度,直接决定了介质表面反射入射微波的方向及其离散程度,进而决定了后向散射的强度。

若表面足够光滑,入射的能量与表面相互作用后形成两束平面波,一束为表面向下的折射波或透射波;另一束为表面向上的镜面反射波,它与法线的夹角与入射角相等。也就是说,除非雷达垂直向下观测,使微波入射方向为表面的法线方向,入射波的能量都会从另一面反射出去,雷达能够接收到的后向散射为零。

若表面是粗糙的,入射能量与表面相互作用后,就会反射向各个方向,成为散射场,这些散射场可以看成由若干个小表面元的镜面反射构成。

2）体散射

体散射指介质内部产生的散射，为地物内部经多路径散射后所产生的总有效散射。

体散射和介质内部的复杂的发射过程有关，可以出现在森林的不同植物层次和能被微波穿透的干土壤、沙和雪之中。体散射的强度取决于散射体内部厚度等于微波穿透深度部分的介电特性、密度、均匀性以及微波自身性质（如波长、极化、入射角等），另外体散射的强度和介质表面的粗糙度也有关系。

2. 微波的极化

在自由空间中传播的电磁波是平面波，是一种电场和磁场相互垂直的横波，并且电场和磁场的方向与电磁波传播的方向垂直。所谓极化，是指位于与电磁波传播方向垂直平面内的电场的振动方向的变化趋势。若电磁波的电场矢量方向不随时间变化，则其为线极化平面波，或简称极化波。极化波的线极化可以分为两个方向的极化，称水平极化和垂直极化。

由于用于接收的微波天线最容易做成具有单一极化方向，所以极化常常用来作为微波的一种判别手段；反之，绝大多数光学探测器，相对而言是与极化（偏振）无关的，并且必须在探测前采用专门措施，使信号产生偏振。

水平极化（H 极化），指电场矢量 **E** 与入射平面垂直的极化；而垂直极化（V 极化），是指电场矢量 **E** 与入射平面平行的极化，如图 8.5 所示。

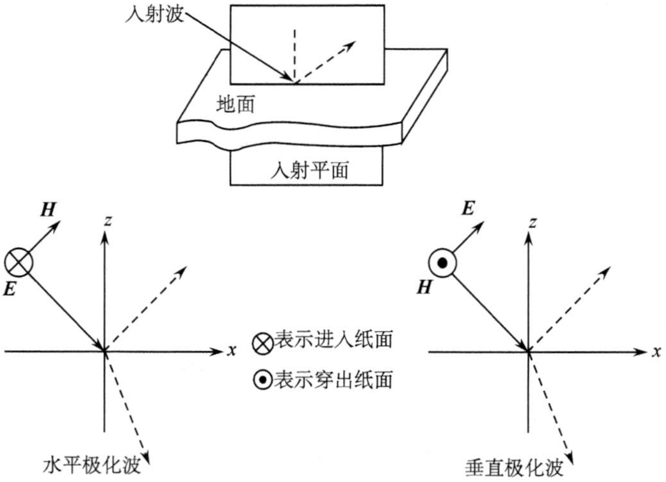

图 8.5　极化示意图

图中 x-z 面即入射平面，**E** 代表电矢量，**H** 代表磁矢量

电磁波与地表的相互作用过程，可以改变电磁波的极化特征，因此后向散射通常为两种极化的混合。通过在传感器中安装水平或垂直向的滤波器，就可以对后

向散射进行筛选，只接收特定极化的能量。

由于雷达发射和接收的微波都有V或H的极化特征，这样就形成了VV、HH、VH、HV四种组合方式。其中前两种，发射和接收的都是同一个极化性质的微波，称为同向极化(或参考极化)；而后两种则称为异向极化(或交叉极化、正交极化)。

不同的极化方式会导致目标对电磁波的不同响应。几种地物在一种极化方式下可能无法区分，而在另一种极化方式下却有可能产生极大的差异。

3. 微波的干涉

由两个(或两个以上)频率、振动方向相同，相位相同或相位差稳定的电磁波在空间叠加时，合成波振幅为各个波的振幅之和。因此，会出现交叠区某些地方振动加强，某些地方振动减弱或完全抵消的现象，称为干涉。

产生干涉现象的电磁波称为干涉波。一般来说，凡是单色波都是相干的，微波雷达发射的电磁波就是这样。从远处两个靠得很近的物体反射回来的波都是高度相干的，因而用这类电磁波的遥感器成像时，图像上有的地方可能没有任何功率，而有的地方则可能异常偏高。微波雷达图像上由于波的相干性，会出现颗粒状或斑点状特征，这是一般非相干的可见光像片所没有的特殊信息。

8.2.2 微波的大气效应

地物发射或反射的电磁波在到达传感器之前必须穿过大气层，因而会与大气层中的物质发生复杂的相互作用，使原始的电磁波信号产生衰减。

大气对微波的衰减作用，主要有大气中水分子和氧分子对微波的吸收，大气微粒对微波的散射。

图8.6是在晴空条件下(无云、雾等)，各频率的微波沿铅垂方向穿过地球大气层的透射率。

根据大气对微波的吸收带分布，一般采用2.06～2.22mm、3.0～3.75mm、7.5～11.5mm和20mm以上的波长，作为微波遥感的大气窗口。

由于微波的波长比可见光、红外波长要长得多，它的散射要比可见光、红外波段要小得多，并且波长越长，频率越低，大气对它的散射越不明显。

另外，散射程度与微波自身的频率是有关的。波长3.2cm(8.375GHz)的微波束，穿过4000m厚的浓云，只衰减1dB；而当频率大于10.69GHz时，雨中水滴的散射作用则完全不能忽略。

还应当指出的是，云层对微波能量传输的影响除了吸收与散射外，云层本身也会发射出微波辐射而呈现为亮度温度。这种亮度温度作为随机干扰噪声叠加在目标亮温上，频率越高，噪声越严重，影响目标微波辐射亮温的测量。这对于微波辐射计的影响很大。

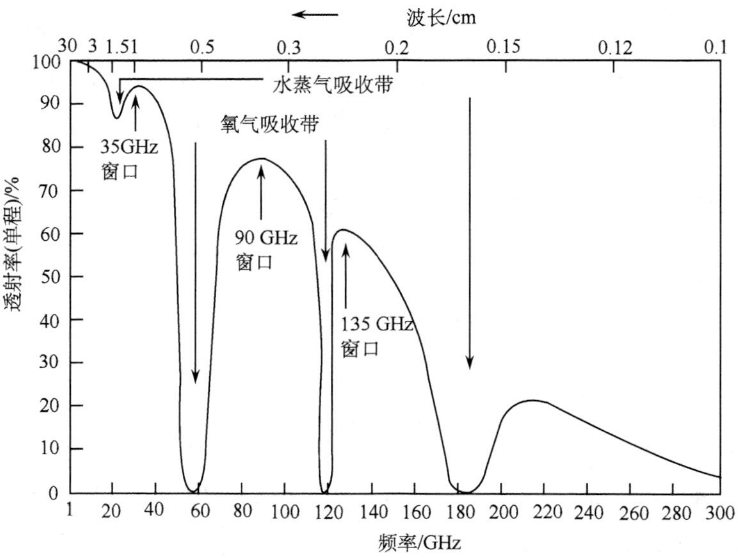

图 8.6　氧分子对微波的吸收中心波长,位于 0.253cm 和 0.50cm 处

8.2.3　微波与地表相互作用

1. 作用过程

入射电磁波照射到地物表面,会产生镜面反射或漫反射(或成为散射),并由透射或绕射进入表层以下,在部分或全部被吸收后,其吸收的能量可能再部分或全部被辐射出去(即发射)。通常除了地物表面以外的发射、散射、透射、吸收和发射以外,我们还应该更全面地考虑地表以下的介质,这是因为电磁波,尤其是微波具有穿透性,除了和地表作用以外,还会和穿透深度之内的地表下物质发生作用。

一般来说,若地物表面是光滑的,入射电磁波将产生镜面反射;而当地物表面是粗糙面时,入射电磁波就会发生散射,即向各个方向漫反射;而在中等粗糙度的情况下,则会同时存在相对较强的如同光滑表面的镜面反射分量,以及沿着其他各方向的相对较弱的散射分量。

对于光滑表面,反射电磁波服从菲涅尔反射定律,即入射角等于反射角,反射波的极化方式与入射波相同。但在粗糙表面,由于漫反射电磁波的散射服从朗伯余弦定律,这时在镜面反射方向的一部分保持相干特征,称为相干散射分量,其余方向上的散射分量则称为非相干分量。一部分散射波的极化方式与入射波相同,另一部分则呈正交极化状态。

除了反射和散射现象以外,还有部分电磁波能渗入地物内部,产生透射。一般来说，当电磁波在地物内部的介质中传播时，将引起能量损耗。

2. 微波穿透能力

电磁波对介质的穿透深度定义为

$$d = 1/\alpha = \sqrt{1/(\omega\mu\sigma)}$$

式中，α 为介质的衰减常数(dB/m)；ω 是电磁波的角频率；μ 是介质的磁导率(H/m)；σ 是介质的电导率(s/m)。穿透深度的物理意义是，当入射电磁波在有耗介质中传播的距离为 d 时，其场强将降低到它在介质表面的1/e(即37%)，而功率将降低到介质表面入射功率的 $1/e^2$(即13.5%)。

这个穿透深度是指电磁波穿透介质的路径长度。对于侧向观测地表的雷达遥感系统而言，雷达信号的穿透能力，还和入射角有关，如图8.7所示。入射角 θ 是指雷达波束与地面法线间的夹角。一般说来，入射角越小，穿透能力越大。

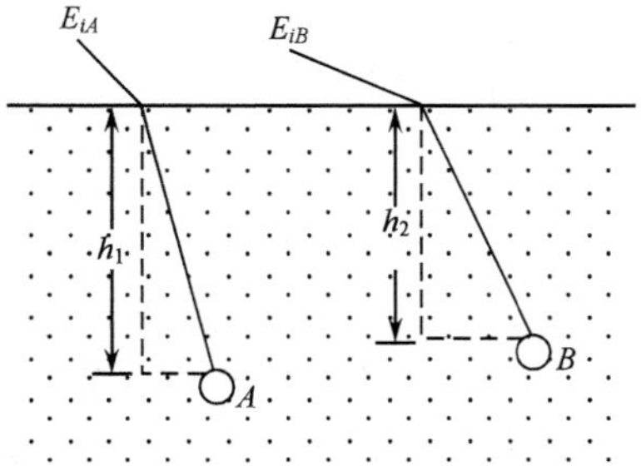

图8.7 雷达信号穿透地表的深度受入射角的影响(赵英时，2003)

3. 作用原理

微波传感器接收到的信号强弱，除了和遥感系统自身的系统参数(如雷达系统的波长、俯角、极化方式)有关外，还受到地表特性的强烈影响，这些特性包括复介电常数、坡度和表面粗糙度、不均匀介质中的体散射系数等。

对于雷达遥感系统而言，有两个描述和测量地物散射特征的参数：后向散射截面和后向散射系数。

散射截面(scattering cross section)指散射波的全功率与入射功率密度之比，可理解为雷达的全发射率，用有效散射面积表示。它不等于几何面积，而是波长或频率的函数，同时受到入射角、极化方式和地物目标的参数方位角、复介电常数、表面粗糙度及不均匀介质中的体散射系数的影响，即表示雷达目标截获并散射入射能量的能力。

而后向散射截面(σ)，通常用入射方向上的一个有效散射面积来表达当目标是各向同性再辐射体时，在接收机处观测到的通量密度，简言之，指入射方向的散射截面。

在遥感中，后向散射系数，是指入射方向上地物目标每单位面积的平均雷达散射截面，用 σ° 表示。它代表入射方向上单位面积雷达目标截获并散射入射能量的能力，是雷达散射截面在面积 ΔA_i 上的微分形式，即

$$\sigma^\circ = \frac{\sigma_i}{\Delta A_i}$$

需要指出的是雷达的回波强度，与后向散射系数直接相关。而σ°，是前面提到的雷达遥感系统参数(赵英时，2003)和地表特性的函数。它们之间的关系，目前可以根据理论分析和大量实验，得到定性或半定量的描述。

雷达系统、雷达目标和接收信号三者之间的基本关系可以由雷达方程来描述。

雷达天线发射的是以天线为中心的球面波，地物目标反射的回波也是以地物目标为中心的球面波。若忽略大气等因素影响，雷达天线接收到的回波功率(W_r)可表示为

$$W_r = \frac{W_t G}{4\pi R_t^2}\sigma \frac{1}{4\pi R_r^2} A_r$$

式中，W_r 为接收的回波功率；W_t 为发射功率；G 为天线增益；R 为目标离雷达天线的距离；σ 为目标的雷达散射截面；A_r 为接收天线孔径的有效面积。

上式第一项为地物目标单位面积上接收的功率；乘以 σ 后，为地物目标散射的全部功率(即雷达接收机返回的总功率)；再除以 $4\pi R_r^2$ 后，得到地物目标单位面积上的后向散射功率，即接收天线单位面积上的后向回波功率。

天线孔径的有效面积 A_r 可以表示为 $A_r = G\lambda/4\pi$；另外对于雷达系统 $R_t = R_r = R$。

代入有：$W_r = \frac{W_t G^2 \lambda^2 \sigma}{(4\pi)^3 R^4}$

上式是针对点目标，对于实际地物多为面状目标，则对于面目标：

$\sigma = \sigma^\circ A$ 式中：σ°为后向散射系数；A 为雷达波束照射面积，即地面一个可分辨单元的面积。

则面目标的回波功率，用积分表示为

$$W_r = \int_A \frac{W_t G^2 \lambda^2}{(4\pi)^3 R^4} \sigma^\circ \mathrm{d}A$$

若目标为散射体，则 σ°为单位体积的散射截面，A 则对应辐照体内的体积分。

微波遥感系统参数的相关内容将在下一节专门介绍，现在我们将着重对复介电常数、坡度和表面粗糙度这几个地表性质进行说明。

1) 复介电常数

物体的复介电常数 ε，是由通常意义下表示介电常数的实部 ε'和表示能量耗损与衰减的虚部 ε''组成。它和介质磁导率 μ 和电导率 σ 一样，都是物体本身的电学性质。复介电常数是由物质组成及温度决定的。

对复介电常数的研究，是微波遥感的基础理论之一，它直接影响了物体对电磁能量的反射。一般来说，复介电常数 ε 越大，微波的穿透作用越小，地物反射雷达波束的作用越强，雷达的回波强度越强，雷达图像上色调越浅。

水的介电常数接近 80dB，而金属的电导率高，因此金属物质或含水量高的地

物，介电常数大，回波强度大，后向散射系数高，在雷达图像上呈浅色；干燥物体的介电常数一般在 3～8dB 之间，如干沙土仅 2～5dB，随着物体含水量的增加，其介电常数几乎呈线性增加，而产生 20～80dB 的变化；各类岩石的介电常数变化不大，只是 Fe、Mg 元素含量高时，介电常数高些（在 4.8～6.2dB 变化），但若为矿化岩石，则介电常数可达 10.7～28dB（赵英时，2003）。

自然界的地物，基本上是由多种物质组成的混合介质。例如土壤介质，就可以看作是由土壤中的土壤空气、颗粒以及水混合而成。针对土壤、植被等复杂介质，研究者们建立了一系列经验和物理模型。一般认为，混合介质的介电常数 ε，是由组成介质的各个组分的介电常数 ε_i 及其所占的体积比 v_i 决定的。

2）坡度

地形坡度对微波遥感尤其是雷达的影响，主要反映在影响雷达波束的局部入射角 θ 上。如图 8.8 所示，同样的雷达俯角（雷达波束与飞行水平面间的夹角）β，斜坡较平地的局部入射角 θ 更小。其次，地形坡度产生阴影效果以及其他雷达遥感特有的效应，也会对图像造成影响。

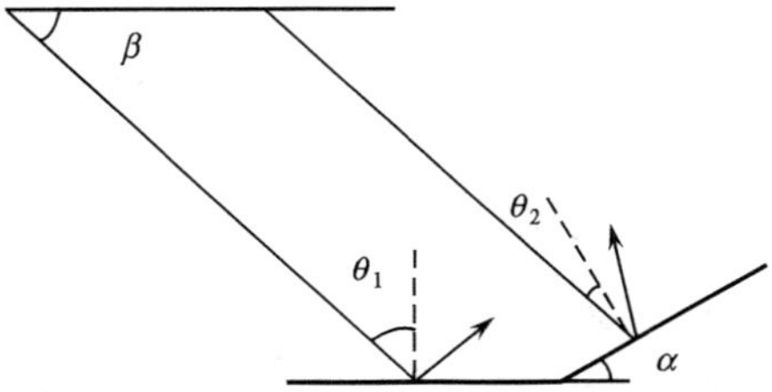

图 8.8　雷达回波与坡角 α 的关系

地形平坦时的入射角 θ_1 大于斜坡上的入射角 θ_2

3）表面粗糙度

地面的表面粗糙度对微波的表面散射有着显著的影响。在表面散射模型（如小扰动模型、基尔霍夫模型等）中，表面粗糙度可以用统计学方法来定量描述。

常用的统计量有高度标准差和表面自相关长度。

（1）表面粗糙度的高度标准差。假设有一表面处于 X-Y 平面内，在平面上某一点 (x,y) 的高度为 $z(x,y)$。在表面上取统计意义上有代表性的一块，尺寸分别为 L_x 和 L_y，并假设这块表面的中心处于原点。

则表面的平均高度为：$\bar{z} = \dfrac{1}{L_x L_y}\displaystyle\int_{-L_x/2}^{L_x/2}\int_{-L_y/2}^{L_y/2} z(x,y)\mathrm{d}x\mathrm{d}y$

二阶矩为：$\overline{z^2} = \dfrac{1}{L_x L_y}\displaystyle\int_{-L_x/2}^{L_x/2}\int_{-L_y/2}^{L_y/2} z^2(x,y)\mathrm{d}x\mathrm{d}y$

高度标准离差 σ 就为：$\sigma = (\overline{z^2} - \bar{z}^2)^{1/2}$。

对于离散的一维数据，若 $z(x)$ 表示在 x 位置上的高度，N 表示取样个数，则高度标准差 h 可以定义为

$$h = \left[\frac{1}{N-1}\left(\sum_{i=1}^{N}(Z_i)^2 - N(\bar{z})^2\right)\right]^{1/2}$$

式中，$\bar{z} = \dfrac{1}{N}\displaystyle\sum_{i=1}^{N} z_i$。

(2) 表面自相关长度。一维表面剖视值 $z(x)$ 的归一化自相关函数可以定义为

$$\rho(x')=\frac{\int_{-L_x/2}^{L_x/2} z(x)z(x+x')\mathrm{d}x}{\int_{-L_x/2}^{L_x/2} z^2(x)\mathrm{d}x}$$

它是 x 点的高度 $z(x)$ 与偏离 x 的另一点 x' 的高度 $z(x+x')$ 之间相似性的一种度量。

对于离散数据，相距 $x'=(j-1)\Delta x$ 的归一化自相关函数，则由下式给出(其中：$1\leqslant j\leqslant N$ 的整数)：

$$\rho(x')=\frac{\sum_{i=1}^{N+1-j} z_i z_{j+i-1}}{\sum_{i=1}^{N} z_i^2}$$

当相关函数 $\rho(x')$ 等于 $1/e$ 时的间隔 x' 值被定义为表面相关长度 1，即：$\rho(1)=1/e$。

我们在前面反复提到光滑表面和粗糙表面的概念。一个表面的粗糙度，实质上是入射电磁波波长与地表自身粗糙度统计量相互比较的结果。如早期的瑞利准则，就将高度标准差小于入射电磁波波长($h\ll\lambda$)的物体表面定义为光滑表面，而将 $h\gg\lambda$ 的表面定义为粗糙表面。

图 8.9 显示了不同粗糙表面的反射与散射。

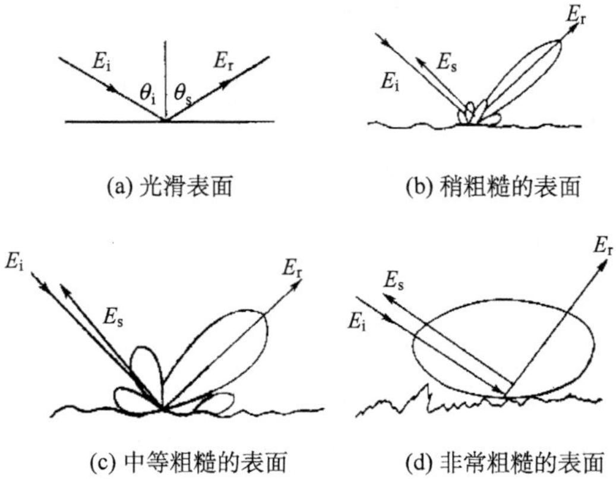

图 8.9 不同粗糙度表面的反射和散射

E_i. 入射能量；E_s. 散射能量；E_r. 反射能量

美国 Peak 和 Olive(1971 年),对瑞利准则进行了修订,提出一个判别粗糙度的表达式:

$h \leqslant \frac{\lambda}{25\sin\alpha}$ 为光滑表面;

$h \geqslant \frac{\lambda}{4.4\sin\alpha}$ 为粗糙表面;

$\frac{\lambda}{4.4\sin\alpha} \leqslant h \leqslant \frac{\lambda}{25\sin\alpha}$,为中等粗糙表面。

式中,h 为高度标准差;λ 为入射波波长;α 为天线俯角。

8.3　微波遥感系统

在海洋、陆地和大气微波遥感应用中,常用的有效的传感器包括下列 5 种:①散射计;②高度计;③无线电地下探测器;④微波辐射计;⑤侧视雷达(雷达)。

在以上 5 种传感器当中,只有微波辐射计和侧视雷达可用于成像,其他则不能。

一般只要能精确测量目标信号强度的雷达,都可以称之为散射计。大多数雷达在校准之后,都能作为散射计使用。微波散射计的功能是测量地表表面(或体积)的散射或反射特性,主要用于测量目标的散射特性随雷达波束入射角、极化特征以及波长变化的规律。

由于电磁波的传播速度已知,雷达高度计的基本原理,是以微波波束从天线到目标往返双程传播的时间延迟,计算目标的距离。为了准确地测量地表面高度变化,必须要求定时系统在测量期间运行稳定,还必须设法修正由于平台姿态和高度变化带来的误差。雷达高度计在飞行器导航和着陆系统中起着重要的作用,现在还可用于测量海浪高度。

无线电地下探测器是测量地下层及其分界的一种装置,一般仅适用于飞机上,在工作时需要设法排除来自地表的反射的干扰。

微波辐射计可用于记录目标的亮度温度,如果安装在飞行器上,将辐射的天线设计成扫描方式,并沿一定的方向飞行,就可以获得一定宽度的带状区域的亮度温度数据。微波辐射计,按搭载平台可以分为地基微波辐射计、机载微波辐射计和星载微波辐射计。

微波辐射计是被动微波遥感使用的传感器,它与雷达的区别是:辐射计接收到的能量来自目标的自发射和反射,因此辐射计仅仅是一部被动式的接收机。而辐射计不同于传统的雷达或通信的接收机的地方在于:第一,辐射计接收到的信号是来自地表的相位非相干的自然辐射,而传统接收机所接收的输入信号则可能相位相干,并近于单色;第二,雷达接收机为了提取接收信号中的有用信息,必须满足信噪比 $S_n \gg 1$,而辐射计的待测信号通常比接收机的噪声功率小得多,因此辐射计是高灵敏度的接收机，它能精密地测出很小的输入信号。

侧视雷达(雷达)是本节介绍的重点。在介绍之前，我们首先强调一下航向和距离向的概念。由于侧视雷达是搭载在飞机或卫星上的，航向代表与飞行器前进方向一致的方向，而距离向指与航向垂直的方向。在下面的叙述中，我们将重点阐述侧视雷达的原理，航向和距离向分辨率的形成，以及阐述两种侧视雷达——真实孔径雷达与合成孔径雷达的成像过程。

8.3.1 真实孔径雷达

如图 8.10 所示，侧视雷达在随飞行器前进过程中，一边从发射器经天线向距离方向测向发射一个很窄的波束，这个波束在航向上很窄，在距离方向上很宽，覆盖了地面上一个很窄的条带。波束从离飞行器较近的距离(近距点)一直照射到离飞行器较远的距离(远距点)。每个波束，由以一定时间间隔(脉冲宽度)的具有特定波长的微波脉冲组成。脉冲遇到地上目标后，与之相互作用，一部分能量(回波)由地物反射返回雷达天线，由接收器接收。这些回波被记录装置按时间先后顺序记录下来，就形成了一个窄条带上各种地物的图像。在这个时间段内，飞行器已经往前又飞行了一段，接着发射下一条波束，然后记录回波，地表二维信息，就以这种连续带状形式，被逐行扫描，记录下来。

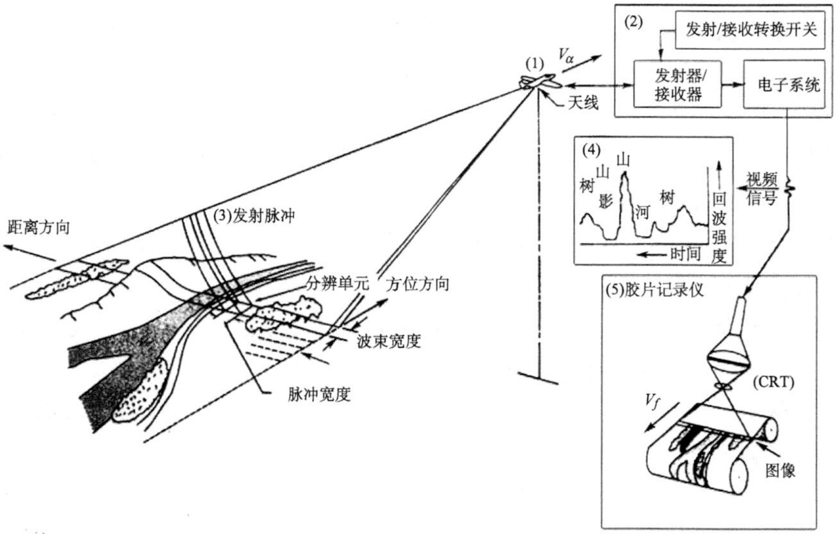

图 8.10 侧视雷达成像原理与工作过程

1. 侧视雷达系统参数

1）波长或频率

雷达系统所选择的波长长短，一方面决定了表面的粗糙程度和入射波的穿透深度，另一方面波长不同，地物的复介电常数也不同。因此对于不同的雷达波长，同一目标的响应不一样。

2）俯角 α（入射角 θ）和照射带宽度

雷达系统的俯角 α 指雷达波束与飞行水平面间的夹角。入射角 θ 受到地形的影响，当它作为一个系统参数出现时，一般指水平地面的入射角，是雷达系统俯角的余角。由于雷达接收到的是地物的后向散射，因此入射角越小，回波强度越大。

雷达波束在距离向上照射一定的俯角范围，在这一范围内对应的地面宽度称为照射带宽度，它可有数十至数百公里宽。图像的近距点对应的俯角大，入射角小，回波强度大；远距点对应的俯角小，入射角大，回波强度小。此外，根据瑞利准则，俯角还决定着波束照射位置的表面粗糙程度。

3）极化方式

前面已经提过，雷达的极化方式分为 VV、HH、VH、HV 四种。采用不同的极化方式，或选取几种极化方式结合起来，可以制成不同的雷达系统。

2. 真实孔径雷达的距离分辨率

距离分辨率（又称射向、横向或侧向分辨率），是指沿距离向可分辨的两点间的最小距离，也就是射向上一个像素代表的地上距离。上一个脉冲和下一个脉冲（脉冲宽度）是决定脉冲分辨距离方向上相邻目标的能力的关键。要区分两个近距离目标必须要求目标反射的各部分能量能够在不同时间内到达天线，即要求反射脉冲没有重叠。

图 8.11 显示了雷达在射向上的距离分辨率 R_r，可由下式表示：

$$R_r = \frac{\tau C}{2\cos\alpha}$$

式中，τ 为脉冲宽度（μs）；C 为光速 300cm/μs；α 为雷达天线俯角；R_r 的单位为 cm。

由上式可知，R_r 与脉冲宽度及雷达俯角有关，但与距离无关。俯角 α 越大，距离分辨率 R_r 越大，分辨能力越差。也就是说，在雷达照射宽度内，距离分辨率是变化的，且近射程比远射程距离上的分辨能力差。因而，有时用近距点和远距点的平均值来表示距离分辨率。

侧视时距离分辨率好，近似垂直反而差，这与航空摄影的情况正好相反，同时也说明了雷达成像必须侧视的原因。

脉冲持续时间（脉冲宽度）τ 越小，距离分辨率 R_r 值越小，分辨能力越强。但是 τ 过小，反射功率下降，反射脉冲的信噪比降低。目前采用线性调频调制的"脉冲

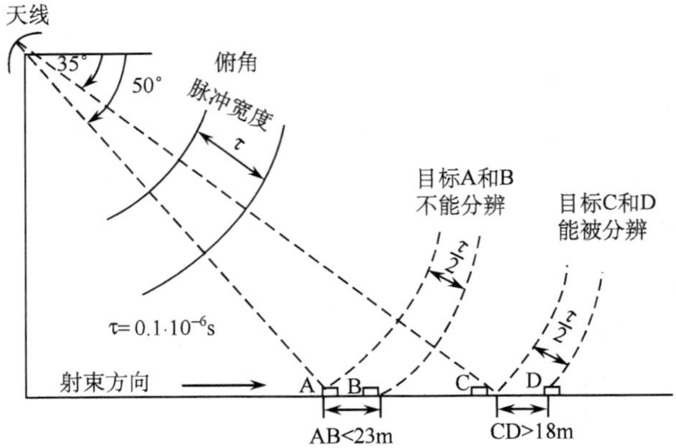

图 8.11 雷达的距离分辨率(赵英时等,2003)

压缩”技术,即通过脉冲压缩和频率调制,改变振幅和脉冲宽度,使距离分辨率和信噪比 S/N 均有提高。这种方法又叫“距离压缩”,在真实孔径雷达和合成孔径雷达中均用来提高距离分辨率。

3. 真实孔径雷达的方位分辨率

方位分辨率(又称航向、纵向或几何分辨率),是指沿一条航向线(方位线)可以分辨的两点间的最小距离。航向上只有当目标在波束内才能接收到目标的回波能量。要区分两个目标,必须要求两个目标间的距离大于一个波束的宽度,只有这样才能在图像上记录为两个点。可见,方向分辨率 R_a 取决于雷达波束照射地面条带的角宽度,即波束宽度 β,它与波长成正比,与天线尺寸(雷达孔径)D 成反比,即 $\beta=\lambda/D$。

对于真实孔径雷达(RAR)而言,

$$R_a = \beta R = \frac{R\lambda}{D}(R\text{ 为斜距})$$

从上式可知,斜距 R 越小,波长 λ 越短,雷达孔径 D 越大,方位分辨率 R_a 值越小。这说明真实孔径雷达系统,方位分辨率与目标物至传感器间的距离成正比,近射程比远射程分辨能力强,这一点和距离分辨率相反;方向分辨率与天线孔径成反比。

图 8.12 中,$AB=CD$,但近射程的目标 A、B 间距大于一个波束宽度,可以分辨;而远射程的目标 C、D 间距小于一个波束宽度,则不能分辨。

要提高方位分辨率,必须加大天线孔径,或者采用波长较短的电磁波,或者缩短观测距离。但在雷达观测中,波段是为了观测特定地物及现象专门选定的,飞行或卫星运行高度也都是有限制的。在卫星上搭载大天线成本太高,那么有没有其

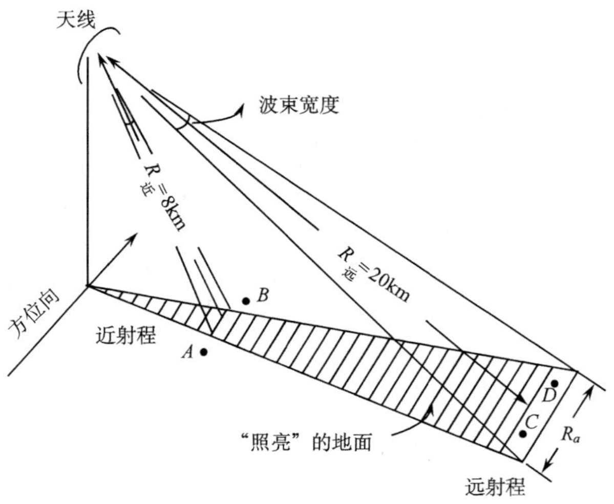

图 8.12 真实孔径雷达的方位分辨率

他方法可以"加大"天线孔径呢？我们找到了"合成天线"技术，制造了合成孔径雷达。

8.3.2 合成孔径雷达

合成孔径雷达(synthetic aperture radar，SAR)的基本思想，是用一个小天线沿一直线方向不断移动，如图 8.13 所示。在移动中每一位置上发射一个信号，接收相应发射位置的回波信号，并同时存储信号的振幅和相位。当天线移动了一段距离 L 后，存储的信号和长度为 L 的天线阵列所接收的信号非常相似。合成孔径雷达和真实孔径雷达的差别就在于，合成孔径天线是在不同位置上接收同一个地物的信号，真实孔径雷达则是在一个位置上接收目标的回波。

合成孔径雷达在每一个位置都要记录一个回波信号，这些信号不是同一时刻得到的，所以即使是针对一个地物的信号，由于目标到飞行器之间的距离不同，其相位和强度也不同。另外，在飞行器和地物目标相对运动的过程中，由于多普勒效应，频率也会发生变化，称为多普勒频移。

处理器针对不同的相位进行相移补偿(补偿不同位置之间的相位差异)，再将每个位置接收到的信号叠加起来，就形成了最终的合成孔径雷达的信号。

合成孔径雷达的距离分辨率和真实孔径雷达是一样的，但它的方位分辨率则与之不同。图 8.13 显示了合成孔径雷达方位分辨率的形成原理。

若用合成孔径雷达的实际天线孔径来成像，则其分辨率是很差的。如图 8.13 中，天线孔径为 8m，波长为 4cm，目标与天线相距 400km 时，按真实孔径雷达方位

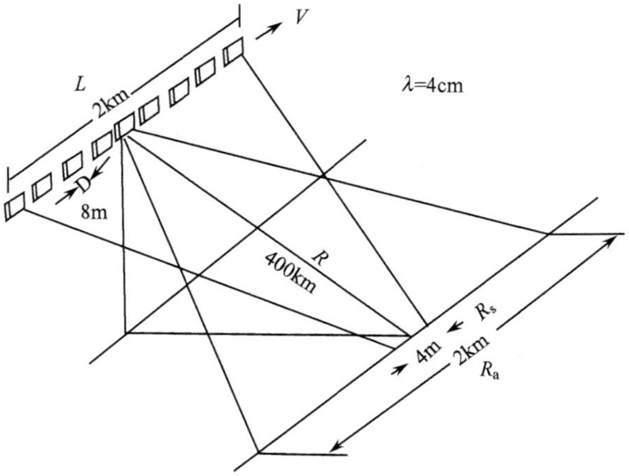

图 8.13　合成孔径测试雷达工作过程

分辨率的公式计算，其分辨率仅为 2km。现在若用合成孔径技术，合成后的天线孔径为

$$L_s = R_a = \frac{\lambda}{D}R$$

则其方位分辨率为

$$R_s = \frac{\lambda}{L_s}R = D$$

此外，由于电磁波往返地物和传感器之间存在双程位移，因此合成孔径雷达最终的方位分辨率还可以提高一倍，即

$$R_s = \frac{D}{2}$$

在上面的例子中，合成孔径技术使方位分辨率从原来的 2km 提高到 4m。

合成孔径雷达相比真实孔径雷达，在分辨率上无疑是具有优越性的。20 世纪 70 年代，由密执安环境研究室和 JPL 开发的合成孔径雷达系统（1.25GHz 和 9GHz，多极化、多频率图像）开始运行；50 年代伊利诺伊大学控制系统实验室开始研制多普勒处理雷达，后转移到密执安大学，此后该技术在雷达遥感中广泛应用，尤其是为解决星载雷达的分辨率问题奠定了基础。

表 8.1 为已发射的主要航天合成孔径成像雷达系统的一览表。

表 8.1　主要航天合成孔径成像雷达(SAR)系统的特点

参数	SIR		SIR-C/X-SAR	ALMAZ-1	ERS-1	ERS-2	JERS-1	Radarsat
	A	B						
发射日期	1981.11	1984.10	1994.4.10	1991.3.31	1991.7.17	1995 春	1992.2.11	1995.11.4
轨道高度/km	245～260		225	300～260	785	785	568	798
波长(cm)/波段	23.5/L		23.5/L、C、X	10/S	5.7/C	C	23/L	5.6/C
极化	HH		全极化	HH	VV	HH	HH	HH
入射角	45°～53°	15°～60°	15°～60°	30°～60°	23°	24°	35°	10°～60°
距离分辨率/m	40	46～14	10～60	30	30	25	18	9～100
方位分辨率/m		25	30	10～15	30	25	18	9～100
覆盖宽度/km	50		15～90	2×350	100	100	75	45～500
发射国家	美国		美国	原苏联	欧洲空间局	欧洲空间局	日本	加拿大
工作寿命/a				2/18 月	2～3	2～3	2	5
转道周期/重复观测周期				5～11/1～3	35/16～18	35/16～18	44/-	$24/3^{+}$
其他遥感器				辐射扫描仪 RMS	雷达高度计、扫描辐射计		光学遥感器 OPS	8 种工作模式

8.4　雷达图像特征

8.4.1　雷达图像参数

侧视雷达的图像参数,包括系统工作参数和图像质量参数。

系统工作参数有波长、极化方式、入射角、照射带宽、距离显示形式,以及平台的飞行参数,如高度、姿态、成像时间和经纬度等。

雷达图像有两种距离显示形式,即地距显示和斜距显示。地距显示的图像中,各地物之间的相对距离与其对应的地面距离成比例。而斜距显示的图像是按照地物到雷达天线的距离(斜距)在图像上表示的。

雷达的图像质量参数,是针对已获得的图像进行的描述,它从根本上取决于雷达的系统工作参数。

首先是图像分辨率。图像分辨率有空间分辨率,灰度分辨率和体分辨率这几种。

空间分辨率,是雷达图像上可区分的两个地物目标的最小距离。通常用距离

分辨率 R_r 和方位分辨率 R_w 的乘积表示，或称为面分辨率，它在照射带宽度内，实际上是变化的。因而有时又用平均面分辨率 ΔA 来表示，它是照射带近距离端到远距离端所有分辨单元面积的平均。

灰度分辨率 R_g 是可以分辨出两个地物目标的最小灰度对比度，即图像的“色调”。

单独用空间分辨率或灰度分辨率都不足以完全确定雷达图像可解译的程度，故引入体分辨的概念，其表达式为

$$R_v = R_r R_w R_g$$

式中，R_r 为距离分辨率；R_w 为方位分辨率；R_g 为灰度分辨率。

图像的质量参数还包括图像的几何精度，它是经过图像几何纠正后所达到的像素位置上的“保真度”，在利用图像进行测绘时必须考虑这一参数。

8.4.2 雷达图像的几何畸变

在介绍雷达图像特有的几何畸变之前，我们首先分析一下雷达成像与传统光学成像的差异。遥感可见光、红外波段的成像，是传统光学成像，它的成像原理从根本上是和照相机的一样，利用“小孔成像”原理，形成中心投影的图像。而雷达成像，是从天线发射微波而按照时间顺序记录回波强度，输出图像灰度值。它在本质上，是和微波往返传感器和地面目标之间所用的时间有着密切关系的。这个时间，从根本上决定了地上一点的信息放在图像上的哪个像素之内，因为先返回天线的信号会先记录，而后返回天线的信号会后记录。认识这个差异，对于正确理解雷达图像的几何特点，是十分必要的。

1. 斜距显示的近距离压缩

雷达图像中，一般沿航向的比例尺是一个常量，它取决于胶片的卷片速度与飞机或卫星的航速之比。

但是沿着距离向的比例尺就复杂了，因为雷达图像在距离向上有两种显示方式(图 8.14)。

雷达图像的斜距：$R=C\cdot\Delta t/2$(式中 C 为电磁波传播速度，Δt 为电磁波往返目标所需的时间)。对于斜距图像而言，图上横坐标 y，可以表示为 $y=\alpha R$，式中 α 为斜距图像距离向的比例尺。

而对于地距图像，需要进行三角转换，即：

$$y = \alpha' \frac{R}{\cos\beta} = \alpha G$$

式中，α' 为转换系数；G 为地距；此时比例尺 $\alpha=\dfrac{\alpha'}{\cos\beta}$，不再是常数。

接下来我们来分析雷达波束近距离和远距离的不同情况。

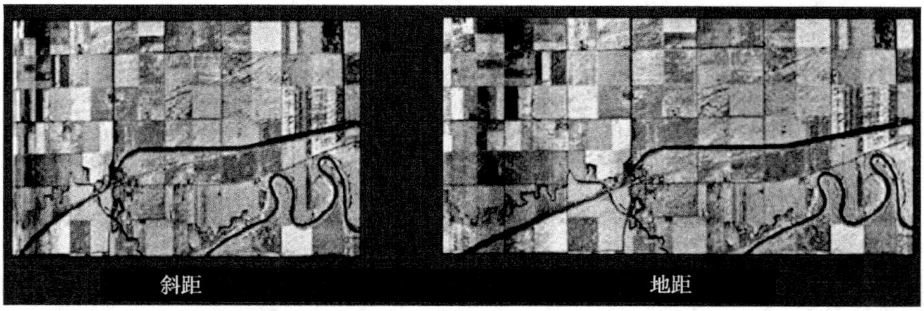

图 8.14　地距与斜距图像比较

若近距和远距上各有两个目标相距皆为 ΔG，则当俯角为 β 时(图 8.15)，其斜距差可表示为

$$\Delta R = \Delta G \cdot \cos\beta$$

设近距俯角为 β_1，远距俯角为 β_2，已知 $\beta_1 > \beta_2$。则有：

$$\Delta G \cdot \cos\beta_1 < \Delta G \cdot \cos\beta_2$$

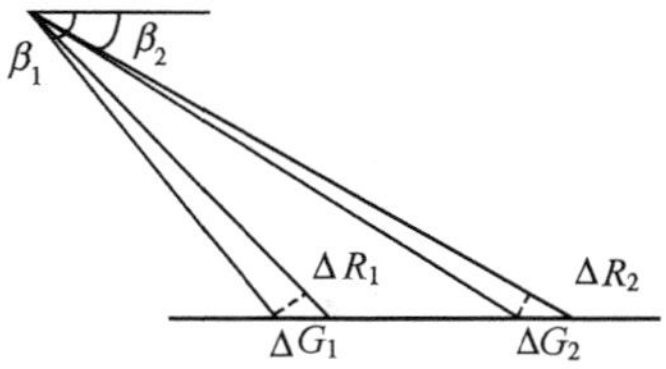

图 8.15　斜距图像的近距离压缩 ($\Delta G_1 = \Delta G_2, \Delta R_1 < \Delta R_2$)

即：$\Delta R_1 < \Delta R_2$。可以看到相同地距，近距的斜距小于远距的斜距。这就是斜距显示的图像上近距离压缩的原因。这种压缩会造成图像几何畸变，使正方形的几何体目标成为菱形。

为了得到无几何失真的图像，在雷达显示器的扫描电路中增加延时电路补偿，或在光学处理中加几何校正，可以逐行校正得到地距图像。不过这只是对平地图像的处理，如果遇到山地，即使地距显示也无法保证图像无几何形变。

2. 雷达图像的透视收缩、阴影和叠掩

雷达的局部入射角 θ 和俯角 β，坡度角 α 之间的关系为

前坡　$\theta = 90° - (\beta + \alpha)$；

后坡　$\theta = 90° - (\beta - \alpha)$。

透视收缩(foreshortening)：在雷达图像中是指在面朝雷达波束的一面出现的视界中地物被压缩的现象。雷达图像收缩，实际上是电磁波能量集中的表现，不仅使前坡的坡长缩短为原来的 $\sin\theta$ 倍，并且使前坡的图像比后坡“亮”。当波束与坡面垂直时，局部入射角为 $\theta°$，透视收缩最大；当局部入射角为 90°时，透视收缩效应消失，但会产生极强的阴影，如图 8.16(a)所示。

定义图像透视收缩比为

$$F_p = (1 - \sin\theta) \times 100\%$$

雷达阴影(shadow):电磁波为直线传播,当雷达波束受山峰等高大目标阻挡时,这些目标的背面就接收不到微波,因此,也就不会有雷达回波,结果在图像的相应位置上出现暗区,此即为雷达阴影。阴影总是在距离向背离雷达的方向。雷达波束过山顶在地上成一条曲线,该曲线和该山脊线在图上对应位置之间都是雷达阴影,如图 8.16(b)所示。

当 $\alpha+\beta$ 大于 90°时,来自山顶部分的回波比来自山脚部分的回波被雷达天线更早地接收,从而使山坡的顶部"叠置"在底部之前,这种现象称为雷达叠掩或顶底位移(layover),如图 8.16(c)所示。

综上:

当局部入射角 $\theta<0°$,叠掩;

当 $0°<$局部入射角 $\theta<90°$,透视收缩;

当 $90°<$局部入射角 θ,阴影。

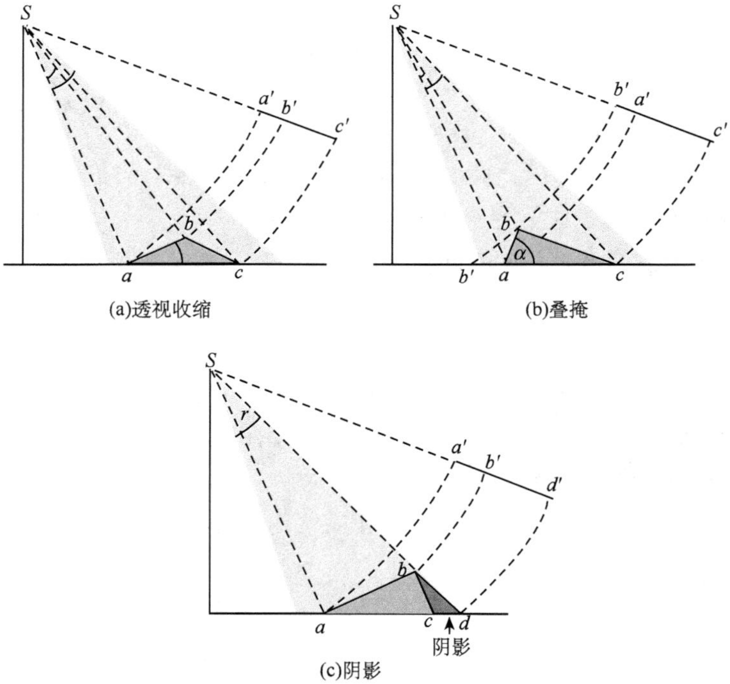

图 8.16　透视收缩、叠掩和阴影

8.4.3　雷达图像的特殊效应

雷达图像的特殊效应,除了上述的几何畸变以外,还有角反射效应、虚假目标、衰弱和斑点等。

1. 角反射效应

当地物目标具有两个互相垂直的光滑表面或三个互相垂直的光滑表面时，就是所谓的角反射器。由于角反射器每个表面的镜面反射，使波束最后反转 180°，向原来的来波方向传播，这样就产生各条射线方向相同，相位也相同，故而信号相互增强的现象，使回波信号极强。

由二面角发射器引起的反射就是二面角反射，由三面角反射器引起的反射就是三面角反射，前者使雷达图像上出现相应于两面角两平面交线（轴线）的一条亮线，而后者则形成相应于三个面交点的一个亮点，亮点尺寸和亮线宽度均为一个分辨单元，如图 8.17 所示。

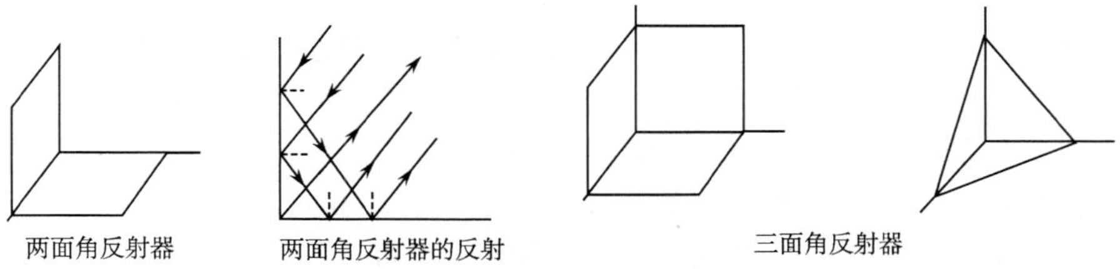

图 8.17　角反射器及其反射

2. 虚假目标

在雷达图像的形成过程中，地物的反射和散射或者多路径散射可能会导致虚假目标。另外在天线的方向图中，由于旁瓣的作用也可能出现这种情况。虚假目标的出现多与强反射目标有关，在图像分析时，遇到强反射目标，应注意附近是否有虚假目标出现。

3. 衰弱和斑点

衰弱(fading)：每一时刻，雷达脉冲照射的地表单元内部都包含了很多的散射点，这一单元的总的回波是各散射点回波的相干叠加，即各散射点的回波矢量相加后得到幅度为 V，相位为 ϕ 的总回波。每一散射点回波的相位 ϕ_i 同传感器与该点之间的距离有关，因此当传感器有一点移动时，所有的 ϕ_i 都要发生变化，从而引起合成的幅度 V 发生变化，这样当传感器移动中连续观测同一地表区域时将得到不同的 V 值，这种 V 值的变化称为衰弱。

斑点(speckle)：同样地，具有相同后向散射截面的两个相邻观测单元，如在细微特征上有差异，则它们的回波信号也会不同，这样本来具有常数后向散射截面的图像上的同质区域，像元间会出现亮度变化，这称为斑点。

在观测面目标的回波信号中，相同地物的回波因为相位的随机分布而不同，那些回波功率衰减到远低于平均值电平的像素的，亮度很低，在图像上就表现为黑点；那些回波功率增强到远高于平均值电平的像素亮度很高，在图像上表现为亮点。

降低雷达图像的噪声水平有两种途径，一是成像过程中的多视处理，是以损失空间分辨率为代价的；二是在不损失分辨率的情况下，用滤波方法来压制噪声。

多视处理是通过分割合成孔径的多普勒带宽获得独立测量，分割的孔径分别成像，然后进行平均处理。它能够抑制斑噪，但是以降低系统分辨率为代价的。对于 L 视处理，各子视的带宽是整个多普勒带宽的 $1/L$，它的分辨率也将是全孔径单视处理(使用整个多普勒带宽)的 $1/L$。

8.4.4 典型地物的散射特征

不同的地物具有不同的电磁波反射和辐射特征，因而表现在遥感图像上具有不同的灰度和色调。同一地物在不同波段的图像上的色调也不尽相同。正是这种特性，使我们可以利用遥感图像进行地物分析、识别地物、提取所需要的信息，所以掌握地物在不同状态不同波段下的散射特征是非常重要的。

(1) 裸地：它对入射电磁波的散射作用很强，在雷达图像上呈亮色调，较易识别。至于水泥路、柏油广场等裸地，一般为光滑表面，产生镜面反射雷达天线接收不到回波信号，图像呈暗黑色。仅在近于垂直时，信号强。

(2) 土壤：土壤的后向散射系数除受含水量影响外，还同时受土壤表面粗糙度、土壤结构、土壤化学组成等的影响以及与雷达系统参数有关。L 波段是公认的检测土壤水分的最佳波段之一。

(3) 岩石：岩石的散射特性取决于他们的元素组成。暗色矿物含量高的岩石，介电常数高。另外，岩石的吸附水会严重干扰矿物岩石的介电常数。

(4) 植被：影响植被回波大小的因素主要是它的含水量、粗糙度、密度、结构等。观测方向和俯角也是植被分析的重要参数。

(5) 农作物：不同的农作物的散射回波差异一般较小，但是农作物表面常常是粗糙表面，具有去极化效应(由同向极化转换到异向极化)，故利用多极化信息，再结合多波段及多时相的变化信息能较好区分不同的农作物。

(6) 冰雪：一般说来，冰层为光滑表面，因镜面反射而成黑色；融冰期水面的浮冰破坏了镜面反射致使雷达回波显著增强，在雷达图像上呈黑色条带或斑块上夹杂着亮点的影像特征。

8.5 微波遥感应用

由于微波遥感具有其独特的优越性，且具有迅速发展的相关技术的支持，所以微波遥感成为广泛用于研究人类活动对全球影响，探测非常事件及保卫国家安全的主导性遥感手段。

微波遥感的主要应用领域见表 8.2 所示。

表 8.2　微波遥感应用领域

雷达：	◆ 寒区环境监测
◆ 地质	■ 海冰监测
■ 构造	■ 大陆冰盖监测
■ 岩性	■ 冰山形成和运动监测
◆ 水文	■ 冰川变化监测
■ 土壤湿度	■ 冻土季节变化监测
■ 流域测绘	微波辐射计：
■ 洪水测绘	◆ 水文
■ 水面范围测绘（湖泊、河流等）	■ 土壤湿度分布用于预报河流水位和洪水
■ 雪水当量	■ 流域表面排水特性
◆ 农业	■ 水面的识别
■ 地界区分	■ 雪盖范围、雪水当量和雪的湿度
■ 长势与估产	◆ 农业
■ 生长和收获进程监测	■ 土壤湿度分布用于估产和灌溉调度
■ 作物含水量监测	■ 冻融边界测绘
■ 旱情监测	◆ 极区
◆ 林业	■ 海冰形成与发展，类型划分
■ 采伐作业监测	■ 大陆冰块测绘
■ 火灾监测	◆ 海洋
■ 生物量估测	■ 风速
■ 树木年龄估测	■ 海面温度
■ 树高估测	■ 海面盐度
◆ 测绘与制图	■ 油溢污染
■ 云区地貌测绘	◆ 强风暴
■ 土地利用测绘	■ 热带气旋监测
■ 城市扩展监测	■ 局地强风暴
■ 地质构造填图	◆ 气象与气候
◆ 海洋	■ 地面温度，大气温度剖面
■ 波形与风速	■ 水蒸气集结及剖面分布
■ 海面污染	■ 大气液态水含量（可降水量）
■ 海上交通与作业	■ 海洋温度和表面风速

1981 年 11 月，美国在哥伦比亚航天飞机第二次飞行时装载了成像雷达 SIR-A，图 8.18 中间斜条带便是当时从撒哈拉沙漠的图像中读译出的古尼罗河河道，在当时具有划时代的意义。

合成孔径雷达图像常常以极强的立体感将地表起伏展现在我们面前。而干涉 SAR 可以为我们提供高精度的数字高程模型数据，同时它还可以生成同震位移

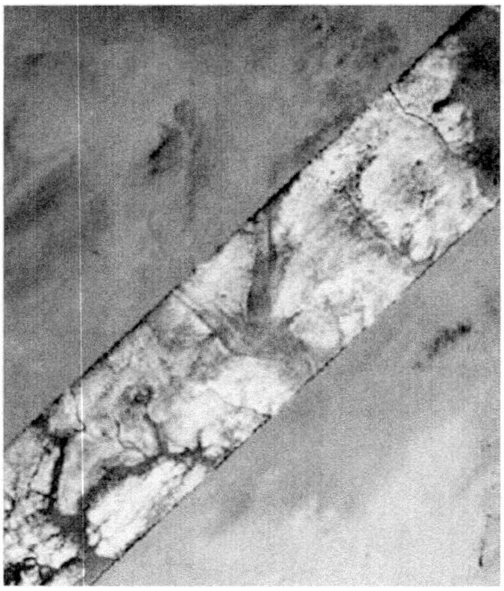

图 8.18　古尼罗河河道遥感图

图,为解开地震预报这个难题提供可能。

思考题:

1. 微波遥感的定义,波段划分和分类?
2. 微波遥感的独特优势有哪些?
3. 什么是微波的体散射?
4. 微波与地表相互作用的基本过程是什么?
5. 什么是地表的后向散射系数?
6. 雷达方程的表达?
7. 表面粗糙度的统计表达?
8. 如何定义光滑表面、粗糙表面和中等粗糙表面?
9. 综述雷达系统的波长、俯角、极化方式以及地表的复介电常数、坡度、表面粗糙度等如何影响雷达回波?
10. 常用微波遥感系统有哪几种? 简述其原理和应用?
11. 侧视雷达成像原理,以及其距离向分辨率和方位分辨率的表达?
12. 合成孔径雷达的原理?
13. 简述合成孔径雷达方位分辨率的形成?
14. 解释名词:近距离压缩、透视收缩、雷达阴影、叠掩。
15. 简述衰弱和斑点形成的原因,并讨论降低雷达噪声水平的方法?
16. 综述雷达波束从近距到远距的扫描过程中,图像距离分辨率、方位分辨率以及几何畸变特征的变化?
17. 简述典型地物的散射特征?
18. 根据已知的微波遥感的原理和特点,讨论微波遥感可能的应用及其应用优势?(可参考 8.5 节的主要应用领域列表)

第9章 植被遥感

地球陆地表面约70%为植被覆盖。植被作为地理环境的主要组成部分，受到气候、土壤、地貌等因素的影响。同时植被也是联系土壤圈与大气圈的重要纽带，在地气系统物质与能量交换过程中扮演着重要角色。植被的变化会影响地表与大气之间的物质能量交换，从而影响到气候。因此掌握植被状况是了解人类生存环境质量的重要基础。

植被遥感是遥感技术的应用的重要领域。不同类型(光学、红外、微波)、不同时间及空间分辨率的遥感数据已广泛用于植被研究。植被遥感的对象包括森林(天然林、人工林)、灌木林、草原、城市人工园林、公共和专用绿地以及农作物等，其研究尺度大到全球，小到植物个体。植被遥感的内容是指通过遥感图像目视解译或通过图像处理技术对植被的分布、类型、结构、健康状况、产量等信息的提取，为农业、林业、城市绿化、环境保护等有关部门提供信息服务，并用于与生态环境相关的许多研究领域，比如，用于研究植被对大气环境的净化作用、森林对降水的截留作用和对水源的涵养作用、植被的蒸腾降温作用和对城市热岛的缓解作用等。

本章将主要介绍植被光谱特征及几种广泛应用的植被指数，并以植被生产力与作物产量估算为例介绍卫星遥感在植被研究中的应用。

9.1 植被光谱特征

植被对太阳的吸收、反射和透射都主要由叶片和植被结构决定的。植物叶片和植被结构使得植物光谱反射曲线表现出起伏变化明显的特征，植被在不同谱段所具有的各不相同的反射光谱曲线的形态和特征是利用遥感图像区分植被与其他地物的基础。

9.1.1 叶片光谱特征

植物叶片结构使得植物叶片光谱反射曲线表现出明显的起伏变化，学习叶片结构是了解叶片光谱特征的前提。

叶片一般由3个部分组成：表皮、叶肉和叶脉(图9.1)。表皮分为上表皮和下表皮，表皮中有气孔；叶肉分布在上下表皮之间，分为——栅栏组织和海绵组织；叶脉分布于叶肉之间。

叶片表面有一层很薄的蜡层，对太阳短波辐射基本上是透明的；气孔是叶片与

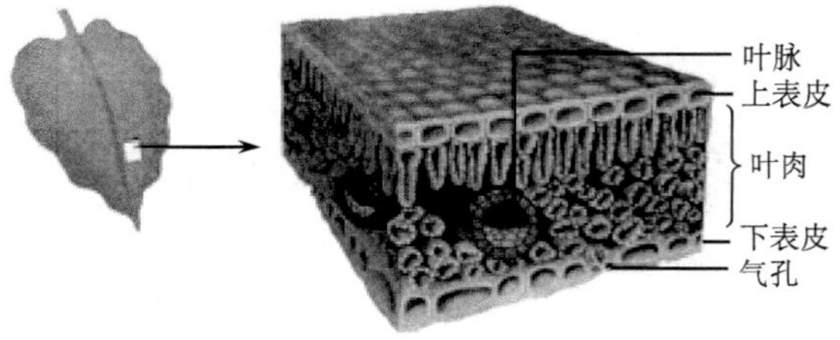

图 9.1　叶片结构图

外界进行水分、二氧化碳等物质交换的窗口。栅栏组织以管束状为特征，具有较大的弹性，包含了植物的水分、叶绿素、胡萝卜素、蛋白质等物质；栅栏组织排列紧密，光线从腹面照入，易被吸收，外溢少。海绵组织由球状细胞组成，常见于表皮内，其细胞中的叶绿体较栅栏组织要少，因此叶片的下表面的绿色较浅；光线照入海绵组织时吸收少，反射、透射多。

由于叶片结构特征，健康绿色植物的波谱特征表现为图 9.2 的起伏变化。

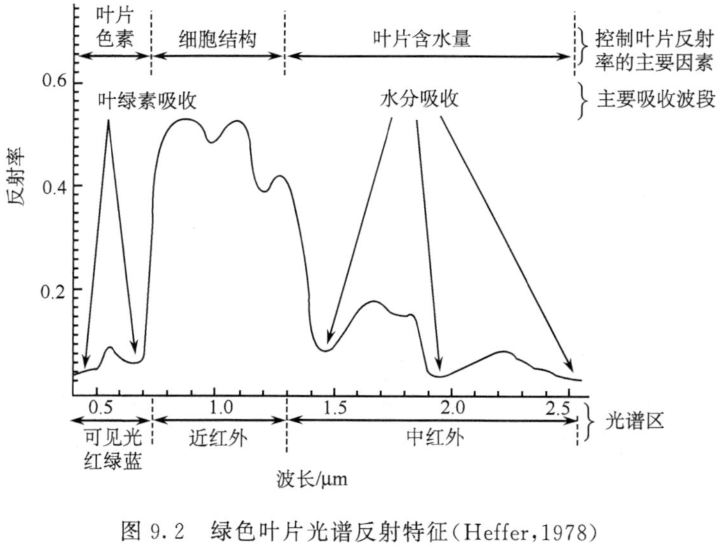

图 9.2　绿色叶片光谱反射特征(Heffer,1978)

在可见光谱段内，植物的光谱特性主要受叶片色素的支配，其中叶绿素起着最重要的作用。由于色素对该谱段能量的强烈吸收，叶片的反射和透射均很低。0.4～0.45μm 谱段是叶绿素的强吸收带，而 0.425～0.49μm 谱段是类胡萝卜素(包括胡萝卜素和叶黄素等色素)的强吸收带。0.55μm 附近是叶绿素的绿色强反射区。因此，在 0.49～0.6μm 谱段，叶片反射光谱曲线具有波峰的形态和中等的反射率数值。在 0.61～0.66μm 谱段是藻胆素中藻蓝蛋白的主要吸收带，0.65～

0.7μm 谱段是叶绿素的强吸收带，因此，在 0.6～0.7μm 谱段，反射光谱曲线具有波谷的形态。总之，在可见光波段，叶片反射光谱曲线具有以 0.45μm 为中心的蓝波段及以 0.67μm 为中心的红波段反射谷，在这两个波谷之间(0.54μm)为绿色反射峰，从而导致叶片呈现绿色。

在近红外谱段内，植物的光谱特征取决于叶片内部的细胞结构。叶片在该谱段反射及透射的能量相近，而吸收的能量很低。特别在 0.74μm 附近，反射率急剧增加，在近红外 0.74～1.3μm 谱段内植物反射率较高。但液态水的吸收作用又使得反射光谱曲线呈波状起伏的形态(图 9.2)，在近红外谱段内，以 0.96μm、1.1μm 处为中心的水吸收带及在短波红外谱段内，以 1.4μm、1.9μm、2.7μm 为中心的水吸收带的控制下，而呈跌落状态的衰减曲线。

所有的健康绿色植物均具有基本的光谱特征，其光谱响应曲线虽有一定的变化范围，而呈一定宽度的光谱带，但总的“峰-谷”形态变化是基本相似的。

9.1.2 PROSPECT 叶片光谱模拟模型

PROSPECT 模型是一个计算叶片半球反射率和透射率的，基于平板辐射传输模型，模拟了植株叶片从 400～2500nm 的光学特性。

平板模型将植被叶片看作一层紧密且透明的平板，表面平行，并且假设入射光线是各向同性的。然而，在微观尺度上，由于叶表面的形状的波动起伏，入射光线是在 Ω 立体角内的入射方向上穿透叶片的。反射率和透过率的公式可以表示为

$$\rho_\alpha = [1 - \tau_{\alpha\nu}(\alpha, n)] + \frac{\tau_{\alpha\nu}(90, n)\tau_{\alpha\nu}(\alpha, n)\theta^2[n^2 - \tau_{\alpha\nu}(90, n)]}{n^4 - \theta^2[n^2 - \tau_{\alpha\nu}(90, n)]^2} \tag{9.1}$$

$$\tau_\alpha = \frac{\tau_{\alpha\nu}(90, n)\tau_{\alpha\nu}(\alpha, n)\theta}{n^4 - \theta^2[n^2 - \tau_{\alpha\nu}(90, n)]^2} \tag{9.2}$$

式中，α 是定义立体角 Ω 的最大入射角；n 为折射指数；θ 为平板的透过系数；$\tau_{\alpha\nu}(\alpha, n)$ 为平板表面的平均透过率，它的表达式相当复杂，但可以精确地计算出来；式(9.1)和式(9.2)还可以表示为

$$\rho_\alpha = x\rho_{90} + y \tag{9.3}$$

$$\tau_\alpha = x\tau_{90} \tag{9.4}$$

式中，

$$x = \tau_{\alpha\nu}(\alpha, n)/\tau_{\alpha\nu}(90, n) \tag{9.5}$$

$$y = x(\tau_{\alpha\nu}(90, n) - 1) + 1 - \tau_{\alpha\nu}(\alpha, n) \tag{9.6}$$

上述模型是将叶片看作一层紧密的平板，而在许多情况(双子叶和老叶)下，这个模型是不适用的。于是改进上述的模型，假设每片叶是由 N 层同性层堆叠而成，由 $N-1$ 层气体空间隔开。由于光线的非漫射特性只涉及最顶层，在改进后的

模型中，将第一层与其他 $N-1$ 层分开。第一层接收的是 Ω 立体角内的入射光线（入射角为 α）：令 ρ_α 和 τ_α 分别为它的反射率和透过率。在叶片内部，假设光通量是各向同性的：令 ρ_{90} 和 t_{90} 为内部每层的反射率和透过率。整个 N 层叶片的反射率和透过率为

$$R_{N,\alpha} = \rho_\alpha + \frac{\tau_\alpha \tau_{90} R_{N-1,90}}{1-\rho_{90} R_{N-1,90}} \tag{9.7}$$

$$T_{N,\alpha} = \frac{\tau_\alpha T_{N-1,90}}{1-\rho_{90} R_{N-1,90}} \tag{9.8}$$

同样地，通过式(9.3)和式(9.4)，式(9.7)和式(9.8)也可以表示为

$$R_{N,\alpha} = xR_{N,90} + y \tag{9.9}$$

$$T_{N,\alpha} = xT_{N,90} \tag{9.10}$$

x 和 y 与式(9.5)和式(9.6)一样。那么

$$\frac{R_{N,90}}{b_{90}^{N} - b_{90}^{-N}} = \frac{T_{N,90}}{a_{90} - a_{90}^{-1}} = \frac{1}{a_{90} b_{90}^{N} - a_{90}^{-1} b_{90}^{-N}} \tag{9.11}$$

式中，

$$\begin{aligned} a_{90} &= (1+\rho_{90}^2 - \tau_{90}^2 + \delta_{90})/(2\rho_{90}) \\ b_{90} &= (1-\rho_{90}^2 + \tau_{90}^2 + \delta_{90})/(2\tau_{90}) \\ \delta_{90} &= \sqrt{(\tau_{90}^2 - \rho_{90}^2 - 1)^2 - 4\rho_{90}^2} \end{aligned} \tag{9.12}$$

这即为 PROSPECT 模型的最终形式，可以看出，这个模型需要 4 个参数：α、n、θ 和 N。

9.1.3 植被冠层光谱特征

从植物与光的相互作用出发，植被结构主要指植物叶片和植被冠层的形状、大小以及空间分布结构（成层现象、覆盖度等）。植被结构随着植物的种类、生长阶段、分布方式变化而变化，大致可分为水平均匀型[即连续植被，见图 9.3(a)]和离散型[即不连续植被，见图 9.3(b)]两种。草地、生长茂盛的农作物多属于前者，稀疏林地、果园、灌丛等多属于后者。

植被结构可通过一组特征参数来描述和表达。

(1) 叶面积指数(leaf area index，LAI)：地表单位面积上方所有叶片单面面积或总面积的一半。无量纲。

(2) 间隙率（孔隙率）：与植被的疏密程度有关。一般包括以下 3 种间隙率。①概率间隙率：当光线穿越树冠距离为 S 时，而不被拦截的概率。②几何间隙率：设树冠的投影面积为 A，而其中光斑的总面积为 S，则 S/A 被称为几何间隙。③物理间隙率：设在树冠的阴影面内有一点 (x,y)，其辐照度为 $E(x,y)$，如果投射到树冠上的辐照度为 E_0，便称之为物理间隙率。

(a) 水平均匀植被　　(b) 离散植被

图 9.3　植被空间分布结构示意图

(3) 叶倾角分布(leaf angle distribution, LAD)：叶表面法线方向的概率分布，通常只考虑倾角。可分为均匀型、球面型、倾斜型等。

(4) 叶面积体密度(foliage area volume density, FAVD)：某一高度上单位体积内的叶面积的总和，单位 1/m。

自然状态下的植被冠层是由多重叶层组成，上层叶片会遮挡下层叶片，整个冠层的反射是由叶的多次反射和阴影的共同作用而形成的，因此植被冠层的光谱反射受到这些叶片的大小、形状、方位、覆盖范围的影响，在冠部近红外反射能量随叶片层数的增加而增加(图 9.4，图 9.5)。另外还受到植物冠层形状结构、辐照强度、观测方向以及覆盖度等的影响。当植被覆盖度从 0(裸地)到接近 100(全部覆盖)变化时，占主导地位的光谱特征也从裸地光谱到植物光谱转化，相应的植物量也是逐渐增加的(图 9.6)。

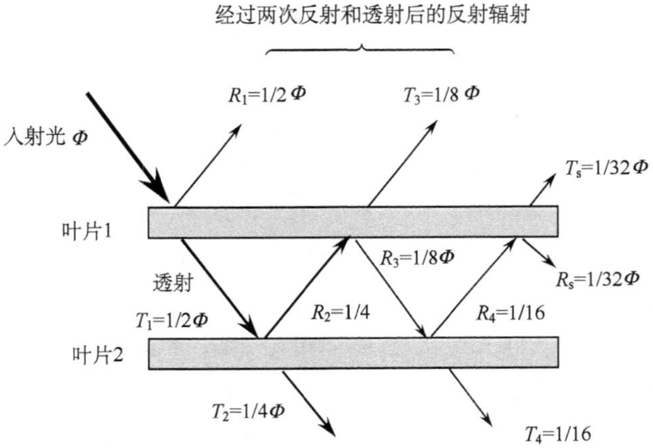

图 9.4　植被冠层的多次反射示意图

(假设叶片反射率与透射率均为 0.5，Φ 为入射辐射，R 为反射辐射，T 为透射辐射)

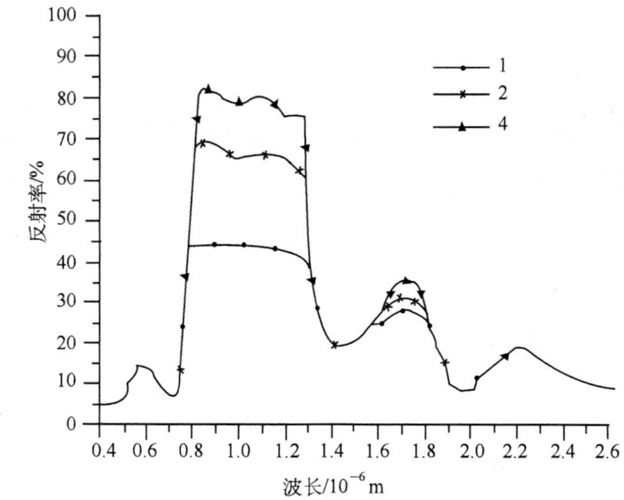

图 9.5　同种植被多层叶片的光谱反射曲线

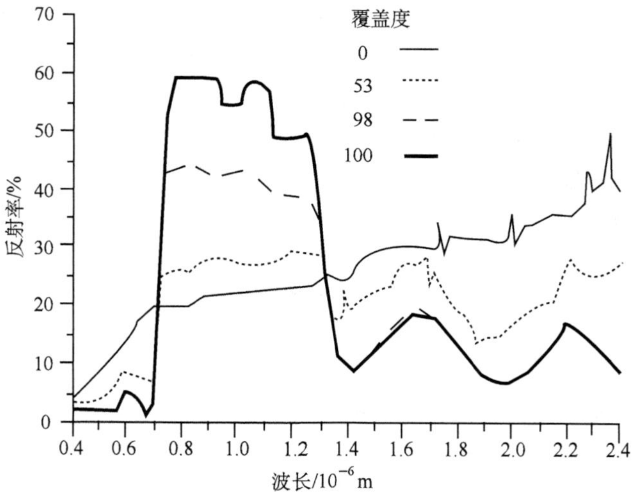

图 9.6　紫苜蓿覆盖度与反射率之间的关系

Suits 于 1972 年提出了冠层辐射传输模型 SUIT(scattering by arbitrarily inclined leaves)模型(Suit,1972),假设植被是水平均匀冠层,考虑了冠层反射与植被冠层的结构特征和光谱特征及其组分如叶、杆、茎等相互联系。SAIL 模型是在 SUIT 模型基础上由 Verhoef 和 Bunnik 扩充而得,用来计算植被冠层反射率的。SAIL 模型假设冠层具有如下性质:①冠层水平且无限延伸;②冠层组分只考虑叶片,而且叶片是小而水平;③冠层是各向同性的。SAIL 模型共有 3 个结构参数, 4

个组分波谱参数。其中包括叶面积指数、叶倾角分布、叶片反射率、叶片透射率、土壤(背景)反射率以及天空散射光比例。输入参数能够计算出在不同波长下的作物在叶片尺度上和冠层尺度上的反射率,即混合目标的反射率。

9.2 植 被 指 数

遥感图像上的植被信息,主要通过绿色植物叶片和植被冠层的光谱特性及其差异、变化而反映的。不同光谱通道所获得的植被信息与植被的不同要素或某种特征状态有各种不同的相关性。研究结果表明,利用在轨道卫星的红光和红外波段的不同组合进行植被研究非常好,这些波段在气象卫星和地球观测卫星上都普遍存在,并包含 90%以上的植被信息,不仅是植物最重要的波段,而且它们对同一生物物理现象的光谱响应也形成明显的反差。常常把波段间的不同组合方式统称为植被指数。

9.2.1 植被指数模型

1. 比值植被指数

比值植被指数(ratio vegetation index,RVI)是基于可见光红光波段(R)与近红外波段(NIR)对绿色植物的光谱响应的反差,用两者简单的比值来表达其反射率的差异,可表示为

$$\mathrm{RVI} = \frac{\mathrm{DN}_{\mathrm{NIR}}}{\mathrm{DN}_{\mathrm{R}}} \tag{9.13}$$

或

$$\mathrm{RVI} = \frac{\rho_{\mathrm{NIR}}}{\rho_{\mathrm{R}}} \tag{9.14}$$

式中,DN 为近红外、红光波段的灰度值;ρ 为地表反射率。

RVI 比用单波段信息监测植被更为稳定,因为 RVI 强化了植被在近红外和红外波段反射率的差异:绿色植物的 $\mathrm{DN_R}$ 和 $\mathrm{DN_{NIR}}$(或者 ρ_{R} 和 ρ_{NIR})值有较大的差异,RVI 值高;而对于无植被的地面包括裸土、人工特征物、水体以及枯死或受胁迫植被,却不显示这种特殊的光谱响应,RVI 值低,因此比值植被指数 RVI 能增强植被与土壤背景之间的辐射差异。

RVI 是绿色植物的一个灵敏的指示参数。研究表明,它与叶面积指数(LAI)、生物量(DM)、叶绿素含量相关性高,被广泛用于估算和监测绿色植物生物量。

2. 归一化差值植被指数

为了避免在浓密植被的红光反射很小时,比值植被指数 RVI 值将无限增长的情况,可以对 RVI 进行线性归一化处理得到"归一化差值植被指数"(normalized difference vegetation index,NDVI),即目前应用最广的植被指数,其值限定在

[－1,1]范围内,其表达式为

$$NDVI = \frac{DN_{NIR} - DN_{R}}{DN_{NIR} + DN_{R}} \tag{9.15}$$

或

$$NDVI = \frac{\rho_{NIR} - \rho_{R}}{\rho_{NIR} + \rho_{R}} \tag{9.16}$$

归一化植被指数(NDVI)被定义为近红外波段与可见光红波段数值之差和这两个波段数值之和的比值。由于NDVI可以消除大部分与仪器定标、太阳角、地形、云阴影和大气条件相关辐照度的变化的影响,增强了对植被的响应能力,是植被生长状态及植被覆盖度的最佳指示因子。

典型的地面覆盖类型在大尺度NDVI图像上区分鲜明,植被得到有效的突出,因此,它特别适用于全球或各大陆等大尺度的植被动态监测。

3. 绿度植被指数

Kauth等(1976)基于经验的方法,在忽略大气、土壤、植被间相互作用的前提下,针对陆地卫星MSS的特定遥感图像,采用光谱数值的穗帽变换技术(tasseled cap,TC),提出了土壤亮度指数(SBI)、绿度指数(GVI)、黄度指数(YVI)。

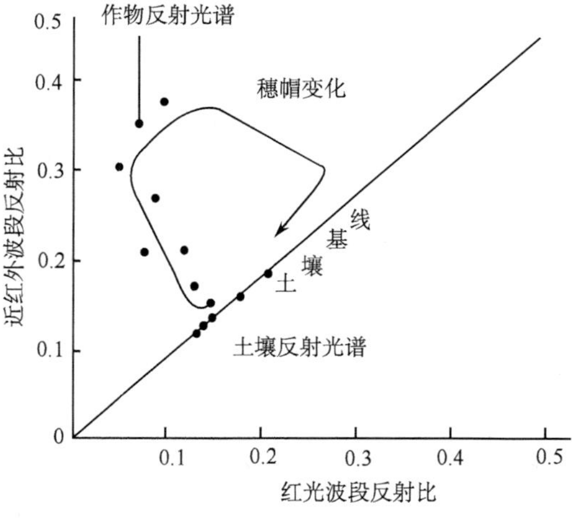

图9.7 二维光谱坐标中穗帽变化和土壤基线

穗帽变换(TC)是指在多维光谱空间中,通过线性变换、多维空间旋转,将植物、土壤信息投影到多维空间的一个平面上,在这个平面上使植被生长状况的时间轨迹(光谱图形)和土壤亮度轴相互垂直。也就是,通过坐标变化使植被与土壤的光谱特征分离。植被生长过程的光谱图形呈所谓的"穗帽"图形;而土壤光谱则构成一条土壤亮度线,有关土壤特征的光谱变化都沿土壤亮度线方向产生(图9.7),以陆地卫星MSS各波段的辐射亮度值为变量,采用穗帽变换后,组成4个新变量:

$$\begin{aligned}
TC_1 &= +0.433MSS4 + 0.632MSS5 + 0.586MSS6 + 0.264MSS7 \\
TC_2 &= -0.290MSS4 + 0.562MSS5 + 0.600MSS6 + 0.491MSS7 \\
TC_3 &= -0.829MSS4 + 0.522MSS5 - 0.039MSS6 + 0.194MSS7 \\
TC_4 &= +0.233MSS4 + 0.012MSS5 - 0.543MSS6 + 0.810MSS7
\end{aligned} \tag{9.17}$$

MSS4(0.5～0.6μm 波段),MSS5(0.6～0.7μm 波段),MSS6(0.7～0.8μm 波段),MSS7(0.8～1.1μm 波段)

其中,第一分量(TC_1)表征"土壤亮度",它反映土壤亮度信息;第二分量(TC_2)表征"绿度",它与绿色植被长势、覆盖度等信息直接相关;第三分量为"黄度",无确定意义;第四分量无景观意义,主要为噪声。第一、二分量往往集中了95%以上的信息。因此,植被、土壤信息主要集中在由TC_1、TC_2组成的二维图形中。对于不同遥感器和地区特点,系数是变化的。对于TM而言,可见光-红外6个波段数据蕴含着很丰富的植被信息,经穗帽变换的前三个分量主要反映土壤亮度、绿度、湿度特征,第四分量主要为噪声。其中Landsat-5可以表示为

$$\begin{aligned} SBI &= 0.2909TM1 + 0.2493TM2 + 0.4806TM3 + 0.5568TM4 \\ &\quad + 0.4438TM5 + 0.1706TM7 \\ GVI &= -0.2728TM1 - 0.2174TM2 - 0.5508TM3 + 0.7721TM4 \\ &\quad + 0.0733TM5 - 0.1648TM7 \\ WI &= 0.1446TM1 + 0.1761TM2 + 0.3322TM3 + 0.3396TM4 \\ &\quad - 0.6210TM5 - 0.4186TM7 \end{aligned} \tag{9.18}$$

4. 垂直植被指数

由于植被只覆盖实际观测目标的一部分,传感器接收的信号包括植被以外的背景信息。在植被状况相同、土壤背景有变化时,传感器接收到的信号也可能变化,因此必须分割土壤背景的影响,才能监测真实的植被变化。为了消除土壤背景特别是土壤亮度对植被指数的影响,在土壤线理论基础上,建立了垂直植被指数(perpendicular vegetation index,PVI)。如图9.8所示,在R、NIR的二维坐标系内,土壤在R与NIR波段均显示较高的光谱响应,其光谱响应表现为一条斜线,即土壤亮度线,随着土壤特性的变化,其亮度值沿土壤线上下移动;而植被一般在红光波段光谱响应低,而在近红外波段光谱响应高,因此在R、NIR二维坐标系内植被多位于土壤线的左上方,并且不同植被类型到土壤亮度线的距离是不同的。垂直植被指数可定义为植物像元到土壤亮度线的垂直距离,表示为

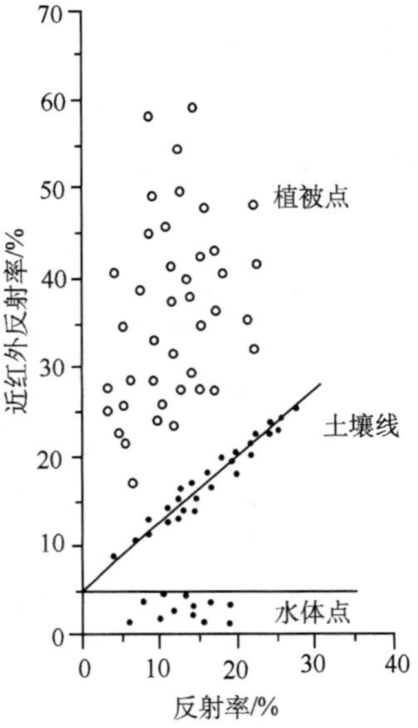

图9.8 二维土壤光谱曲线

$$PVI = \sqrt{(S_R - V_R)^2 + (S_{NIR} - V_{NIR})^2} \tag{9.19}$$

式中,S为土壤反射率;V为植被反射率;R为红波段;NIR为近红外波段。PVI表

征着在土壤背景上存在的植被的生物量，距离越大，生物量越大，也可将 PVI 定量表达为

$$PVI = (DN_{NIR} - b)\cos\theta - DN_R \cdot \sin\theta \tag{9.20}$$

式中，DN_{NIR}、DN_R 分别为 NIR、R 两波段的反射辐射亮度值；b 为土壤基线与 NIR 反射率纵轴的截距；θ 为土壤基线与 R 光反射率横轴的夹角(图 9.8)。

PVI 的显著特点是较好地滤除了土壤背景的影响，且对大气效应的敏感程度也小于其他植被指数，所以被广泛应用于大面积农作物估产研究。

5. 土壤调整植被指数

为减少土壤和植被冠层背景的双层干扰，Huete(1988)提出了土壤调节植被指数(soil-adjusted vegetation index，SAVI)，其表达式为

$$SAVI = \left(\frac{DN_{NIR} - DN_R}{DN_{NIR} + DN_R + L}\right)(1 + L) \tag{9.21}$$

或

$$SAVI = \left(\frac{\rho_{NIR} - \rho_R}{\rho_{NIR} + \rho_R + L}\right)(1 + L) \tag{9.22}$$

式中，L 是一个土壤调节系数。通过引入土壤调节指数 L，建立了一个可适当描述土壤-植被系统的简单模型。当 L 为 0 时，SAVI 就是 NDVI，对于中等植被盖度区，L 一般接近于 0.5。乘法因子$(1+L)$主要是用来保证最后的 SAVI 值与 NDVI 值一样是介于-1 和$+1$ 之间的。

6. 增强型植被指数

大气中的水汽、臭氧、气溶胶等会影响 Red 和 NIR 反射，传感器不仅收到来自目标的信号，同时收到部分噪声。为了使植被指数能更好地反映植被实际生长状况，应尽量减小大气的影响。

1999 年 12 月 18 日和 2002 年 5 月 4 日，美国分别发射 Terra 和 Aqua 两颗卫星，卫星上都载有中分辨率成像光谱仪(moderate resolution imaging spectroradiometer, MODIS)。MODIS 植被指数产品包括 NDVI 和 EVI(enhanced vegetation index)两种。其中 EVI 中除了利用 NIR 和 Red 两个通道的数值外，还用了一个蓝色通道的值，目的主要是为了校正气溶胶的影响，大气气溶胶对红色和蓝色的散射程度不同，气溶胶越厚，二者差别越大，因此可通过蓝色和红色通道值的差别来补偿气溶胶对红色通道的影响。综合考虑土壤、大气等的影响，最后构建的增强型植被指数形式如下：

$$MODIS\_EVI = \frac{2.5(\rho_{NIR} - \rho_{red})}{L + \rho_{NIR} + C_1\rho_{red} - C_2\rho_{blue}} \tag{9.23}$$

式中，ρ 分别为经过大气校正的反射值(NIR、Red、Blue)；L 是土壤调节参数；C_1 和 C_2 为大气修正参数，是用蓝色通道对红色通道进行大气气溶胶散射修正。L、C_1 和

C_2的取值近似为1、6和9.5。MODIS_EVI利用土壤调节参数L和大气修正参数C_1、C_2同时减少了背景和大气的作用。

9.2.2 植被指数与地表参数的关系

植被指数作为表征植被生长状况的一个指标，已应用于多个方面。植被指数还可用来诊断植被一系列生物物理参量：叶面积指数(LAI)、植被覆盖率、生物量、光合有效辐射吸收系数(FPAR)等；反过来又可用来分析植被生长过程，如净初级生产力(NPP)和蒸散(蒸腾)等。

1. 植被指数与叶面积指数的关系

叶面积指数LAI是利用遥感技术监测植被长势和估算产量的关键参数，却往往难以直接从遥感数据获得，但是它与遥感参数——植被指数间有密切的关系，它是联系植被指数与植被光合作用的一个主要植冠形态参数。大量观测资料研究表明，植被指数NDVI或RVI与叶面积指数LAI的相关系数很高，且与LAI呈非线性函数关系，可以构造相应的经验公式将它们联系起来。植被指数RVI与叶面积指数LAI的关系，除了随不同物候期植物生理状况的变化而变化以外，还依赖于太阳高度角和方位角变化对植冠反射的影响，以及生态系统的类型的影响，如冠层密度、下垫面类型等。

2. 植被指数与植被覆盖度的关系

植被覆盖度(f)指植被冠层的垂直投影面积与土壤总面积之比。遥感器所测得的反射辐射R可表示为

$$R = fR_v + (1-f)R_s \tag{9.24}$$

式中，R_v、R_s分别为植被、土壤的总反射辐射；f为植被覆盖度。则

$$f = (R-R_s)/(R_v-R_s) \quad 或 \quad f = (\rho-\rho_s)/(\rho_v-\rho_s) \tag{9.25}$$

式中，ρ为植被与土壤混合光谱反射率；ρ_v、ρ_s分别为纯植被和纯土壤宽波段反射率。

利用植被指数也可计算覆盖度，即

$$f = (\mathrm{NDVI}-\mathrm{NDVI}_s)/(\mathrm{NDVI}_v-\mathrm{NDVI}_s) \tag{9.26}$$

式中，NDVI为所求地块或像元的植被指数；NDVI_v、NDVI_s分别为纯植被和纯土壤的植被指数。该式适用于作物覆盖处的叶面积指数较均一的场合。也可得

$$f = (\mathrm{NDVI}-\mathrm{NDVI}_{min})/(\mathrm{NDVI}_{max}-\mathrm{NDVI}_{min}) \tag{9.27}$$

式中，NDVI为所求像元的植被指数；NDVI_{min}、NDVI_{max}分别为研究区内NDVI的最小、最大值。

9.3 利用遥感估算植被净初级生产力

在地表植被生产力研究中常用到的几个概念有总初级生产力、净初级生产力、

净生态系统生产力及生物量等。

总初级生产力(gross primary productivity,GPP)是指在单位时间和单位面积上，绿色植物通过光合作用所生产的全部有机物同化量,即总光合量。总初级生产力中除了包括植物个体各部分的生产量外,还包括同期内植物群落为维持自身生存,通过呼吸所消耗的有机物质。单位为一般为 g(DW)/(m^2 · a)或 t(DW)/(hm^2 · a),(DW,干物质重量),也可用碳量或热能量来表示。

净初级生产力(net primary productivity,NPP)是指绿色植物在单位时间、单位面积上所能累积的有机物数量,是在光合作用所产生的有机物质总量中扣除自养呼吸(植物为了维持自身的生存与生长所消耗的有机物)后的剩余部分。

当前在植被 NPP 研究中用得最多的是比值植被指数 RVI 和归一化差值植被指数 NDVI。利用遥感数据进行 NPP 估算的方法或者模型可大体分为 3 类:经验模型、光能利用率模型和过程模型。

1. 经验模型

经验模型主要是结合地面观测结果,建立 NPP 与生长季内植被指数或者累加值之间的回归关系,这种关系的形式比较多,有线性关系、幂函数关系、对数关系等。

经验模型形式简单,但这种关系往往是建立在单一类型植被(如草地、农作物等)地面观测的基础上,忽略了不同地点大气条件的变化,对于大尺度而言,不同植被类型其生长生理过程、大气状况并不一定相同,因此在将这一关系用于不同区域、不同植被和不同生长季时会带来较大误差,模型的适应性较差。

2. 光能利用率模型

光能利用率模型认为植被的生产力与植被所吸收的光合有效辐射(APAR)成正比:

$$\mathrm{NPP} = \varepsilon^{*}\ \mathrm{APAR} \tag{9.28}$$

式中,ε 是光能利用效率。由于 ε 的变化范围比较小,最早的研究将其近似看作一个常数。但后来的研究发现,ε 随环境条件的变化、植物生物合成途径及呼吸速率的不同而变化,因此在众多 NPP 模型中,都考虑了 ε 的变化。

$$\varepsilon = \varepsilon^{*} f_1(T) f_2(w) \tag{9.29}$$

式中,ε^* 是最大光能利用率;$f_1(T)$ 和 $f_2(w)$分别为温度与土壤水分对光能利用率的影响系数。APAR 由植被光合有效辐射吸收系数 FPAR 与入射光合有效辐射 PAR 求得:

$$\mathrm{APAR} = \mathrm{FPAR} \times \mathrm{PAR} \tag{9.30}$$

FPAR 与植被指数(如 NDVI、RVI)之间存在近线性关系。用比值植被指数 RVI 计算 FPAR:

$$\mathrm{FPAR} = \frac{(\mathrm{RVI} - \mathrm{RVI}_{min})(\mathrm{FPAR}_{max} - \mathrm{FPAR}_{min})}{(\mathrm{RVI}_{max} - \mathrm{RVI}_{min})} + \mathrm{FPAR}_{min} \tag{9.31}$$

式中，$\mathrm{FPAR}_{max}=0.950$，$\mathrm{FPAR}_{min}=0.001$，$\mathrm{RVI}_{max}$和 RVI_{min}表示某植被类型 FPAR 达到最大值和最小值时的比值植被指数。

3. 过程模型

过程模型根据植物生理、生态学原理来研究植物生产力，通过模拟植物光合作用、呼吸作用及生物量分配等估算 NPP。模型的时间尺度比较短，通常以一天或小于一天作为模拟步长。由于温度、光合有效辐射、大气二氧化碳浓度、土壤水分、大气水分、叶片氮素含量等影响光合作用和生长的生理过程，模型必须综合考虑这些调控因子。过程模型中部分数据(土地覆盖产品及叶面积指数等)也可由遥感数据获取，如 BIOME-BGC、BEPS 模型等也都实现了利用遥感数据反演得到的时间序列 LAI 作为过程模型的输入变量，从而改进 NPP 估算精度。图 9.9 是 BIOME-BGC、BEPS 模型中 NPP 估算的结构图。模型以每日气象要素(日总辐射、日最高、最低气温、日降水量、日水汽压)作为驱动变量，由遥感数据获取及反演的土地覆盖、LAI 等作为输入变量，通过模拟每日土壤水分平衡、气孔导度、每日光合及呼吸作用，最终实现日及年 NPP 的估算。

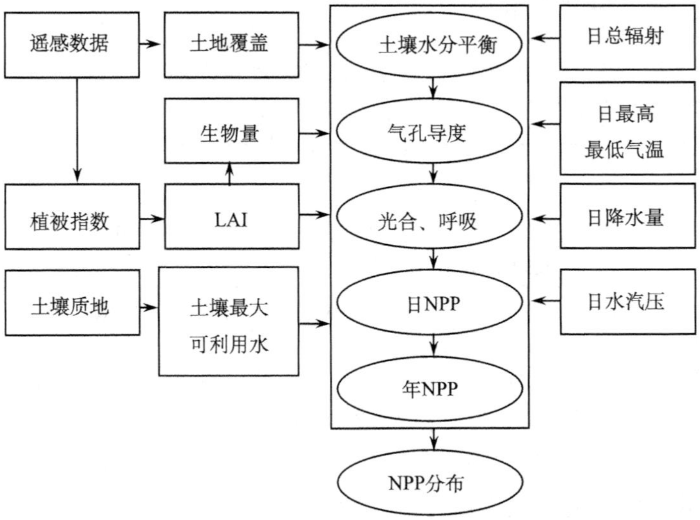

图 9.9　BIOME-BGC 及 BEPS NPP 模型结构图

9.4　遥感估产模型

估产模型的构建是农作物估产的核心，作物估产模型可大概分为农学模型、气象模型和遥感模型三大类，农学模型和气象模型是通过建立作物生长与主要制约、影响产量的农学因子或气候因子之间的统计关系或者作物生长模型来估算农作物产量的。遥感估产是根据生物学原理，在分析收集农作物光谱特征的基础上，通过光谱来获取作物的生长信息，并建立作物光谱与产量之间的联系。在实际工作中，常常用植被指数作为评价作物生长状况的标准，如利用作物生长全过程或部分时期的植被指数累加值或某一时期的植被指数与产量建立统计关系。遥感信息也可以与传统的农学模型和气象模型相结合进行作物估产。先建立作物生长发育及产量形成的作物生长模型，由遥感植被指数确定农作物冠层吸收光合有效辐射的比例系数(FPAR)或者叶面积指数(LAI)，并将多时相 FPAR 或者 LAI 数据作为作物生长模型的输入变量，模拟估算农作物产量。下面以水稻估产为例，说明如何利用遥感数据，由植被指数统计估产模式估算农作物单产。

作物产量构成的三要素包括亩穗数、穗粒数和千粒重，尽管目前无法由遥感手段直接监测到这三个要素的大小，但不同生育阶段作物长势的好坏直接决定着这三个要素的大小及作物产量的高低，而遥感植被指数可以很好地反映植被长势的好坏，因此可通过遥感技术来监测作物不同生育期的长势，进而实现作物单产的估算。

表 9.1 是江苏省水稻估产研究中所建立的水稻产量结构与不同生育期垂直植被指数 PVI 之间的相关关系。

表 9.1　水稻产量结构与不同生育期垂直植被指数 PVI 之间的回归关系

产量结构	回归关系
每亩穗数	$Y = 0.603PVI_P + 0.152PVI_H + 0.36$
每穗实粒数	$Y = -1.186PVI_P + 2.118PVI_H - 0.436PVI_D + 0.57$
千粒重	$Y = -0.24PVI_P + 0.09PVI_H - 0.076PVI_D + 0.087PVI_M + 1.12$
理论产量	$Y = -0.882PVI_P + 1.144PVI_H + 0.535PVI_D + 0.487PVI_M - 0.08$

注：PVI 的右下角标注 P、H、D、M 分别表示穗分化期、齐穗期、灌浆期和乳熟期。

根据 PVI 与水稻产量结构的相关模式和不同生育期影响的权重，可以看出：

穗分化期和齐穗期 PVI 对每亩穗数、每穗实粒数、千粒重都有重要影响。该两个时期正处于水稻从营养生长至生殖生长的转折时期，水稻长势对有效分蘖数的多少和有效分蘖期的长短有决定性影响，该两个时期的 PVI 越高，长势越好，每亩穗数也越多，因此对每亩穗数回归都是正值。

灌浆期的 PVI 对每穗实粒数和千粒重有一定影响，但回归系数都是负值。水稻灌浆期要求群体略转"黄"，使体内碳氮比增加，有利于物质向穗部运输和灌浆。因此该期 PVI 减少，有利于每穗实粒重和千粒重的增加；乳熟期 PVI 对千粒重影响超过灌浆期，PVI 增加，水稻后期长势好，根系活力强，有利于千粒重的增加。

思考题：

1. 假设某地区叶片为单层平面，且覆盖率为 0.5，叶片的透过率为 T，反射率为 ρ_{leaf}，地面的反射率为 ρ_{ground}。用上述参数分别表示图 9.10 中(i)至(v)的分量，并推导该区域的表观反射率。

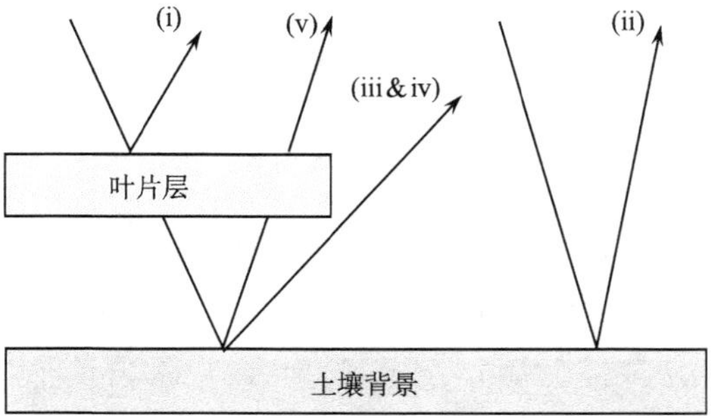

图 9.10

2. 比较 RVI 和 NDVI 的优缺点。

3. 讨论叶面积指数与植被覆盖度的区别与联系。

4. 图 9.11 为一鱼眼相机在地表对上半球空间拍摄的森林照片。现在对半球空间以 5°间隔进行半球空间的剖分，请问①共有多少个单元？②统计被植被覆盖的单元个数。③如果要算出植被覆盖度，还需要知道哪些参数？

图 9.11

第10章 海洋水色遥感

10.1 水色遥感概述

海洋不仅是人类最大的财富，而且对全球碳循环、全球气候变化起着重要的作用。

海洋光学，也称为“光学海洋学”、水光学等。经典之作有 N. G. Jerlov 的 *Optical Oceanography*（1968）、*Marine Optics*（1976），美国 R. W. Preisendorfer 的“*Hydrologic Optics*”（1976）及其学生 C. Mobley 的 *Light and Water*（1994），澳大利亚 J. T. O. Kirk 的 *Light and photosynthesis in aquatic ecosystem*（1983，1994）等。

水色遥感，就是利用可见光、近红外等手段对海洋进行遥感监测的技术，是进行海洋生物光学特性研究的有效的技术手段。大气校正和分析水体光学特性是进行水色遥感研究的两大关键问题。

尽管水体共性很大，但由于内陆水体较海洋水体有一定的特殊性，因此本章内容主要以大洋开阔水体和近岸水体为研究对象。

10.1.1 水色遥感的历史

1957年10月4日苏联发射 Sputnik(人造地球卫星)得到的海洋照片，激起了科学家们从空间对海洋进行研究的极大兴趣。20世纪60年代从载人航天器 Gemini(双子星)和 Apollo(太阳神)彩色摄影得到水色度比的图片。科学家们开始考虑利用航天器进行水体判别，以及进行风场、内波、水深和叶绿素浓度估算。

1971年在加利福尼亚沿岸水域等开展了大量的现场测量和航空遥感试验。在 HAOCE 试验中，NASA GSFC (Goddard Space Flight Center)将装有光谱仪的飞机在两个高度上飞行，地面由 VisLab 获取水中向上光谱辐射率、叶绿素色素浓度以及相应的大气光学参数。这为 Roswell W. Austin 建立最初水色遥感的方法体系打下了试验基础(Austin，1974)。Austin 在准备这次试验结果的报告时，应用所测量的较完备数据集，从太阳光与大气和水表面的作用、水下反射、到水体信号再次经过大气传输到遥感器的整个过程对系统进行了分析，从而使水色遥感迈出了从设想到现实的关键一步，为水色遥感的发展奠定了较系统的理论与方法基础。

1978年海洋遥感界迎来了海洋遥感的新纪元。在这一年里，人类成功发射了搭载有水色遥感器CZCS的Nimbus 7(见表10.2),以及搭载有多种主动被动微波遥感器(包括SAR)的Seasat-1,和带有高性能的甚高分辨率辐射计AVHRR的NOAA系列卫星。

第二代水色遥感器的代表是NASA 1997年8月发射成功的SeaWiFS(宽视场水色扫描仪)以及在1999年前后发射的中分辨率成像光谱仪MODIS、欧洲空间局的MERIS(medium resolution imaging spectrometer)。SeaWiFS的性能指标较CZCS有了很大的提高,从而使得原来基于较低精度遥感器的大气修正算法、水色反演模型以及被忽略的一些所谓"次要"因素,如离水辐射的二向性等需要进行更进一步的深入研究。

10.1.2 水色遥感的现状与存在的问题

从目前水色遥感的效果来看,对一类水体即大洋开阔水域的水色遥感反演比较成功,因为其水色要素主要由浮游生物所含的叶绿素a及其降解物所组成,相对简单。

长期以来,近岸二类水体的水色要素(叶绿素、悬浮泥沙、黄色物质等)的反演一直是海洋光学遥感的难题,因为二类水体的特点决定了其反演模型必然是局域性质的。国际发达国家把水色遥感的注意力集中在全球大洋水体的水色探测上,但我国主要关注的是与沿海社会与经济发展关系极为密切的近岸水体。我国近岸水体除南沙、台湾以东、海南岛附近等区域外,基本上都属于二类水体,特别是大陆架海域,泥沙分布、赤潮、叶绿素、污染等是主要的研究问题。由于以前的基础较差,可用的高质量仪器和高质量数据都成问题,目前尚未有很大的突破。但二类水体却是我国水色研究能够在国际上达到前列的水色遥感应用方面之一,因为其他国家很难遇到我们长江口、黄河口这样浑浊的水体。

10.2 水体的光谱特性

10.2.1 水体光谱数据的测量

遥感器的辐射校正和真实性检验的关键是在一定系统方法下,现场数据的准确测量。现场测量数据的不确定性涉及:测量仪器的稳定性和相对稳定性、测量仪器的校准、仪器操作测量的规范、数据处理与分析方法、人为因素(包括测量操作、数据分析处理中参数确定等)。

水体的光谱测量技术包括航空水体遥感数据采集和地物光谱仪水面以上法。此处只介绍地物光谱仪水面以上法。

1. 测量要求与信号分析

首先,有必要介绍一下水体信号的来源与构成,如图10.1所示。

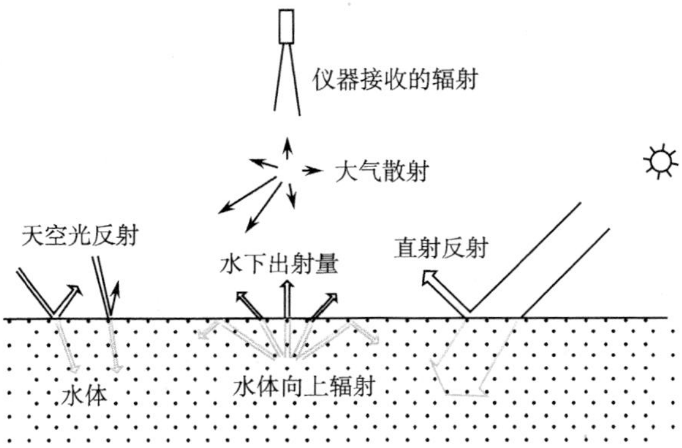

图 10.1　水面以上水体信号构成(对于现场测量,可忽略由大气散射信号)

水面以上的光谱辐亮度信号组成是:

$$L_{sw} = L_w + r L_{sky} + L_{wc} + L_g \tag{10.1}$$

式中,L_{sw}为总的水体信号(下脚标 sw 表示 sky+water);L_w 为进入水体的光被水体散射回来进入仪器的离水辐亮度;$r L_{sky}$为天空光在水面反射以后进入观测仪器的信号,没有任何水体信息(r 为气水界面反射率,L_{sky}为天空漫散射光);L_{wc}为海面白帽的信号;L_g 为水面波浪对太阳直射光的随机反射,没有任何水体信息。

在水色遥感以及水体光谱特性相关研究中,要求表观光谱特性的测量必须能够导出以下几个基本参数:离水辐亮度 L_w、归一化离水辐亮度 L_{wn}、遥感反射率 R_{rs}、刚好处于水面以下 0^- 深度的辐照度比。这些量都不可直接测量,必须结合一定的测量方法和相应的数据处理分析才能得到,具体测量方法将在下一小节介绍。

现场表观光谱的测量从方法上可分为两类,即剖面测量法和水表面以上测量法。这两种方法的误差源及信号过程不一样,因而相对独立,使用范围具有互补性。剖面法是由水下光场测量外推得到水表信号,同时可以更好地刻画出水体光场垂直变化,采用的仪器昂贵,操作、布放复杂,且一般只能用于深于 10m 水体。表面法是采用与陆地光谱测量近似的仪器,在经过严格定标的前提下,通过合理的观测几何安排和测量积分时间设置,也可以得到上述几个主要的观测量。在一类水体,剖面法是国际水色遥感界推荐的首选方法;在二类水体,目前唯一有效的方法是表面法。

值得注意的是,目前我国开展的很多水体光谱测量是在船边垂直向下进行的,且将水体目标的测量值 L_t 比上标准板的测量值 L_p,进行所谓"水体反射率"ρ_t 的测量 $\rho_t = \dfrac{L_t}{L_p}$,并且错误地为"准确"测量非常低的水体信号采用很长的积分时间和自动积分时间调整;又认为,因采用比值而可以不对仪器进行严格的辐射标定。

这种测量存在严重的问题：

(1) 这个 ρ_t 参数，因为无法得到水体遥感的基本参数，除在水色遥感信号敏感性研究和水体定性判别等方面外，在水色定量化算法等其他方面难以应用；

(2) 在船边垂直向下观测的数据受船体(破坏了水体光场分布)和太阳直射反射的影响非常大；

(3) 未对天空光进行测量，因而无法分离携带水体信息的离水辐亮度与不带任何水体信息的水表面反射信息；

(4) 由于水体反射较低，往往采用自动或很长的积分时间，而导致严重的太阳直射反射信号污染。

2. 水面以上光谱测量与分析原理

利用光谱仪进行水面以上光谱测量与分析方法，其目的是利用便携式瞬态光谱仪和标准板，导出离水辐亮度 L_w、归一化离水辐亮度 L_{wn}、遥感反射率 R_{rs} 和水面以下辐照度比 R 等参数。

1) 观测几何

因为离水辐亮度 L_w 在天顶角 0°～40°范围内变化不大，所以为避免太阳直射反射和船舶阴影对光场的破坏，在现场船舶上的观测几何最好按以下方式设定(以下角度都是以光线矢量的走向为依据)：

仪器观测平面与太阳入射平面的夹角 $90° \leqslant \phi_v \leqslant 135°$(背向太阳方向)，仪器与海面法线方向的夹角 $30° \leqslant \theta_v \leqslant 45°$，这样便可避免绝大部分的太阳直射反射，同时减少船舶阴影的影响。天空光在水面的反射是不可避免的，因此，在仪器面向水体进行测量后，必须将仪器在观测平面内向上旋转一个角度，使得天空光辐亮度 L_{sky} 的观测方向天顶角等于水面测量时的观测角 θ_v(图 10.2)。

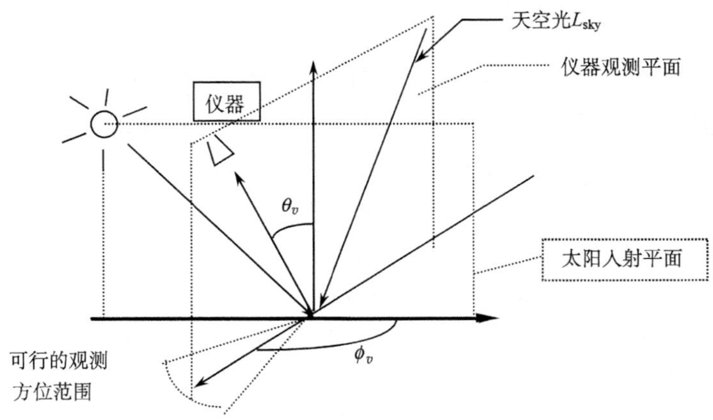

图 10.2　光谱仪水面以上观测几何

目前，典型的观测几何设置为：

(1) $\phi_v=90°,\theta_v=40°$。这种安排的优点是：①天空光分布均匀，天空光的测量受船舶摇摆的影响较小；②在此角度的表面反射率受海面粗糙度的影响较小；③仪器在船上的安装架设和几何安排比较容易。其缺点在于：①相对于 $\phi_v=135°,\theta_v=40°$几何设置而言，与剖面观测结果的固有差异较大，也即水体二向性影响较大；②太阳直射反射比较严重，需要快速获取大量的数据进行太阳耀斑剔除工作，有效数据量可能在5%左右。

(2) $\phi_v=135°,\theta_v=40°$。这种安排的优点是：①可更好地避免太阳直射反射；②与剖面观测的固有差异较小。

目前国际水色 SIMBIOS 计划中推荐采用第二种观测几何。

2) 离水辐亮度 L_w 的测量

在避开太阳直射反射、忽略或避开水面泡沫的情况下，光谱仪测量的水体光谱数据为

$$L_{sw}=L_w+rL_{sky} \tag{10.2}$$

式中，L_{sw}为总的水体信号(下脚标 sw 表示 sky+water)；L_w 为离水辐亮度；L_{sky}为天空漫散射光，不带有任何水体信息，必须去掉；r 为气-水界面对天空光的反射率，$r=r(\boldsymbol{W},\theta_v,\phi_v,\theta_0,\phi_0)=2.1\%\sim5\%$。$r$ 取决于太阳位置(θ_0,ϕ_0)、观测几何(θ_v,ϕ_v)、风速风向$(\boldsymbol{W})$或海面粗糙度等因素。根据经验，在上述观测几何条件下，平静水面可取 $r=2.2\%$，在 5m/s 左右风速的情况下 $r=0.025$，10m/s 左右风速的情况下 $r=0.026\sim0.028$。

由此可得离水辐亮度 L_w

$$L_w=L_{sw}-rL_{sky} \tag{10.3}$$

rL_{sky}(天空光在水面反射以后进入观测仪器的信号)的相对大小可参见图10.3。这是2000年10月在黄海利用 ASD 光谱仪，一、二级海况情况下，136ms 一条光谱曲线的条件下连续测量的原始数码值。由图中可以看出：天空光的贡献与水体信号相当；并且总的水体信号 L_{sw}变化很快，一秒内相差约20%(参见1s内连续测量的 $L_{sw}611\sim L_{sw}615$ 五条曲线[计数值])，总信号 L_{sw}之间的差值相当于水体信息 L_w 的50%，这是因为毛细波对太阳光的随机反射而引起的。在我们的测量结果中，总信号的最大差异可达100%以上。

3) 水体归一化光谱参数的测量与导出

为使得不同时间、地点与大气条件下测量得到的水体光谱具有可比性，需要对测量结果进行归一化。所谓归一化是指把太阳移到测量点的正上方，去掉大气影响，从而使得不同时间、地点、大气条件下的测量结果具有可比性。

在 NASA SeaWiFS 真实性检验海洋光学规范中，现场测量的归一化离水辐亮度定义为

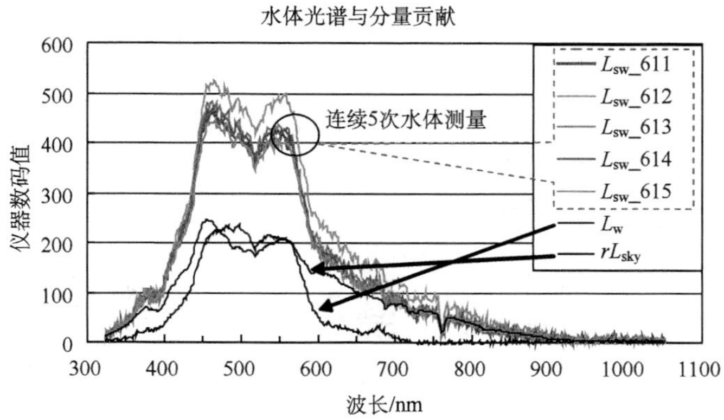

图 10.3　离水辐亮度(L_w)与天空光反射(rL_{sky})的相对贡献

(611-615 是测量曲线编号)

$$L_{wn} = \frac{F_0}{E_d(0^+)} L_w \tag{10.4}$$

式中,F_0 为平均日地距离大气层外太阳辐照度;$E_d(0^+)$为水面入射总辐照度。L_w 的测量参见式(10.3),而 $E_d(0^+)$可由测量标准板的反射而得

$$E_d(0^+) \equiv E_s = \frac{L_p \pi}{\rho_p} \tag{10.5a}$$

$$L_p = \frac{\rho_p * E_d(0^+)}{\pi} \tag{10.5b}$$

式中,ρ_p 为标准板的反射率,建议采用 $10\% \leqslant \rho_p \leqslant 30\%$的标准板,K. L. Carder 等采用 10%的标准板,以便仪器在观测水体和标准板时工作在同一状态。

在 $E_d(0^+)$的测量中,主要是避免船舶上层结构物(多为白色)的反射影响,否则可能使得现场测量的 $E_d(0^+)$甚至大于大气层外太阳辐照度 F_0。在晴天少云的情况下,可以借鉴带遮挡条带的辐照度测量仪器的原理,采用多个方位的遮挡并予以补偿而得。

4) 遥感反射率 R_{rs}

目前遥感反射率 R_{rs}越来越多地用于水色遥感反演模型,该参数的获得具有重要的应用价值。遥感反射率的定义为

$$R_{rs} = \frac{L_w}{E_d(0^+)} = \frac{L_{wn}}{F_0} \tag{10.6}$$

该参数另一个重要特点是,只要测量仪器稳定、线性度好(或测量标准板和水体的信号幅度接近),则只需要对标准板进行严格标定,而不需要对光谱仪严格标定,因而对我国的情况具有特别的意义(图 10.4)。

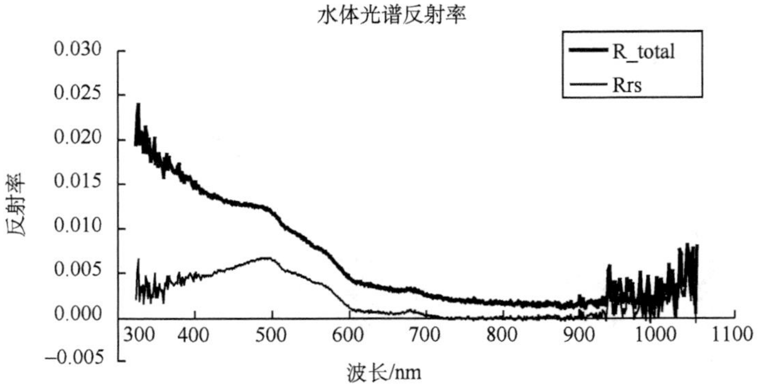

图 10.4　水体目标总信号光谱反射率(R_total)与遥感反射率(R_{rs})

对于未经严格标定的光谱仪,可以直接按下列公式进行测量(计算)遥感反射率 R_{rs}:

$$R_{rs}=\frac{[S_{sw}-rS_{sky}]\rho_P}{\pi S_P} \tag{10.7}$$

式中,S_{sw}、S_{sky}、S_p 分别为光谱仪面向水体、天空、标准板时的测量信号码值。一个粗略估计测量结果是否可信的方法是,除了在高浓度泥沙水体,R_{rs}在各个波段的值一般都小于 0.051。

5) 水面以下辐照度比 R

对于刚好处于水面以下的辐照度比 $R(0^-)$:

$$R(0^-)=\frac{E_u(0^-)}{E_d(0^-)} \tag{10.8}$$

其中,向上辐照度 $E_u(0^-)=QL_u(0^-)$。式中,Q 为光场分布参数(通常取值为 4.0);$L_u(0^-)=(n^2/t)L_w(0^+)$,n 为水体的折射率,t 为水气界面的透过率,$n^2/t=$ 0.54。

向下辐照度 $E_d(0^-)=(1-\rho_{aw})\ E_d(0^+)$。式中,$\rho_{aw}$为气水表面的辐照度反射率,取值为 0.04～0.06。

$R(0^-)$计算的最大误差来源于 Q 的变化,不同的水体、太阳角度、观测角度下,Q 可在 1.7～7 之间变化。

另外,在水体光学测量与遥感应用中,直射太阳光辐照度 E_{dir}、漫射天空光辐照度 E_{dif}也是重要的参数。在测得 $E_d(0^+)$后,用一个带长竿的黑板挡住直射太阳光,使黑板的阴影正好挡住标准板,由此时测量的 L_{pdif}便可得到 E_{di}和 rE_{dif}:

$$E_{dif}=\frac{L_{pidf}\pi}{\rho_p} \tag{10.9a}$$

$$E_{dir} = E_d(0^+) - E_{dif} \tag{10.9b}$$

标准板的双向反射率特性和随波长变化的反射率必须在试验前精确标定。特别是对于晴天的测量，必须对标准板结果进行双向反射率校正，步骤如下：

(1) 根据测量日期、时间、经纬度，计算太阳天顶角 θ_0。

(2) 首次总辐照度测量：$E_{tot}^{err} = L_p \pi / \rho_p(\theta_0)$。

(3) 遮挡标准板测量：$E_{dif} = L_{dif} \pi / \rho_p$，$\rho_p$ 表示标准板的半球反射率(忽略漫射辐照度方向性)。

(4) 计算接近正确值的直射太阳辐照度 $E_{dir}^{corr} = (L_p - L_{dif}) \pi / \rho_p(\theta_0)$；(注：更准确的直射辐照度需要对遮挡的前向散射部分进行补偿)。

(5) 最后得到正确的水面入射总辐照度 $E_{tot}^{corr} \equiv E_d(0^+) \equiv E_s = E_{dir}^{corr} + E_{dif}$。

3. 表面法水体光谱分析中的关键问题

1) 气水界面反射率 r 的确定

在可见近红外范围内，气水界面反射率不随波长变化。在实际数据处理时，由于影响气水界面的反射率的因素太多，需要具体情况具体分析。例如作者对黄海数据进行处理时，根据多种数据源判断，认为大于 780nm 的离水辐亮度 L_w 为 0 的假设是合理的，那么 800～900nm 的水体测量数据就是天空光反射的结果，因此这些波段的水体目标信号就是天空光反射信号，由此可确定气水界面反射率 r 为

$$r = \frac{L_{sky}(800 \sim 900\text{nm})}{L_{sw}(800 \sim 900\ \text{nm})} \tag{10.10}$$

由图 10.3 可以看出，在黄海该测点处，720～900nm 的离水辐射都可以认为是 0。对于更长的波长，离水辐亮度当然为 0，但因其仪器信噪比(SNR)太差而不能应用。

如果观测天底角为 40°，海面平静，可以将气水界面反射率固定为理论值 0.022。根据实际情况，这个值是非常不可靠的。按 NASA 最新的规范，在一般情况下应采用 0.028 左右的反射率值。按经验，在 1～2 级风的情况下，该值偏大，可以采用 0.024～0.026。

如果根据式(10.10)计算的 r 小于 2.1%或大于 4.5%，则测量数据存在问题。

根据遥感反射率与固有光学量的理论分析，在近红外波段，由于水体的后向散射系数比较平缓，光谱特性主要由水体的吸收系数决定，$R_{rs}(\text{NIR1})/R_{rs}(\text{NIR2}) \approx a_w(\text{NIR2})/a_w(\text{NIR1})$，其中，$a_w$ 为纯海水的吸收系数。因此，这可以作为一个理论判据，特别是在中低浑浊度水体。

2) 异常数据剔除

另外，对比由图 10.3 中显示的 5 条水体总信号光谱曲线可以看出，毛细波的太阳直射反射引起了很大的信号变化，因而必须对受到太阳直射反射影响的曲线加以剔除。剔除的原则是：剔除所有数值较高的曲线，保留数值较低的曲线，然后

进行平均。为了保险起见,每一测点的曲线至少应当有 10 条以上,否则蓝波段和近红外波段的数据噪声太大。

3) 残余太阳反射的修正

白帽可以通过测量者的目视观测加以避免,但毛细波对太阳的反射就困难得多。实际上,由于水表面毛细波的作用,往往会有一部分太阳直射光被随机地反射进入到仪器视场。因此测量的辐亮度为

$$L_{sw} = L_w + rL_{sky} + L_g \tag{10.11}$$

对于不十分浑浊的水体,可利用 760～900nm 之间的波段 λ_0,如 780nm、865nm 等,由于其 $L_w(\lambda_0)\approx 0$(对于近岸十分浑浊的水体,$L_w(\lambda_0)\neq 0$),因此只要测得其天空光 L_{sky},便可得到 $L_g(\lambda_0)$;再利用现场测量获得的各波段直射太阳辐照度 $E_{dir}(0^+,\lambda)$,便可得到其他波段的 $L_g(\lambda)$:

$$L_g(\lambda) = \frac{E_{dir}(0^+,\lambda)}{E_{dir}(0^+,\lambda_0)} L_g(\lambda_0) \tag{10.12}$$

目前只能连续进行多次测量,剔除掉较大的曲线,因为天空比较均匀,测量值的波动基本上是源于随机直射反射的变化。值得注意的是,目前的修正方法很不成熟,除非在曲线数据非常少的情况下,否则修正的实际意义不大。

4. 表面法对光谱仪和测量步骤的要求

1) 表面法对光谱仪的要求

(1) 仪器的动态范围大于或等于 5 个量级;在 400～900nm 光谱范围内,10 个量级以上的信噪比。

(2) 仪器必须经过严格的绝对辐射定标,以便获得水色遥感的基本参数——离水辐亮度和海面入射辐照度;如果仪器有增益变化功能,不同增益之间的线性度要高;另外必须对波长进行标定。

(3) 测量水体目标时,不能让仪器进行自动增益调整或内部平均,不然会将随机的太阳直射反射平均到结果数据中。

(4) 应能快速连续测量多条曲线,并可设置采样间隔,以便测量时间能够跨越波浪周期。在后期的数据处理中舍弃数值较高的那些曲线,利用较低的几条(甚至一条曲线)进行计算。

(5) 仪器积分时间固定。由于即使在 1s 内海面的太阳直射反射和白帽也会有很大变化,因此采样时间最好在 100～200ms 以内完成,更短的时间会导致仪器信噪比太差。

(6) 光谱仪应该有措施保证二级光谱不会对近红外波段的结果产生干扰,以及具备其他消除杂散光措施。

2）表面法测量步骤

（1）仪器提前预热；

（2）暗电流测量；

（3）标准板测量；

（4）遮挡直射阳光的标准板测量；

（5）目标测量；

（6）天空光测量；

（7）标准板测量；

（8）遮挡直射阳光的标准板测量；

这些目标的测量曲线每个不得少于 10 条，且测量时间至少跨越一个波浪周期，以修正测量平台摇摆导致的误差。

10.2.2　水体光谱特性分析

1. 水体成分的固有光学特性与模型

显然各成分的吸收、散射与其浓度有关，可将后向散射表示为体散射与后向散射比例系数的乘积[式(10.13a)]，将吸收表示为成分浓度与单位吸收系数的乘积[式(10.13b)]：

$$b_b = \tilde{b}_{b_w} b_w + \tilde{b}_{b_C} b_C + \tilde{b}_{b_X} b_X \tag{10.13a}$$

式中，b_b 为总后向散射系数；$\tilde{b}_{b_w}$ 为水的后向散射的比例；b_w 为纯（海）水的散射系数；$\tilde{b}_{b_C}$ 为叶绿素的后向散射的比例；b_C 为浮游生物（叶绿素）的散射系数；$\tilde{b}_{b_X}$ 为悬浮泥沙的后向散射的比例；b_X 为悬浮泥沙的散射系数。

$$a = a_w + Ca_c^* + Xa_X^* + Ya_Y^* \tag{10.13b}$$

式中，a 为总吸收系数；a_w 为纯（海）水的吸收系数；C 为叶绿素浓度（mg/m^3）；a_c^* 为其单位吸收系数；X 为无机悬浮物的浓度（m^{-1}，按 550nm 波段处的散射量决定其单位）；a_X^* 为其单位吸收系数；Y 为黄色物质的浓度（m^{-1}，按 440nm 处光束的衰减量决定其单位）；a_Y^* 为其单位吸收系数。

1）水体各成分的后向散射

由于遥感获得是水体后向散射的信息，因此水体成分的后向散射特性对遥感反演模型的建立具有关键性的作用。

a. 海水分子的散射

$$b_w(500) = 0.002\ 88\ m^{-1},\ \tilde{b}_{b_w} = 0.5,\quad \frac{b_w(\lambda_1)}{b_w(\lambda_2)} = \left(\frac{\lambda_1}{\lambda_2}\right)^{-4.3} \tag{10.14}$$

（在水分子散射中，一般以 500nm 处的值为参考点）

b. 叶绿素的散射

$$b_C(550) = 0.12C^{0.63}, \quad b_C(\lambda) = b_C(550) * \frac{a_c(550)}{a_c(\lambda)}, \quad \tilde{b}_{b_C} = 0.005 \tag{10.15}$$

c. 悬浮泥沙(无机颗粒)的散射

为简化计算,定义 $X(m^{-1}) = b_X(550)$,实测时,可用 $b_X(550) = b(550) - b_C(550)$,以免除麻烦的水体过滤。如果要确定 $X(m^{-1})$与 mg/m^3 为单位的换算关系,可进行一系列不同浓度的水体配比测量,然后回归确定二者的关系。一般认为,泥沙的光谱散射满足下列关系:

$$\frac{b_X(\lambda_1)}{b_X(\lambda_2)} = \left(\frac{\lambda_1}{\lambda_2}\right)^{-n} \tag{10.16}$$

随水体的不同,$\tilde{b}_{b_X}$ 与 n 有以下规律:①对于二类水体(如近岸),$n=0$,$\tilde{b}_{b_X}$ 在 0.01～0.033 之间;②对于高叶绿素浓度的一类水体,$n=1$ 或 2, $\tilde{b}_{b_X} \leqslant 0.005$;③对于贫瘠的一类水体,$n=2$,$\tilde{b}_{b_X}$ 在 0.01～0.025 之间。

2) 水体成分吸收特征

纯(海)水(w)、典型的叶绿素(C)、悬浮泥沙(X)、黄色物质(Y)的光谱吸收特征,参见图 10.5。

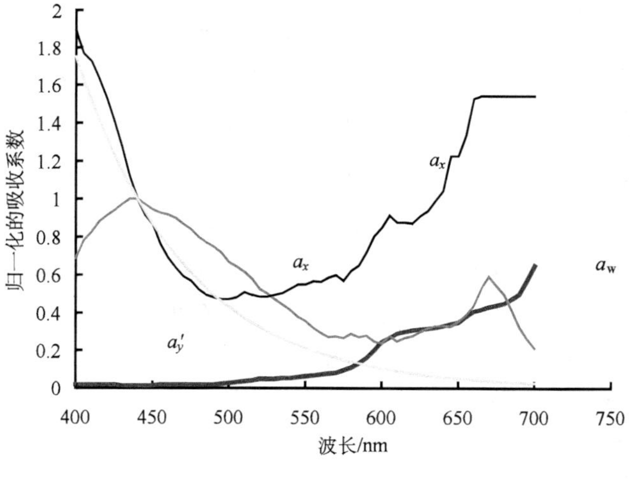

图 10.5　水体成分归一化单位光谱吸收系数曲线

(数据取自 Prieur & Sathyendranath,1981 和 Smith & Baker,1981)

图中 $a_w(m^{-1})$为纯海水的吸收系数;a_c'、a_x'、a_y' 为归一化单位吸收系数,以 440nm 处的值进行了归一化;$a_i'(\lambda) = a_i^*(\lambda)/a_i^*(440)$,$i=c, x, y$,无量纲。

a. 叶绿素的吸收

叶绿素的吸收随着总叶绿素浓度、叶绿素 a、b 与 c 的相对比例的不同、不同浮游生物组分和光照条件的不同而有一定的差别。但总的规律满足：

$$a_c(\lambda) = 0.06a'_c(\lambda) \cdot C^{0.602} \tag{10.17}$$

Bricaud 等(1995)的结果表明，叶绿素的单位吸收系数 $a_c^*(\lambda)$，随叶绿素的浓度增加而减小，有：

$$a_c^*(\lambda) = A(\lambda) < \text{Chla} >^{-B(\lambda)} \tag{10.18}$$

其中，$A(\lambda)$、$B(\lambda)$是随波段变化的系数，<Chla>为叶绿素浓度，该公式及其系数的适用范围为 0.02～25mg/m^3。

b. 黄色物质的吸收

黄色物质包括溶解有机质和陆源溶解有机质。一般定义黄色物质的浓度为 $Y(\text{m}^{-1}) = a_Y(440)$，研究表明，黄色物质的吸收满足下述指数规律：

$$a_Y(\lambda) = a_Y(\lambda_0)\exp[-S(\lambda - \lambda_0]\tag{10.19}$$

其中，$\lambda_0 = 440\text{nm}$；S 随水体的不同而在 0.011～0.018 之间变化，通常取 $S = 0.014$。因此，黄色物质的单位吸收系数 $a_Y^*(\lambda) = \exp[-0.014(\lambda - 440)]$。

c. 悬浮泥沙的吸收

显然，在不同的近岸河口地区，悬浮泥沙矿物质组成不一样，其光谱吸收也有很大的差别，因此，需要测量典型海区的悬浮泥沙光谱吸收系数。但另一方面，不同区域的泥沙的吸收散射特性也有一定的共性。在近岸水体，一般蓝色波段吸收较强，从而呈现黄色泥沙。

2. 二类水体固有光学特性

一般水体可能含有以下 7 种成分：

(1) 活的藻类细胞，其浓度可有很大变化。

(2) 连带的碎屑，即由浮游生物的自然死亡降解和浮游动物的消化排泄产生的碎屑。

(3) 溶解有机质，由藻类和它们的碎屑释放出来的物质(黄色物质)。

(4) 再次悬浮的泥沙，沿岸海底和浅海区因海流等作用而搅起的泥沙。

(5) 陆源颗粒，河流冰川带入的矿物颗粒等。

(6) 陆源溶解有机质(黄色物质)。

(7) 人类活动产生并进入海洋的颗粒和溶解物。

一类水体即其光学性质由前 3 项成分决定的水体。典型的一类水体是大洋开阔水体。一类水体的组成，可以简单地看作由浮游生物的主要成分叶绿素 a，及其降解物——褐色素 a(phea-a)，以及伴随的黄色物质组成。但实际的水体要复杂许多。

二类水体是除一类水体外的，可能包含上述 7 种成分或更多的所有水体。典型的二类水体是近岸、河口区域的水体。

国际上普遍认为，二类水体的固有光学特性与大洋水体的主要差异在：

(1) 区域性悬浮泥沙的吸收与散射特性；

(2) 在高泥沙含量区的叶绿素吸收特性与大洋水体的叶绿素有一定差异；

(3) 黄色物质光谱吸收特性有很强的陆源变化，主要体现在式(10.19)中 e 指数的 S 上。

10.3 水体参数和水体光谱特征参数的关系模型

10.3.1 水体生物-光学模型

由于大洋水体的光学特性主要由水分子和浮游生物决定，因此在海洋光学中，把水体光学模型一般称为生物光学模型，此概念目前也用于二类水体。水体生物光学特性的研究包括水体成分的固有光学特性、表观光学特性的定量描述、表观特性与固有特性之间的关系以及反演算法等。

在未来几年内，将以归一化离水辐亮度 L_{wn} 为基本量的统计模型、以基于辐照度比 R 和遥感反射率 R_{rs} 的半分析模型为主要方向。

10.3.2 水色要素反演

Gordon 等把水色解译算法归为 3 类：①经验(或统计)模型，主要基于离水辐亮度与某一成分之间的统计关系；②半分析模型，借助于固有光学量与成分之间的物理关系和表观量与固有光学量之间的经验关系(如 Monte Carlo 模拟结果)，导出遥感量与水体成分之间的关系；③辐射传递模型，在辐射传递方程近似解的基础上，建立反演模型。

20 世纪 90 年代中后期，出现了很多非物理模型，如主成分分析(PCA)法，神经网络(NN)法等。特别是对于二类水体，这类算法可能会更加有效。

1. 统计模型综述

典型的经验(或统计)模型是为 CZCS、SeaWiFS 等水色遥感器提出的基于波段比值的色素算法，其形式为

$$C = A\left(\frac{L_w(\lambda_1)}{L_w(\lambda_2)}\right)^B \tag{10.20}$$

式中，C 为叶绿素 a 浓度；A、B 为统计回归系数；L_w 为离水辐亮度或归一化离水辐亮度。其他类似的统计模型参见表 10.1。

表 10.1 水色反演的各种统计模式

算法	类型	结果公式	波段比值与公式系数
Global Processing	Power	$C_{13}=10^{(a0+a1*R1)}$ $C_{23}=10^{(a2+a3*R2)}$ $[C+P]=C_{13}$; if C_{13} and $C_{23}>1.5\mu g/l$ then $[C+P]=C_{23}$	$R1=\log[L_w(n443)/L_w(n550)]$ $R2=\log[L_w(n520)/L_w(n550)]$ $a=[0.053, -1.705, 0.522, -2.440]$
Clark 3-band	Power	$[C+P]=10^{(a0+a1*R)}$	$R=\log\{[L_w(n443)+L_w(n520)/L_w(n550)]\}$ $a=[0.745, -2.252]$
Aiken-C	Hyperbolic+Power	$C_{21}=\exp(a0+a1*\ln R)$ $C_{23}=(R+a2)/(a3+a4*R)$ $C=C_{21}$; if $C<2.0\mu g/l$ then $C=C_{23}$	$R=L_w(n490)/L_w(n555)$ $a=[0.464, -1.989, -5.29, 0.719, -4.23]$
Aiken-P	Hyperbolic+Power	$C_{22}=\exp(a0+a1*\ln R)$ $C_{24}=(R+a2)/(a3+a4*R)$ $[C+P]=C_{22}$; if $[C+P]<2.0\mu g/l$ then $[C+P]=C_{24}$	$R=L_w(n490)/L_w(n555)$ $a=[0.696, -2.085, -5.29, 0.592, -3.48]$
OCTS-C	Power	$C=10^{(a0+a1*R)}$	$R=\log\{[L_w(n520)+L_w(n565)/L_w(n490)]\}$ $a=[-0.550\,06, 3.497]$
OCTS-P	Multiple regression	$[C+P]=10^{(a0+a1*R1+a2*R2)}$	$R1=\log[L_w(n443)/L_w(n520)]$ $R2=\log[L_w(n490)/L_w(n520)]$ $a=[0.195\,35, -2.079, -3.497]$
POLDER	Cubic	$C=10^{(a0+a1*R+a2*R^2+a3*R^3)}$	$R=\log[L_w(n443)/L_w(n565)]$ $a=[0.438, -2.114, 0.916, -0.851]$
CalCOFI 2-band Linear	Power	$C=10^{(a0+a1*R)}$	$R=\log[L_w(n490)/L_w(n555)]$ $a=[0.444, -2.431]$
CalCOFI 2-band Cubic	Cubic	$C=10^{(a0+a1*R+a2*R^2+a3*R^3)}$	$R=\log[L_w(n490)/L_w(n555)]$ $a=[0.450, -2.860, 0.996, -0.367\,4]$
CalCOFI 3-band	Multiple regression	$C=\exp(a0+a1*R1+a2*R2)$	$R1=\log[L_w(n490)/L_w(n555)]$ $R2=\log[L_w(n510)/L_w(n555)]$ $a=[1.025, -1.622, -1.238]$
CalCOFI 4-band	Multiple regression	$C=\exp(a0+a1*R1+a2*R2)$	$R1=\log[L_w(n443)/L_w(n555)]$ $R2=\log[L_w(n412)/L_w(n510)]$ $a=[0.753, -2.583, 1.389]$
Morel-1	power	$C=10^{(a0+a1*R)}$	$R=\log[L_w(n443)/L_w(n555)]$ $a=[0.249\,2, -1.768]$

续表

算法	类型	结果公式	波段比值与公式系数
Morel-2	power	$C=\exp(a0+a1*R)$	$R=\log[L_w(n490)/L_w(n555)]$ $a=[1.077\ 835,\ -2.542\ 605]$
Morel-3	cubic	$C=10^{(a0+a1*R+a2*R^2+a3*R^3)}$	$R=\log[L_w(n443)/L_w(n555)]$ $a=[0.207\ 66, -1.828\ 78, 0.758\ 85, -0.739\ 79]$
Morel-4	cubic	$C=10^{(a0+a1*R+a2*R^2+a3*R^3)}$	$R=\log[L_w(n490)/L_w(n555)]$ $a=[1.031\ 17, -2.401\ 34, 0.321\ 989\ 7, -0.291\ 066]$

2. 基于遥感反射率的半分析反演算法

水体的向上辐射光场，如离水辐亮度 L_w、向上辐照度 $E_u(\lambda)$等带有水体信息。各成分引起的水体光谱变化可以用刚好在水表面下 0^- 深度的辐照度比 $R(\lambda,0^-)$[为简便起见，以下省略波长下标 λ，为 $R(0^-)$]来表征。

在 CZCS 时期及其之前，许多水色反演半分析模型的形式为

$$R(0^-)=\frac{E_u(0^-)}{E_d(0^-)}=f\frac{b_b}{a+b_b} \tag{10.21}$$

式中，f 为随太阳高度角变化的常数。

对于 SeaWiFS 近岸二类水体反演的统计模型，可参见 Li Yan 等(1998)。

对于一类水体，有更简单的关系：

$$R(0^-)=0.33\frac{b_b}{a} \tag{10.22}$$

可将 R_{rs} 与水体的总吸收系数 $a(\lambda)$和总的后向散射系数 b_b 联系起来(Gordon & Morel, 1983; Gordon et al., 1988; Carder et al., 1995; Lee et al., 1996, 1997, 1998)：

$$R_{rs}=\frac{ft}{Qn^2}\frac{b_b}{a+b_b} \tag{10.23}$$

式中，f 为一经验参数≈0.32—0.33；t 为大气总透过率；Q 为光场分布参数(通常取值为 4.0)。Q 和 f 都是太阳天顶角的函数。Morel 和 Gentili (1993)研究表明，f/Q 是太阳天顶角的弱函数，Gordon 等(1988)采用 $f/Q=0.0945$，又 $t/n^2=0.54$，则

$$R_{rs}=\mathrm{const}\frac{b_b}{a+b_b}, \mathrm{const}=0.051 \tag{10.24}$$

而 b_b 和 a 是各种成分贡献的线性和[参见式(10.13a、b)]：

$$b_b = (b_b)_w + \sum_{i=1}^{N}(b_b)_i \qquad i = 1,\cdots,N,N \text{ 为成分数} \qquad (10.25)$$
$$a = a_w + \sum_i a_i$$

如果只考虑叶绿素 a 及其降解物褐色素 a(*C*)、悬浮泥沙(*X*)、黄色物质(*Y*)，则式(10.13)可记为(忽略黄色物质的后向散射)

$$b_b = b_{b_w} + b_{b_C} + b_{b_X} \qquad (10.26)$$
$$a = a_w + a_C + a_X + a_Y$$

分析算法的优点是可以同时反演出多种水体成分的浓度，缺点是必须对相应水域的固有光学特性作大量的先期测量与分析工作。

3. 固有光学量的反演

固有光学量反演的目的：

(1) 由于固有光学量与水体成分浓度有直接的关系，因此，固有光学的反演，可以作为水体成分反演的中介。

(2) 同时，由于固有光学特性(IOPs)的测量比较困难，特别是我国目前缺少现场测量吸收系数和散射系数的仪器，吸收系数尽管可利用实验室分光光度计结合过滤系统进行测量，但开展这方面工作的实验室很少，且在水样保存过程中会产生较大的变化，使得数据无法应用。因此，尽管 IOPs 的反演精度不高，精度约在 10%～30%之间，但国际上仍有许多人对利用表观光学量(AOPs)反演固有光学量的方法进行研究。

(3) 固有光学特性中，吸收系数 $a(\lambda)$的反演还有一个重要的作用，就是对表观测量仪器的自阴影进行校正(Mueller & Austin,1995)。

各种固有光学量的反演方法归纳起来，有以下 3 类：

(1) Monte Carlo 模拟结果的统计回归法(Gordon,1991；Kirk,1984)；

(2) 线性方程反演(Hoge & Lyon,1996；唐军武、田国良,1997)；

(3) 现场遥感反射率与固有光学量测量结果的统计回归反演(Lee et al.,1998)。

由于水体表观光学量受太阳天顶角和入射总辐照度中的直射与漫射分量比例的影响，即表观光学量具有二向性或非朗伯特性，因此，固有光学量反演的关键问题是去除表观量受入射光场变化的部分。

10.4　水色大气校正

本节将以美国迈阿密大学 Howard Gordon 的方法为主，介绍卫星水色数据的大气修正原理，并给出与现场实测的比对；大气校正中涉及的次要问题也一并予以介绍；对航空水色遥感数据大气修正的问题进行简单的探讨。

10.4.1 水色大气修正要考虑的因素

在进行水色遥感数据的大气修正算法研究时，必须考虑以下两个基本要求：

(1) 带有水体信息的离水辐亮度在遥感器接收到的总信号中一般不足10%；

(2) 对一类水体，离水辐亮度反演的绝对误差要求为5%；我国海洋一号水色遥感计划中提出的二类水体离水辐亮度反演的绝对误差要求为15%。

水色大气修正的难点之一在于从大信号中提取小信号，难点之二是所采用的每一个修正算法必须是稳定的。

目前水色大气修正所考虑的因素，可参见图10.6。

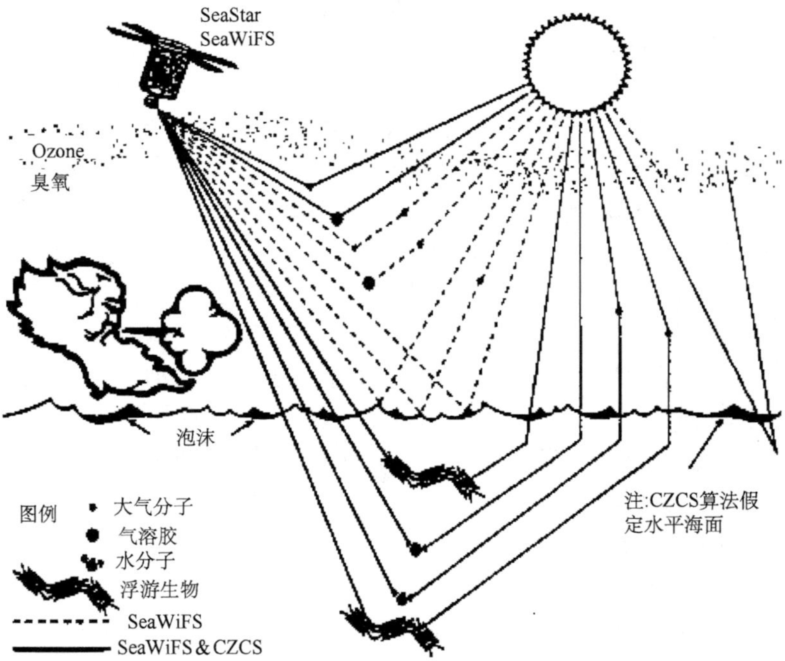

图10.6 一类水体水色遥感信号的各种要素

水色遥感大气纠正算法中考虑的因素包括：大气分子散射、气溶胶散射、分子—气溶胶多次散射、臭氧吸收、O_2 对765nm波段的吸收、粗糙海面反射的影响以及气压等。

一般在水色遥感中，将大气与海洋系统简化为如图10.7所示，则水色遥感器接收到的总信号 L_t 可表示为（省略波长 λ）：

$$L_t = L_r + L_a + L_{ra} + TL_g + tL_f + \tau L_w \tag{10.27}$$

式中，L_r 为大气分子的瑞利散射；L_a 为气溶胶散射（注：在Gordon模型中，L_r、L_a

已包括散射光在海面的反射和太阳直射光在海面反射后在大气中的散射）；L_{ra} 为 Rayleigh 与气溶胶之间的多次散射；TL_g 为进入遥感器视场的直射太阳光在海洋表面的反射，T 为光束透过率；L_w 为离水辐亮度；τ 为大气漫射透过率。

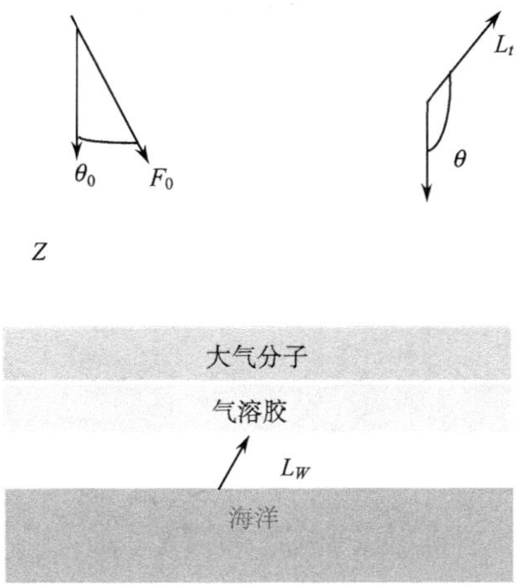

图 10.7　简化的大气海洋系统示意图

目前 L_r 已经可以很精确地得到，特别是对于 SeaWiFS 的对应波段，Gordon 等已给出对应不同太阳天顶角和方位角下遥感器不同观测角和方位角的数据表格（Gordon，Brown & Evans 1988），该数据表格随 SeaDAS 软件一起免费提供给所有已登记的 SeaWiFS 水色数据用户（Fu，Baith & McClain，1998）。

水色大气纠正中，关键是气溶胶散射 L_a 和多次散射项 L_{ra} 的处理，不同的算法对此的处理方式不同。

10.4.2　水色大气修正算法

1. 一类水体的水色大气纠正

1) Gordon CZCS 清洁水体单次散射算法

a. 含有叶绿素 a 含量<0.25mg/m³ 区域的水体

在大气固有光学量只随高度变化的条件下，可见一近红外的辐射传递方程（RTE）表示为

$$\cos\theta\frac{\mathrm{d}L(z,\theta,\phi)}{\mathrm{d}z}=-c(z)L(z,\theta,\phi)+\iint_{4\pi}\beta(z,\theta,\phi,\theta,\phi)L(z,\theta,\phi,\theta,\phi)\mathrm{d}\Omega' \tag{10.28}$$

令 $t=c(z)$，上式两边同除以光束衰减系数 $c(z)$，而体散射函数 $\beta(z,\theta',\phi',\theta,\phi)=b(z)P(z,\theta',\phi',\theta,\phi)$，$b(z)$ 为散射系数，$P(z)$ 为散射相函数；单次散射反照率 $w_0(z)=b(z)/c(z)$，于是可得

$$\cos\theta\frac{\mathrm{d}L(\tau,\theta,\phi)}{\mathrm{d}\tau}=-L(\tau,\theta,\phi)+\omega_0(z)\iint_{4\pi}P(\tau,\theta,\phi,\theta,\phi)L(\tau,\theta,\phi,\theta,\phi)\mathrm{d}\Omega' \tag{10.29}$$

采用逐次散射项法，即将 $L(\tau,\theta,\phi)$ 展开为 ω_0 的函数：

$$L(\tau,\theta,\phi)=L^{(0)}(\tau,\theta,\phi)+\omega_0L^{(1)}(\tau,\theta,\phi)+\omega_0^2L^{(2)}(\tau,\theta,\phi)+\cdots \tag{10.30}$$

将 $L(\tau,\theta,\phi)$ 展开式代入 RTE，并按 ω_0 的幂次进行合并，有

$$\cos\theta \frac{\mathrm{d}L^{(0)}(\tau,\theta,\phi)}{\mathrm{d}\tau} = -L^{(0)}(\tau,\theta,\phi) \tag{10.31a}$$

$$\cos\theta \frac{\mathrm{d}L^{(1)}(\tau,\theta,\phi)}{\mathrm{d}\tau} = -L^{(1)}(\tau,\theta,\phi) + \iint_{4\pi} P(\tau,\theta,\phi,\theta,\phi) L^{(0)}(\tau,\theta,\phi,\theta,\phi)\mathrm{d}\Omega' \tag{10.31b}$$

$$\cos\theta \frac{\mathrm{d}L^{(2)}(\tau,\theta,\phi)}{\mathrm{d}\tau} = -L^{(2)}(\tau,\theta,\phi) + \iint_{4\pi} P(\tau,\theta,\phi,\theta,\phi) L^{(1)}(\tau,\theta,\phi,\theta,\phi)\mathrm{d}\Omega' \tag{10.31c}$$

$$\cos\theta \frac{\mathrm{d}L^{(n)}(\tau,\theta,\phi)}{\mathrm{d}\tau} = -L^{(n)}(\tau,\theta,\phi) + \iint_{4\pi} P(\tau,\theta,\phi,\theta,\phi) L^{(n-1)}(\tau,\theta,\phi,\theta,\phi)\mathrm{d}\Omega' \tag{10.31d}$$

从而将微分积分方程变换为一组可逐步求解的微分方程。

设坐标 Z 轴正向朝下，光学厚度随高度降低而增加，大气层外入射太阳光亮度为 $L_{\text{inc}}(0,\theta,\phi)$。在 $\tau=0$ 或 $z=0$ 处，上边界条件为

$$\begin{aligned} &L^0(0,\theta,\phi) = L_{\text{inc}}(0,\theta,\phi) \\ &L^{(n)}(0,\theta,\phi) = 0, \quad \text{当 } n>0, \theta<90^\circ \end{aligned} \tag{10.32}$$

下边界为水平海面，海面处大气光学厚度为 $\tau=\tau_1$，则有：

$$L^{(n)}(\tau_1,\theta_r,\phi_r) = \rho(\theta_i)L^{(n)}(\tau_1,\theta_i,\phi_i), n=0,1,2,\cdots \tag{10.33}$$

式中，(θ_i,ϕ_i) 为入射光的天顶角和方位角；(θ_r,ϕ_r) 为光在水面的反射方向；$\theta_r=180-\theta_i$，$\phi_r=\phi_i$；$\rho(\theta_i)$ 为气水界面的 Fresnel 反射系数。

另外，假设在海面 $\tau=\tau_1$ 处无向上的入射光源，即有下边界条件：

$$L^{(n)}(\tau_1,\theta,\phi) = 0, \quad \text{当 } \theta>90^\circ \tag{10.34}$$

所谓单次散射近似，即 n 为 0 和 1，$L=L^{(0)}+\omega_0 L^{(1)}$。

把大气层外太阳入射辐射作为准直光束(collimated)，则

$$L_{\text{inc}}(0,\theta,\phi) = F_0\delta(\cos\theta-\cos\theta_0)\delta(\phi-\phi_0) \tag{10.35}$$

式中，F_0 为大气层外垂直于入射方向的平面上的太阳辐照度；θ_0，ϕ_0 分别为太阳天顶角和方位角；δ 为 Dirac(狄拉克)函数，即 $\delta(0)=1$，$\delta(x\neq 0)=0$。

由微分方程(10.31a)，容易变换为 $\mathrm{d}L^{(0)}/L^{(0)}=-\mathrm{d}\tau/\cos\theta$，得 $\ln[L^{(0)}]=-\tau/\cos\theta+c$，即 $L^{(0)}=C_0\exp(-\tau/\cos\theta)$。带入上边界条件得 $C_0=L_{\text{inc}}$，即有

$$L^{(0)} = F_0\delta(\cos\theta-\cos\theta_0)\delta(\phi-\phi_0)\exp(-\tau/\cos\theta) \tag{10.36}$$

将 $L^{(0)}$ 带入式(10.31b)，得

$$\cos\theta \frac{\mathrm{d}L^{(1)}(\tau,\theta,\phi)}{\mathrm{d}\tau} = -L^{(1)}(\tau,\theta,\phi) + \iint_{4\pi} P(\tau,\theta',\phi',\theta,\phi)F_0\delta(\cos\theta-\cos\theta_0)\delta(\phi-\phi_0)\mathrm{d}\Omega'$$

$$= -L^{(1)}(\tau,\theta,\phi) + P(\theta_0,\phi_0,\theta,\phi)F_0\exp(-\tau/\cos\theta_0) \quad (10.37)$$

根据非齐次常系数线性微分方程的解法，$\mathrm{d}y/\mathrm{d}x+p(x)y=q(x)$型方程的通解为

$$y = \exp\left(-\int p(x)\mathrm{d}x\right)\left[\int q(x)\exp\left(\int p(x)\mathrm{d}x\right)\mathrm{d}x + c_0\right] \quad (10.38)$$

此处，$y=L^{(1)}$，$p(x)=1/\cos\theta$，$q(x)=(1/\cos\theta)P(\theta_0,\phi_0,\theta,\phi)F_0\exp(-\tau/\cos\theta_0)$，$c_0$ 为待定常数。则 $L^{(1)}$ 的通解为

$$L^{(1)}(\tau,\theta,\phi) = \exp\left(\frac{-\tau}{\cos\theta}\right)\left[\frac{P(\alpha)F_0\cos\theta_0}{\cos\theta_0-\cos\theta}\exp\left[\tau\left(\frac{1}{\cos\theta}-\frac{1}{\cos\theta_0}\right)\right]+c_0\right] \quad (10.39)$$

如果将 $\theta>90°$ 的 L 记为 L_u(注意：此处的 L_u 不是水面下的向上辐射率)，将 $\theta<90°$ 的 L 记为 L_d，代入下边界条件式(10.34)，可得对于 $L_\mathrm{u}^{(1)}$ 的常数为

$$c_{0\mathrm{u}} = -\frac{P(\alpha)F_0\cos\theta_0}{\cos\theta_0-\cos\theta}\exp\left[\tau_1\left(\frac{1}{\cos\theta}-\frac{1}{\cos\theta_0}\right)\right] \quad (10.40)$$

因而有

$$L_\mathrm{u}^{(1)}(\tau,\theta,\phi) = \frac{P(\alpha)F_0\cos\theta_0}{\cos\theta_0-\cos\theta}\exp\left(\frac{-\tau}{\cos\theta}\right)$$

$$\left[\exp\left[\tau\left(\frac{1}{\cos\theta}-\frac{1}{\cos\theta_0}\right)\right]-\exp\left[\tau_1\left(\frac{1}{\cos\theta}-\frac{1}{\cos\theta_0}\right)\right]\right] \quad (10.41)$$

同样，代入边界条件式(10.32)，可得对于 $L_\mathrm{d}^{(1)}$ 的常数为 $c_{0\mathrm{d}}=-\dfrac{P(\alpha)F_0\cos\theta_0}{\cos\theta_0-\cos\theta}$，代入式(10.38)并简化可得

$$L_\mathrm{d}{}^{(1)}(\tau,\theta,\phi) = \frac{P(\alpha)F_0\cos\theta_0}{\cos\theta_0-\cos\theta}\left(\exp\left(-\frac{\tau}{\cos\theta_0}\right)-\exp\left(\frac{-\tau}{\cos\theta}\right)\right) \quad (10.42)$$

式中，$P(\alpha)$中的 α 是方向(θ_0,ϕ_0)到方向(θ,ϕ)之间的夹角，并且：

$$\cos\alpha = \cos\theta\cos\theta_0 + \sin\theta\sin\theta_0\cos(\phi-\phi_0) \quad (10.43)$$

在 $\tau_1\ll1$ 时，即大气光学厚度很小时，根据泰勒展开，当 $x\ll1$ 时，

$$\mathrm{e}^x = 1+x+x^2/2!+\cdots+x^n/n!+\cdots\cdots \quad (10.44)$$

舍弃高阶无穷小 $\tau^n(n\geqslant2)$，设 $\theta\neq\theta_0$，代入 $L=L^{(0)}+\omega_0L^{(1)}=\omega_0L^{(1)}$，由式(10.40)

可得

$$L_u(0,\theta,\phi) = -F_0\omega_0 P(\alpha)\tau_1/\cos\theta, \quad \theta > 90° \tag{10.45}$$

记 α 为 α_+，由式(10.41)可得

$$L_d(\tau_1,\theta,\phi) = +F_0\omega_0 P(\alpha)\tau_1/\cos\theta, \quad \theta < 90° \tag{10.46}$$

综上所述，

(1) 大气程辐射直接与 $\omega_0 P(\alpha)\tau_1$ 成比例。这是单次散射近似重要结论之一；

(2) 公式(10.44)仅考虑了直射太阳光在大气中一次散射的结果，另外还有一个反射和一次散射：

① 直射太阳光在大气中经一次散射后的散射光在海面的反射（不再经过大气散射），即 $L_d(\tau_1,\theta,\phi)$ 的反射：

$$\begin{aligned} L_{ud}(0,\theta,\phi) &= \rho(\theta)L_d(\tau_1,\pi-\theta,\phi) \\ &= \rho(\theta)F_0\omega_0 P(\alpha)\tau_1/\cos(\pi-\theta) \\ &= -\rho(\theta)F_0\omega_0 P(\alpha)\tau_1/\cos\theta \end{aligned} \tag{10.47}$$

为方便起见，将此处的 α 记为 α_-，即散射方向与 Z 轴夹角小于 90°的情况，或向下的方向，$\cos(\alpha_-) = -\cos\theta\cos\theta_0 + \sin\theta\sin\theta_0\cos(\phi-\phi_0)$；

② 直射太阳光在海面反射后产生的一次散射（相当于把太阳放在大气下面，而在大气层外产生的 L_d），因此有

$$L_{u0}(0,\theta,\phi) = [\rho(\theta_0)F_0\exp(-\tau_1/\cos\theta)]\omega_0 P(\alpha_-)\tau_1/\cos\theta$$

$$\text{(舍弃高阶小量)} = \rho(\theta_0)F_0\omega_0 P(\alpha_-)\tau_1/\cos\theta \tag{10.48}$$

合并式(10.45)，式(10.47)，式(10.48)，可得

$$L_u(0,\theta,\phi) = -\frac{F_0\omega_0\tau_1}{\cos\theta}[P(\alpha_+) + (\rho(\theta)+\rho(\theta_0))P(\alpha_-)] \tag{10.49}$$

式中，

$$\cos(\alpha_\pm) = \pm\cos\theta\cos\theta_0 + \sin\theta\sin\theta_0\cos(\phi-\phi_0) \tag{10.50}$$

对于有多种成分的大气，由于 $\omega_0 P\tau_1 = \beta z_1$，而 β 具有可加性，因此，在单次散射假设下，可将各个成分的贡献分别算出，然后累加即可。这是单次散射近似的又一重要结论。

按照简化的大气海洋系统，大气由分子和气溶胶组成，则单次大气程辐射为 $L = L_r + L_a$，其中，

$$L_x(0,\theta,\phi) = -\frac{F_0\omega_0\tau_1}{\cos\theta}[P_x(\alpha_+) + (\rho(\theta)+\rho(\theta_0))P_x(\alpha_-)] \tag{10.51}$$

x=r 或 a，分别表示大气分子(Rayleigh)散射、气溶胶(aerosol)散射。

按照简化的大气海洋系统（图 10.7），F_0 和 L_u 分别以 θ_0 和 θ 经过臭氧

(ozone)吸收,如果臭氧的光学厚度为 τ_{oz},则光子经过的路径分别为 $\tau_{oz}/\cos\theta_0$ 和 $\tau_{oz}/|\cos\theta|$,可以将这两次吸收统一修订到 F_0 上,即

$$F_0 \rightarrow F_0' = F_0 \exp[-\tau_{oz}(1/\cos\theta_0 - 1/\cos\theta)], \quad \theta > 90° \tag{10.52}$$

对于大气透过率 t,在假设 L_w 与方向无关(在卫星观测几何条件下,特别是水下向上辐亮度 $L_u[\theta=0-35°$之间]导出的 L_W 与方向是弱相关的)的前提下,即 L_w 是漫射辐射,因此大气透过率 t 采用大气漫射透过率(diffuse transmittance):

$$t = \exp[(\tau_r/2 + \tau_{oz})/\cos\theta]t_a, \quad \theta > 90° \tag{10.53}$$

式中,$t_a = \exp[(1-\omega_a f_a)\tau_a/\cos\theta]$。由于气溶胶的前向散射几率 f_a-1,强烈吸收情况除外,气溶胶单次散射反照率 ω_a-1,因此 t_a-1。

在单次散射前提下,且不考虑太阳直射反射 L_g,卫星接收到的总辐射率为:

$$L_t = L_r + L_a + tL_w \tag{10.54}$$

式中,L_r 可利用式(10.51)求解或采用精确解(Gordon et al., 1988),关键是 L_a 的求解。

根据式(10.39),因为气溶胶散射相函数和单次散射反照率随波段的变化不大(注:由此可见,对具有强烈波段选择性的气溶胶,如我国的戈壁尘暴(gabi dust),该算法不成立),故两个波段气溶胶散射之比近似为

$$\frac{L_a(\lambda_i)}{L_a(\lambda_j)} = \frac{F_0'(\lambda_i)t_a(\lambda_i)}{F_0'(\lambda_j)t_a(\lambda_j)} \tag{10.55}$$

令 $\varepsilon(\lambda_i,\lambda_j) = \dfrac{\tau_a(\lambda_i)}{\tau_a(\lambda_j)}$,则

$$\frac{L_a(\lambda_i)}{L_a(\lambda_j)} = \varepsilon(\lambda_i,\lambda_j)\frac{F_0'(\lambda_i)}{F_0'(\lambda_j)}。 \tag{10.56}$$

对于某一种气溶胶类型而言,$\varepsilon(\lambda_i,\lambda_j)$近似为常数;根据大量气溶胶观测的结果,一个合理的假设是

$$\varepsilon(\lambda_i,\lambda_j) = \frac{\tau_a(\lambda_i)}{\tau_a(\lambda_j)} = \left(\frac{\lambda_j}{\lambda_i}\right)^n \tag{10.57}$$

因此只要知道两个波段的 $L_a(\lambda_i)$和 $L_a(\lambda_j)$,则可求得气溶胶类型参数 n。

如果能找到一个波段 λ_0,其离水辐亮度 $L_w(\lambda_0)\sim 0$,则可得到一个波段的气溶胶散射 $L_a(\lambda_0) = L_t - L_r$。在 CZCS 波段中 $\lambda_0 = 670$nm。

要得到指数 n,还必须至少得到另一个波段的气溶胶散射 $L_a(\lambda)$。Clark (1981)依据 Dennis K. Clark 对叶绿素 a 浓度<0.25mg/m^3 的"清洁水体"的实际观测表明,归一化离水辐亮度 $L_{WN}(520)$和 $L_{WN}(550)$与水体的叶绿素 a 浓度无关,近似为常数,分别为 0.50 和 0.30[μW/(cm^2 · nm · sr)]。再利用公式:

$$L_w = (r/r_0)^2 L_{wn}\cos\theta_0 \exp[-(\tau_r/2 + \tau_{oz})/\cos\theta_0] \tag{10.58}$$

便可得到 $L_w(515)$ 和 $L_w(550)$ 的值，其中 $(r/r_0)^2$ 为日地距离修正系数，θ_0 为太阳天顶角。这样便可得到 520nm、550nm、670nm 三个波段的气溶胶散射，由此得到 $\varepsilon(\lambda_i,\lambda_j)$ 随波段变化的 n，并将此 n 外推到 443nm 波段，得到 $\varepsilon(443,670)=(670/443)^n$，再由公式(10.56)便可得到

$$L_a(443)=\varepsilon(443,\lambda_0)\times L_a(670)\times F_0'(443)/F_0'(670), \tag{10.59}$$

进而可得到 $L_w(443)$。

通过上述步骤便完成了清洁水体单次散射大气修正算法。

b. 没有叶绿素 a 含量小于 0.25mg/m³ 区域的水体

如果图像中没有叶绿素 a 浓度小于 0.25mg/m³ 的区域，归一化离水辐亮度 $L_{wn}(520)$ 和 $L_{wn}(550)$ 未知，无法得到 ε，则还需采用以下步骤进行迭代(Bricaud & Morel, 1987; Andre & Morel, 1991; Gordon, 1993; Evans & Gordon, 1994)：

① 令 $L_w(670)=0$ 和 $n=0$，计算得到其他波段的 $L_w(\lambda)$；

② 利用一类水体的比值法计算水体叶绿素的浓度 C (Clark, 1981; Gordon & Morel, 1983)：$C=A[L_w(\lambda_{443})/L_w(\lambda_{550})]^B$ 或 $C=A[L_w(\lambda_{520})/L_w(\lambda_{550})]^B$；

③ 再利用 C 与 $R\rightarrow L_{wn}\rightarrow L_w$ 之间的关系(Gordon et al., 1988; Morel., 1988)得到各波段的离水辐亮度。参见下列公式及水体模型有关章节的讨论：

$$R(0^-)=0.33\frac{b_b}{a}, \tag{10.60a}$$

$$L_{wn}=\frac{(1-\rho)(1-\bar{\rho})\bar{F}_0R}{n^2Q(1-rR)} \tag{10.60b}$$

式中，ρ，$\bar{\rho}$ 分别表示水汽界面反射率、海面入射辐照度反射率；

$$\begin{aligned}R(0^-)&=E_u(0^-)/E_d(0^-)=QL_u(0^-)/[E_d(0^+)(1-\bar{\rho})]\\&=QL_w[n^2/(1-\rho)]/[E_d(0^+)(1-\bar{\rho})]\\&=QL_{wn}(E_d(0^+)/F_0)[n^2/(1-\rho)]/[E_d(0^+)(1-\bar{\rho})]\end{aligned}$$

$$L_w=(r/r_0)^2L_{wn}\cos\theta_0\exp[-(\tau_r/2+\tau_{oz})/\cos\theta_0] \tag{10.60c}$$

④ 利用此 $L_w(\lambda)$，求得 $L_a(\lambda)$，$\lambda=443,520,550$，从而求得 n；

⑤ 将此 n 代入公式：

$$t(\lambda)L_w(\lambda)=L(\lambda)-L_r(\lambda)-S(\lambda,\lambda_0)\times(L(\lambda_0)-L_r(\lambda_0)-t(\lambda_0)L_w(\lambda_0)) \tag{10.61}$$

式中，$S(\lambda,\lambda_0)=L_a(\lambda)/L_a(\lambda_0)=\varepsilon(\lambda,\lambda_0)F'(\lambda)/F'(\lambda_0)$；

$$\varepsilon(\lambda,\lambda_0)=\omega_a(\lambda)\tau_a(\lambda)/(\omega_a(\lambda_0)\tau_a(\lambda_0))=(\lambda_0/\lambda)^n;$$

便可得到一组新的 $L_w(\lambda)$；

⑥ 重复步骤②，直到 n、$L_w(\lambda)$ 收敛。

通过上述迭代步骤便完成了一类水体单次散射大气修正算法。

2）Gordon MODIS 与 SeaWiFS 水色大气修正算法

由于 SeaWiFS 比 CZCS 的技术指标有很大的提高，因此 Rayleigh 与气溶胶的单次散射近似已不适用于 SeaWiFS。即应考虑精确的 Rayleigh 散射、气溶胶与大气分子之间的多次散射（不考虑太阳直射反射）：

$$L_t = L_r + L_a + L_{ra} + tL_w \tag{10.62}$$

式中，L_r 为精确 Rayleigh 散射，$L_a + L_{ra}$ 为气溶胶及气溶胶与大气分子之间的多次散射。

为继续使用利用单次散射算法导出的关系式：

$$L_{as}(\lambda)/L_{as}(\lambda_0) = \varepsilon(\lambda,\lambda_0)F'(\lambda)/F'(\lambda_0), \tag{10.63}$$

式中，L_{as} 为单次散射值，对“较清洁水体”（因为 SeaWiFS 又增加了两个大气修正波段 765 和 865nm）的概念进行大气修正，Gordon 和 Wang（1994）提出了以下方法：

（1）精确 Rayleigh 散射 L_r 计算（即带偏振的、粗糙海表的、多次散射计算）；

（2）将气溶胶分为 N 类，计算出该类气溶胶多次散射 $L_a + L_{ra}$ 与单次散射 L_{as} 的对应关系；

（3）利用在“较清洁水体”765 和 865 波段的 $L_w - 0$，从而得到 $L_a + L_{ra} = L_t - L_r$，再利用提前计算出来的 N 类气溶胶模型 L_{as} 与 $L_a + L_{ra}$ 的关系，得到 N 个 $\varepsilon_i(\lambda,\lambda_0)$；

（4）由 N 个 $\varepsilon_i(\lambda,\lambda_0)$ 求得一个平均值 $\varepsilon(\lambda,\lambda_0)$：

$$\varepsilon(765,865) = \frac{1}{N}\sum_{i=1}^{N}\varepsilon_i(765,865) \tag{10.64}$$

这个 $\varepsilon(765,865)$ 必定落在某两个模型的 ε 之间。其他波段的 $\varepsilon(\lambda,\lambda_0)$ 便根据这两个气溶胶模型的 ε 值进行内插获得。

（5）利用 $L_{as}(\lambda)/L_{as}(\lambda_0) = \varepsilon(\lambda,\lambda_0)F'(\lambda)/F'(\lambda_0)$ 得到 412，443，490，510，555，670 波段的 $L_{as}(\lambda)$；再利用选定的两个气溶胶模式的单次散射与多次散射的关系及 $L_{as1}(\lambda)$、$L_{as2}(\lambda)$ 计算出 $(L_a + L_{ra})_1$、$(L_a + L_{ra})_2$ 并进行内插得到最终的 $L_a + L_{ra}$。

只要不是在浑浊的近岸水体，$L_w(765)$、$L_w(865)$ 都可认为是 0，因此可逐点地进行大气修正。

Gordon SeaWiFS 与 MODIS 算法的关键是获得相应海区的可能的各种气溶胶的光学特性。

3）水色大气修正算法分类

目前可用的大气修正模型很多，但针对水色遥感，且对现场实测参数要求最少或对业务化支持最好的，是 Gordon 方法。在 Gordon“清洁水体”、气溶胶单次散射算法的基础上，水色大气修正算法从简单到复杂可分为三类（Tassan，1993）：

a. 均匀大气

即对遥感图像上所关心的地区，认为其大气是均匀的，气溶胶成分稳定且光学厚度一样。如果在图像上能找到一个清水区，则近红外波段 λ_0（CZCS 中为 670nm，SeaWiFS 中为 765nm 和 865nm）的离水辐亮度可近似为 0；在忽略 L_g 的情况下，即 $L_t(\lambda_0) = L_r(\lambda_0) + L_a(\lambda_0)$，由于 L_r 可直接（精确）计算，因此可得 $L_a(\lambda_0)$。则其他波段的离水辐亮度

$$L_w(\lambda) = [L_t(\lambda) - L_r(\lambda) - L_a(\lambda)]/t(\lambda) \tag{10.65}$$

根据单次散射近似式（10.51），其中 $L_a(\lambda)$ 可近似为

$$L_a(\lambda) = L_{acw}(\lambda) P_a(\alpha) F'(\lambda) \cos(\theta_{cw}) / P_a(\alpha_{cw}) F'_{cw}(\lambda) \cos(\theta) \tag{10.66}$$

式中，下标 cw 表示清洁水体；$L_{acw}(\lambda)$ 是利用 cw 像元已知的离水辐射特性得到的气溶胶辐射；P_a 是气溶胶相函数（一般用双项 Henyey-Greenstein（TTHG）函数近似）（Gordon & Castano，1989）；F'、F'_{cw} 分别为经臭氧吸收校正的大气层外太阳辐照度。L_r、F'、t 都可通过理论计算或简化公式而得。

该方法只要找到一个像元的清洁水体即可完成，适用于小幅区域。

b. 气溶胶组分均匀大气

即气溶胶波长指数在所考虑区域是恒定的，气溶胶光学厚度可变，采用 Gordon 的 CZCS 算法，参见式（10.61）：

$$\begin{aligned} L_w(\lambda) = {} & [1/t(\lambda)] * [L_t(\lambda) - L_r(\lambda) - S(\lambda, \lambda_0) \\ & \times (L_t(\lambda_0) - L_r(\lambda_0) - t(\lambda_0) L_w(\lambda_0))], \end{aligned}$$

其中，$S(\lambda, \lambda_0) = L_a(\lambda)/L_a(\lambda_0) = \varepsilon(\lambda, \lambda_0) F'(\lambda)/F'(\lambda_0)$，

$$\varepsilon(\lambda, \lambda_0) = \omega_a(\lambda)\tau_a(\lambda)/(\omega_a(\lambda_0)\tau_a(\lambda_0)) = (\lambda_0/\lambda)^n$$

对 SeaWiFS，OCTS 等具有 765、865 波段的水色遥感器，只需利用一"较"清洁水域，便可由 765、865 波段之间的关系，推导出 865 对 412、490、510、555、670 波段的 ε。此简化算法的主要特点是可适应较宽的水域和随像元变化的气溶胶指数。

对于图像中不满足 $L_w(765)$ 与 $L_w(865) \sim 0$ 的部分，必须结合迭代方法或利用 TTHG 相函数和气溶胶单次散射近似式（10.51）进行如下修正（Sturm，1981；Gordon & Castano，1989）：

$$\begin{aligned} L_a(\lambda) &= L_{acw}(\lambda) \frac{F'_0}{F'_{0cw}} \frac{P_a(\alpha_+) + (\rho(\theta) + \rho(\theta_0)) P_a(\alpha_-)}{P_a(\alpha_{+cw}) + [\rho(\theta_{cw}) + \rho(\theta_{0cw})] P_a(\alpha_{-cw})} \frac{\cos\theta_{cw}}{\cos\theta} \\ &\approx L_{acw}(\lambda) P_a(\alpha) F'(\lambda) \cos(\theta_{cw}) / [P_a(\alpha_{cw}) F'_{cw}(\lambda) \cos(\theta)] \end{aligned} \tag{10.67}$$

c. 变化的气溶胶组成与光学厚度的大气

此时，$\varepsilon(\lambda, \lambda_0) = (\lambda_0/\lambda)^n$，$n$ 可能在每一点产生变化，必须逐点对图像进行辐射

修正。若对气溶胶变化情况比较了解，可采用 Gordon 与汪萌华 1994 年提出的 SeaWiFS 大气修正算法(Gordon & Wang, 1994)，对 ε 进行内插；若对气溶胶特性没有很好的先验参数，则可采用汪萌华与 Gordon 提出简化的中等精度的 SeaWiFS 大气修正算法(Wang & Gordon, 1994)。

此时，原则上任一点都要求 $L_w(765)$ 与 $L_w(865)-0$，否则无法进行应用或精度较差。

2. 二类水体水色大气修正算法框架

对于二类水体，特别是近岸高泥沙含量的浑浊水体，由于不存在 $L_w(\lambda_0)-0$ 的波段，因此必须对 Gordon 清洁水体算法进行适当改进。

1) Sturm(1981)算法

该算法是基于散射角度变换的方法，即式(10.66)和式(10.67)所述。

2) Smith 和 Wilson(1981)算法

该算法是利用水体光谱特性进行迭代的方法。

当 $L_w(\lambda_0)\neq 0$ 时，Smith 和 Wilson(1981)利用相应图像区域的不同波段离水辐亮度之间的关系[注：Smith 和 Wilson(1981)采用的刚好 6 在水表面下的向上辐射率]：

$$\frac{L_w(443)}{L_w(670)} = A\left[\frac{L_w(443)}{L_w(550)}\right]^B \tag{10.68}$$

然后采用以下迭代步骤：

第$(i-1)$步：设 $L_w^{(i-1)}(670)=0$；

第(i)步：按公式

$$\begin{aligned} L_w^{(i)}(\lambda) &= [1/t(\lambda)] \times \{L(\lambda) - L_r(\lambda) - S(\lambda,\lambda_0) \\ &\quad \times [L(\lambda_0) - L_r(\lambda_0) - t(\lambda_0)L_w^{(i-1)}(\lambda_0)]\} \end{aligned} \tag{10.69}$$

式中，$S(\lambda,\lambda_0)=L_a(\lambda)/L_a(\lambda_0)=\varepsilon(\lambda,\lambda_0)F'(\lambda)/F'(\lambda_0)$，

$\varepsilon(\lambda,\lambda_0)=\omega_a(\lambda)\tau_a(\lambda)/\omega_a(\lambda_0)\tau_a(\lambda_0)=(\lambda_0/\lambda)^n$

得到 $L_w^{(i)}(443)$、$L_w^{(i)}(520)$、$L_w^{(i)}(550)$；同时得到新的

$$L_w^{(i)}(670) = L_w^{(i)}(443)A\left[\frac{L_w^{(i)}(443)}{L_w^{(i)}(550)}\right]^B \tag{10.70}$$

判断：

$$\text{Err} = \left[\frac{L_w^{(i)}(670) - L_w^{(i)}(670)}{L_w^{(i)}(670)}\right]^2 + \left[\frac{L_w^{(i)}(\lambda_j) - L_w^{(i-1)}(\lambda_j)}{L_w^{(i)}(\lambda_j)}\right]^2 < 0.1 \tag{10.71}$$

式中，$\lambda_j=443\text{nm},520\text{nm},550\text{nm}$。

如果 Err<0.1，则迭代结束；否则，利用 $L_w^{(i)}(670)$ 的值，按式(10.40)继续

计算。

迭代算法的关键是提前经现场测量获得相应水体离水辐亮度波段之间的关系。但迭代关系本身是一个具有区域特点的基于统计的不很精确的关系式，沿岸水体受影响的因素有很多，迭代关系很难保证适合所有情况。

10.4.3 大气修正的计算方法与步骤

1. Rayleigh 散射的计算

1）Lr 的单次散射计算

由单次散射推导的式(10.20)，省略波长，有

$$L_r(\theta,\phi,\theta_0,\phi_0)=\frac{F'_0\omega_0\tau_r}{\cos\theta}[P_r(\alpha_-)+(\rho(\theta)+\rho(\theta_0))P_r(\alpha_+)] \tag{10.72}$$

其中：

(1) $\cos(\alpha_\pm)=\pm\cos\theta\cos\theta_0+\sin\theta\sin\theta_0\cos(\phi-\phi_0)$；$\theta,\phi$ 分别为对应像元到遥感器之间连线所构成的向量的天顶角和方位角；θ_0,ϕ_0 分别为对应像元到太阳之间连线所构成的向量的天顶角和方位角；α 为两个向量之间的夹角；

(2) 在避开水汽 H_2O 和氧气 O_2 吸收的波段有 $\omega_0=1$(在 SeaWiFS 波段，除 765nm 外，都可设 $\omega_0=1$)；

(3) $P_r(\alpha)=(3/16\pi)(1+\cos^2\alpha)$ (10.73)

(4) 大气分子散射光学厚度 $\tau_r=(P/P_0)\tau_{r_0}$，P_0 为标准大气压 1013.25hPa，P 为实际大气压，

$$\tau_{r0}(\lambda)=0.008569\lambda^{-4}(1+0.0113\lambda^{-2}+0.00013\lambda^{-4}) \tag{10.74}$$

式中，λ 的单位为 μm；对 CZCS 的 443、520、550、670 波段，$\tau_{r0}(\lambda)$分别为 0.237、0.123、0.098、0.044(Gordon, Brown & Evans,1988)。

(5) 气水界面反射率

$$\rho(\theta_{in})=\frac{1}{2}\left\{\left[\frac{\sin(\theta_{in}-\theta_t)}{\sin(\theta_{in}+\theta_t)}\right]^2+\left[\frac{\tan(\theta_{in}-\theta_t)}{\tan(\theta_{in}+\theta_t)}\right]^2\right\} \tag{10.75}$$

当 $\theta_{in}=0$ 时，$\rho(0)=\left(\frac{n_w-1}{n_w+1}\right)^2$，$\sin\theta_{in}=n_w\sin\theta_t$，$\theta_{in}=\theta_0$，$\theta$。

(6) 经过臭氧吸收订正的大气层外太阳辐照度 $F'_0=F_0\exp[-\tau_{oz}(1/\cos\theta_0-1/\cos\theta)]$($\theta>90°$时)。

$F_0=\langle F_0\rangle\{1+0.0167\cos[2\pi(D-3)/365]\}^2$ 为大气层外太阳辐照度；$\langle F_0\rangle$为日地平均距离处的大气层外辐照度(Neckel & Labs,1984)；D 为从 1 月 1 日算起的相应日期的公历天数。臭氧光学厚度 $\tau_{oz}=a_{oz}U_{oz}$，a_{oz} 为臭氧的单位吸收系数(cm^{-1})；U_{oz} 为大气臭氧含量，以 cm 为单位时，一般在 0.25～0.35 之间；或 $U_{oz}=DU/1000$，DU 为 Dobson 单位。(U_{oz} 的准实时值可在网上查到：http://jwocky.

gsfc. nasa. gov/eptoms/ep. html)

a_{oz} 的随波段变化的值如图 10.8 所示。

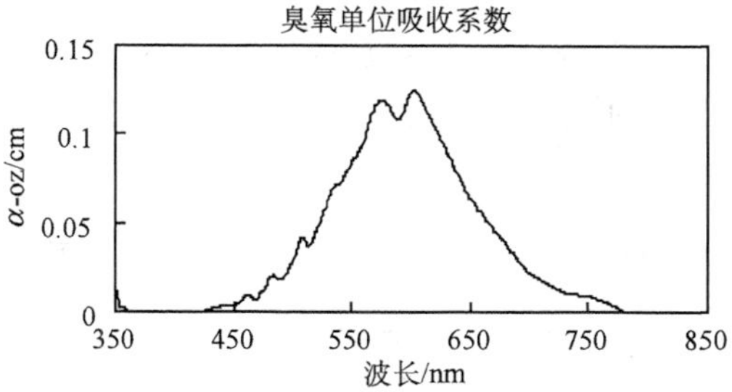

图 10.8　臭氧单位吸收系数 (Gregg & Carder,1990; Bo Lecker,1978)

显然上述所有计算依赖于像元的天顶角 θ 和方位角 ϕ、太阳天顶角 θ_0 和方位角 ϕ_0 的计算；而为计算这些角度必须知道像元的经纬度和卫星观测该像元点的日期时间。

至此，便可计算出所有必须的 Rayleigh 散射参数。

以上计算，都不应是直接采用中心波长，而应是波段等效计算。直接中心波长计算会导致 2%的 F_0 计算误差。

2) SeaWiFS 精确 Rayleigh 散射计算方法

上述单次散射近似 Rayleigh 散射计算尽管比较简单快速，但有较大的误差（典型误差 412 波段为 7%，865 波段为 10%）；另外，Rayleigh 散射在水色遥感器总信号中占 80%，其很小的误差也会导致离水辐亮度反演的很大误差。

问题是，为什么单次散射近似的 Rayleigh 散射计算能成功地用于 CZCS？答案是“系统定标”方法将大气修正算法的误差统一考虑到遥感器定标系数上了 (Evans & Gordon,1994)。为提高大气修正算法的精度，Gordon 等利用逐次散射项法对矢量辐射传递方程（ERTE）进行了数值求解（Gordon, Brown & Evans, 1988; Wang,1991)，得到包含多次散射和偏振作用的 Rayleigh 散射精确值。

Gordon 等(1988)将 Rayleigh 散射进行了傅里叶分解：

$$I(\theta,\theta_0,\Delta\phi) = \sum_{m=0}^{2} I_m(\theta,\theta_0)\cos(m\Delta\phi) \tag{10.76}$$

则最终的 $L_r = F_0' I$。

假设 SeaWiFS 的波段对应的 Rayleigh 散射光学厚度是 $\tau_r^{swfs}(\lambda_{is})$，要计算的其他水色遥感器与之相近的波段的是 $\tau_r^{sen\_x}(\lambda_{ix})$，则可近似计算为

$$L_r^{sen\_x}(\lambda_{ix}) = L_r^{swfs}\tau_r^{sen\_x}(\lambda_{ix})F_0'^{\,sen\_x}(\lambda_{ix})/(\tau_r^{swfs}(\lambda_{is}) * F^{swfs}{}_0'(\lambda_{is})) \tag{10.77}$$

2. 气溶胶散射的计算

1) 较清洁水体的 ε 的外推与调整

一个中等精度的算法(Wang & Gordon,1994)的要点是:

(1) 假设卫星接收的总信号为 $L_t = L_r + L_a + tL_w$;

(2) 利用一个较清洁水体像元的 $L_a(765)$ 和 $L_a(865)$ 得到一个 $\varepsilon(765,865)$:

$$\varepsilon(765,865) = L_a(765)F'_0(865)/L_a(865)F'_0(765) \tag{10.78}$$

式中,$L_a(\lambda) = L_t(\lambda) - L_r(\lambda)$,$\lambda = 765,865$,即包括多次散射,

$$\varepsilon(\lambda_i,\lambda_0) = \exp[c(\lambda_0 - \lambda_i)] \tag{10.79}$$

得到一个依赖于气溶胶类型和相对湿度(RH)的常数 c。

(3) 外推得到其他波段的 $\varepsilon(\lambda_i,865) = \exp[c(865 - \lambda_i)]$,从而得到

$$L_a(\lambda_i) = L_a(865)\varepsilon(\lambda_i,865)F'_0(\lambda_i)/F'_0(865)$$

$$L_w(\lambda_i) = (L_t(\lambda_i) - L_r(\lambda_i) - L_a(\lambda_i))/t$$

以及归一化离水辐亮度 $L_{wn}(\lambda_i) = L_w(\lambda_i)/(t\cos\theta_0)$。

在实际应用中,将 1998 年 5 月 26 日 SeaWiFS 数据进行大气修正后,对照我们东海试验的 T06 站点准同步数据,发现按上述过程得到 $L_{wn}(\lambda_i)$ 与现场测量值有很大的差异,$L_w(\lambda_i)$ 在蓝波段甚至出现负值。原因可能为下面之一:

(1) 上述 ε 的 e 指数外推方法不适用于当天东海近岸海区(离上海小于或等于 200km)的气溶胶状况;

(2) T06 站点的 765、865 波段离水辐亮度不能近似为 0;

(3) 准同步点与卫星数据相差一天,东海水体变化较快;

(4) 图像几何定位不准,因为当时 SeaWiFS 正在改变倾角;

(5) 辅助参数不准,即气压、臭氧含量等数据不准。

2) 浑浊水体的气溶胶散射计算

首先是如何判断水体是否为浑浊水体,即目前通常所说的一类、二类水体判别问题。一种常用的方法是波段比值法。

以两个波段为例,即将图像上各提取一部分清洁水体和浑浊水体的 $L_t(670)$ 和 $L_t(865)$ 的值,减掉大气分子散射后(占信号的比例最大),得到 $L_{rc}(670)$ 和 $L_{rc}(865)$。采用了以下判断条件:

(1) $L_{rc}(670)/L_{rc}(865) > c1$ 则为浑浊水体;

(2) $c1 > L_{rc}(670)/L_{rc}(865) > c2$ 则为中等浑浊水体,即 $L_w(865) \sim 0$;

浑浊水体的大气校正的方法目前主要有角度变换法和迭代法两大类。

(1) 假设气溶胶类型和光学厚度都不变,采用单次散射角度变换。

由单次散射近似的结果,在气溶胶类型和光学厚度都不变的前提下,清洁水体像元的气溶胶散射与浑浊水体的气溶胶散射之间有以下关系[参见式(10.66)的推

导]：

$$L_a(\lambda) = L_{acw}(\lambda)\frac{F_0^n}{F_{0cw}^n}\frac{P_a(\alpha_+) + (\rho(\theta) + \rho(\theta_0))P_a(\alpha_-)}{P_a(\alpha_{+cw}) + (\rho(\theta_{cw}) + \rho(\theta_{0cw}))P_a(\alpha_{-cw})}\frac{\cos\theta_{cw}}{\cos\theta}$$
$$= L_{acw}(\lambda)\frac{P_a(\alpha)F'(\lambda)\cos(\theta_{cw})}{P_a(\alpha_{cw})F'_{cw}(\lambda)\cos(\theta)} \tag{10.80}$$

式中，θ_{cw}为清洁水体像元的遥感器观测天顶角；θ为浑浊水体像元的观测天顶角；$L_{acw}(\lambda)$为清洁水体处的气溶胶散射值；P_a为气溶胶散射相函数，采用 TTHG 近似(Gordon & Castano，1989)：

$$P_a(\alpha) = \kappa f(\alpha, g_1) + (1-\kappa)f(\alpha, g_2) \tag{10.81}$$
$$f(\alpha, g) = (1-g^2)/(1+g^2-2g\cos\alpha)^{3/2}$$

式中，α为散射角[参见公式(10.50)]；对于海洋型气溶胶，$\kappa=0.983$，$g_1=0.82$，$g_2=-0.55$；对于大陆型气溶胶，$\kappa=0.9618$，$g_1=0.7310$，$g_2=-0.7598$；对于 Haze C 型气溶胶，$\kappa=0.9618$，$g_1=0.7130$，$g_2=-0.50$。

(2) 二类水体大气校正的迭代法。

- Stennis 空间中心 Arnone 方法。

假设后向散射 b_b 系数在 NIR 与波长无关。根据遥感反射率 Rrs 和固有光学量的关系 $Rrs=L_w/E_d=0.051\ b_b/a$，以及水体成分对光的吸收程度，可以考虑在近红外波段 670nm，765nm(750nm)，865nm 的吸收系数 a 主要由 a_w 决定，则可以推断：

$$L_w(6) = a + bL_w(7,8)$$

由于近红外波段离水辐亮度之间存在线性关系：

$$L_w(765) = 0.1212 \times L_w(670), L_w(865) = 0.0432 \times L_w(670)$$

因此，他们利用 SeaDAS 软件，在处理 SeaWiFS 数据时，采用了以下迭代：①利用 SeaWiFS 标准算法，计算得到 $L_w(670)$；②利用 $L_w(670)$ 计算得到 $L_w(765)$、$L_w(865)$；③修改近红外波段的总信号，其中的 L_t 始终是原始的 L1B 数据：$L_t*(765)=L_t(765)-t*L_w(765)$，$L_t*(865)=L_t(865)-t*L_w(865)$；④将 $L_t*(7)$、$L_t*(8)$替代 $L_t(7)$、$L_t(8)$，再回到 i。

该方法的突出优点是：不需要对气溶胶参数进行任何假设，只需知道近红外波段离水辐亮度之间的关系。该方法实际上可以应用到任何大气校正算法中。

- 比利时 Ruddick 方法。

该方法有两个假设：①气溶胶随波长的变化规律 $\rho_{am}(7)/\rho_{am}(8)=\varepsilon(7,8)$已知，或利用附近清水区域的数值；②假设水体后向散射系数 b_b 在近红外 7、8 波段不变，这两个波段大气透过率接近的情况下，令 $\rho_w(7)/\rho_w(8)=\alpha=1.72$，即两个波段的水体吸收系数的反比。

利用公式：$\varepsilon(7,8) * \rho_{am}(8) + \alpha * t * \rho_w(8) = \rho_t(7) - \rho_r(7)$，$\rho_{am}(8) + t * \rho_w(8) = \rho_t(8) - \rho_r(8)$，可以计算出 $\rho_{am}(8)$，$\rho_w(8)$，然后得到 $\rho_{am}(7)$，$\rho_w(8)$，再代入标准算法。

思考题：

1. 试比较第 6 章遥感数据的数字处理与第 10 章海洋水色遥感中的大气校正，分别简述校正过程，并比较、归纳陆地遥感与水色遥感的大气校正的异同点。

2. 简述海洋水体的光学特性与模型。

3. 请查阅海洋水色遥感的相关资料，结合一个水色遥感的实例，分析其使用的水体光学模型。

第11章　陆面蒸散发的遥感估算

陆地表面是遥感的主要对象，是一个非常复杂的系统，除地形起伏外，还有诸如森林、草地、耕地、积雪和冰川等多种覆盖物，其中的物质流、能量流和信息流是很复杂的，时空的变异性也很大。人们越来越认识到传统的以点带面的地学研究方法存在很多时间和空间的尺度问题，而且极大地影响研究成果的实用性。现代的遥感方法在逐步地弥补传统方法的不足。

陆面蒸散发是陆面过程中的地表能量平衡的一个重要的方面，应用陆面能量平衡的物理原理结合遥感技术，进行区域蒸散发的遥感估算是目前很有前景的研究方法，从理论和实践两方面来说，意义非常深远，也是科学技术转换为生产力的重要的环节。

11.1　陆面蒸散发的遥感基本概念

蒸发过程在自然界中到处都在进行。发生在海洋、江、河、湖、库等水体水面的蒸发，称为水面蒸发。发生在土壤表面或岩体表面的蒸发，通常称为土壤蒸发。水经过生命植被的气孔汽化叫做蒸腾。有植被覆盖的土地上的蒸发，包括土壤表面蒸发和植物表面的蒸腾，一般统称为蒸散。

陆面蒸散发是指地表不同下垫面向大气的水分散发，包括土壤蒸发和植物蒸腾两方面，简称ET。陆面蒸发有狭义和广义之分，狭义的陆面蒸发是相当于水面蒸发而言，它包括：①裸地蒸发，即土壤蒸发、城市不透水层和弱透水层蒸发等；②有植被覆盖的蒸散发，在蒸发机理上它包括土壤蒸发和植被蒸腾，即草地蒸散发、林地蒸散发和农田蒸散发。广义的陆面蒸发是指一个区域内各种下垫面条件下的总蒸发，它包括水面蒸发和狭义的陆面蒸发。所以一个区域内的陆面蒸发，也称区域蒸散发。当区域水系划分时，则称流域蒸散发。

11.2　能量平衡方程

$$R_n = \lambda E + H + G + PH \tag{11.1}$$

式中，R_n 为净辐射；λE 为潜热通量；H 为感热通量；G 为土壤热通量（W/m^2），PH 为用于植被光合作用和生物量增加的能量（其值很少，可忽略）。

1. 地表净辐射

地表净辐射（R_n）通量可以用以下的表达方式为

$$R_n = K^* + L_{atm}^{\downarrow} - L^{\uparrow} \tag{11.2}$$

$$K^* = K^{\downarrow}(1-f) = (D+Q)(1-f) \tag{11.3}$$

式中：K^* 为太阳净辐射；$K^{\downarrow}$（0.15～4μm）为太阳总辐射（包括直接辐射 D 和散射辐射 Q）；f 为地表反射率；$L_{atm}^{\downarrow}$（>4μm）为大气下行长波辐射；$L^{\uparrow}$ 为地面长波辐射（包括地表自身辐射和发射大气辐射部分）。

大气长波辐射 $L_{atm}^{\downarrow}$ 可以表示为（Win,et al.,1999）：

$$L_{atm}^{\downarrow} = \varepsilon_r \sigma T^4 + c_2 N - c_3(N - N_h) \tag{11.4}$$

$$\varepsilon_r = 1.24(e_a/T_a)^{\frac{1}{7}} \tag{11.5}$$

式中，ε_r 为空气的比辐射率；T_a 参考高度的空气温度；N 为总云量；N_h 为低中云量；c_2 和 c_3 经验系数；e_a 为 T_a 温度时的实际水汽压（hpa）。

地表面长波辐射 $L^{\uparrow}$ 可以表示为

$$L^{\uparrow} = \varepsilon_s \sigma T_s^4 + (1-\varepsilon_s)L_{atm}^{\downarrow} \tag{11.6}$$

式中，ε_s 为地表比辐射率；T_s 为地表温度；σ 为 Stefan-Boltzmann 常数。

2. 土壤热通量

土壤表面在吸收太阳净辐射能之后，借分子传导的形式把热量传入深层，使下层增温。反过来，当土壤由于表面冷却，温度下降到比深层的温度还低时，热量将从深层输出，这个过程称为土壤热量交换过程。土壤热通量（G_0）也称土壤热交换，是地表能量与土壤的热交换量。它取决于地表特征（地面植被覆盖率）和土壤含水量等，土壤的热力特性可以用热导率、热容量和导温率来表征。

土壤导温率 λ 表示在温度梯度 $\frac{\partial\theta}{\partial z}$ 等于 1 时（即在每 1cm 深度内的温度差为 1℃）每单位时间内通过单位截面积（$1cm^2$）的热量。于是土壤热通量 G_0 可以表示为

$$G_0 = -\lambda \frac{\partial\theta}{\partial z} \tag{11.7}$$

当温度由地面向地中递减时，温度梯度 $\frac{\partial\theta}{\partial z}$ 为负，G_0 便为正，表示有热量自地面向下输送。反之，当土壤温度由地面向下逆增，则 $\frac{\partial\theta}{\partial z}$ 为正，G_0 为负，热量由深层向上输送散失。可见，土壤中的热交换过程的强弱，与土壤的热导率以及温度梯度有关，只有当温度梯度一定时，才完全取决于热导率。土壤中热量的传导是通过固体微粒、水和空气进行的，所以土壤热导率的大小决定于各种微粒相互接触的形态、性质以及土中含水量的多少。实验证明，在土壤质地一定的情况下，土壤热导率与土壤的孔隙度呈负相关，而与含水量的多少呈正相关关系。

导温率只表示土壤对热量传递快慢的本领，但并不完全决定各层土壤温度情况，因为温度的变化情况除了与热导率有关，还与土壤本身的容积热容量有关。它

们之间的关系为

$$\lambda = C\rho K \quad \text{或} \quad \lambda = C_m K$$

式中，C 为土壤比热；ρ 为土壤密度；K 为导温系数；$C\rho$ 或 C_m 就是容积热容量。那么，C_m 就可定义为：单位容积（1cm^3）的土壤温度每升高 1℃，所需要的热量为容积热容量。单位为 cal/(cm^3 · ℃)。同时，土壤容积热容量是土壤各组成部分——固体颗粒、水分和空气的热容量的加权平均，即

$$C_m = C\rho = C_1\rho_1 + C_2\rho_2 + C_3\rho_3 \tag{11.8}$$

式中，C_1 为土壤颗粒的比热；ρ_1 为土壤密度；C_2 为水的比热；ρ_2 为单位体积土壤含水量，等于 $\rho_1\omega$（ω 为土壤湿度）；$C_3\rho_3$ 是土壤中空气部分的热容量。由于空气部分的热量远比土壤颗粒和水的作用小，所以，对于同一土壤来说，容积热容量随着土壤湿度的增加是作线性上升的，有

$$C_m = C_1\rho_1 + C_2\rho_2 = \rho_1(C_1 + C_2\omega)$$

对于容积热容量大的土壤，温度每升高或者降低 1℃，所需要的热量（或放出的热量）较多，所以温度变化缓慢，不易上升，也不易下降。

导温率和容积热容量是从各自的方面来表征土壤的热力特性。实际上表示土壤温度变化的特性量是导温系数。它与前两者的关系是：

$$K = \frac{\lambda}{C_m}$$

导温系数 K 的物理意义可以理解为：单位体积的土壤在单位时间内通过热传导从铅直方向上获得或释放 λ 卡热量时，所能引起的温度的变化量，单位是 cm^2/s。那么式(11.7)可以写成：

$$G_0 = -C\rho K\frac{\partial\theta}{\partial z} = -C_m K\frac{\partial\theta}{\partial z}$$

导温率大的土壤，昼夜、年的温度变化所能达到的深度就大，也就是温度波能传到很深的土层中去。相反，导热性能差的土壤，温度波不能往深处传递，使得土壤表层的温度差特别大，增温和冷却都很快。常见的几种物质的导温系数见表 11.1。

表 11.1　常见的几种物质的导温率

物　质	$K/(\text{cm}^2/\text{s})$	物　质	$K/(\text{cm}^2/\text{s})$
湿　沙	0.012	老　雪	0.0032
干　沙	0.0013	水	0.0015
土　壤	0.0070	空　气	0.161
花 岗 岩	0.0190	冰	0.012
新　雪	0.0067		

一般来说 G_0 在能量平衡方程中占的比重较小，G_0 可通过它与净辐射(R_n)的关系来确定，土壤热通量 G_0 与净辐射 R_n 有一定的相关性，对于裸露的土地，土壤热通量 G_0 可达净辐射通量 R_n 的 20%～50%，而在植被覆盖的情况下为 5%～20%。

根据国内外学者的研究发现，进入蒸散发面下的土壤热通量(G_0)可近似表示为净辐射的函数，表达式如下：

$$G_0 = \frac{R_n T_0 (0.0032\gamma + \gamma^2)(1 - 0.978\mathrm{NDVI}^4)}{\gamma} \quad (蒸腾模型) \tag{11.9}$$

$$G_0 = 0.20R_n \quad (蒸发模型) \tag{11.10}$$

3. 显热通量

陆面显热通量是陆面能量向大气传输的一个过程，也就是，通过传导或对流的方式，能量从地球表面转移到大气中的过程，这种热能的交换也可导致水平环流。

显热通量(H)也称感热，是地面与大气间的热量交换。空气动力学阻抗方法是运用通量＝位势差/阻抗的方法，将显热通量的计算形式表现为

$$H = \frac{\rho C_p (T_c - T_a)}{\gamma_a} \tag{11.11}$$

式中，ρC_p 为空气体积热容量；T_a 为参考高处的空气温度；T_c 为蒸散发面温度，可由 NOAA 第 4、5 通道的亮温求得；γ_a 为空气动力学阻抗(图 11.1)。

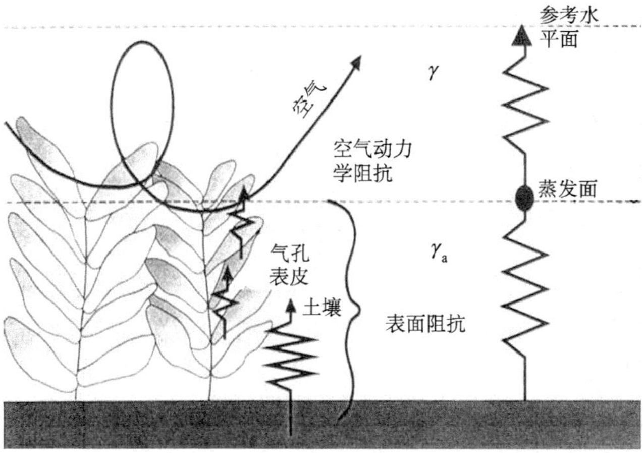

图 11.1 表面阻抗和空气动力学阻抗示意图

空气动力学阻抗受风速、粗糙度和空气层结等因素影响。空气动力学阻抗为 γ_a 可根据谢贤群(1991)的方法确定，该方法对裸露土壤区和植被全覆盖区分别建立裸土蒸发模型和植被蒸散模型。

在中性层结下，空气动力学阻抗为 γ_{a0}；而非中性层结情况下，引入稳定度修正

数 ϕ，还有一个“剩余阻抗 γ_{ah}”，即

$$\gamma_{ac} = \gamma_{a0} \times \phi \tag{11.12}$$

$$\phi_v = 1 - \eta(x-d)\frac{g(T_{cv} - T_a)}{T_0 u^2} \quad （植被覆盖） \tag{11.13}$$

$$\phi_s = 1 - \eta x \frac{g(T_{cs} - T_a)}{T_{s0} u^2} \quad （裸地） \tag{11.14}$$

式中，T_{s0}、T_0 表达如下：

$$T_0 = \frac{T_{cv} + T_a}{2} \tag{11.15}$$

$$T_{s0} = \frac{T_{cs} + T_a}{2} \tag{11.16}$$

裸地土壤区的空气动力学阻抗就为修正空气动力学阻抗，即

$$\gamma_a = \gamma_{ac} \tag{11.17}$$

植被覆盖区的空气动力学阻抗为

$$\gamma_a = \gamma_{ac} + \gamma_{ah} \tag{11.18}$$

式中，

$$\gamma_a = \frac{\ln^2(x/z_0')}{k^2 u} \quad （裸地） \tag{11.19}$$

$$\gamma_{a0} = \frac{\ln^2[(x-d)/z_0]}{k^2 u} \times \frac{h e^{n-n[1-(d+z_0)]/h}}{n(h-d)} + \frac{\ln^2[(x-d)/z_0]}{k^2 u} \times \left[\ln(x-d)/(h-d) + \frac{h(e^{n-n[1-(d+z_0)]/h} - 1)}{n(h-d)}\right] \quad （植被覆盖） \tag{11.20}$$

式中，x 为参考高度(m)，取 2m；k 为 Karman 常数，取 0.4；n 取 2.5（Shuttleworth.，1991）；h 为植被的高度(m)；z_0' 为裸地的土壤粗糙度；d 为零平面位移；z_0 为植被覆盖区地面粗糙度；u 为参考高处的风速（陈云浩，2002）。

剩余阻抗 γ_{ah} 表示为

$$\gamma_{ah} = \frac{4}{u^*} \tag{11.21}$$

$$u^* = \frac{k v_2}{\ln[(2-d)/z_0]} \tag{11.22}$$

式中，v_2 为 2m 处的风速，$v_2 = 0.72 v_{10}$，v_{10} 为 10m 处的风速。

4. 潜热通量(λE)

下垫面与大气之间交换的水汽通量，是水分循环的重要组成部分，λE 的理论表达式可以表示为

$$\lambda E = \frac{\rho C_p (q_s - q_a)}{\gamma r_a} \tag{11.23}$$

式中，q_s、q_a 分别表示观测层和参考层的水分含量；λ 为潜热，即每千克的液态水蒸发成水汽（或水汽凝结成水滴时）需要吸收（或释放）的热量，量纲为（mJ/kg）。λ 随蒸发面温度 T_s 的不同而变化：

$$\lambda = 2.501 - (2.361 \times 10^{-3}) T_s$$

γ 是干湿球常数（$65\mathrm{PaK}^{-1}$）。其他参数同上。基于地表能量平衡公式（11.1）的剩余法是目前最广泛用于计算地表潜热通量的方法。

$$\lambda E = R_n - G_0 - H \tag{11.24}$$

以公式（11.24）为基础，可以估算陆地表面的蒸散发量。

11.3 能量通量指数

陆地表面能量通量指数是用以表达能量平衡方程中各分量的比例关系，由此可以看出，不同地表特征其各能量分量的分配不一样。表示陆面能量通量指数的模式很多，这里仅介绍 4 种常见的表示形式，其中蒸发比（Λ）将于本章后节介绍。

上述几个分量中，地表净辐射、潜热通量、显热通量和土壤热通量都能通过测量获得，其中地表净辐射和土壤热通量可以通过自动气象站获得，而其余两个分量可以通过涡度相关仪来获取。另外可以借助土壤热通量板＋热电偶的方法来测量土壤的热通量。将热通量板埋在地表以下 8cm 处，两个热电偶（average soil thermocouple）测量土壤热量板上的土壤层温度差的变化。有两个探头，分别在 2，6cm 安装，测量 2～6cm 之间土壤的平均温度。见图 11.2 所示。那么地表的土壤热通量就是土壤热通量板的测量值 G 加上 0～8cm 之间的热通量订正值 S，即 $G_{sfc} = G_{8cm} + S$。

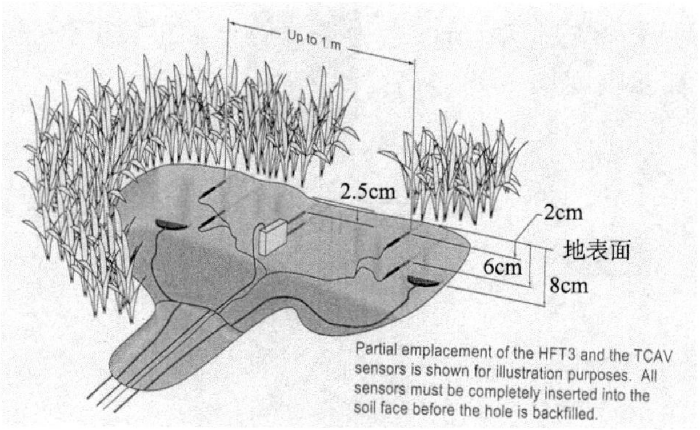

图 11.2 测量土壤热通量的仪器安装图

另外，测量显热通量的方法还有波文比法（Bowen ratio method）和大孔径闪烁仪法（large aperture scintillometer，LAS）（图 11.3）。

图 11.3　显热通量测量方法

a. 波文比 B_0 法：$H=\frac{B_0}{1+B_0}(R_n-G_0)$；b. 涡度相关法：$H=C_p\rho\overline{(\omega' T_a')}$；c. 大孔径闪烁仪 LAS

1. 波文比

波文比（B_0）是陆地表面感热通量（H）与潜热通量（λE）的比值，即

$$B_0=\frac{H}{\lambda E}=\gamma\frac{\delta T_a}{\delta e_a} \tag{11.25}$$

式中，γ 是干湿球常数；δT_a，δe_a 分别是在 δz 的空气温度（K）差值和大气水汽压（Pa）的差值。

当 $B_0>1$ 时，来自地表感热通量的能量比潜热通量多；相反，当 $B_0<1$ 时，近地面与大气的热量传输主要是潜热通量交换。一般来说，较湿的地面的 B_0 低于较干地面。

2. 泰勒系数

泰勒系数（a）由下面方程表示（Andrea，2001）：

$$\lambda E=a\left[\frac{s}{s+\gamma}\right](R_n-G_0) \tag{11.26}$$

式中，s 是在某一温度下饱和水汽压曲线的斜率（PaK^{-1}），其他参数同上。

与上述波文比相结合，则有

$$a=\frac{s+\gamma}{s(s+B_0)} \tag{11.27}$$

泰勒系数(a)随着地表类型和微气象条件而变化。与波文比相反，一般来说，较湿的地面的泰勒系数(a)高于较干地面。

3. 缺水指数

缺水指数(WDI)是潜在蒸发量与实际蒸发量的关系式，表示如下：

$$\mathrm{WDI}=1-\frac{ET}{ET_{\mathrm{p}}} \tag{11.28}$$

$$ET=ET_{\mathrm{p}}(1-\mathrm{WDI}) \tag{11.29}$$

式中，ET_{p} 为实际蒸发，可通过潜热通量估算；ET 是潜在的蒸发量。

11.4 瞬时蒸散模型

国内外关于蒸散遥感估算模型的研究已有不少，大致可分为以下三类：平衡余项法、SEBAL 模型、SEBS 模型。

11.4.1 平衡余项法

能量平衡余项法，即先计算净辐射量 R_{n}、土壤热通量 G 和显热通量 H，然后利用能量平衡方程推算出蒸散量(图 11.4)。很多学者利用各种方法来修正该模型，此类方法物理意义明确，精度较高。

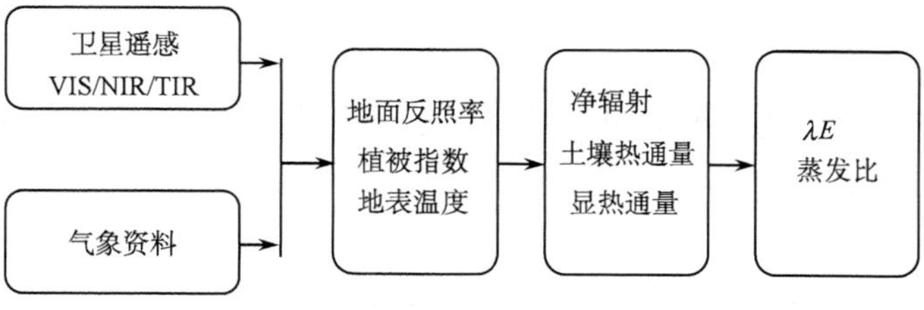

图 11.4 基于能量平衡的计算区域蒸发蒸腾量方法

R_{n} 和 G 可以用遥感提取的信息比较精确的计算出来，而 H 可以通过表面温度梯度和空气动力学阻抗来计算。这样就可以利用遥感信息和地表气象数据计算地表蒸散 λE。

综上所述，区域蒸散量计算步骤如下：

(1) 图像处理和参数反演，通过遥感获取地面地表温度、反照率和 NDVI 等地表面特征参数；

(2) 近地面气象与高空探空数据获取分别建立裸土蒸发模型和植被蒸腾

模型；

(3) 计算地表净辐射、土壤热通量和显热通量；

(4) 计算植被覆盖度和区域瞬时蒸散；

(5) 最后推算区域日蒸散量。

能量平衡余项法虽然得到广泛应用，但依然有很多问题未被解决，成为目前研究的难点和热点，这些问题主要包括：

(1) 遥感温度反演问题。由于环境辐射的干扰，使得热红外波段（8～14μm）提供的地表温度信息产生不确定性；

(2) 模型是在单点上建立的，而不是针对区域的遥感计算的需要；

(3) 在计算显热通量时，阻抗的确定是个难题；

(4) 尺度问题，包括时间和空间两个方面的尺度问题。

当前，得到国内外学者认可并且发展比较成熟的瞬时蒸散模型为：SEBAL 和 SEBS 模型。

11.4.2　SEBAL 模型

Bastiaanseen 提出的 SEBAL(surface energy balance algorithm for land)模型是基于遥感的陆面能量平衡模型，该模型物理概念较为清楚，自应用以来，已被作为利用遥感计算蒸散量的重要方法。

1. SEBAL 的基本原理

SEBAL 模型的建立基础是地表能量平衡方程：

$$R_n = G + H + \lambda E \tag{11.30}$$

模型首先利用卫星遥感数据的可见光、近红外与热红外波段（VIS/NIR/TIR）对区域地面特征参数进行反演，以单个像元为计算单位逐个计算其卫星过境时的瞬间净辐射通量 R_n、土壤热通量 G 和显热通量 H，通过能量平衡方程获得瞬间蒸散量 λE，然后转换成当天的日蒸散量。若有长时间序列的遥感数据，模型则可以对长期的蒸散变化与总量进行推算。SEBAL 模型以遥感影像数据为计算对象，因此模拟过程中各个参数都可以以图形形式表现出来，计算结果比较直观。

2. SEBAL 模型的计算流程

SEBAL 模型的运行需要卫星遥感数据（VIS/NIR/TIR 波段）与常规资料（风速、气温等）。卫星数据首先需要作地理上的几何精确校正，然后根据需要选择相应波段进行地面特征参数的反演计算，需要反演的地面特征参数包括地面反照率、比辐射率、地面温度与 NDVI，利用这些参数及相关资料可计算卫星过境时各个像元点的瞬间净辐射与土壤热通量。显热（感热）通量的计算要求得到地表与空气的温差 dT 及空气动力学阻力 r_{ah}，为此在计算区域的卫星图像上选择两个极端点：一个“冷点”和一个“热点”，通过计算建立地面温度与地面和空气温差的经验公式，进行区域感热通量的初步计算，然后利用 monin-Obukhov 理论通过多次迭代对空气动力学阻力 r_{ah} 进行校正，通过地表热量平衡方法计算瞬间蒸散量，进而换算获得日蒸散量。

3. SEBAL 模型主要参数的计算

1）地面特征参数的反演

太阳辐射的能量多集中在 0.15～4.00μm 的波段之间，约占总量的 90%，而地面长波辐射绝大部分被大气所吸收，只有在 8～14μm 波段范围内透射能力较强，可以被卫星传感器感知。这样我们就可以利用遥感影像分别计算反照率、地面温度等地面特征参数。

对于 Landsat TM/ETM 数据，主要参数计算如下，其他卫星遥感数据计算方法需作相应的改变。

（1）地面反照率 α

地面反照率由大气外反照率经过大气辐射校正后获得，大气外反照率由各波段光谱反射率加权求得。

各波段在大气外光谱辐射亮度 L（单位：$W \cdot m^{-2} \cdot nm^{-1} \cdot sr^{-1}$）：

$$L = \text{gain} \times \text{DN} + \text{offset} \tag{11.31}$$

式中，gain、offset 分别为波段的增益和偏移，可通过遥感数据的头文件获得；DN 为遥感像元灰度值。

各个波段大气外光谱反射率 r：

$$r = \frac{\pi L d^2}{E\cos\theta} \tag{11.32}$$

式中，d 为日地的天文单位距离；E 为相应波段平均大气外光谱辐照度[$W/(m^{-2} \cdot nm^{-1})$]；θ 为太阳天顶角(rad)。

首先根据式(11.32)得到各波段反射率计算大气外的反照率 α_{toa}：

$$\alpha_{toa} = \sum c_i r_i \tag{11.33}$$

式中，c_i 为 i 波段的权重系数，TM 各波段权重见表 11.2；r_i 为 i 波段的反射率。

表 11.2 TM 各波段光谱反射率权重系数

波段	1	2	3	4	5	7
c_i	0.293	0.274	0.233	0.157	0.033	0.011

对大气外反照率作简单的大气辐射校正，得到地面反照率 α：

$$\alpha = \frac{\alpha_{toa} - \alpha_{path}}{\tau_{sw}^2} \tag{11.34}$$

式中，α_{path} 为程辐射(取值 0.025～0.04)；τ_{sw} 为大气单向透射率。

(2) 归一化差值植被指数 NDVI

$$\mathrm{NDVI} = \frac{\mathrm{DN_{nir}} - \mathrm{DN_{red}}}{\mathrm{DN_{nir}} + \mathrm{DN_{red}}} \tag{11.35}$$

式中，$\mathrm{DN_{nir}}$、$\mathrm{DN_{red}}$分别为近红外、红光波段的灰度值，也可以用式(11.32)所得的近红外反射率 ρ_{nir}、红光反射率 ρ_{red}代替。

(3) 地面比辐射率 ε

SEBAL 中采用经验公式计算比辐射率 ε：

$$\varepsilon = 1.009 + 0.047\ln(\mathrm{NDVI}) \tag{11.36}$$

式中要求 NDVI>0，否则假设为 0。

(4) 地面温度 T_s

Landsat TM/ETM 波段 6 的波谱范围是 10.4～12.5μm，主要接收地面的长波辐射，可以用来计算地面温度。Stefan-Boltzman 定律反应物体温度与辐射之间关系，但波段 6 的波谱范围太窄，因此利用 Plank 公式计算地面物体的亮度温度 T_0：

$$T_0 = \frac{K_2}{\ln\left(\frac{K_1}{L_6} + 1\right)} \tag{11.37}$$

式中，K_1、K_2 为计算常数，L_6 为第 6 波段的光谱辐射亮度。那么地面温度 T_s 可计算为

$$T_s = \frac{T_0}{\varepsilon^{0.25}} \tag{11.38}$$

2) 地面净辐射的计算

地面净辐射是地表的主要能量来源，可根据地表辐射平衡方程由入射能量减去出射能量求得。

$$R_n = (1-\alpha)K_{in} + (L_{in} - L_{out}) - (1-\varepsilon)L_{in} \tag{11.39}$$

式中，K_{in}为入射的短波辐射；L_{in}为入射的长波辐射；L_{out}为发射的长波辐射；α 为反照率；ε 为比辐射率。其中：

$$K_{in} = G_{sc} \cdot \cos\theta \cdot d \cdot \tau_{sw} \tag{11.40}$$

$$L_{in} = 1.08(-\ln\tau_{sw})^{0.265}\sigma T_{atm} \tag{11.41}$$

$$L_{out} = \sigma\varepsilon T_s^4 \tag{11.42}$$

式中，G_{sc}为太阳常数(1367W/m^2)，σ 为 Stefan-Boltzman 常数[5.67×10^{-8} W/(m^2 · K^4)]，T_{atm}为空气温度。

3) 土壤热通量的计算

土壤热通量用于改变(加热或冷却)土壤中的能量，相对于其他 3 个量一般较

小，但对于干旱区，由于植被稀少，土壤热通量较大，无法忽略。直接计算土壤热通量比较困难，SEBAL 中采用与 NDVI 和 R_n 相关的经验公式，对于不同地面物体，其公式形式将作调整。

$$G = \frac{T_s - 273.16}{\alpha}(0.0038\alpha + 0.0074\alpha^2)(1 - 0.98\text{NDVI}^4)R_n \quad (11.43)$$

4) 显热通量的计算

显热通量的计算是 SEBAL 模型的重点，其一般的计算公式为

$$H = \rho C \frac{T_{z1} - T_{z2}}{r_{ah}} \quad (11.44)$$

式中，ρ 为空气密度(kg/m^3)；C 为空气定压比热[J/(kg · K)]；T_{z1} 为地面 z_1（取 0.1m）高度处的空气温度；T_{z2} 为地面 z_2 高度处的空气温度；r_{ah} 为空气动力学阻力(s/m)。

在显热通量 H 的计算式中，H、$T_{z_1} - T_{z_2}$、r_{ah} 均为未知量且彼此相关，为 SEBAL 模型引入了 Monin-Obukhov 理论，通过较为复杂的循环递归算法进行求解（图 11.5），计算步骤如下：

(1) 首先假设在地表上空(200m)存在一个掺混层，在该高度因风速不再受地面粗糙度的影响而达到相等，从而求得中性稳定度下的摩擦速度 v_* 与空气动力学阻力 r_{ah}。

$$v_* = \frac{v_x k}{\ln(z_x / z_{om})} \quad (11.45)$$

$$r_{ah} = \frac{\ln(z_2 / z_1)}{v_* k} \quad (11.46)$$

式中，v_* 为摩擦速度(m/s)；v_x 为 z_x 高度处的风速(m/s)；z_{om} 为动量表面粗糙度；k 为 Karman 常数(0.41)。

(2) 为求得 $T_{z_1} - T_{z_2}$，SEBAL 模型假设该值与地面温度呈线性关系：$T_{z_1} - T_{z_2} = aT_s + b$，为此在研究区域的卫星图像上确定两个极端点：一个“冷点”与一个“热点”。“冷点”指该点植被较密、水分供应充足、蒸散量处于潜在蒸发水平；“热点”是指非常干燥的没有植被覆盖的区域，其蒸散量基本为零。通过对“冷点”和“热点”dT 的计算，可以建立线性关系：$T_{z_1} - T_{z_2} = aT_s + b$，粗略求得研究区域各个像元的显热通量。

(3) 因为近地层大气并不是稳定的，模型中利用 monin-Obukhov 理论对空气动力学阻力 r_{ah} 进行校正，校正过程又需要感热通量，模型采用迭代法进行求解，通过多次（5 次以上）重复的计算，即可得到稳定的显热通量。

5) 蒸散量的计算

通过能量方程(11.37)可计算卫星过境的瞬间潜热通量 λE。根据大气近地层

实验结果，晴天白天的 8～10 小时内蒸发比 Λ 大致保持不变：

$$\Lambda = \frac{\lambda E}{R_n - G} = \frac{R_n - G - H}{R_n - G} \tag{11.47}$$

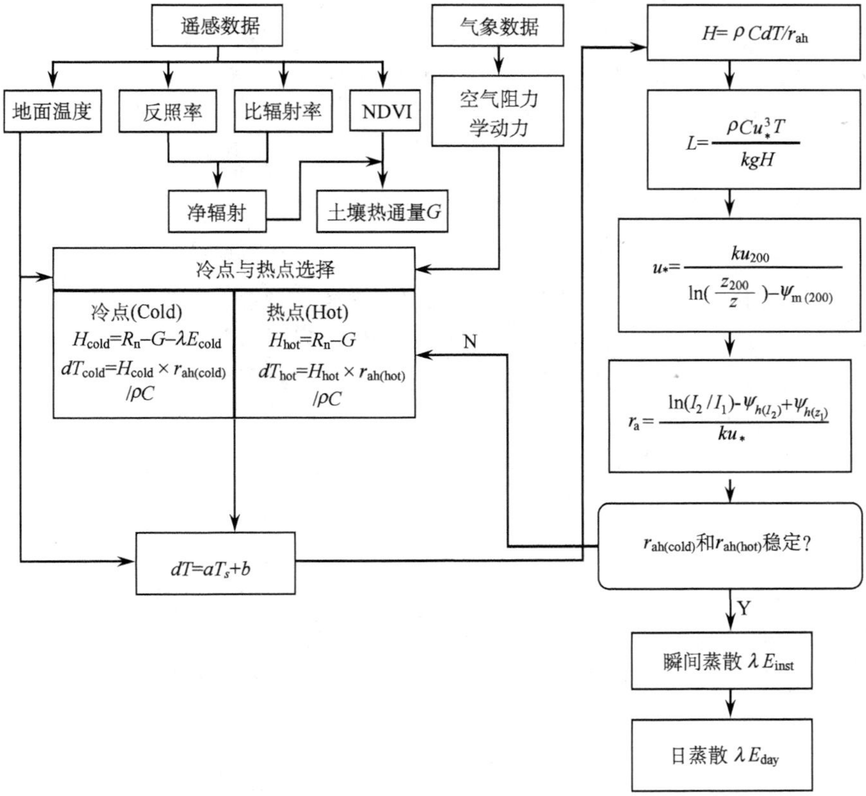

图 11.5　SEBAL 模型的计算流程图

那么 24h 实际蒸散量 E_{24} 为

$$E_{24} = \frac{86\ 400\Lambda(R_{n24} - G_{24})}{\lambda} \tag{11.48}$$

如果有一系列气象数据及多时相遥感影像，就可以估算一个时间段内的累积蒸散量。

11.4.3　SEBS 模型

2001 年 Zhongbo Su 等在 SEBAL 模型的基础上根据下垫面能量平衡提出了一个一层遥感蒸散模型 SEBS(surface energy balance system)。与 SEBAL 一样，该模型仍是基于地表能量平衡方程，可以通过余项法来求取潜热通量。

该模型包括 4 个组成部分：

(1) 遥感数据及相关参数的获取，如反照率、比辐射率、地表温度、叶面积指数 LAI、NDVI、植被覆盖率等参数；

(2) 动量粗糙度 z_{om} 和热力粗糙度 z_{oh} 的计算模型；

(3) 摩擦速度(u_*)，Obukhov 长度(L)、显热通量(H)的计算；

(4) 相对蒸发率 Λ_r、蒸发比 Λ 以及 λE 的计算。

SEBS 模型能量平衡各分量的确定。

1) 地表净辐射(R_n)

与公式(11.37)一样，SEBS 模型能量来源是短波和长波各自辐射差额之和：

$$R_n = K^{\downarrow} - K^{\uparrow} + L^{\downarrow} - L^{\uparrow} = (1-\alpha)R_{sw} + \varepsilon_0\varepsilon_s\sigma T_a^4 - \varepsilon_s\sigma T_s^4 \quad (11.49)$$

式中，$K^{\downarrow}$，$K^{\uparrow}$ 和 $L^{\downarrow}$、$L^{\uparrow}$ 分别为向下、向上的短波辐射和向下、向上的长波辐射；α 为反照率；R_{sw} 为太阳总辐射；σ 为 Stefan-Boltzmann 常数；T_a 和 T_s 为大气、地表温度；ε_0 和 ε_s 分别为大气、地表比辐射率。

2) 土壤热通量(G_0)

和 SEBAL 模型一样，G_0 一般通过建立与净辐射 R_n 的关系来确定，但二者表达方式不同。模型有如下形式：

$$G_0 = R_n[\Gamma_c + (1-f_c)(\Gamma_s - \Gamma_c)] \quad (11.50)$$

式中，Γ_c 为植被覆盖区参数；Γ_s 为裸土区参数；f_c 为植被覆盖比率。

3) 感热通量(H)

在大气近地层中，如果下垫面较为平衡均匀，则根据大气边界层相似理论，有以下关系：

$$v = \frac{v_*}{k}\left[\ln\left[\frac{z-d_0}{z_{om}}\right] - \psi_m\left[\frac{z-d_0}{L}\right] + \psi_m\frac{z_{0m}}{L}\right] \quad (11.51)$$

$$\theta_0 - \theta_a = \frac{H}{kv_*\rho C_p}\left[\ln\left[\frac{z-d_0}{z_{0h}}\right] - \psi_h\left[\frac{z-d_0}{L}\right] + \psi_h\frac{z_{0m}}{L}\right] \quad (11.52)$$

$$L = -\frac{\rho C_p v_*^3 \theta_v}{kgH} \quad (11.53)$$

式中，z 是参考面高度；v 是风速；v_* 是摩擦风速；d_0 是零平面位移高度；z_{0m} 是动力学传输粗糙度；ψ_m 和 ψ_h 分别是动力学和热力学传输的稳定度订正函数。θ_0 和 θ_a 分别是观测面与参考层高度的虚温；L 是莫宁霍夫长度；H 为感热通量；k 是卡尔曼常数；ρ 是空气密度，C_p 是气体常数；g 为重力加速度；θ_v 为近地表虚位温。

在方程(11.51)～(11.53)中，只有 H、v_* 和 L 是未知量，其他变量可通过气象观测信息结合遥感观测信息求得。通过地表动力学传输粗糙度和热力学传输粗糙度的估算，对动量和热传输的稳定度订正后，H、v_* 和 L 可通过迭代方法联合求解 3 个方程式获得。

4) 地表粗糙度长度

在式(11.51)和式(11.52)中,动力学和热力学传输的稳定订正需要知道地表动力学传输粗糙度 z_{0m} 和热力学传输粗糙度 z_{0h}。在原 SEBS 模型中,采用冠层内湍流模式来估算动力学传输的空气动力学参数:零平面位移高度 d_0 和动力学传输粗糙度长度 z_{0m}。该方法需要知道详尽的诸如近地表风速和植被参数等信息。据张仁华在黄淮海地区禹城遥感试验场的工作,上述动力学传输的空气动力学参数可表示为作物高度 h 和叶面积指数 LAI 的函数:

$$d_0 = h[\ln(1+x)^{1/6} + 0.03\ln(1+x^6)] \tag{11.54}$$

$$z_{0m} = \begin{cases} h_s + 0.28hx^{\frac{1}{2}} & (0 \leqslant x \leqslant 0.2) \\ 0.3h\left[1 - \dfrac{d_0}{h}\right] & (0.2 \leqslant x \leqslant 2) \end{cases} \tag{11.55}$$

$$x = 0.2\text{LAI} \tag{11.56}$$

$$h = 9.30\,\frac{\text{LAI}}{f_c} - 0.23(\text{cm})(\text{小麦}) \tag{11.57}$$

式中,土壤表面粗糙度 h_s 的取值范围为 0.005~0.02m,叶面积指数 LAI 和植被覆盖度 f_c 可由植被指数 NDVI 参数化获得。

对于受下垫面特性、大气环流特征和地表热动力状态影响较大的热传输粗糙度高度估计,则可表示为动力学传输粗糙度 z_{0m} 的函数:

$$z_{0h} = z_{0m}/\exp(kB^{-1}) \tag{11.58}$$

上式中的 B^{-1} 是 Stanton 数的倒数,为无量纲的热传输系数。为估算 kB^{-1} 的值,SEBS 发展了下列模型:

$$kB^{-1} = \frac{kC_d}{4C_t\,\dfrac{v_*}{v(h)}(1-e^{-n_{ec}/2})}f_c^2 + 2f_cf_s\,\frac{k[v_*/v(h)]\cdot[z_{0m}/h]}{C_t^*} + kB_s^{-1}f_s^2 \tag{11.59}$$

式中,f_s 是土壤覆盖度$(1-f_c)$;C_d 是叶片拖曳系数(0.2);C_t 是叶热传输系数且取值范围为$(0.005 \leqslant C_t \leqslant 0.075)$;$v(h)$是冠层高度处的水平风速;$n_{ec}$为冠层内风速廓线,土壤的热传输系数则可表示为

$$C_t^* = pr^{-2/3}\text{Re}_*^{-1/2} \tag{11.60}$$

式中,pr 是普郎特数(0.71)。粗糙度雷诺数表示:

$$\text{Re}_* = h_s v_*/\nu \tag{11.61}$$

式中,h_s 是土壤的粗糙度高度;ν 是空气运动黏滞系数。

5) 潜热通量

SEBS 用地表能量平衡指数法来确定蒸发比进而获得地表潜热通量。根据地

表能量平衡原理，在土壤水分亏缺的干燥地表环境下，由于无可用土壤水分供给蒸发，潜热通量（或蒸发）约为零，这时感热通量达到最大值，即

$$\lambda E_{\mathrm{dry}} = R_{\mathrm{n}} - G_0 - H_{\mathrm{dry}} = 0$$

$$\text{或 } H_{\mathrm{dry}} = R_{\mathrm{n}} - G_0 \tag{11.62}$$

式中，H_{dry}为干燥地表环境下的感热通量。而在土壤水分充分供应的湿润地表环境下，蒸发达到最大值，这时感热通量则为最小值，即

$$\lambda E_{\mathrm{wet}} = R_{\mathrm{n}} - G_0 - H_{\mathrm{wet}}$$

$$\text{或 } H_{\mathrm{wet}} = R_{\mathrm{n}} - G_0 - \lambda E_{\mathrm{wet}} \tag{11.63}$$

式中，H_{wet}、E_{wet}分别为湿润地表环境下的热量通量和潜热通量。相对蒸发则可表示为

$$\Lambda_r = \frac{\lambda E}{\lambda E_{\mathrm{wet}}} = 1 - \frac{\lambda E_{\mathrm{wet}} - \lambda E}{\lambda E_{\mathrm{wet}}} \tag{11.64}$$

于是，结合能量平衡方程并将式(11.60)和式(11.61)代入式(11.62)，那么相对蒸发可表示为

$$\Lambda_r = 1 - \frac{H - H_{\mathrm{wet}}}{H_{\mathrm{dry}} - H_{\mathrm{wet}}} \tag{11.65}$$

根据地表能量平衡指数(surface energy balance index，SEBI)的定义，式(11.65)右边两项即为SEBI。定义蒸发比Λ为实际蒸散与可用能量的比值，即结合式(11.64)与SEBI的定义，得

$$\Lambda = \frac{\lambda E}{R_{\mathrm{n}} - G} = \frac{\Lambda_{\mathrm{r}} \cdot \lambda E_{\mathrm{wet}}}{R_{\mathrm{n}} - G_0} = (1 - \mathrm{SEBI})\frac{\lambda E_{\mathrm{wet}}}{R_{\mathrm{n}} - G} \tag{11.66}$$

获得蒸发比后，则可利用上式求得实际的潜热通量：

$$\lambda E = \Lambda(R_{\mathrm{n}} - G_0) = (1 - \mathrm{SEBI})\lambda H_{\mathrm{wet}} \tag{11.67}$$

11.5 区域日蒸散发计算方法

地表各通量在一天内变化较大，然而潜热通量λE与净辐射通量R_{n}和土壤热通量G_0之差（或潜热通量λE与感热通量H之和）的比值$\frac{\lambda E}{R_{\mathrm{n}} - G_0}$，却相对稳定。它表示潜热通量$\lambda E$在地表与大气能量交换中所占的比例(Capaeeini et al.，2003)（地表与大气能量交换包括潜热通量λE和感热通量H），这个比值就是蒸发比(Λ)。

根据上述计算的能量平衡各分量，获得了净辐射R_n、感热通量H、潜热通量λE和土壤热通量G_0后，蒸发比Λ就可以通过下式求得

$$\Lambda = \frac{\lambda E}{R_n - G_0} = \frac{\lambda E}{\lambda E + H} \tag{11.68}$$

当 $H=0$ 时,则 $\Lambda=1$(water surface)。当 $\lambda E=0$ 时,则 $\Lambda=0$ (dry land surface)。

由于显热通量和潜热通量在一天中的不同时刻波动较大,所以公式:

$$\lambda E = R_n - H - G_0 \tag{11.69}$$

只适于计算瞬时蒸发量。而对于全天蒸发量,瞬时蒸发比等于全天蒸发比,即

$$\Lambda_{\text{inst}} = \Lambda_{\text{day}} \tag{11.70}$$

同时,土壤热通量在白天增加而在夜间释放,相互抵消。计算日蒸发量的公式为

$$E_{\text{day}} = \frac{8.64 \times 10^7 \Lambda_{\text{inst}} \times R_{\text{nday}}}{\lambda \cdot \rho_{\text{w}}} \tag{11.71}$$

式中,$\lambda=2.47\times10^6$ J/kg;$\rho_{\text{w}}=1000$kg/m^3。

因此,简化后的日蒸发量公式为

$$E_{\text{day}} = \frac{\Lambda \times R_{\text{nday}}}{28.588} \tag{11.72}$$

思考题:

1. 陆面蒸散包括哪几部分?简述它在维持地表水热平衡过程中的作用。
2. 地表能量平衡分量有哪些?弄清楚各个分量的物理意思,掌握能量平衡方程。
3. 解释热导率、热容量和导温率的含义,分析它们各自与土壤水分含量的关系。
4. 阐述表面能量通量各个指数。
5. 理解 SEBAL 和 SBES 模型计算区域蒸散发的流程。

第12章　城市遥感

12.1　城市遥感概述

居民地是人与自然相互作用的产物，是人类从事生产、生活和集聚定居的场所，是自然景观、建筑景观和文化景观的综合体。居民地按其大小和性质可以分为城镇和乡村。居民地的空间分布与区域人口、经济、财产的空间分布具有较强的空间相关关系，它为人口、经济和财产等社会经济统计数据的空间化提供了基本的骨架。

随着经济的发展和人口的增长，居民地的面积不断扩大，内部结构逐渐复杂化，因而及时、准确地掌握这种转变所发生的位置和强度，对协调人地关系、合理利用土地资源具有极其重要的意义，也为灾害评估、城镇扩展和环境变化等研究提供了必要的基础信息。居民地遥感就是用遥感的手段及时、准确获取居民地空间分布和内部结构等信息。

1. 城市遥感概述

城市遥感是居民地遥感的重要组成部分，是一个新兴的遥感研究领域。

最初，城市遥感是以航空遥感为主，但随着航天遥感技术的进步，特别是传感器性能的提高，使得越来越多的学者关注航天遥感在城市遥感的应用。航天遥感图像空间分辨率的提高，使得航天遥感在大尺度研究同时，也满足了城市遥感在精度方面的需求。另外，机动灵活而且关注细节的机载遥感系统可以与航天遥感实现互补，更加广泛地应用到城市遥感研究中。

城市景观组成结构复杂，并具有三维结构，因此在城市遥感的应用中需要根据所需完成的任务考虑分辨率、遥感影像及地图数据的比例尺。如要对单一住宅、道路等进行详细探测，需要1∶1000～1∶5000的大比例尺数据；若要以整个城市为研究目标，则需要1∶10 000～1∶25 000的中等比例尺数据；而如果只关心城市及其周边区域，并不关注城市内部在细节方面的变化，小比例尺数据(1∶50 000～100 000)则最为适合的。

另外，为了有效地提取城市的复杂信息，需要改进影像分析和解译手段，引入新的分类与图像处理方法。

2. 城市遥感的特点

城市遥感作为遥感应用的年轻领域，在较短的时间内得取得了极大的发展。

城市遥感主要具有如下特点：

1）动态与变化

城市发展的过程与机理与其他动态事物相比具有更大的复杂性，是一个区域空间、社会、经济、文化等发展过程相互整合的动态过程，是有形变化和无形变化的结合。城市多因子复杂动态变化过程与遥感的多平台、多传感器、多角度数据特点相符合。

2）综合性

城市作为人类活动的主体，涵盖众多方面的内容。这些内容既有自然的，又有人文的；既有静态的，又有动态的；即有微观的，又有宏观的。

3）城市变化的快速性

城市化的迅速发展使得城市形态和面貌不断发生变化，这主要表现为城市规模不断扩大、城市新旧建筑更新迅速、城市内部组成结构变动剧烈等。其中，城市扩张的速度尤其值得人们关注。这使得遥感监测周期短的优势尤为重要。

4）城市下垫面组成物质的复杂性

城市下垫面的组成物质比较复杂，既有人为主导的由沥青、水泥、混凝土、钢铁等构成的纯粹的城市表面，又有水体、植被甚至农田等以自然属性为主的表面。从遥感上来讲，城市下垫面的复杂性会造成城市内部在地表发射率、反射率、光谱特征、热性质等表面性质上差异很大。

5）城市面貌受人为活动影响大

由于人类的大量参与，一般情况下城市面貌的演变并不遵循自然规律，其更新速度和变化幅度远远超出自然演变的速度和幅度，而且这种变化不易调控与预测，这就给城市的遥感监测与预测带来了很大的困难。

6）城市内外物质能量交换频繁

城市中由于巨大的人口规模和占地规模，使其内部及与外界之间需要发生持续、频繁的物质能量交换，包括人流、物流、能流、信息流等的交换，这种广泛的、大规模的物质能量交换必然伴随一系列复杂的物理化学及生态过程，也给城市遥感带来了一些困难。

3. 城市遥感的主要研究领域

1）城市三维测量

城市的高精度三维数据，对城市的数字化管理和突发事件的应急处理有重要的意义。传统的三维数据获取的方法是基于摄影测量的立体观测技术，这种方法获取的三维数据密度和精度有限。近年来，出现了一些能直接地、较为精确地获取地表的三维数据的非立体摄影测量新技术，例如，干涉雷达技术、GPS 技术、激光雷达技术。激光雷达技术在获取地面三维信息已经得到一些应用，具有很好的发展前景，本章将在第 12.2 节对其进行详细描述。

2）城市结构要素获取

城市可以分解为许多结构要素，包括道路、绿地、建筑和水体等构成城市的单位。在城市遥感的应用中，对城市道路信息提取、城市绿地遥感测量、城市热岛遥感监测和城市景观形态测量的遥感监测等问题研究比较深入。本章将在第 12.3 节结合实例进行阐述。

3）城市土地利用/土地覆盖遥感测量

城市的人为活动强烈，土地利用/土地覆盖变化速度快，同时也产生了一系列对人类生存和可持续发展不利的影响。所以快速获取城市土地利用/土地覆盖及其变化信息，对城市生态环境进行监控，是城市可持续发展的重要保证。本章第四节将对城市土地利用/土地覆盖遥感测量方法进行讨论。

4）城市扩展的遥感监测与模拟

城市扩展特别是城市边缘区土地利用/土地覆盖变化过程，其空间特征和发生机制，成为国际上城市地理、土地利用等研究领域的热点问题之一。人们试图用模型来揭示城市用地形成和演化的内在和外在的驱动机制，比较不同类型城市扩展的特征及其差异。本章第五节对将对城市扩展模型和遥感在其中的应用进行详细介绍。

12.2 城市三维测量

12.2.1 机载 LIDAR 系统的组成和原理

机载 LIDAR(light detection and ranging)系统，也称机载激光扫描测图系统，是一种主动式的现代光学遥感系统，能直接获得高精度三维地表地形数据，是对传统摄影测量技术在高程数据获取及自动化快速处理方面的重要补充。在城市三维测量应用中，机载 LIDAR 系统已经有较好的应用和发展前景。

LIDAR 系统组成：

机载 LIDAR 系统主要包括：①动态差分 GPS 接收机，用于确定扫描投影中心的空间位置；②姿态测量装置(inertial measurement unit，IMU)，用于测量扫描装置主光轴的空间姿态参数；③激光扫描测距系统，用于测量传感器到地面点的距离；④一套成像装置(主要是数码相机)，用于获取对应地面的彩色数码影像(陈松尧等，2007)。

机载 LIDAR 系统的原理：

激光测距的基本原理是利用光在空气中的传播速度，测定光波在被测距离上往返传播的时间求得距离值。由于激光具有方向性好、单色性好、相干性好等特点，不易受大气和日光的影响，所以设一个脉冲在一段距离上往返传播时间为 t，待测定距离可表示为

$$D = \frac{1}{2}ct$$

式中，c 为光波在真空中的传播速度，约为 300 000km/min；t 为该脉冲传播时间（陈松尧等，2007）。

在 LIDAR 系统中，结合动态差分 GPS 得到的激光器位置坐标信息，IMU 得到的激光方向信息，就可以准确地计算出每一个激光反射点的大地坐标 X、Y、Z，我们把这些点叫作激光脚点（朱士才，2006）。

一束激光脉冲一次回波只能获得航线下方一条扫描线上的信息，为了获得一系列激光脚点的距离信息，需要用一定的扫描方式进行作业。图 12.1① 就是一种常用的 Z 字形纤维光学阵列扫描。

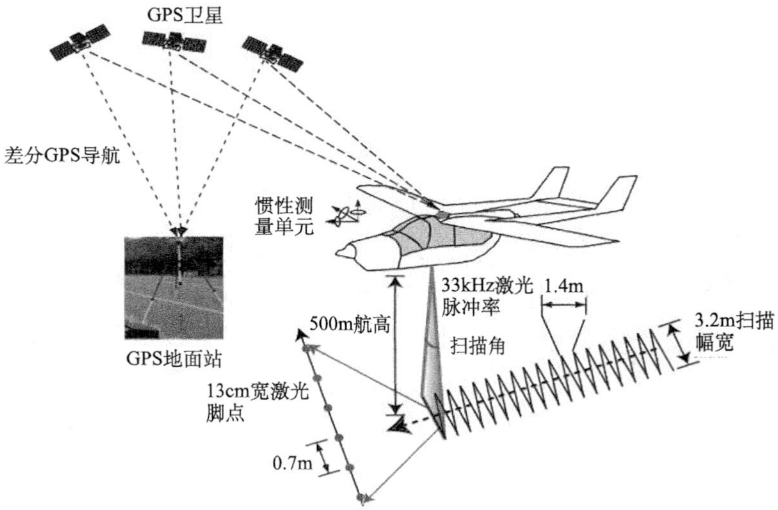

图 12.1　机载激光雷达系统组成

12.2.2　机载 LIDAR 系统的优势和数据特点

机载 LIDAR 系统的优势：

（1）全天候作业。机载 LIDAR 系统靠本身对地面目标发射激光，然后接收地面上目标的后向散射进行运作（李英成，2002），所以不受阴影影响。

（2）抽样频率高。LIDAR 发出激光脉冲可每秒生产 1000 个高程数据点，密度远大于传统的地面测量方法。利用高抽样率的 LIDAR 技术，可以快速完成大区域的地面三维数字地形数据的测量，同时产生格网间隔为 1m 或更小的 DTM

① 图 12.1 出自 http://www.isprs.org。

（数字地面模型）数据。

（3）作业效率高。数据获取速度快，机载 LIDAR 系统在 12 个小时内能够测量 1000km 面积大小的区域；数据处理效率高，在飞行的 24 小时之内，就可以获得 DTM 数据。

（4）数据精度高。高程数据的绝对精度可达到 15cm，*X* *Y* 数据的绝对精度取决于工作参数，如飞行高度，但通常是在 10cm 到 1m 范围内。

LIDAR 系统激光脚点的数据分布并不规则，在三维空间中为大量随机分布的离散数据点被称为“点云”，如图 12.2[①] 所示。原始数据如表 12.1[②] 所示，一般格式为 *X*、*Y*、*Z* 和反射强度值。此外，LIDAR 数据还具有以下特点：

（1）缺少光谱信息，反射信号强度是一个有用的信息源，但它只简单地反映了地表物体对激光信号的响应；

（2）数据扫描带中数据分布不均匀，即不同位置的光斑密度不同；

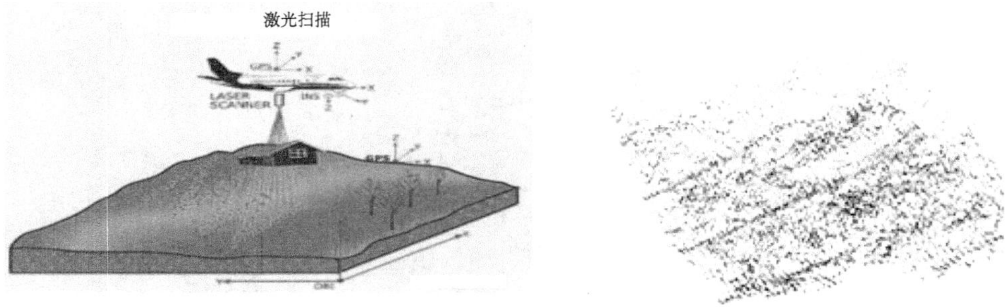

图 12.2　LIDAR 数据点云

表 12.1　LIDAR 原始数据

X	*Y*	*Z*	反射强度
493 658.10	5 420 983.18	384.57	45
493 657.77	5 420 981.80	371.94	190
493 658.07	5 420 985.52	382.49	12
493 657.79	5 420 984.40	371.82	261
493 658.06	5 420 987.77	381.54	5
493 657.81	5 420 986.76	371	

① 图 12.2 出自 http://www.isprs.org。

② 表 12.1 出自 http://www.isprs.org。

(3) 扫描条带覆盖面积较小,不同扫描条带间存在着数据缝隙;

(4) 同名点获取困难,影响匹配等数据处理。

LIDAR 激光脚点中,有些点位于真实地形表面,有些点位于建筑物或植被上。这些点直接构成了 DSM(数字表面模型)。如图 12.3 所示。

图 12.3　LIDAR 的激光脚点构成的城市 DSM(KLCC,马来西亚)

从激光脚点数据点云中提取数字地面高程模型需要将其中的地物数据点去掉,这就是所谓的激光测高数据的滤波。研究如何从纷繁复杂的数据点云中分离出地真实地形表面激光脚点数据子集以及将不同地物(包括房屋、道路、植被等)的激光脚点数据子集进行区分,就是地形地物提取与分类。只有对 LIDAR 数据进行分类和提取后,才可以建设 DEM(数字高程模型),再进一步生成 DTM(数字地面模型),同时对各类城市地物进行三维重建,才能在城市的数字化管理中发挥着巨大的作用。

12.2.3　LIDAR 的城市应用

遥感得到的 LIDAR 数据经过系统的计算机处理,通过地理信息系统展现在用户面前,在许多领域应用中发挥重要作用,具有十分广阔的前景。

(1) 生产 DTM、DSM 和 DCM(数字城市模型)作为地形测量、数字地球或地理信息系统的相应产品。

(2) 三维数字城市模型对城市资源的三维管理和规划建设十分重要,包括管道线路铺设、中继天线位置设计以及城市微环境和污染传播的检测等方面都有应用。

(3) 机载 LIDAR 系统能精确测绘没有阴影的城市环境图。

(4) 用于城市灾害及突发事件的快速测量。洪水、地震、海啸、爆炸甚至恐怖主义等突发事件要求快速测量。机载 LIDAR 系统是获取事发区域地表数据最快捷的技术,可为灾害的评估、灾后的恢复、重建的规划、灾害保险等目的服务。美国 9·11 事件后就曾用激光 LIDAR 对灾难现场进行三维数据快速获取工作(图 12.4[①])。

图 12.4　美国 9·11 前后的数字表面模型

12.3　城市结构要素的提取

12.3.1　城市道路信息提取

城市道路包括全市性干道、高速道路、工业区道路和居住区道路,不包括各类广场和停车场用的以及小区内部的道路。

遥感影像道路信息提取的研究一直是遥感图像自动识别研究中一个活跃的研究主题。判别城市道路的主要依据为光谱特征和道路的线性形状特征。城市道路的反射率主要受铺面材料的影响,也受路面适用磨损状况和不同覆盖类型的影响,通常,城市道路在真彩色航空遥感照片中表现为白绿混杂的呈线性的图斑,而与道路图斑光谱特征相似的主要干扰地物(如与道路铺面材料相同的屋顶等)均不具有线性特征。所以,在道路的自动识别时,根据初步提取后符合道路光谱特征的所有图斑,通过形状特征即可剔除干扰地物,如图 12.5 所示。

道路信息的提取方式分为自动特征提取和半自动特征提取两类。

道路特征自动提取包括道路特征的自动识别和几何特征的自动定位。已有的各种道路影像特征提取方法,基本思路大致是将影像道路的提取分解为道路影像的特征增强、道路种子点的确定、将种子点扩展成线段以及确认线段并连接成道路网四个步骤。目前已经能够做到把道路影像从其他地物影像中分割出来甚至能区

① 图 12.4 出自 http://www.fs3s.com。

分道路类型。对于不同类型的影像,采用不同的提取方法。

道路特征半自动提取即利用人机交互的形式进行特征识别和提取。这种方法是首先人工提供初始道路点,即种子点,有时还提供初始方向,然后再由计算机进行处理,同时适当进行人机交互对道路进行的识别。这些方法的基本原理是在靠目视判读找到道路特征和种子点的基础上利用计算机的自动化方法提取道路图形信息,即道路中心线(对于小比例尺影像)或道路边界线(对于大比例影像)的信息。

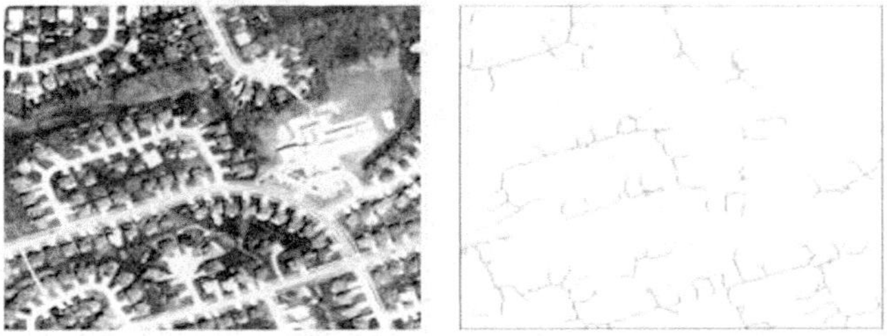

图 12.5 IKONOS 1m 分辨率影像城市线状地物提取

12.3.2 城市绿地遥感测量

城市绿地是城市生态系统中的一个重要的子系统,起着调节城市气候、净化城市空气,改善城市环境的作用,因此城市绿地监测和调控成为现代城市管理中的一项重要内容。20 世纪 80 年代中期以来,航空遥感图像逐渐广泛地在城市植被的调查和分析中得到应用,上海、北京等城市都进行了多轮航空遥感绿化调查。近年来,利用 TM 数据和 SPOT 数据进行城市绿地检测也较为广泛。

目前遥感技术在绿地监测领域主要集中在两个方面:①城市绿化格局的监测;②城市绿量及生态服务价值计算。

1. 城市绿化格局的监测

城市绿化格局包括城市绿地的覆盖面积和分布格局。城市绿地只能达到一定覆盖面积以上,并且有较好的分布格局才能产生良好的生态效应。运用遥感的手段可以快速提取城市绿地分布及结构信息。黄慧萍等通过真彩色航空相片,对大庆市城区的绿地进行了功能分类,包括公共绿地、居住绿地、单位绿地、道路绿地、防护绿地和生产绿地六类,分布如图 12.6 所示。该研究还对每一功能类进行了结构分析,结果如表 12.2 所示。

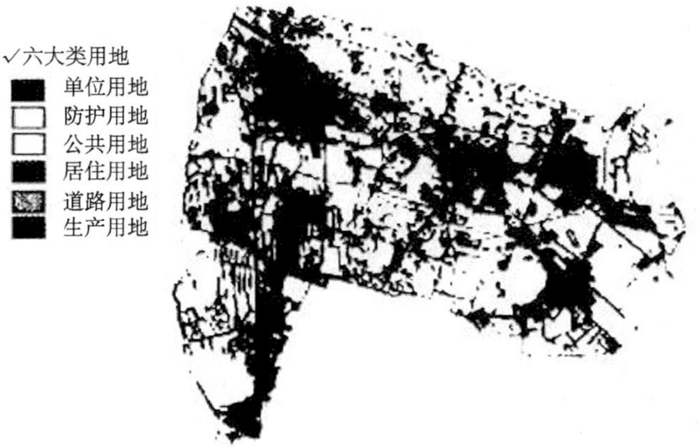

图 12.6 大庆市城市绿地功能分类

表 12.2 大庆市绿地结构分析

类别	绿地面积		绿地率	绿化覆盖面积		绿化覆盖率	人均绿地面积	乔木	灌木	人工草地
	/hm²	/%	/%	/hm²	/%	/%	/(m²/人)	/hm²	/hm²	/hm²
公共绿地	563.420	9.91		563.420	10.34		7.779	92.719	1.656	137.535
居住绿地	1239.795	21.81	24.92	1219.161	22.37	24.50		313.676	48.055	878.005
单位绿地	2248.903	39.56	30.48	2197.203	40.31	29.77		658.519	46.306	1539.074
道路绿地	213.072	3.75		206.995	3.80			116.120	2.229	93.686
防护绿地	1372.534	24.15		1221.897	22.42			1249.586	2.132	59.579
生产绿地	46.582	0.82		42.460	0.78			33.788	0.000	12.223
总计	5684.307	100.00		5451.136	100.00			2464.408	100.378	2720.102

2. 城市绿量及生态服务价值计算

城市绿化的生态环境效益不仅取决于绿化的覆盖面积，而且取决于绿化的空间结构。例如，就吸碳产氧的功能而言，成龄乔木林的平均日吸碳产氧量约相当于同面积草坪的 3 到 5 倍；就降噪音而言，乔、灌、草结合（高叶面指数）的篱障阻挡和吸收噪声的功能又大大高于同样厚度的单纯乔木篱障。城市绿量就是一种能够描述城市绿化三维空间结构的指标，是为定量研究城市绿化的结构和定量评价城市绿化生态价值而设计的。城市绿量的测算过程主要是在高分辨率遥感像片上判读和测定树种、覆盖面积、株数、结构类型等特征数据和平面量，再利用实地测量数据，通过计算机模拟计算冠径、冠高，进而求取绿量。周坚华等（2001）用彩红外航片通过上述方法对上海市的绿量进行了测算，得到了该城市的相对绿量分布图，如图 12.7 所示。

图 12.7　上海市相对绿量分布示意图

12.3.3　城市的灯光指数计算

美国军事气象卫星 DMSP(defense meteorological satellite program)上搭载的 OLS(operational linescan system)传感器(以下简称 DMSP/OLS)为大尺度的城市研究提供了一种新的数据获取手段。DMSP/OLS 有别于利用地物对太阳光的反射特性进行检测的 LANDSAT 和 SPOT 传感器，该传感器可以在夜间工作，能够测到城市灯光甚至小规模居民地、车流等发出的低强度灯光，同时具有与 AVHRR 相当的空间和时间分辨率，比较适合大尺度城市进程的动态检测(何春阳，2006)。

灯光指数 CNULI(compounded night light index)是利用 DMSP/OLS 非辐射定标夜间平均灯光强度图像在区域上的扩展特征和聚集特征构建的反映区域城市化综合水平指数，其具体意义为去除噪声后，某区域内灯光斑块的平均相对灯光强度与灯光斑块面积占总区域面积比的乘积。

基于 DMSP/OLS 的城市灯光指数计算公式如下：

$$\mathrm{CNLI} = I \times S \tag{12.1}$$

式中，CNLI：灯光指数；I 表示研究区内相对平均灯光强度；S 表示灯光斑块面积与区域面积之比。

$$S = \frac{\mathrm{Area}_N}{\mathrm{Area}} \tag{12.2}$$

$$I = \frac{1}{N_L \times \mathrm{DN}_M} \times \sum_{i=6}^{\mathrm{DN}_M} (\mathrm{DN}_i \times n_i) \tag{12.3}$$

式中，DN_i 表示区域内第 i 级像元灰度值；n_i 为区域内该灰度级像元总数；DN_M 为最大可能灰度值（该数据产品的最大灰度值为 63）；N_L、Area_N 分别为区域内满足条件 $\mathrm{DN}_M \geqslant \mathrm{DN} \geqslant P$ 的像元总数和占据的总面积；P 为误差判定阈值，即该像元灰度值小于 P，则认为该像元为误差像元；Area 为整个区域面积。

相关研究（何春阳，2006；卓莉，2003）分别在省级和县级尺度上对 CNLI 与基于统计数据的城市化水平复合指标做了相关分析，结果表明 CNLI 与基于统计数据的城市化水平复合指标显著相关。

城市灯光指数克服了只基于统计数据研究城市化现象中固有的主观、滞后、费时费力等问题，相对来说比较客观、简便，可以在较大范围上快速获取数据，具有较高的区际及年际可比性。因此，城市灯光指数的构建为区域城市化水平的快速测量提供了一个切实可行的指标。

12.3.4 城市热岛效应监测

城市热岛效应是指城市范围内温度高于周围地区，城区温度高、郊区低，城市宛如“热岛”的现象。国内外的研究表明，近十年来许多大中城市的城市热岛现象有明显加剧的趋势。形成“城市热岛效应”的原因是多方面的，主要有城市人口和工业的聚集、城市工业及居民生活大量耗能、城市特殊下垫面性质和地形等因素。

遥感技术主要是通过热红外波段的数据研究城市热岛效应。可以通过对多年的城市 Landsat TM、ASTER 等热红外遥感影像进行定量反演，求算与城市热岛现象相关的城市地－气界面的多个参量，如植被覆盖度、地表比辐射率、大气透射率等。最为直接的是通过遥感反演得到城市地表真实温度的空间分布，以研究城市热岛的时空演变趋势和空间分布特征。

以北京市热岛效应研究为例[①]。该研究利用 LANDSAT TM 数据，运用单窗算法得到北京市 1997 年、2001 年和 2004 年的城市地面温度值。又于 2004 年通过在北京市区的主要城市功能区和郊区开展星－地同步观测，获取了一系列的参量数据，对遥感反演结果进行验证。结果显示利用遥感方法反演的城市地表温度与实测地表温度和近地表大气温度之间存在着良好的一致性。

结果显示，北京市市中心区域是城市热岛的热极中心，近郊区连片形成多个热岛中心，另外有小片热岛区域位于城市南部、城市西部的大规模工业区内。通过北京市热岛的面积和分布来看，北京夏季城市热岛效应有逐年增强的趋势(图 12.8)。

① 胡华浪．北京城市夏季热岛遥感监测及其相关因子分析．北京师范大学资源学院 2005 级硕士生论文。

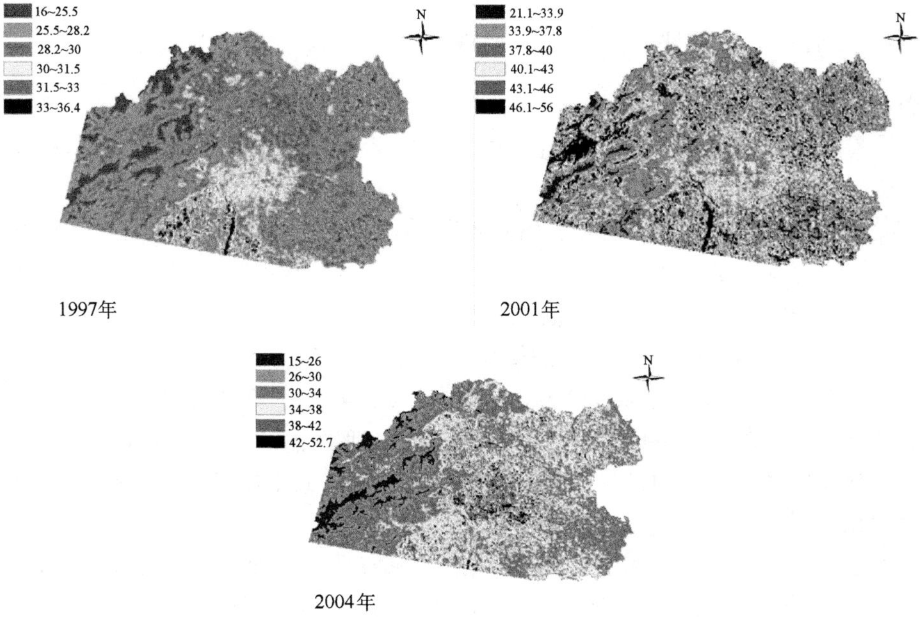

图 12.8　1997 年、2001 年和 2004 年北京市夏季地面温度值分布图

12.4　土地利用/土地覆盖遥感测量

12.4.1　城市土地利用/土地覆盖遥感测量概述

土地利用/土地覆盖变化(land use/cover change，LUCC)是目前全球变化研究的核心主题之一。土地利用是指人类有目的地开发利用土地资源的一切活动，如农业用地、工业用地、交通用地、居住用地等；而土地覆盖则是指地球表面当前所具有的自然和人为影响所形成的覆盖物，包括地表植被、湖泊、道路、建筑物等。

当前，城市土地利用共分为十个大类，分别是：居住用地、公共设施用地、工业用地、仓库用地、对外交通用地、道路广场用地、市政公用设施用地、绿地、特殊用地、水域和其他用地。在实际工作中会根据不同的应用需要，对相应类型的城市土地利用/覆盖信息进行提取，然后绘制出土地利用现状图，通过多时相的遥感数据进行土地利用/覆盖变化的动态监测，绘制出土地利用演变图，并测算研究区域内各种用地的面积、分布、变化情况及发展趋势。这些资料对于城市的规划和管理有着重要的意义。

通过遥感数据进行城市土地利用/覆盖分类信息提取的方法以及动态监测的

方法将在下面两个小节中详细介绍。

12.4.2 城市土地利用/土地覆盖分类信息提取的主要方法

1. 传统分类方法

传统的土地利用/土地覆盖遥感分类技术分为图像目视解译分类技术和计算机自动分类技术。

最先出现的土地利用/土地覆盖遥感分类技术是图像目视解译分类，这种方法充分利用了判读人员的先验知识，分类的灵活性较好，但存在定位不准确，效率较低下，可重复性差，存在个人差异的缺陷。

随着计算机模式识别技术在遥感领域中的广泛应用，出现了计算机遥感图像的自动分类技术，主要有监督分类方法和非监督分类方法两类，分类原理主要是利用分类地物的光谱信息，基于像元的光谱差异，对地物进行分类。计算机自动分类虽然效率较高，但对于"同谱异质"和"同质异谱"的现象不能做较为理想的处理。

2. 面向对象的分类方法

随着传感器空间分辨率不断提高，遥感影像表现出更加丰富的纹理信息，地物的形状、尺寸和相互关系更加明确，这使得目视解译分类更加容易，但却对于传统的计算机自动分类方法提出了挑战。因为空间分辨率的提高，通常伴随着辐射分辨率的降低。像元光谱信息的减少，使建立在像元光谱分析基础上的传统计算机分类精度下降。另外这种对影像进行逐像素分类的方法，还会产生"椒盐效应"。引入图像分割技术的面向对象分类方法在一定程度上可以克服传统计算机自动分类方法的局限。

面向对象分类法进行计算的单元不是像元，而是影像对象。这种方法首先通过分割算法，把影像分割为同质像元组成的，大小不同的影像对象。由于影像对象内部的光谱差异很小，因此可以忽略影像对象的纹理等空间信息，而利用影像对象的空间特征和光谱特征来进行分类①。

图 12.9 是同一幅影像，左边是经过影像分割，形成影像对象的影像，右边是没有分割过的图像。通过比较，像素通常只包含 3 种信息：光谱值、位置与大小。而影像对象所包含的信息则更加丰富，从概念的角度来看，影像对象的属性信息可以分为 3 类：①固有的属性信息，指对象的物理属性，由真实地表物体与成像状况（传感器与太阳辐射）所决定，如颜色、纹理与形状；②拓扑的属性信息，即描述对象之间的几何关系或对象与观察窗的几何关系，如描述在对象左侧、右侧与之相邻的其他对象的信息，对象在影像中所处位置；③环境的属性信息，即描述对象语义关系的信息，如城市绿地是为城区所包围的区域。

① eCognition user guide 4:5。

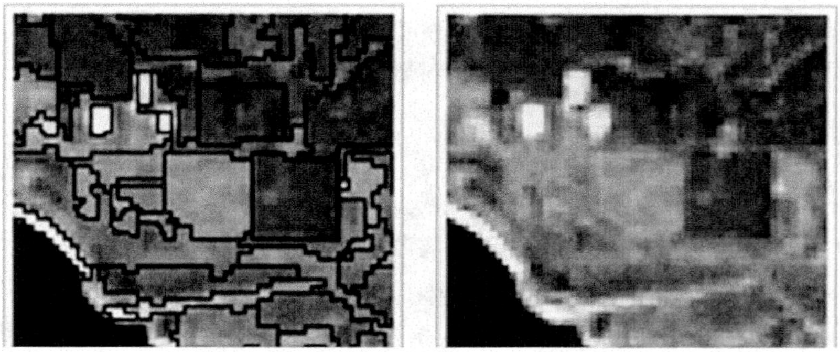

图 12.9　面向对象图像分析与基于像元图像分析的信息比较

面向对象的方法充分利用了遥感影像的光谱信息和空间信息，并引入邻近关系等上下文信息，这些丰富的信息使得不同地类的语义差异更加明显。同时，整个处理过程更符合人类认知事物的过程，为提高信息提取的精度提供了条件。

12.4.3　城市土地利用/土地覆盖变化的动态监测方法

目前，已经有许多基于遥感的城市土地利用/土地覆盖时空变化信息获取的方法。但他们共同的基础都是对多时相遥感影像进行处理，提取所需的信息。

利用多时相遥感影像进行变化检测时，由于太阳光照条件、大气吸收和散射、传感器响应等差异造成了地表景观的一些“伪变化”信息（图 12.10），要检测出真实的地表景观变化，必须控制和减少这些信息。

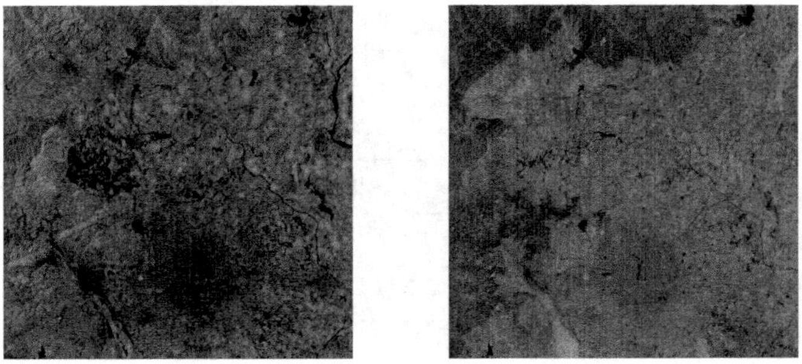

图 12.10　未经过相对辐射归一化的多时相遥感影像

通过选择同一时相的高质量遥感数据可以减少植被物候差异和太阳高度角度差异造成的影响，但这在实际的数据获取过程中由于各种因素的制约往往难以实现。这就需要对多时相的遥感数据进行有效地辐射归一化处理，减少各种干扰因素的影响。在进行辐射归一化之前，必须先对影像进行几何校正和配准，它们是多时相遥感信息识别的基础，也是遥感数据相对辐射归一化的前提。

常用的辐射归一化方法有两种：绝对辐射归一化和相对辐射归一化。绝对辐射归一化是将每幅影像的灰度值都转换成地表反射率，转换过程中需要用到大量的卫星同步观测数据进行精确的大气校正和传感器校正，而这些数据既昂贵又很难获得；相对辐射归一化是基于同一区域多时相影像相同波段的灰度值存在线性关系的假设提出的，基本过程是选定一幅参考影像，然后将其他时相影像的灰度值逐波段地归一化到参考影像，使多时相影像具有相同的辐射尺度(或辐射分辨率)，从而避免了将每幅影像的灰度值都转换成反射率的复杂计算。图 12.11 是经过相对辐射归一化的多时相遥感影像。

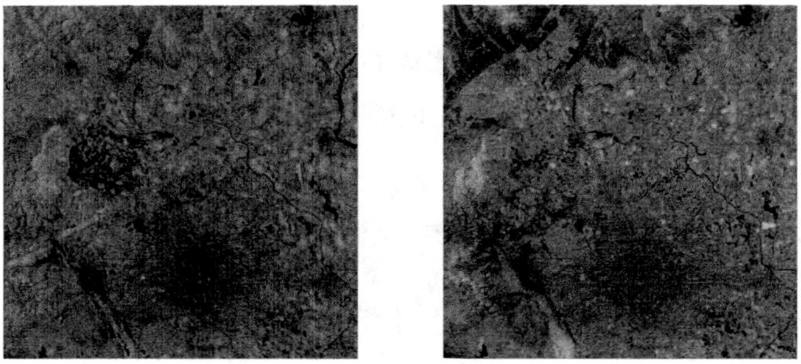

图 12.11　经过相对辐射归一化的多时相遥感影像

土地利用/土地覆盖变化信息的提取技术的一般流程如图 12.12 所示。

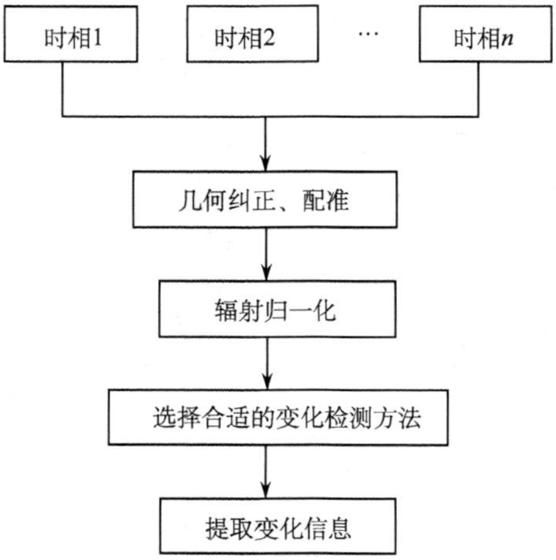

图 12.12　土地利用/覆盖变化信息提取技术流程

12.4.4　遥感在城市信息变化的动态监测应用中的不足和补充

尽管许多土地覆盖变化信息可以直接通过不同时相的遥感影像比较得出，但有些细微的土地覆盖变化由于传感器灵敏度的限制或其他因素(如大气干扰)的影响，可能无法探测到，而且有些历时短暂的土地覆盖变化过程则可能由于未能及时获取当时的影像而遗漏。所以只有选择具有更高光谱分辨率、空间分辨率、波谱分辨率和时间分辨率的传感器的数据，才能取得较为满意的测量结果。

另外，遥感手段目前做出的动态变化结果虽能反映一定实际的变化方向和趋势，但定量化研究还不够。在这种情况下，可以先用遥感手段发现变化的类型与发生地，起到一个指示的作用，然后利用GPS到实地进行调查、检测、定位与测量，同时检测遥感的精度，将先进的遥感技术与传统的调查手段相结合，以便更好地服务于土地利用动态监测任务。

12.5　城市扩展的遥感检测与模拟

12.5.1　城市扩展模型概述

城市扩展模型是通过研究城市内部和外部相互作用机制，模拟城市规模和形态的变化规律建立的模型，该模型可以对未来城市扩展进行预测。在城市化发展迅猛的今天，建立动态的城市扩展模型来描述、模拟和分析城市的复杂动态行为已经成为我们研究城市问题的当务之急。

城市扩展模型可以简单分为单中心扩展和多中心扩展两种。

1. 单中心扩展

单中心扩展是城市扩展模型中最简单的模式，其又可以分为单中心集中式扩展、单中心辐射式扩展和带形扩展。

单中心集中式扩展形式简单，又可以称为周边式扩展(图12.13)。这种扩展表现为同心圆形式和扇形形式的外延，具有两个基本特征：一是在空间上大多没有方向性选择，近似均匀的向四周蔓延扩展；二是在时间上有一定的顺序，随时间的推移，在城市边缘区外向扩展过程中具有非常明显的“年轮”现象。

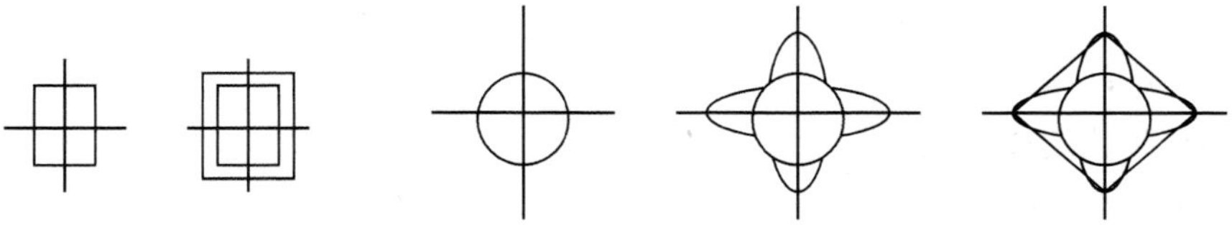

(a)　　(b)

图12.13　单中心集中式扩展

单中心辐射式扩展，即点轴式扩展（图 12.14），是指城市扩展沿交通干线扩展速率远大于其他方向的扩展速率，最后延交通线形成若干经济发展轴带。

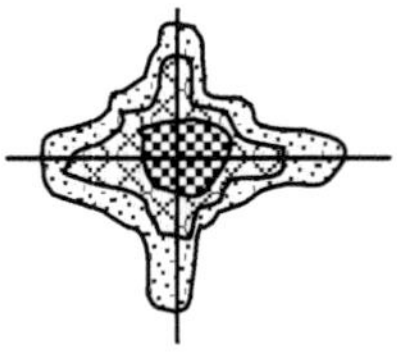

图 12.14 单中心辐射扩展
（刘盛和，2001；郭永昌等，2004）

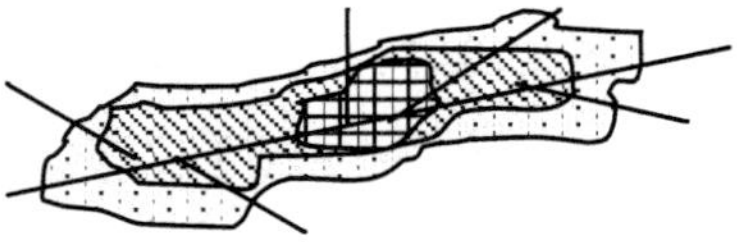

图 12.15 带形扩展
（刘盛和，2001；郭永昌等，2004）

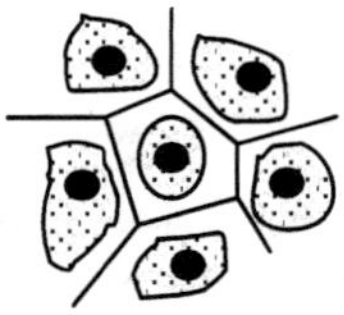

图 12.16 多中心式扩展
（刘盛和，2001；郭永昌等，2004）

带形扩展是城市扩展过程中，沿某一高速干道或沿河、海岸线呈带形扩展。这种城市在扩展后表现为狭长形态（图 12.15）。

2. 多中心扩展

多中心式扩展，指由城市中心跳过相邻地区，在较远距离的同级或次级中心进行扩展的模式。多出现在具有多中心的城市中，最为常见的是中心城连带卫星城的城市模式，即中心城和卫星城各自作为有机体，在发展中向外扩展。另外，多中心线性扩展模式也属于此模式（图 12.16）。

12.5.2 城市模型的发展与元胞自动机模型

最初的城市模型出现在 20 世纪 30～40 年代，主要侧重于城市空间结构和形态的模式研究。50 年代城市模型的研究取得了巨大的进展，尤其以空间相互作用模型（spatial interaction modeling，SIM）最为引人注目，它主要包括空间扩散模型、距离衰减规律、引力模式和潜力模式等。这两个时期的模型都属于静态模型，它们可以描述空间实体的分布和相互作用等特征和机制，却不能反映城市组织结构的形成过程和动态变化。

目前动态的城市模拟主要分为基于微分方程的自上而下的系统动力学模型和基于元胞自动机（cellular automata，CA）概念的自下而上的离散动力学模型。元胞自动机模型具有较强的模拟空间复杂系统演化的能力，在地理学研究中尤其是在城市扩展和土地利用演化的模拟方面具有天然的优势。

这里着重介绍一种改进的 CA 模型——SLEUTH 模型，并给出在北京城市扩展的模拟中的例子①。

1. SLEUTH 模型简介

SLEUTH 模型是标准 CA 模型的一种改进，它包含 6 种类型的输入图像，分

① USGS，"Project gigalopolis：urban and land cover modeling"，US Geological Survey，2003，http://www.ncgia.ucsb.edu/projects/gig/提供源代码，可以在 Lunix 平台下运行。

别是坡度图层(slope)、土地利用图层(landuse)、限制因素层(excluded)、现有城市化层(urban)、交通层(transportation)以及山体阴影图层(hillshade),适合较大尺度的模拟。

SLEUTH 模型包含两个最重要的模块,校正模块和自调节模块。校正模块是一个样本训练的过程,即将历史数据作为输入对模型进行校正,得到一套适用于该研究区的系数,进而展开模拟和预测工作。校正过程分三步进行,每一步都对各系数范围进行细化,最后得到一组确定的值,包括城市点个数、城市群个数、城市群边缘点的个数等等统计指标。

其中每一步都包含很多次蒙特卡洛迭代,并且将得出的结果与真实数据进行回归分析。这里采用了一种改进的 Lee-Sallee 指数来评价空间匹配程度($S=(A\cap B)/(A\cup B)$,A 为模拟结果,B 为真实数据),得到的最优空间匹配度是 1.0。但要使该因子取得较大的值是相当困难的,这不仅要求城市点数量的模拟比较准确而且城市发展的空间位置也必须相符,在 Clarke 早期的城市模拟版本中,Lee-Sallee 值一般都在 0.3 左右。近年来可以达到 0.6 以上。每一步校正之后根据较高的 Lee-Sallee 值计算得出下一步的系数范围,最后一次校正得出适合该研究区的城市增长系数。

模拟过程中,一个非城市化单元在下一时刻能否被城市化取决于它当前的邻域状态以及模型的增长方式和相应的增长系数。模型包括 4 种扩展方式:自发增长、新扩展中心增长、边缘增长和道路影响的增长。这四种增长方式在散布系数、繁殖系数(breed)、蔓延系数、坡度系数和道路权重系数五个增长系数的控制下依次应用于每一次迭代中。自发增长在散布系数的控制下可以模拟单个点被随机城市化的现象,体现了城市自发地向低密度区扩展的趋势。新扩展中心增长应用于上一个增长模式之后,和繁殖系数一起确定一个新产生的城市点能否成为城市增长中心。边缘增长可以模拟城市中心的向外扩张,它由蔓延系数控制。道路影响的增长是最后一种增长模式,在道路权重系数的作用下模拟交通线路对城市扩展的影响。这四种增长再加上限制因素层和坡度图层便可以决定一个非城市点下一时刻是否会被城市化。在限制因素图层中,用户通过设置 0～100 之间的不同值来指定任意一个单元被城市化的可能性,而坡度图层则为模拟加上了地形的限制。

另外,模型还包含一个自调节模块,能够自动调整各个增长系数,使模拟过程更接近真实情况,而并非单一比率的线性增长。具体的模型处理流程如下图 12.17 所示。

2. SLEUTH 模拟试验

利用 SLEUTH 模型进行城市空间动态模拟,可以对城市的发展演化过程进行重建,从而了解城市发展的自组织特征,更深入地研究城市化的机制和成因,同

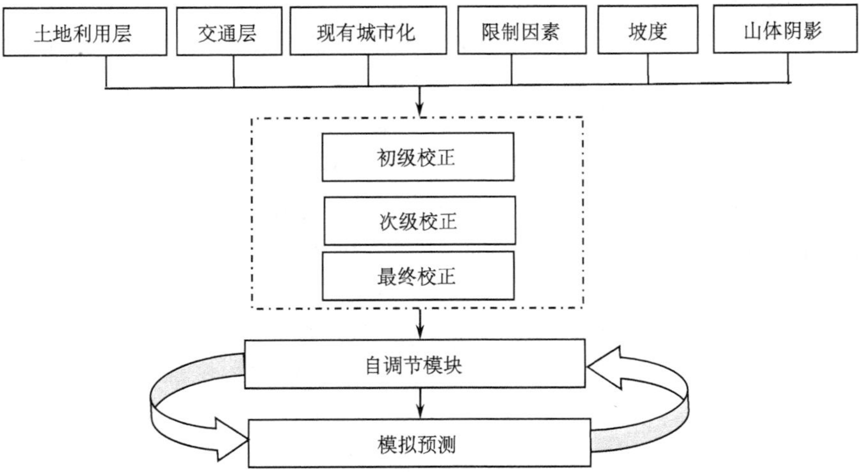

图 12.17　SLEUTH 模型处理流程

时也可以对城市未来的扩展情况做出预测。这里对北京市 1991～2004 年的发展过程进行了模拟重建，模拟结果见图 12.18，并且对北京城市的发展趋势分别做了 10 年、20 年和 30 年的预测，预测结果见 12.19。

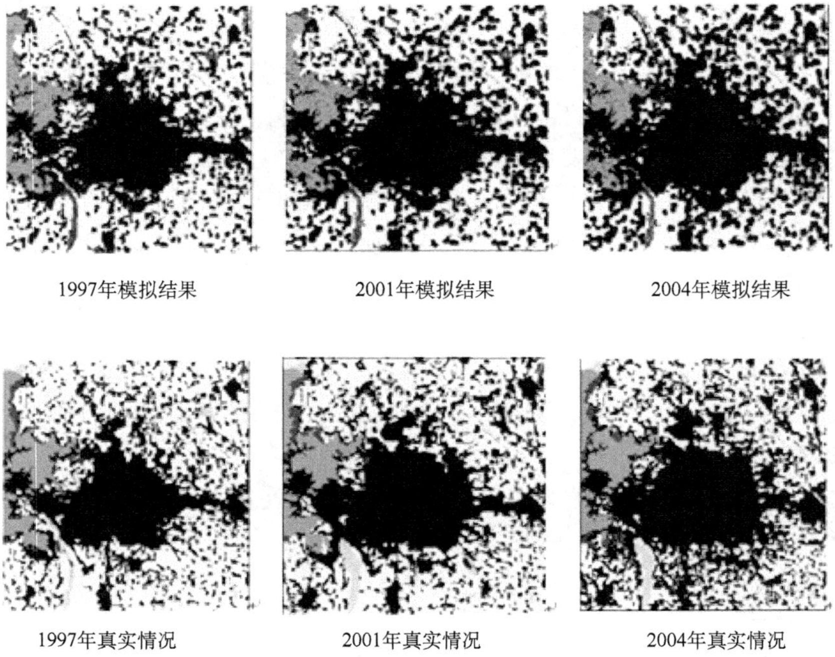

图 12.18　北京城市扩展模拟结果对比

图 12.19 北京城市扩展模拟预测

由图12.18可知模型能够较好的模拟北京城市的扩展过程，空间匹配度达到0.6以上，并且各个指标的统计值(城市点个数，城市边缘点个数，城市聚类个数等)与真实数据的最小平方回归相关系数也基本上可达到0.8以上。

模拟结果体现了在没有其他因素影响城市的发展趋势时城市的扩展过程，从而为城市规划、交通规划、环境保护和经济活动等提供必要的参考。

第13章 地质遥感

在地质工作中，地质工作者们经常需要对一些地区进行全面的野外调查和研究，追溯地质历史和各种地质动力过程，解决地质构造等一系列基础的地质问题，或者探讨成矿条件和规律，为矿产资源的开发提供依据。然而传统的地质考察不仅要耗费大量的人力、物力和时间，而且地质工作者的劳动强度大，进展也很缓慢。遥感技术的出现给传统地质工作带来了新的改变，卫星传感器可以在短时间内得到大量的大区域的数据，可以在某种程度上减少野外地质工作者的负担。地质工作者足不出户就可以得到调查区域的遥感影像并进行分析，从而提高工作的效率。

地质工作者在工作中往往需要对诸如植被、地貌、气象等环境因素进行综合分析，以透过表象提取实质性的信息。遥感图像获取的地面信息正是地面一定范围内的地物综合信息，反映了大量的地表和浅地表的信息，是对物探、化探和钻探等手段的一种有效补充，可以说在一定程度上弥补了勘察技术的不足。由于地质遥感研究的对象复杂多变，而且对地质现象的遥感成像机理认识和探测手段尚未完全解决，所以地质遥感信息的提取实际上是遥感与地质、地形、地球物理、地球化学等多种非遥感地学信息综合处理的过程。

这一章我们主要对高光谱遥感中的岩矿光谱模型的原理及其应用作一个简单的介绍。

13.1 地质遥感概述

13.1.1 地质遥感的特点及应用范围

地质遥感是综合应用现代遥感技术来研究地质规律，进行地质调查和资源勘察的一种方法。它从宏观的角度，着眼于由空中取得的地质信息，即以各种地质体对电磁辐射的反应作为基本依据，综合应用其他各种地质资料及遥感资料，以分析、判断一定地区内的地质构造情况。地质遥感工作主要包括：地面及航空遥感试验、适用于地质找矿、地质环境的遥感系统、进行图像、数字数据的处理和地质判释。地质遥感需要应用电子计算机技术、电磁辐射理论、现代光学和电子技术以及数学地质的理论与方法。地质遥感是促进地质工作现代化的一个重要技术领域。

在地质遥感应用中一个使用比较多的技术是高光谱遥感。高光谱遥感起源于地质矿物识别填图研究，地质也是其应用最成功的领域之一。矿物金属离子Fe^{3+}、Fe^{2+}、Mn等电子跃迁在可见光、近红外光谱区域形成典型的光谱波形，而矿物中的分子团 OH、Si-O 等的振动过程在短波红外形成的诊断性的吸收特征是构成成像光谱识别矿物的理论基础，有助于人们识别不同矿物成分。高光谱数据也允许通过微分等处理技术提取不同的光谱特征参数，如波段波长位置、深度和宽度，以及分解重叠的光谱吸收波段和提取各种目标参数。光谱匹配技术与角度填图法也是高光谱遥感在地质中常用的分析技术，用于地质中岩性的识别。在后面的章节中，我们会深入探讨这方面的内容。

地质遥感不仅研究矿物质的光谱特性，它在对第四纪松散沉积物、地壳深部的地质体和构造现象以及隐伏断裂构造的研究中也发挥着重要的作用。这些问题在传统地质工作中是地质工作者的难题。虽然遥感数据只反映地表和浅地表的各种地物信息，但这些信息中有一部分是受底下隐伏断裂构造等影响和控制的异常信息。遥感方法可以快速的发现和识别这些隐伏的地质特征。

遥感手段的连续性也为地质灾害的监测提供了有效的手段，如地震对周围环境造成的破坏和影响，滑坡、泥石流等地质灾害形成过程中地质体的变形和位移等。遥感手段正是这样一种帮助地质工作者们获取地质现象的动态信息并掌握其变化规律的可连续观测的方法。

13.1.2　地质遥感在岩矿光谱研究中的历史与现状

人们对岩石和矿物的光谱特征进行了大量研究，这方面的典型工作有 Hunt(1979)对蚀变岩红外光谱的研究，King 等(1989)对层状硅酸盐矿物红外光谱的研究，Gaffey(1987)对于碳酸盐矿物的可见光-近红外光谱研究，Clark(1990)对于典型矿物光谱特征的研究，Pieters(1988)对于月球上一些典型矿物光谱的研究等。与此同时还形成了关于岩石光谱作用规律的一些经典模型，如 Hapke(1981)的岩石双向反射率光谱模型成功地描述了岩石的反射率光谱响应规律。

人们做出这些努力主要是为了探寻用光谱方法进行岩石和矿物探测的理论基础、能力与技术要求。与此同时人们对比了高分辨率光谱数据与宽波段数据在区别岩性上的能力，所有的研究都表明高的光谱分辨率能提供更强的分类能力，而宽波段仅能提供有限的岩性填图能力。自从以 AVIRIS 为代表的航空成像光谱数据获取成为可能以来，高光谱遥感的地质应用一直受到重视。例如，已在运营的一些典型航空成像光谱仪，如美国的 AIS、HYDICE、SEBASS 和 AVIRIS，加拿大的 CASI/SFSI，澳大利亚的 HYMAP 和我国的 OMIS，MAIS 等，都针对地质对象获取过大量图像数据。人们利用航空高光谱图像成功地进行了矿物填图、矿化带提取、岩浆岩和水热作用研究、矿山废弃物和环境污染研究、碳酸盐岩地层的划分等。在 NASA 支持下，美国对内华达州 Comstock Lode 地区进行了长达 15 年的系统高光谱遥感研究，除获得了大量的地面光谱资料外，还先后用 AIS、AVIRIS、Probe-1 和 HyMap 等航空高光谱成像仪获取了多光谱范围、多时期、多分辨率的高光谱图像，成功地进行了蚀变矿物 1 : 12 000 填图，直接推动了高光谱在地质遥感应用中的发展。研究表明，利用 AVIRIS 数据已能成功地获得多达 40 个光谱端元。

在这些成功应用的同时也产生了一系列的数据处理和岩矿信息提取的方法，例如导数光谱分析方法、光谱匹配方法、基于 EndMember 的混合模型或光谱分解方法主成分分析法(PCA)、最大似然分类法(MLC)、线性回归法、光谱吸收指数方法、高斯模型和改进的高斯模型等。这中间较为成功的有 Boardman、Kruse 和 Van-Der-Meer 等的代表性工作，他们所发展的 SAM、*n*-Dimension，MNF、PPI、LSU、CCSM 等方法已在高光谱数据处理上获得了广泛的应用。事实上，这些模型的成功应用反过来也推动了高光谱地质遥感的发展。

13.2 地质构造的遥感信息解译

由于遥感图像是对一定区域地物的高度综合概括，能直观、综合的反映地面物体的特点，所以利用遥感技术方法研究地质构造是地质遥感工作的主要领域之一，遥感图像经常被用来判断某一地区的地质构造，特别是线形和环形的地质形迹。常见的地质构造形态单元都有独特的遥感识别标志。

色调和形态是我们判断地质构造形态的主要依据之一，例如褶皱带中各种岩性的不同会使褶皱沿构造展布方向呈现不同的光谱信息。断裂构造两侧地质地貌现象的差异也会使断层两侧的影像色调出现差异。底下一定深度的地质信息，通过水，土壤和植被等表现，在遥感图像上也会以不同的色调显示出来。

断层崖和断层三角面往往在遥感影像上表现为暗色调，阴影比较明显。断裂的垂直差异活动往往会形成陡峭的断层崖或发育成排列整齐的断层三角面。断层崖与断层三角面一般是断裂垂直差异错动的重要标志。断层的垂直高度也可以从遥感影像上测出。

水系特征由于在遥感图像上影像清晰，样式突出，易于辨认，是直接反映地球地壳运动的最主要影响标志之一。如根据河流形态的平面形态变化如弯曲特征可以判断出断层的平移性质；由于垂直差异显著的断裂带两侧的水系形式常常不同，活动断裂带往往成为两种水系的转折点，因此我们可以根据水系的形状不同来确定垂直活动断裂带的存在。如格状水系往往能显示两组直交断层存在的可能。

洪积扇的标志：由于断裂活动中断裂的两盘往往形成地形反差大的地貌类型，其中抬升的一盘成为山地，下降的一盘则发育了一系列的洪积扇，根据这些洪积扇的排列特征，我们可以判断出断裂的存在。

地质构造活动特征点的分布，如火山口、洪积扇顶点、湖河岸线、岛屿、山脉和平原高原的边界线等的分布，都可以指示线形构造形迹的存在。

13.3　岩石和矿物的光谱特性

13.3.1　光谱数据测量

地球表面的物质在 0.4～2.4μm 的波段内均具有可判断属性的特殊的光谱吸收特征，成为特征光谱，在实际的应用中，只要能检测出这些特征光谱，就可以识别出这些物质。所以研究地物光谱特征可以帮助通过遥感图像识别进行地表岩石矿物的分析。

下面介绍岩石的光谱的测定方法和地球化学分析方法。

1. 光谱的测定

(1) 光谱测定时应选择面积较大、无植被覆盖的测点。全部实地(in situ)垂直向下测量，并采用在一定广度上进行随机多次多点测定的办法，最终的光谱一般是 20 次左右测定结果的平均值。

(2) 原始光谱数据在进行暗电流消除、增益调整、抛物线纠正等预处理后，进行了反射率反演。反射率光谱获取方式不同于常用的公式，而是：

$$R_j = R_j^0 \times I_j \Big/ \left(\frac{t_0 - t_-}{t_+ - t_-} \times I_{-j}^0 + \frac{t_+ - t_0}{t_+ - t_-} \times I_{+j}^0 \right) \quad (j = 1, 2, \cdots, n) \tag{13.1}$$

式中，I_{+j}^0和 I_{-j}^0分别是在目标辐射强度 I_j 测定前后所测得的两个最近的参考板 j 波段辐射强度；n 为通道数或波段数；j 为波段或通道索引号；R_j 为目标在 j 波段的反射率；R_j^0 是参考板在 j 波段的反射率；t_0、t_-、t_+ 则分别是目标、前参考板、后参考板三个数据测定的时刻。该式的本意是将参考板的辐射值根据测定时间进行加权平均，从而从理论和方法上将参考板与目标的测定时间校正为同一刻，使结果更合理一些。

(3) 最后的反射率是多次测定的平均值。图 13.1 是一些样品的反射率光谱曲线示例。

2. 岩石地球化学分析

岩石样品的室内地球化学分析包括两个方面，即 XRD 矿物相分析、ICP 岩石化学成分分析，目的是获取岩石的地球化学特征，以便为探讨与光谱特征的关系打下基础。

岩土样品的 X 射线粉晶衍射分析(XRD)这一方法由于是经验的而且条件设定较宽，误差较大，因此只具有半定量的性质，主要起参考作用。

13.3.2　光谱背景特征的获取

1. 包络线获取计算

图 13.2 显示了一个岩石样本曲线的包络线。光谱曲线的包络线从直观上来

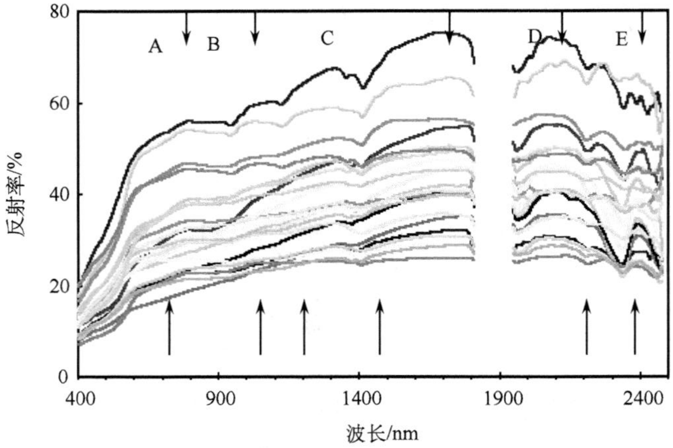

图 13.1 经处理所获得的样品光谱曲线基本情况及比较

粗箭头指示了折线段端点位置，细箭头指示特征吸收的位置，字母标示为 5 个特征光谱段

看，相当于光谱曲线的"外壳"。

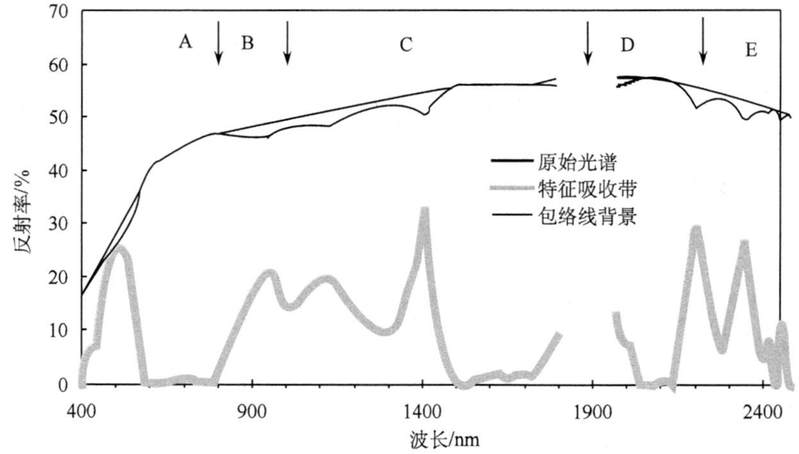

图 13.2 岩土样品反射率光谱的包络线获取与特征吸收带提取示意图

求光谱曲线包络线的算法描述如下：

设有反射率曲线样点数组：$r(i), i=0,1,\cdots,k-1$；

波长数组：$w(i), i=0,1,\cdots,k-1$；

(1) $i=0$，将 $r(i)$，$w(i)$，加入到包络线节点表中；

(2) 求新的包络节点。如 $i=k-1$ 则结束，否则 $j=i+1$；

(3) 连接 i,j；检查(i,j)直线与反射率曲线的交点，如果 $j=k-1$，则结束，将

$w(j)$，$r(j)$加入到包络线节点表中，否则

　$m=j+1$；

　若 $m=k-1$ 则完成检查，j 是包络线上的点，将 $w(j)$，$r(j)$加入到包络线节点表中，$i=j$，转到(2)；

　否则，求 i，j 与 $w(m)$的交点 $r1(m)$。

　如果 $r(m)>r1(m)$，则 j 不是包络线上的点，$j:=j+1$，转到(3)；如果$r(m)\leqslant r1(m)$，则 i，j 与光谱曲线最多有一交点，$m:=m+1$，转到(2)。

(4) 得到包络线节点表后，将相邻的节点用直线段依次相连，求出 $w(i)$，$i=0,1,\cdots,k-1$ 所对应的折线段上的点的函数值 $h(i)$，$i=0,1,\cdots,k-1$；从而得到该光谱曲线的包络线，显然有 $h(i)\geqslant r(i)$。

在包络线获取算法中起点的设定很重要，本章设定为 400nm 处，终点在 2500nm 处。

从上图中可以看出，岩土样品光谱曲线的"5 分段"特征在包络线上体现得十分明显。因此也可以由获得的包络线结点来计算(处理)特征参数。

获取的包络线相当于去除了矿物晶体结构中由化学键内电子跃迁引起的特征吸收带以后的吸收特征，相当于岩石在不受矿物晶体内部吸收情况下所引发的吸收(反射)特征，因此更大程度上与岩土本身的结构构造和组成矿物的背景吸收有关，因而对于探讨岩土样品的结构构造特征具有重要意义。

根据对"5 分段"和所获得所有岩土样品包络线的分析，可以发现这些包络线都具有特征的以光谱两端为中心的宽"吸收谷"和以 1.7～1.8μm 为中心的宽"反射峰"，而且随着岩土样品和性质的变化有明显的变化。其相应特征参数，如峰强 R_{1700}、谷深 $R'_{400}-R_{1700}-R_{400}$ 和 $R'_{2400}=R_{1700}-R_{2400}$ 等，也具有重要意义。

光谱特征吸收带的提取和分析——去包络线。以获取的包络线作为背景，在去掉包络线后即为光谱曲线中的特征吸收带。具体算法是：

$$R'(\lambda)=R_c(\lambda)-R(\lambda) \tag{13.2}$$

式中，R'、R'_c 和 R 分别是去包络(特征吸收)、包络线和反射率光谱，λ 是波长。

对高光谱图像逐像元的进行包络线消除，从而得到新的图像文件，在此基础上可以对图像中的典型地物直接进行光谱分析，提取出特征波段。如在某一阈值以上的波峰、波谷波段等，并据此进行图像的分类和识别。图 13.2 下面的曲线就表示了去包络线以后的特征吸收带。

2. 光谱特征吸收带参数的计算

根据上面几项处理获取的结果，在获取了光谱的特征吸收带后，对表征吸收带特征和其他特征的一些参数进行了计算，这些参数主要包括以下 4 个。

吸收带的位置：如 W_{940} 表示 0.94μm 吸收带的位置，通过求该吸收带附近的极值位置和导数光谱零点来获得。研究时主要感兴趣的吸收带位置有 0.56μm、

0. 94μm、1. 12μm、1. 42μm、2. 20μm 和 2. 34μm 等。

吸收带深度：即吸收位置去包络线后相对高度（以 H 表示）。

吸收带的宽度：以吸收带的半波宽度来表示。

吸收带的面积：吸收带所包裹区域的积分面积（以 a 表示），当吸收带之间重叠时，近似以两者之间的最低点为分界线。

3. 特征吸收带分析

在可见光一短波近红外波段，矿物的吸收带一般较宽，而且不同矿物间、同一矿物的不同吸收带之间会有所重叠，因此混合样品岩土所表现出来的特征吸收带很复杂，对于进一步分析十分不利。在本章中提出了一种"正态吸收带分解拟合"的方法模型来对光谱特征吸收带进行深入地分析。具体方法和处理结果将在下一节中介绍。

13.4 岩矿波谱原理及其模型

在可见光一短波近红外光谱范围内，岩石和矿物中吸收带的形成从本质上是一致的，即都是结构中某些电子在一些能级间跃迁，从而造成光线的吸收而形成的。根据普朗克的量子化假设、爱因斯坦的光子理论和玻尔的定态和频率假设，吸收波长由下述公式决定：

$$h\nu = \Delta E = E_1 - E_2 \tag{13.3}$$

式中，$\lambda = c/\nu$，ν 是吸收光线的频率；E_1 和 E_2 分别是两个定态（能级）的势能；h 是普朗克常数；c 是光速；ΔE 是两个定态间的能级差。当两个能级的能量差落在可见光-红外范围时，就会在此范围内表现出相应的吸收。

这里的能级由原子或分子的本性和它在矿物晶体中的环境决定，对于理想晶体在稳定状态下是固定的，因此从理论上，这些吸收是细窄的"吸收线"，而且独立互不干扰，并与相应能级差一一对应，强度由参与跃迁的电子数决定，应有：

$$I \propto N_e \propto k_e N_k = kN_e = KN_k \tag{13.4}$$

式中，I 是吸收线强度；N_e 是参与跃迁的电子数；N_k 是晶体中具有相应跃迁的化学键能级对的数目；k 和 K 是比例常数；k_e 相当于处于此能级对中低态的电子发生跃迁的比例。另外，在一定波段范围内这样的可跃迁能级是有限的。

但是实际晶体并不是理想晶体，常具有各种各样的缺陷；原子在晶格内部也不是静止的而是存在无规则的热运动。这样化学键在实际晶体场中总是在稳定状态附近有轻微的扰动，而这种扰动必然会引起化学键中电子能级的相应变化，因而实际的吸收必然是围绕着理想吸收线的一个吸收带。

引起化学键扰动进而造成电子能级扰动的原因很多，例如，晶格中的杂质、空穴等缺陷、晶体中类质同象元素分布不均造成的畸变、原子的热运动、分子键的热振动等。但是这些扰动因素的影响都是随机分布的。

13.4.1 分段模型

为了得到岩土样品的反射率光谱特征信息，需要将上面获得的光谱曲线针对样品进行特征分析，目的是用参数方式来表征光谱曲线的主要特征，并且勾勒出光谱中特征吸收带的形状特征，相关的分析处理有：

光谱特征的分析和主控参数的获取：岩土光谱的五分段特征。

观察图 13.3 中的岩土样品光谱，可以发现曲线的形态尽管各不相同，但仍然存在着一些共同的特质：

(1) 各类岩土样品的光谱特征从形态上很相似，基本平行。特别是在 0.7～1.8μm 波段范围内是如此，在此范围内岩石各波段间具有良好的正相关性，光谱曲线很少交叉，在短波段反射率高时，长波段也总是具有高反射率。以 1.9μm 水吸收带为界，整体上在 0.4～1.8μm 间的反射率随波长增加具有单调上升的趋势，而在 2.1～2.5μm 间则呈总体下降趋势。

(2) 在 0.4～1.8μm 间，岩土样品的反射率光谱都可以大致由 0.4～0.6μm、0.6～0.8μm、0.8～1.8μm 三个折线段和一些特征吸收带来表示。

(3) 在 2.1～2.5μm 间，光谱曲线的总体趋势都可以由 2.1μm 和 2.4μm 间的连线段来表示，在两者之间则具有 2.2μm 和 2.3μm 特征吸收带。

(4) 在可见光-短波近红外波段岩土样品的反射率光谱曲线的形状总体上可以由 5 个折线段(0.4～0.6～0.8～1.7～2.1～2.4)μm，本书中分别标为(A～E)和 6 个吸收深度(0.56μm、0.94μm、1.12μm、1.42μm、2.20μm 和 2.34μm)来大致控制(图 13.1)。

根据以上分析，我们选择一些特征控制点并据此设计一些特征参数来表征光谱的形状特征：

(1) 一些特征位置的反射率，如：$R_{400}(R_B)$，$R_{555}(R_G)$，$R_{600}(R_Y)$，$R_{780}(R_{Ir})$，R_{1700}、R_{2100}、R_{2400} 等；

(2) 一些特征吸收带的极值位置，如：λ_{550}，λ_{940}，λ_{1120}，λ_{1420}，λ_{2340}，λ_{2210} 等，以及它们的相应反射率值，如 R_{550} 等；

(3) 一些特征光谱段的趋势斜率，如 S_A，S_B，S_C，S_E 等，计算方法如下：

$$S_C = (R_{1700} - R_{800})/(\lambda_{1700} - \lambda_{800}) \tag{13.5}$$

式中，S 为斜率；R 为反射率；λ 为波长(下同)，下标数都表示波长位置(nm)。

(4) 一些典型矿物的吸收带位置、面积、高度，如 λ_{Cc}、a_{Cc}、H_{Cc} 等。

从图 13.1 可以看出，这些参数基本控制了光谱曲线的形状特征和吸收带特征。要注意这里的一些特征位置如 0.5μm、0.55μm、0.6μm、0.8μm、1.7μm、2.3μm 分别相当于 TM 的 1,2,3,4,5,7 波段和 JERS-1 的 1,2,3,4,7 波段，因此这些特征参数的设立和对之的探讨对于分析图像光谱也是很有用的。

13.4.2 正态分布假设模型

假设满足正态分布的特征，即分布均值稳定，正负扰动对称，晶体中具有相应跃迁可能的电子数(或能级对数目)固定，满足下列条件

$$\int p(\Delta E)\mathrm{d}(\Delta E) = 1 \tag{13.6}$$

对于某一个能级对跃迁的特定吸收带具有的正态分布的形状，具有以下特征：

(1) 各能级跃迁对是互相独立的，因此，相应的基本正态吸收带也是互相独立的，可线性叠加；这些吸收带靠得比较近时，可以互相重叠。

(2) 晶体结构中许多能级是由于晶体场畸变由同一能级发生分裂产生的，因此它们与另一个相同能级发生跃迁时，往往靠得比较近，这时会出现吸收峰的分裂，如果分裂后的能级跃迁几率不一，吸收峰就会不对称，如果分裂的能级数较多，就会出现等间距吸收峰并列的现象。因此，实际吸收带的复杂形态完全可以由独立单一的对应于固定能级跃迁的正态吸收带来组合而成。

(3) 当化学键力越弱时，对原子的束缚也越弱，化学键受干扰的可能性也越大，因此长波方向的吸收带会比短波处的吸收带要宽，但并不绝对。

(4) 对于矿物，由于化学组成和晶体结构一旦确定，因此相应的这些吸收带具有固定的组合。

1) 典型矿物的光谱特征及吸收带分解

这里的典型矿物是在地质工作中最为常见的矿物，这些矿物主要有石英、长石等架状硅酸盐矿物、方解石、白云石等碳酸盐矿物和以白云母、绿泥石、高岭土、伊利石等为代表的含水层状硅酸盐矿物(主要为富镁铁或铝硅的黏土矿物)，部分则是天然碱、石盐、石膏等盐类矿物，也有一部分是诸如氧化铁(赤铁矿或褐铁矿等)等氧化或污染矿物。这些矿物由于结构和成分的不同，在光谱上体现出即互相联系，又互相区别的特点，如图 13.3 所示。

分解后的基本吸收带组合特征与各矿物的晶体化学组成和晶体结构表现一致。这是一种提取光谱特征吸收信息的有效方法。

2) 典型矿物的鉴定特征的确定

根据以上分析我们可以得出鉴定矿物光谱特征的一些依据：

(1) 表征矿物的光谱特征的最有效的因素是基本吸收带，包括位置和相对强度。不同矿物间的吸收带虽然可能有重合，但吸收带的组合则决不雷同，因此矿物基本吸收带组合具有“指纹效应”，如绿泥石和方解石在 2.34μm 附近都有特征吸收带，但其他位置上则有明显区别。

矿物的光谱特征和特征吸收带是由矿物的组成成分和结构决定的，并且能反

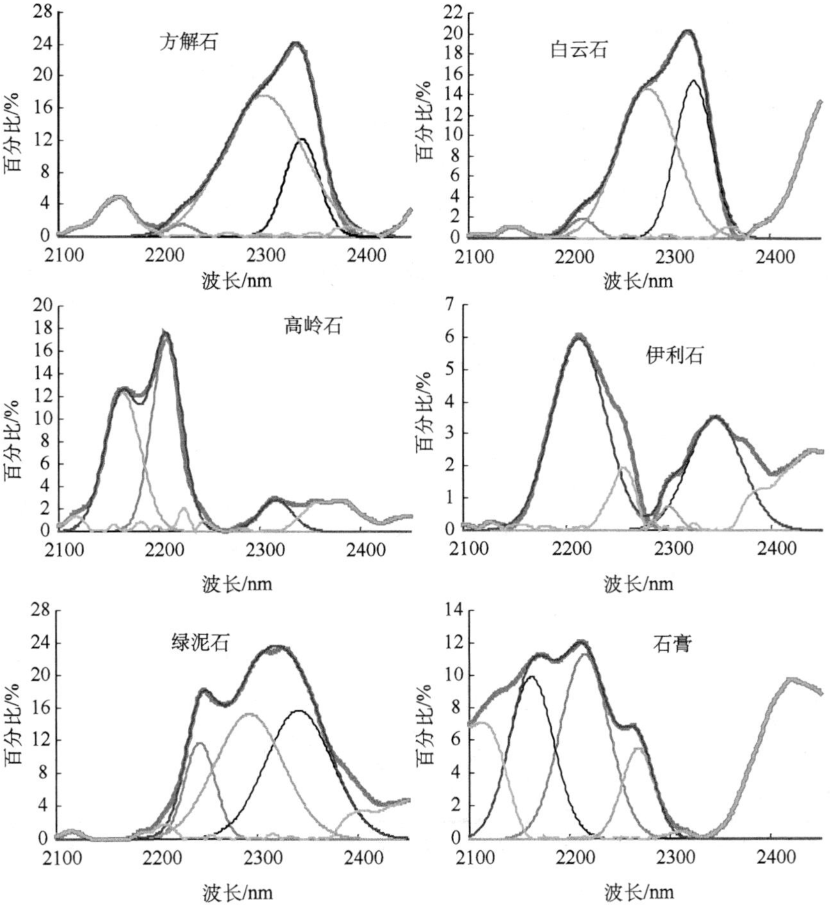

图 13.3　典型矿物在短波红外(2100～2450nm)的特征吸收和吸收峰分解情况
红:原始曲线;蓝:分解后拟合曲线;紫、绿、黑:最强的三个拟合吸收峰;
灰:拟合后偏差。原始曲线是反射率光谱去包络后的结果

映矿物的某些组成成分或组成基团及其结构情况;

(2)“正态吸收带分解拟合”方法探讨矿物的吸收带特征十分有效,它能突显特征吸收带的精细结构并能与矿物的晶体结构有机地联系起来。

(3)只有强键构成、没有显色因子和分子基团的架状硅酸盐,如长石、石英和一些盐类矿物,如石盐等,具有非选择性强反射特征:①所有含水矿物都会有 1.4 和 1.95 吸收带特征。②含水的硅铝质矿物如伊利石、高岭石具有 2.20μm Al—OH 吸收带特征。③含亚铁(和镁)矿物具有 1.1μm 强宽吸收带特征。④含水的镁铁硅酸盐矿物如绿泥石具有 2.34μm Mg—OH 吸收带特征。⑤含铁硅酸盐矿物在可见光-近红外波段有选择性强吸收,而不含致色元素的矿物则在此波段内具有非选择性强反射。⑥矿物可分 4 类，即架状硅酸盐矿物石英、长石；盐类矿物石盐、石膏；碳酸盐矿物白云石、方解石；黏土矿物高岭石、伊利石、绿泥石等。各类间的光谱特征有明显差别，但类内则由于特征吸收因子的相似性而具有共性。

13.5　岩石地球化学和光谱特征参数的关系分析

13.5.1　岩性类的光谱分类：光谱与图像的结合

我们对各岩性类的光谱特性进行了深入分析，发现同岩性类间的样品的光谱往往具有共性，而类间的差别就比较大。特别是前面提到的“五分段”特征，表现得尤为明显，正如图 13.4 和图 13.5 所示。

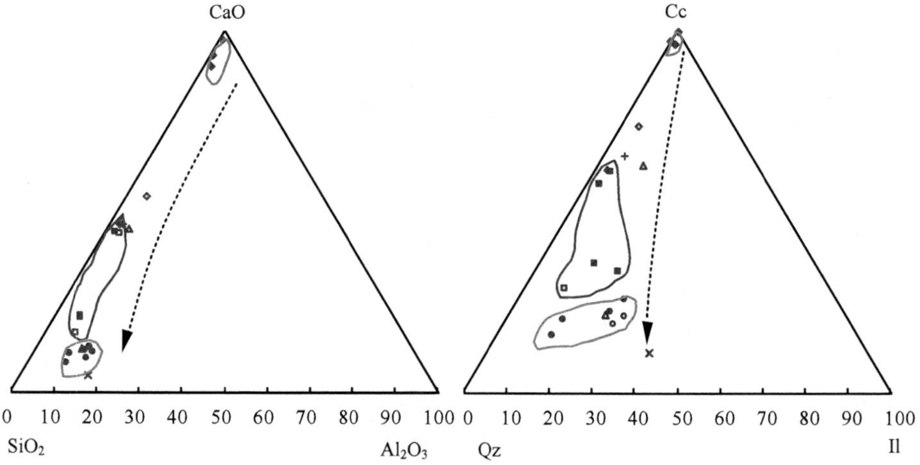

图 13.4　各岩性类的化学成分和矿物成分比较

左：化学成分（Si-Al-Ca）；右：矿物成分（Qz-Il-Cc）

◆石灰岩；◇泥灰岩；■砾岩；□松散砾石堆积；△红色砾岩；●黄色砂岩粉砂岩及其原地风化土壤；○散沙；＋生物碎屑岩；×变质千枚岩

两者分别给出了各岩性类的地球化学组成对比和光谱五分段中斜率参数的对比。从中可见岩性类的类间差别和类内的共性与光谱参数有很好的对应关系，其中表现最好的是分段斜率（图 13.6 左）和吸收带深度（图 13.6 右）。例如碳酸盐具有明显偏大的 S_C 和 S_B 值，红色砂岩类则具有较大的 S_B 值，而砂岩类则具有较大的 S_A 值；石灰岩类则在 2.34μm 处有很小的吸收带深度。因此根据光谱分析获得的一些特征参数可以用来对岩性进行分类。

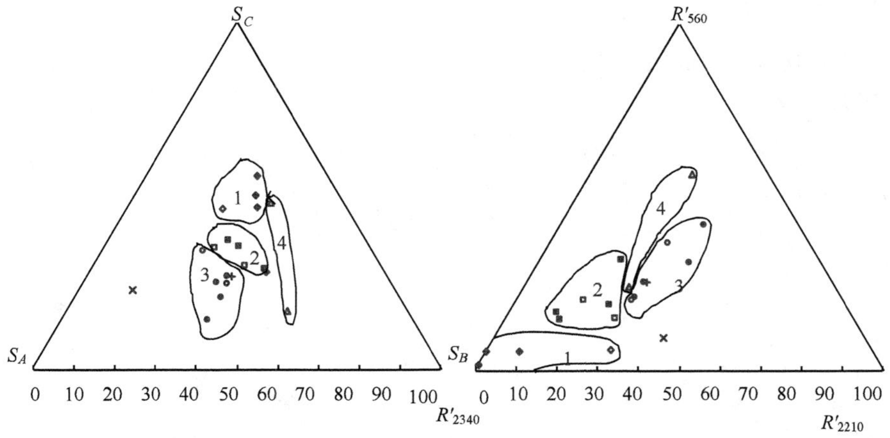

图 13.5　各岩性类的光谱特征参数比较

左：A、B、C 三段斜率；右：2.34μm、2.21μm、0.56μm 三吸收带深度。

投点数据为经归一化以后的结果；各样点图例同图 13.5；1-石灰岩类（含泥灰岩），2-砾岩类（含松散砾石堆积），3-黄色细砂岩、砂岩类（含原地风化土壤和散沙），4-红色砂岩层

13.5.2　光谱特征参数与地球化学的关系的统计模型

1）方解石含量信息的提取

利用岩矿的光谱特征参数我们可以从遥感图像里提取某种特殊矿物的含量信息，在新疆火焰山地区的中、新生代沉积岩进行分析时，发现 2.34μm 吸收带的深度与方解石含量具有很好的关系（图 13.6）。

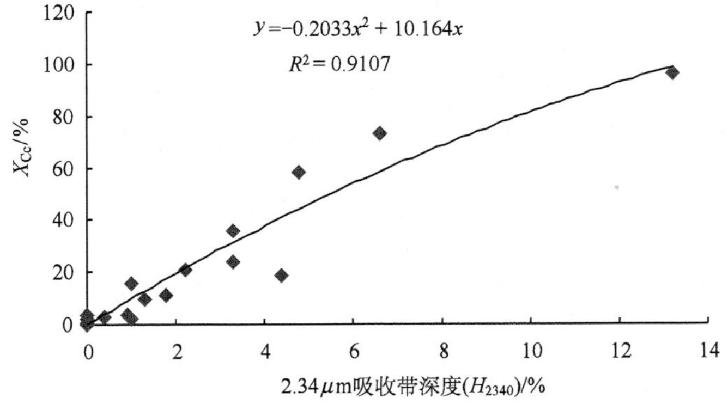

图 13.6　新疆火焰山地区沉积岩的 2.34μm 吸收带深度与方解石含量的关系图

（赵永超，1999）

$$X_{Cc}=-0.2033(H_{2340})^2+10.164H_{2340} \tag{13.7}$$

式中，H_{2340}是 2.34μm 吸收带的深度(%)；X_{Cc}是方解石的百分含量。该表达式的相关系数高达 95%，而且当方解石含量超过 20%时效果较好(赵永超，1999)。

对方解石样品进行同样的分析，研究发现该规律对沉积岩具有普适性：即 2.34μm 吸收带的深度或面积与方解石含量具有 2 次方关系(图 13.7)。

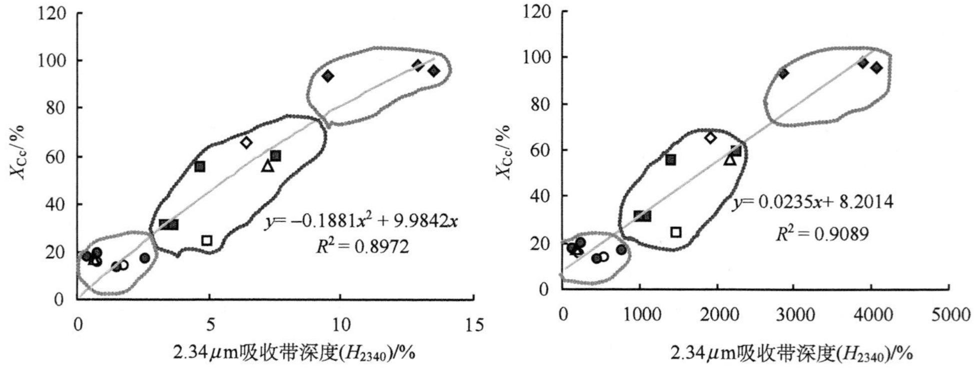

图 13.7 样品光谱中 2.34μm 吸收带特征与方解石含量之间的关系图

左：吸收带深度；右：吸收带近似面积

虚线大致框出了各岩性类的分布范围

根据前面关于吸收带形状起因的探讨，吸收带的面积与引起该吸收的电子跃迁能级对的密度成正比，而后者在岩石中就是与矿物的含量成正比，据此可推论吸收带的面积应与矿物的含量成正比关系。另一方面，面积与深度的关系正是平方关系，因此上面两式所表示的二次关系是有其物理含义的。

2) 背景矿物(Qz+Fs)含量信息的提取

背景矿物石英和长石没有特征吸收带，但由于它们的存在会削弱其他矿物吸收带的深度，因此有可能通过其他矿物吸收带的削弱而得到定量探测。例如，根据简单混合模型。可以导出：

$$X_B=-H_{\lambda 0}/H_{\lambda 0}^0+1=\Delta H_{\lambda 0}/H_{\lambda 0}^0 \tag{13.8}$$

式中，$H_{\lambda 0}^0$是矿物在 λ_0 处的原始吸收深度；$H_{\lambda 0}$是岩石所表现的吸收带深度；X_B 是背景矿物的相对含量；$\Delta H_{\lambda 0}$是吸收带的减弱。也就是说，岩石中背景矿物的含量与矿物的特征吸收带深度呈负线性相关，并且截距为 1，斜率为原始吸收深度的负倒数。或者说背景矿物的含量与矿物吸收带深度的改变成正比，斜率为吸收带原始深度的倒数。如图 13.8 和图 13.9 所示。

3) 正态吸收带参数与地球化学的关系

根据上节中的讨论，正态吸收带的强度与矿物的含量有关，因此有可能通过正

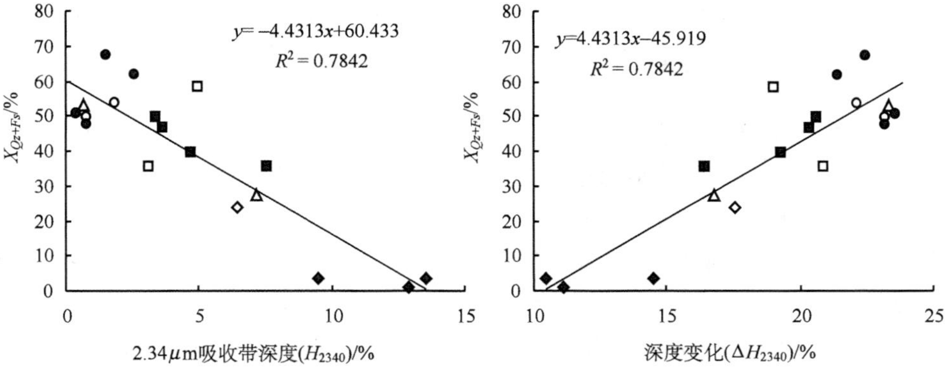

图 13.8　2.34μm 吸收带深度与背景矿物含量的关系图

左:深度与含量;右:深度变化与含量

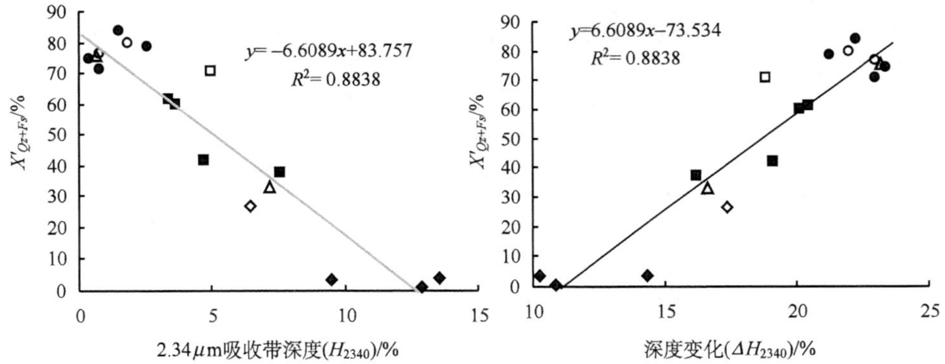

图 13.9　2.34μm 吸收带深度与背景矿物相对归一化含量的关系图

左:深度与相对含量;右:深度变化与相对含量

态吸收带的相关参数来定量估计岩石中的矿物含量。例如方解石 2.30μm 和 2.34μm 吸收带与含量的关系。

(1) 2.30μm 吸收带的强度能很好地表征方解石含量,但 2.34μm 效果不好。

我们发现方解石含量与 2.30μm 正态吸收带的深度具有较好的二次函数关系($r=91\%$),与面积具有良好的线性关系($r=94\%$),关系式是:

$$X_{Cc} = -0.5399H_{2300}^2 + 14.375H_{2300} + 8.0285 \tag{13.9}$$

$$X_{Cc} = -0.0001a_{2300}^2 + 0.2246a_{2300} + 10.575 \approx 0.2246a_{2300} + 10.575 \tag{13.10}$$

(2) 2.34μm 和 2.30μm 吸收带的强度比与方解石含量有良好的指数关系。

我们发现 2.34μm 和 2.30μm 吸收带具有明显的此消彼长的关系,即随着方解石含量的减少,虽然两者强度都减少,但 2.30μm 吸收带相对于 2.34μm 有所减弱。因此可能用两者的强度(面积、高度、宽度)比来表征方解石的含量变化。

13.6 卫星遥感在岩性识别中的应用

利用 TM 数据提取岩矿信息:研究图 13.10,可以发现 5 分段的位置与 TM 图像具有很好的对应关系。根据第 13.4 节中光谱与图像的结合特性可以进行基于 TM 影像的岩矿提取。图 13.5(左)中的三个斜率参数 S_C 相当于代表了 TM5 与 TM3 的差,S_B 则相当于 TM4 与 TM3 的差,S_A 相当于 TM3 与 TM1 的差。因此我们运算 TM5－TM3、TM4－TM3 和 TM3－TM1,并且将三者结合,那么可以很好地突显相应的地层单元,且 TM3－TM1 能突显砂岩地层、TM5－TM3 能突显碳酸盐地层。

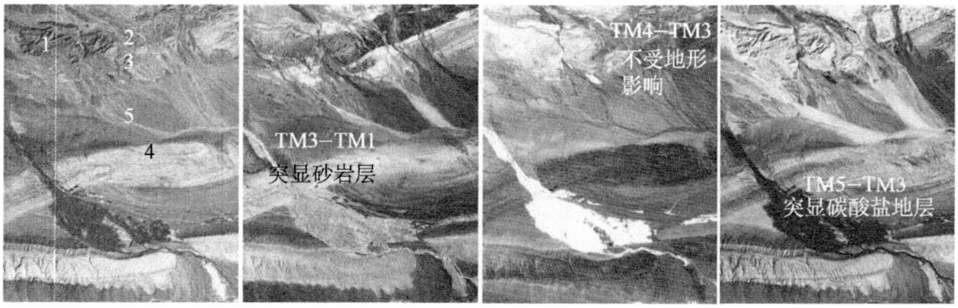

图 13.10 喀什—翁库尔剖面一带 TM 图像(波段 432)和三个波段差值图像

(a)TM 图像;(b)TM3－TM1;(c)TM4－TM3;(d)TM5－TM3

1. 灰岩;2. 泥灰岩;3. 红色砂岩;4. 黄色砂岩;5. 松散砾石堆积

图 13.10 给出了喀什北部翁库尔剖面一带的 TM 影像和 3 个差值图像,其中原始图像中的编号 1～5 所指分别是巨厚灰岩、泥灰岩、红色砂岩、黄色砂岩和松散砾石堆积,在各图中相应的岩层分别得到了突显。

彩图 13.1 是我们将三个差值波段合成(R:TM5－TM3,G:TM3－TM1,B:TM4－TM3)后的结果,可见图 13.10(a)中所示的五个岩性类能很好地表示出来,灰岩显粉红色(较大的 S_C 和 S_B),泥灰岩显红色(较大的 S_C),砂岩类显绿色(较大的 S_A),而红色砂岩类则显黄色(较大的 S_A 和 S_B),松散砾石堆积则显示出另外的色调并且不同洪积扇间由于来源不同,相变关系也很明显。

思考题:

1. 给出遥感图片中线形形迹与构造的关系。
2. 说明水系与构造的关系。
3. 画出遥感影像中的断层三角面。
4. 描述地堑与地垒的遥感特征。
5. 找到山西大同火山群的遥感影像,并描述其遥感特征。

第14章 遥感考古

世界经济的高速发展正像黑洞一样吸引着一切生产资料：人们需要开采更多的矿石，需要建设更大的城市，需要获得更加充沛的电力……在这样欣欣向荣的日子里，似乎只有考古学家们感到郁闷。他们知道这一切都意味着地表状况的巨大改变：更多的矿石意味着更大的矿藏开采量，更大的城市意味着更多的基础建设，更加充沛的电力意味着更大的水库库容……或许这些矿藏的附近、城市的旁边、水面的下方，就隐藏着一个个惊人的历史秘密。考古学家做梦都想对这些即将被改变的广大区域进行探察，然而他们手中的洛阳铲[①]无奈地告诉他们这几乎是无法完成的任务。建筑商们经常抱怨那些考古学家耽误了他们的工期，考古学家则反唇相讥道："你们难道指望我们手中的洛阳铲和你们的挖掘机比速度吗？"

许多建设项目没有经过考古探查就开工了，悲剧是显而易见的，很多稀世珍宝不是由考古学家的手挖掘出来的，而是毁在了挖掘机的机爪下，我们一次次在电视上看到诸如"抢救性发掘"之类伤感的报道。

14.1 遥感考古概述

遥感考古学是随着考古学的时代呼唤与遥感技术的继续发展而形成的一门以地学遥感技术和工程技术科学以及考古学等学科相互渗透、交叉和融合的边缘学科。从这个意义上讲，遥感考古可以描述为利用遥感手段直接的或间接的获得地面遗存的自然与人文信息，并结合田野考古、地面地学调查等工作对所获得的信息进行处理和分析，以数字化方法进行虚拟与重建，以此从事考古研究的一门学问。遥感考古着力探讨如何应用和发展现代遥感科学的理论、技术和方法来解决考古学的问题。

遥感成像技术的发展，使得地球空间信息的表达更加清晰明了。在紫外、可见光、红外、微波等多个波段，遥感技术可以科学、客观、真实地记录遗址附近的地面信息，特别是由于微波波段的穿透性我们能够探测掩埋于地下的遗址和人眼不可见的湿度场、温度场等。另外，借助不同高度的遥感平台，在数十米、数百米、数千米、数百公里甚至数万公里高度俯瞰大地，获得不同比例尺、分辨率的地面覆盖的遥感影像，考古学家既可以对区域大面积遗址遗迹进行宏观观察和对比分析，又使细致、微观的遗迹勘察成为可能。

---

① 又名探铲，为一半圆柱形的铁铲，最初是由盗墓贼发明的，如今是中国考古钻探工具的象征。

遥感考古是一个空中遥感-地面对比验证,以及再对比再验证的知识和经验不断积累的周而复始、循序渐进的研究过程。遥感考古使艰辛的地面田野考古工作量大大减少,节省了大量时间与人力。遥感考古学要从考古实际出发,不断消化、发展和完善遥感理论、技术和方法,使之成为适合于考古工作需要的得力"工具"。需要强调的是,基于遥感影像的遥感考古研究和结论不能脱离地面的田野考古而凭空产生,更不是仰仗任何超脱的灵感来产生的,而是通过参考、对比地面已知的相关信息和吸收、借鉴长期积累的实地经验来获得的。

14.2　遥感考古判读方法

考古遗址遗迹以其独特的方式存在于自然环境中,其形状、大小、位置、布局、图案等特征在遥感影像上形成独特的判读标志。掌握这些判读标志,我们就可以对考古遥感影像进行正确的解译和分析,看透遥感影像下面的历史真相。

14.2.1　阴 影 标 志

残存于地面之上的遗迹总会呈现出一定的微地貌特征,它们在倾斜太阳光线的照射之下,其阴影的明暗、形状、大小和组合方式,能帮助考古学家发现平时难以觉察的、稍微露出地表的遗迹,并清晰地反映出遗迹的形状、大小特征,如图 14.1 所示。

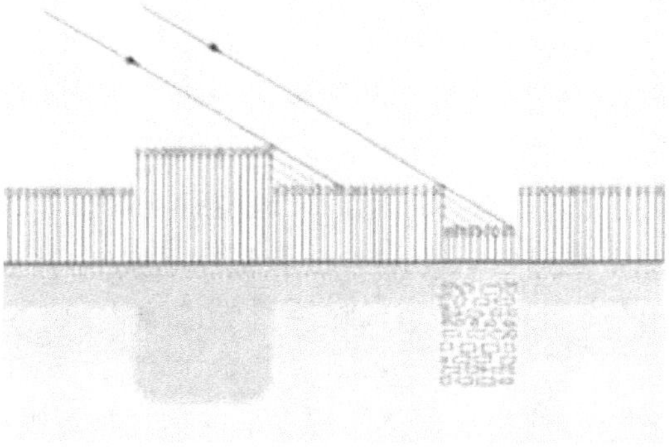

图 14.1　阴影标志示意图

遗迹的阴影标志受航空摄影时太阳高度角的直接影响,并且与地表的微地貌特征有关。周围地形比较平坦的遗址,在太阳高度角很低的情况下才能产生显著的阴影(刘建国等,2006)。在具体工作中,要根据遗址遗迹的具体情况,特别是形状特征,选择合适的观察时间,以便充分利用阳光在不同时间的不同照射方向,使遗迹的各个部位都能显露出来。如果能够利用航空像片立体相对进行观察的话,效果会更加明显。

此外，地下遗迹(墓葬、灰坑、遗址等)的存在会导致土层厚薄、土壤含水量的不同，引起植被生长与周围环境的差异，这种差异也可以通过阴影表现出来，从而帮助我们发现地下遗迹的存在。

14.2.2 霜雪标志

对于地面遗迹而言，霜雪在遗迹之上和其周围地面上的不同分布，突出了遗迹在地表形成的起伏不平，从而显示出遗迹的存在与形状特征。

对于地下遗迹而言，由于遗迹分布区及其毗邻地表的土壤、植被覆盖等特性的不同，逢霜雪天气会因温度差异导致地面霜雪的融化速度不同，出现正、负霜雪标志(杜甫亭等，1992)。

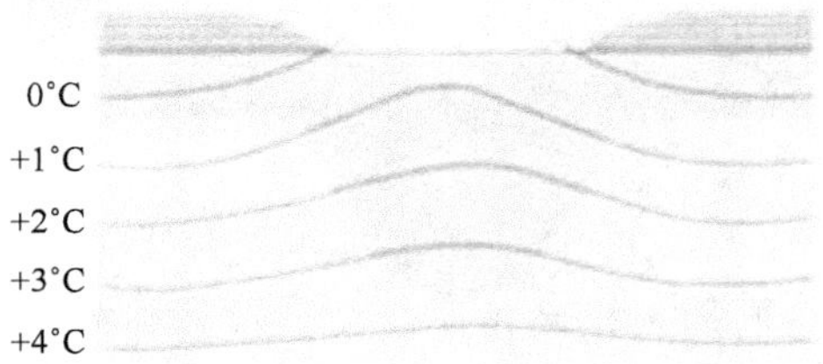

图 14.2 负霜雪标志示意图

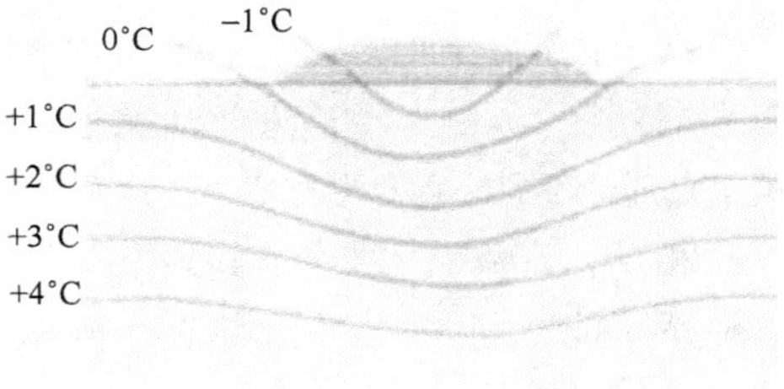

图 14.3 正霜雪标志示意图

一般来说，如果地下遗迹是壕沟或护城河一类，该处的土壤比周围的颗粒细，储存的水分多，因此在深秋或初冬，当严寒突然来临，降第一场霜或雪时，遗迹中储存的水分在从液态转变为固体状态的过程中，散发出许多热量，使遗迹上面的霜雪首先融化，从而出现负霜雪标志，如图 14.2 所示。相反，在冬末或初春冰雪消融时，冰封的遗迹在解冻时需要的热量比周围的自然土壤多，其上面的霜雪就会比周围的霜雪融化得慢，出现正霜雪标志，如图 14.3 所示。

如果地下遗迹是砖石墙基、夯土或道路一类的话，冬季的许多时候都会出现正霜雪标志，如图 14.4。因为初冬时节遗迹上面的土层会很快封冻，而初春时节解冻时，遗迹及其上面的冻土需要比周围土壤更多的热量，因此遗迹上面的霜雪总比周围土壤上的霜雪融化得慢。

14.2.3 植被标志

地下埋藏的考古遗迹或现象往往会导致表层土壤在结构、养分、含水量等方面存在差异，从而会影响地上植物的生长、颜色与分布情况。通过这些差异，我们可以在遥感影像上解译出地下遗迹或现象(刘建国等，2006)。

一般来说，在填平的壕沟、渠道一类的遗迹上，土壤颗粒比周围自然土壤细小，

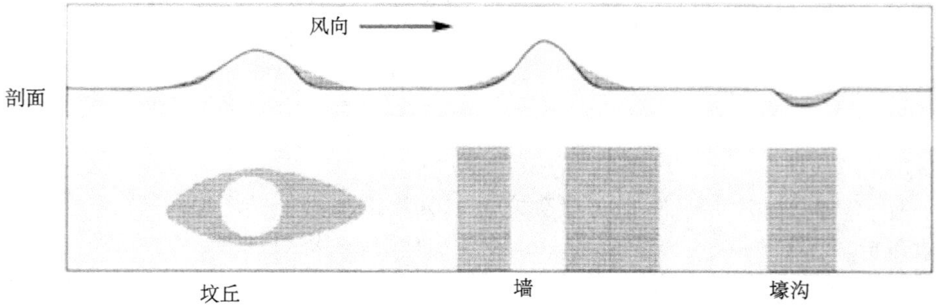

图 14.4 霜雪标志示意图

填土质地较疏松，含水量比周围土壤丰富，土壤中有机质和腐殖质含量高，相对比较肥沃。因此，此类遗迹上的植物常常比周围的植物生长得好。另外，在土质比较坚硬的地区，历史上经过人类活动松动过的局部地方土壤有利于植物扎根，其上的植被也会比周围植物更加茂盛，从而形成正植被标志。

相反，如果植物的根遇到地下坚硬的古建筑墙基、夯土或坚实的古道路面，导致根系不能深扎，植物生长缺乏水分和养分，同周围植被相比就会显得矮小枯黄，形成负植被标志。

由于植被标志同植物或农作物生长直接相关，所以植物或农作物的生长期是观察植被标志的理想时期。通常植被标志的显示时间较长，在整个过程中还存在植物或农作物的不同色相（绿—黄）或不同色调（深绿—浅绿）以及生长的高矮差异的变化。

14.2.4 土 壤 标 志

如果古代人类活动打乱了自然形成的地层层序关系，这样在新翻耕过的田里就可能看到因土质的不同而产生的土色的明暗差异，从而帮助我们判断地下遗迹的存在。通常，如果地下遗迹是壕沟、护城河一类，则其地表土壤的颜色会比周围自然土壤的颜色深；如果地下遗迹是墙基、夯土或道路的话，则反之。

14.2.5 洪 水 标 志

泛滥的洪水淹没了地面遗迹周围的土地，只有较高的遗迹（封土堆、城堡遗址等）会露出水面形成“岛状”而凸现出来。洪水标志的季节性、地区性明显，通常在汛期时出现在山谷或河谷的低洼地带。此外，在初春季节，积雪开始消融、大地还没有解冻的时候，雪水既不能下渗又不能流走，因而淹没田野，于是在地上遗迹存在的地方也会出现洪水标志（这种情况在中国东北经常出现）。

洪水标志时效性强，需要考古工作者及时获取与捕捉。

14.2.6 湖泊标志

土壤储存水分的能力和它的结构有关系。一般对一定体积的土壤颗粒来说，总表面积越大，保存的水分越多。考古遗迹的土壤颗粒受人类活动的影响发生变换，其吸收和保存水分的能力同周围的自然土壤就可能一样。大多情况下，遗迹的土壤颗粒比自然土壤要细，能够吸收水分的总表面积较大，因而能存储更多的水分。在雨后不久的一段时间里，考古遗迹土壤比自然土壤湿度更大的差异会表现得较为明显。及时获得此方面的信息，就能更好地帮助我们观察、寻找地下考古遗迹的存在(中国历史博物馆遥感与航空摄影考古中心等，2002)。

以上只简略地介绍了遥感考古的6种标志，遥感考古判读方法远不止这些。遥感考古影像的判读不仅受气候、土壤、植被等自然要素的影响，判读人员的经验、知识背景状况等也会对它造成影响。这就需要考古工作者不断深入实际，不断总结经验，才能对判读对象做出合乎实际的结论。

14.3 遥感考古应用举例

利用遥感图像进行考古研究，国内外都曾进行过探索。早在1906年，英国军官H.P. 沙普从军用热气球上对新石器晚期的巨石阵遗址进行了倾斜和垂直摄影拍照，并在考古学杂志上发表，从此拉开了遥感考古的序幕。

美国的考古学家们利用卫星遥感影像发现了早已沉没海底数千年的古埃及名城亚历山大；欧洲的考古学家根据早期照片发现了多处古罗马的建筑遗址和著名的“罗马大道”；欧美等国考古学家联手通过卫星遥感资料发现了深藏于南美密林深处10世纪玛雅人的宫殿；埃及对金字塔进行了遥感考古；柬埔寨对吴哥古城进行了遥感研究；用星载成像雷达探测和调查古西班牙腓尼基人的海事文化，以及对埃及绿洲、金字塔、中国尼雅古城遗址成像等等。在国际上，遥感考古的硕果累累。

我国的遥感考古事业虽然起步较晚，但也发展迅速。20世纪60年代修建三门峡水库时，就曾利用航空照片分析库区古代遗迹、古墓葬的分布，到70～80年代利用遥感技术探测秦始皇陵和陪葬地区的地下情况。1980年天津在工业项目施工时，曾用遥感勘测过古运河水道。1984至1985年，对北京地区长城采用航空遥感技术进行现状调查。1989年利用遥感技术编制黄河下游1∶500 000的古河道图，清晰地反映出西汉以来6次黄河大改道。1992年国内首次将雷达考古用于矿坑遗址探测。1993年，利用遥感技术对镇江商周台形遗址与土墩墓分布规律进行研究。1996年中国国家历史博物馆成立了遥感与航空摄影考古中心，并于1997到1998年对内蒙古中、东部地区遗址群进行大规模勘察与GPS定位和空间计算分析；2000年北京老山汉墓也用航空遥感的方法对墓葬区陵墓的分布进行了探测，并结合考古研究成果推测出周围几个地点仍可能有较大陵墓或陪葬墓。

14.3.1 隋唐运河通济渠的雷达遥感

我国的主要河流大多是东西流向,在水运中占重要地位的历史时期,为了沟通这些水系,形成一个水路交通运输网,就必须开凿南北向的运河,以弥补南北向河流的不足。通济渠是隋朝南北大运河四大工程之一(图 14.5),于隋炀帝大业元年(605 年)开凿,全长 630km,历经隋、唐、五代、宋,至南宋时堙废,前后达五六百年。它既是中国南北交通的大动脉,又是南北经济和文化交流的重要纽带,堪称隋、唐、宋三朝的生命之河。

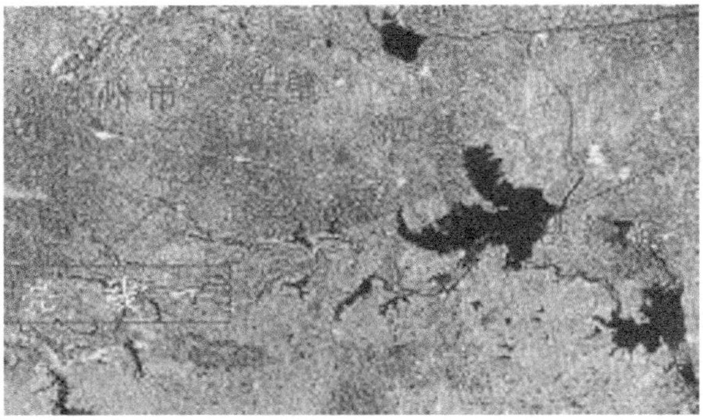

图 14.5　研究区 Radarsat 遥感影像图

由于通济渠所流经的淮北平原是黄河长期泛滥冲积而成的,历史上故有的河道特征及人类文化遗迹大多被埋藏于地下,因此关于通济渠的走向和流经地点一直众说纷纭、莫衷一是。在这个研究中,遥感考古技术起到了重要作用。

在此区域的加拿大雷达卫星遥感影像图上,清晰可见一条白色亮线(图 14.5)。通过遥感地学分析并结合地面调查和文物考古研究发现,这是淤积的河床变成公路后,高出地面 1~3m,并与照射的雷达波形成适当的角度,由于角反射效应,产生强的后向散射回波,因而在雷达图像上形成亮线。

在 Landsat TM 图像和航空像片中可以看到,废弃后的古河道今天已发展为泗(线)—永(城)公路。在安徽省濉溪县境内,多数路段为河道中心,而宿县至泗县的公路,则基本建在汴河南堤上。沿线有许多当时著名的城镇,如安徽淮北的柳孜、甬桥、灵璧等。推循其兴衰的历史,多与通济渠有关。可以说,通济渠的开通促进了它们的兴旺与发达,而随着运河的湮没,其往日的重要性随着消失。通济渠从繁华一时的水上运输大动脉到今天省级公路陆上通道,其功能演替的原因,既有自然的因素——黄河泥沙的影响,更有政治、经济中心转移的重要的人为原因(王心源,2002)。

14.3.2　秦始皇陵的遥感勘测

2002 年初，科技部高新技术司先后几次召开专家论证会，在听取吸纳专家意见后，在 2002 年 11 月将《考古遥感和地球物理综合探测技术》课题列入“863”计划。课题的总目标是“以秦始皇陵区为对象，利用遥感和地球物理探测技术进行无损勘察，探测皇陵和皇陵区文物分布，提供判定皇陵地宫存在与否的科学依据”，总结形成一套现代考古方法技术。

2002 年 9 月至 2003 年 6 月，“遥感考古”子课题以秦始皇陵外城垣以内 2.13km^2 为研究对象，利用先进的遥感探测技术和区内以往的遥感图像资料，结合多数据融合方法，完成了秦始皇陵区和陵园研究区的高光谱遥感考古信息、陵园航空全色、航空彩红外遥感信息的考古处理研究，深入分析提取研究区内各类浅层文物遗存异常信息。

文物遗存的地面信息一般比较微弱，高光谱遥感具有识别微弱信息和定量探测的优势，能更好地反映文物遗存的地表特征，帮助研究人员从不同的环境和背景中提取微弱的变化信息。2003 年 3 月 19 日，中国煤炭地质总局航测遥感局利用中国科学院上海技物所的技术仪器对陵区 60km^2 扫描飞行，地面分辨率 3.6m，日航 64 波段、夜航 1 波段，共获得 7G 数据。然后利用信息提取方法，包括常规图像处理方法和高光谱专项分析方法，对得到的数据进行考古解析。目标区内一般规模较大的文物遗存在高光谱图像上均有不同程度的显示。对部分影像特征不明显，规模较小的遗存，通过简单的处理方法也可以识别。

中国科学院上海技术物理研究所研制的 OMIS2 成像光谱仪的热红外波段遥感图像，具有较高的信噪比和较高的几何精度，在秦始皇陵区考古研究中也有显著

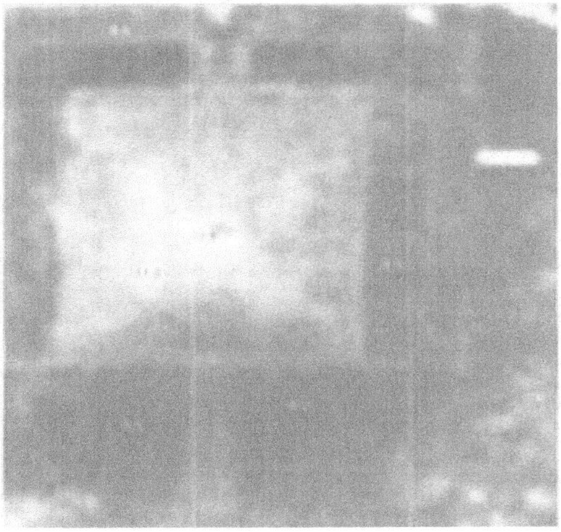

图 14.6　封土堆高光谱遥感影像图

的效果，尤其是夜航热红外图像能比较准确地反映地面温差。在2003年春季凌晨获得的封土堆附近热红外图像(图14.6)中，地面的低温和封土推的高温异常区引起了考古学家的兴趣。实地向地面钻探发现封土堆地表向下1m出现粗夯土，约2m出现致密的细夯土层。而且从地宫四周往上夯筑的细夯墙的范围与封土中心区域矩形高温异常区范围一致。细夯土墙建筑结构的保温性和细夯土层比其他土壤更好的热传导性导致出现封土堆热异常现象。

14.3.3 法国勃艮第省的遥感考古——3S与虚拟技术的结合

接着让我们来到20世纪70年代的法国阿鲁河流域。阿鲁河(Arroux)位于法国中东部的勃艮第省(Burgundy)境内，是卢瓦尔河(Loire)的一条支流。在凯尔特时期，阿鲁河两岸曾分布着一系列城堡，见证了该地区的繁华。其中最重要的城堡遗迹当属西北角的希尔山(Mt. Beuvray)。这座山是凯尔特时期埃杜维国[1]首都比布拉克特(Bibracte)的旧址。在公元前52年，朱立叶斯·恺撒[2](Julius Caesar)统治时期，比布拉克特就有了30 000多人居住。该区到目前仍保留着大部分乡村特征，使得大量遗迹得以保存，但随着采矿业的兴起，遗迹的存在受到巨大的挑战。

美国人斯科特·麦迪(Scott Madry)博士率领他的研究小组借助于遥感、GIS和虚拟现实等数字技术接手了这项富有挑战性的工作，在阿鲁河流域圈定研究区域，展开了近2000年来该地区文化和环境交互作用的综合分析研究，其重点是查找古遗址并保护可能遭到破坏的遗迹。图14.7中的圆圈区域即研究区。

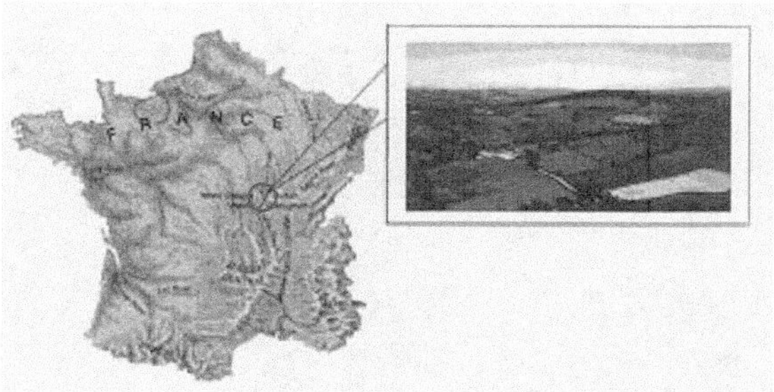

图14.7 研究区位置与景观示意图

研究小组首先利用大约200张比例尺为1∶40 000的黑白航空像片初步对研究区进行了分析研究，通过人工或数字化分析的方法查找古遗址。对于用来进行

① 高卢中部的凯尔特人部落，较早接受罗马扶持。

② 公元前100～公元前44年，古罗马共和国领袖和军事统帅。

遥感考古的航空像片来说，拍摄时间越早越有价值，这些照片就是第二次世界大战结束前夕，美国航空部队为了配合盟军作战拍摄的。航片记录了大量战争结束前地面上存在但现在已经被夷平或覆盖了的考古遗迹现象。航空遥感的优势就是在空中可以观察到细微的纹理与色彩的改变，而这些常常是在地面上不易察觉的。这些纹理或色彩改变往往指示着被掩埋的古遗址的位置，可以通过植被标志、土壤标志和阴影标志等多方面的遥感考古标志来判读。

研究小组在研究的过程中发现仅凭借第二次世界大战期间的老航片还不能满足研究的需要，于是他们又使用了 Landsat-MSS 和 SPOT 图像数据。美国 Landsat-MSS 传感器各波段数据的分辨率为 80m，法国 SPOT 传感器包括 3 个 20m 分辨率的波段和一个 10m 分辨率的全色波段，这些数据对研究区的古遗址的定位是很有意义的。特别是对于小范围研究区，为研究该地区环境的变迁提供了可能，如果与历史文化结合，还可以进一步研究文化和环境交互作用影响程度等一系列问题。但是卫星航天遥感影像的分辨率不够高，在具体判读的时候还需要现代航空遥感的协助。他们借助了法国国家科研中心(CNRS)的 Aries 航空数据遥感系统，它有两个通道，一个是可见光和近红外通道，另一个是热成像光谱通道。Aries 遥感数据中 1～2m 分辨率的影像对于该研究很有意义，在这项工作中还使用了 GPS 技术对研究区进行了精确定位。有了航空平台的支持，航天卫星照片的使用就更加有效了。

上述处于不同平台、不同波段的航空遥感和航天遥感给研究工作以很大的技术支持，但它们都是被动接受地物发射的电磁波，容易受到天气(阴雨云层等不利条件)和时间(白天黑夜)等因素影响。为了研究工作的深入展开，研究小组又运用了主动式的雷达卫星遥感。他们使用的是加拿大 RADARSAT-1 雷达卫星数据，如图 14.8，分辨率是 8m，可以穿透一定深度的土层，并且可以避免恶劣天气的干扰，它的使用为遥感考古提供了一个全新的对地观察手段。

图 14.8　研究区 RADARSAT-1 遥感影像图

除了遥感技术提供的多平台、多时段、多波段的影像数据资料之外，麦迪的研究小组还对古地图进行了数字化，以和遥感分析结果相互参验来分析可疑古遗址。古地图对于指示古遗迹的方位及变化，恢复古遗址的细节信息具有重要的作用。图 14.9 清晰地指示了 1659 年遗迹的位置，图 14.10 显示了 1759 年古城堡内的街道房屋和公用设施。

图 14.9　研究区 1659 年简明地图

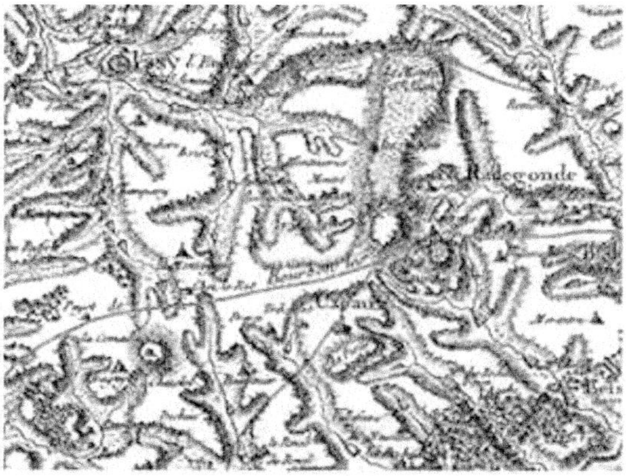

图 14.10　城堡区 1759 年精绘地图

在准备了充足的资料之后，麦迪选取海拔高度（来源于法国数字化高程数据）、地貌特征（来源于高程数据）、坡度（来源于高程数据）、SPOT 图像（20m 假彩红外）和 SPOT（10m 全色波段）、土地利用/土地覆盖图、地质概况（来源于研究区 1∶80 000 地质图）、断层情况（来源于 1∶80 000 地质图）、水文（来源于 1∶50 000 地形图）、现代道路（来源于 1∶50 000 地形图）、古代道路（来源于工程信息和古地图）以及已知的凯尔特时期的城堡（来源于工程信息和古地图），建立 GIS 数据库，利用先进的 GIS 技术探寻古遗址及其分布规律，得出了凯尔特时期城堡及其道路网分布的遗迹位置模型。研究小组进一步利用快速虚拟现实(Quicktime Virtual Reality,QTVR)技术来演示所取得的成果,使人们可以通过计算机网络来对研究区进行虚拟参观①,了解凯尔特时期该地区人们的生活、生产和环境的关系等情况。整个研究一直持续到 20 世纪 90 年代后期,取得了丰硕的研究成果②,这些成果在仅仅使用传统考古工具的时代是难以想象的。

14.4　遥感考古发展趋势

作为一门新兴的综合学科,遥感考古极具发展潜力。近年来,国内外“遥感考古”事业的发展方兴未艾,许多国家的全国性考古组织与遥感组织都有很多人从事遥感考古工作。在联合国教科文组织倡导资助下,1990 年初由法国空间局(CNES)、美国航空航天局(NASA)、欧洲空间局(ESA)、日本宇宙事业开发团地区观测推进部(NASDA)等国家和地区性的最高遥感组织共同筹备开展的世界性“空间考古研究”国际学术会议已经召开多届。1997 年 5 月底以美国 NASA 为首的遥感组织在美国圣·克劳德大学召开了第一届“遥感考古应用会议”,会议讨论了卫星和航空遥感在考古、考古资源管理、居民地分布格局识别及环境考古研究中的优势及重要作用等问题,中国学者也以“长江下游遥感考古”为题做了交流发言(刘树人,1998)。2002 年 10 月,联合国教科文组织在法国举办了“世界遗产空间应用会议”,讨论了空间信息在考古领域中的独特应用。遥感考古在当今国际上受到广泛重视。

我国的遥感考古起步较晚,但近年发展很快。前文已经简单介绍了 20 世纪 60 年代以来我国遥感考古事业取得的成果。2001 年,中国科学院、教育部、国家文物局三家联手成立“遥感考古联合实验室”,并先后在河南、浙江、安徽、湖北、福建、江苏、四川等地建立遥感考古工作站。2002 年在北京召开了由考古联合实验室主办的“第一届全国遥感考古”会议。同年,中国历史博物馆出资 20 万美元从美国购买了 1 万余张日军第二次世界大战期间在我国拍摄的航空照片,这些照片记录了大量新中国成立前地面上存在但现在已经被夷平或覆盖了的考古遗迹现象。2003 年,又在北京召开了以“历史文化遗产信息的空间认识”为主题的第 216 次香山科学会议。2004 年举办的北京国际遥感考古会议成为交流空间信息考古应用的大舞台。2005 年 4 月 14 日,在联合国教科文总部,中国与联合国教科文组织签署了一份协议,内容是:中国将加入开放式行动,该行动旨在使用空间技术协助世界文化遗产的保护。中国科学院、教育部、国家文物局遥感考古联合实验室将与阿根廷空间局、加拿大空间局、黎巴嫩遥感中心、摩洛哥皇家遥感中心和美国航空航天局

① 详细内容参考 http://www.informatics.org/france/visual.html。

② 详细内容参考 http://www.informatics.org/france/france.html。

一起，协助联合国教科文组织用卫星监测世界遗产（聂跃平等，2005）。遥感考古在中国有望得到空前的发展。

未来遥感考古研究领域的发展具有以下几种趋势：

14.4.1 古遗存遥感勘查

虽然古遗址遭到了自然和人为的破坏，但是在地面上常常还是有迹可寻的。遥感考古勘察可以以多种形式、不同角度和不同时间段从空中对研究区进行观察和摄影，利用地貌形态、地物阴影、洪水、霜雪、土壤湿度和植被等种种标志，识别出地面或地下遗址的某些特征。将过去的航片用于古遗址解译和制图往往是遥感考古最经济的方法。不过现在运用航空高光谱遥感、热红外遥感和雷达遥感等无损探测技术，并开始将磁力探测法、电阻率探测法、地震探测法等地球物理探测技术引入到考古之中，也显示了广义遥感考古的优势。这对于探测深埋地下的古遗址、墓穴的规模、位置的确定，以及对埋藏较大器物、古建筑的地下遗址的无损探测，具有很好的作用。

14.4.2 遥感水下考古

实地的水下考古往往需要较多的人力和财力。利用遥感手段探察湖泊、河流等水下古遗址、古港口、古河道等则是很有前景的研究领域。但是应用遥感技术进行水下遥感考古必须在水体清澈透明，含沙量极少、无风天气、水面平静等条件下才可以获得成功，在含沙量较大的河流及河口处遥感水下考古就会受到很大限制。

14.4.3 遥感环境考古

遥感环境考古是探讨古地理环境与古文化遗址之间关系的一个重要途径。用遥感研究长周期的环境历史变迁，主要是依据它在遥感图像上所遗留的“痕迹”来进行识别。

一个地区的生态环境演变往往首先表现在水系的演变，进而影响到人类的活动。利用遥感图像上地物特定的波谱特征，通过土壤湿度、盐度及沉积物组分等信息的分析，可以将水系变迁的路线、方向等反映出来，并进一步研究人地关系，进行古环境重建。例如，麦考利(J. F. McCauley)等在 1981 年 11 月利用哥伦比亚号航天飞机携带 SIR-A 成像雷达，对东撒哈拉沙漠的飞行数据进行分析，揭示出数米沙层下的古河道。研究表明非洲北部存在过比现今尼罗河水系更为庞大的河流水系，揭示了当时撒哈拉与今天不同的生态环境条件。

14.4.4 文物考古信息系统

文物考古信息系统是 GIS 在文物保护和考古研究中的应用形式，它是以资源共享的考古数据库作为它的信息源,采用不同功能的软件系统作为它的工作环境。文物考古信息系统具有处理信息和管理信息的双重功能。把考古区域的图像数据、属性资料等海量数据建成 GIS 数据库,开发出用于文物的管理和查询等功能的信息系统,逐步发展信息处理系统。这是对传统遥感考古的补充与丰富。

14.4.5 虚拟现实技术

利用 GIS 技术、多媒体技术和人工智能技术将考古目标的形态结构及其演化过程进行演示模拟,以三维动态显示,从而真实的再现古遗址或古环境变迁的过程,反映当时社会和环境状况。这是传统遥感考古在成果展示方面的一大发展动向。

14.4.6 遥感考古的定量与学科-技术的综合

目前,遥感考古已经开始从定性遥感考古逐渐向定量遥感考古方向发展,并向综合的学科、技术迈进。未来的遥感考古应该具有以下 6 个“多”:

(1) 多平台,指利用多种不同的平台,向对地综合观测方向发展,将航天遥感、航空遥感以及地面上的地球物理无损探测等方法集成一体。

(2) 多时段,指对研究区搜集不同时段的遥感影像和不同时期的图件资料,这对于遥感环境考古十分必要。

(3) 多波谱、高光谱遥感指遥感探测波段不仅包括可见光也要扩展到紫外、红外、微波等几乎能够使用的全部电磁波谱段,并尽可能地细分谱段。

(4) 多学科,指要结合诸如考古学、历史学、社会学、生态学等学科知识相互交叉研究分析,发挥学科交叉优势。

(5) 多重信息技术,要求将 GIS、GPS、RS、QTVR 等多样数字技术运用到遥感考古上来。

(6) 多重测试分析技术,要求把相关的地球物理、地球化学以及生物等测试技术引入遥感考古上来。

由于遥感只是从宏观上反映了古遗址的分布范围、地理环境,很多细节还需要田野考古方法进行辅助探测及验证。因此,只有将遥感与常规技术相结合,才能充分发挥遥感技术的优势,促进遥感考古事业的发展。

主要参考文献

卜兆宏，杨太宏. 1987. 水土流失制图中仪器判读法的初步研究. 土壤，(6)：15～20

陈松尧，程新文. 2007. 机载 LIDAR 系统原理及应用综述. 测绘工程，16(1)：30～33

高志球，卞林根. 2002. 城市下垫面空气动力学参数的估算. 应用气象学报，(1)：26～33

郭永昌. 2004. 包头城市地域空间结构演变的动力机制与预测研究. 内蒙古师范大学学报(自然科学论文版)，33(2)：203～208

何春阳，史培军. 2006. 基于 DMSP/OLS 夜间灯光数据和统计数据的中国大陆 20 世纪 90 年代城市化空间过程重建研究. 科学通报，51(7)：856～861

胡华浪. 2005. 北京城市夏季热岛遥感监测及其相关因子分析. 北京：北京师范大学资源学院硕士学位论文

贾立，王介民. 1999. 卫星遥感结合地面资料对区域地面动量粗糙度的估算. 大气科学，23(5)：17～22
贾立，王介民. 1999. 卫星遥感结合地面资料对区域地面动量粗糙度的估算. 大气科学，23(5)：17～22

李丹，于洋. 2016. 基于轨道根数的低轨卫星轨道预测算法. 光学精密工程，24(10)：2540～2548

李英成，文沃根. 2002. 快速获取地面三维数据的 LIDAR 技术系统. 测绘科学，27(4)：35～39

李召良. 1999. 地表温度反演算法. 先进对地观测技术与应用学术研讨会材料汇编(一)

刘盛和，吴传钧，沈洪泉. 2000. 基于 GIS 的北京城市土地利用扩展模式. 地理学报，55(04)：409～416

覃志豪，张明华. 2001. 用陆地卫星 TM6 数据演算地表温度的单窗算法. 地理学报，38(4)：32～36

唐军武，田国良. 1997. 水色光谱分析与多成分反演算法. 遥感学报，1(4)：252～256

王心源. 2003. 广义遥感环境考古的技术整合. 香山科学会议第 216 次学术讨论会论文集

燕守勋，张兵，赵永超等. 2003. 矿物与岩石的可见光-近红外光谱特性综述. 遥感技术与应用，18(4)：191～201

张仁华，孙晓敏，刘纪远. 2001. 定量遥感反演作物蒸腾和土壤水分利用率的区域分布. 中国科学(D)，31(11)：959～968

张仁华. 1996. 实验遥感模型及地面基础. 北京：科学出版社

章志鸣. 2002. 光学. 第二版. 北京：高等教育出版社

赵英时. 2003. 遥感应用分析原理与方法. 北京：科学出版社

周坚华. 2001. 城市绿量测算模式及信息系统. 地理学报，56(1)：14～23

朱士才. 2006. LIDAR 的技术原理以及在测绘中的应用. 现代测绘，29(4)：12～13

Andre, J. M. & Morel A. 1991. Atmospheric corrections and interpretation of marine radiances in CZCS imagery: revisited. Oceanologica Acta, 14: 3～22

Austin R W. 1974. The remote sensing of spectral radiance from below the ocean surface. Optical Aspects of Oceanography, (15): 317～344

Bastiaanssen W G M, et al. 1998. A remote sensing surface energy balance algorithm for land(SEBAL) 2. Validation. Journal of hydrology, 212-13(1-4): 213～229

Bastiaanssen W G M, Menenti M, Feddes R, et al. 1998. The surface energy balance algorithm for land (SEBAL): Part 1 Formulation. Journal of Hydrology, 212～213

Born M & Wolf E. 1999. Principles of optics: electromagnetic theory of propagation, interference and diffraction of light. 7th ed. Cambridge: Cambridge University Press

Bricaud A & Morel A. 1987. Atmospheric corrections and interpretation of marine radiances in CZCS imagery: use of a reflectance mode. Oceanologica Acta, 7: 33～50

Bricaud A, Babin M, Morel A, et al. 1995. Variability in the chlorophyll-specific absorption coefficients of natural phytoplankton: Analysis and parameterization. Journal of Geophysical Research, 100(C7):

13321～13332

Carder K, Lee Z P, et al. 1995. Calculated quantum yield of photosynthesis of phytoplankton in the marine light-mixed layers (59°N, 21°W). Journal of Geophysical Research, 100(C4): 6655～6663

Clark D K. 1981. Phytoplankton algorithms for the Nimbus-7 CZCS. In:Gower J R F. Oceanography from Space. New York: Plenum Press. 227～238

Evans R H & Gordon H R. 1994. CZCS-system calibration: a retrospective examination. Journal of Geophysical Research-Oceans, 99(C4): 7293～7307

Fu G, Baith K S, & McClain C R. 1998. SeaDAS: The SeaWiFS Data Analysis System. paper presented at 4th Pacific Ocean Remote Sensing Conference, Int. PORSEC Assoc. , 73 - 79

Gordon H R. 1991. Absorption and scattering estimates from irradiance measurements: Monte Carlo. Simulations. Limnology and Oceanography, 36:769～777

Gordon H R & Morel A. 1983. Remote assessment of ocean color for interpretation of satellite visible imagery: A review. Lecture Notes on Coastal and Estuarine Studies. New York: Springer-Verlag. 4:114

Gordon H R & Castano D J. 1989. Aerosol analysis with the Coastal Zone Color Scanner: a simple method for including multiple scattering effects. Appl. Opt. , 28(7), 1320～1326

Gordon H R & Clark D K. 1981. Clear water radiance for atmospheric correction of coastal zone color scanner imagery. Applied Optics, 20:4174～4180

Gordon H R & Wang M H. 1994. Retrieval of water-leaving radiance and aerosol optical thickness over the oceans with SeaWiFS: A preliminary algorithm. Applied Optics, 33(3):443～452

Gordon H R, Brown J W, Evans R H. 1988. Exact Rayleigh scattering calculations for use with the Nimbus-7 Coastal Zone Color Scanner. Applied Optics, (27):862～871

Gordon H R, Brown O B, et al. 1988. A semi-analytic radiance model of ocean color. Journal of Geophysical Research, 93D: 10909～10924

Gordon H R. 1993. Radiative transfer in the atmosphere for correction of ocean color remote sensors. Barale and Schilittenhardt (Eds.). Ocean Colour. Academic Press, 33～78

Gregg W W & Carder K L. 1990. A Simple Spectral Solar Irradiance Model for Cloudless Maritime Atmospheres. Limnology and Oceanography, 35(8):1657

Grimmond C S B & King T S. 1998. Roth M, et al. Anemometrically determined roughness and displace lengths in urban areas. Boundary-layer meteor, 89:1～24

Grimmond C S B & Oke T R. 1999. Aerodynamic properties of urban areas derived from analysis of surface form. Appl meteor, 38:1262～1292

Hecht E. 2002. Optics . 4th ed. Addison-Wesley

Hoge F E & Lyon P E. 1996. Satellite retrieval of inherent optical properties by linear matrix inversion of oceanic radiance models: An analysis of model and radiance measurement errors. Journal of Geophysical Research, 101: 16631～16648

Hooker S B. 1992. An overview of seaWiFS and ocean Color. NASA Tech, Memo 104566, 1(01):1

Jerlov N G. 1969. Optical Oceanography. Science,163(3862):64

Jerlov N G. 1976. Marine Optics. Elsevier ScientificPubl. , Amsterdam

Kirk J T O. 1984. Dependence of relationship between inherent and apparent optical properties of water on solar altitude. Limnol. Oceanogr. , 29(2):350～356

Kirk J T O. 1994. Light and photosynthesis in aquatic ecosystems. 2nd ed. Cambridge: Cambridge University Press

Kun Yang. 2003. Surface flux parameterization in the Tibetan plateau. Boundary-layer meteorology, 116: 245～262

Leckner B O. 1978. The spectral distribution of solar radiation at the earths sruface elements of a model. Solar Energy, (20):143～150

Lee Z P,Carder K L, et al. 1996. Estimating primary production at depth from remote sensing. Applied Optics, 35(3): 463～474

Lee Z P, Zhang M R, Carder K L, et al. 1998. A neural network approach to deriving optical properties and depths of shallow waters. Proceedings of SPIE (Ocean Optics XIV)

Li Yan, Ming Fang, et al. 1998. An algorithm for the retrieval of suspended sediment in coastal waters of China from AVHRR data. Continental shelf research, (18): 487～500

Liang S. 2001. Narrowband to broadband conversions of land surface albedo. Remote sens. Envir, (76): 213～238

Lillesand T M & Kiefer R W. 2000. Remote Sensing and Image Interpretation. 4th ed. New York :John Willey & Sons, Inc

Lu D, Mausel P, Batistella M, et al. 2004. Comparison of Land-Cover Classification Methods in the Brazilian Amazon Basin. Photogrammetric Engineering and Remote Sensing, 70: 723～731

McClain C R,Esaias W E, et al. 1992. SeaWiFS Calibration and Validation Plan. NASA Tech. Memo, 3: 1～41

Mobley C D. 1994. Light and Water : Radiative Transfer in Natural Waters. San. Diego: Academic Press

Morel A & Prieur L. 1977. Analysis of variations in ocean color. Limnology and Oceanography, 22(4): 709～722

Morel A & Gordon H R. 1980. Report of the working group on water color. Boundary Layer Meteorol, 18: 343～355

Morel A & Prieur L. 1977. Analysis of variations in ocean color. Limnology and Oceanography, 22: 709～722

Morel A, Gentili B. 1993. Diffuse reflectance of oceanic waters-Ⅱ Bidirectional aspects. Applied Optics, 32(33):6864～6879

Morel A. 1988. Optical modeling of the upper ocean in relation to its biogenous matter content (Case I waters). Journal of Geophysical Research-Oceans, 93: 10749～10768

Mueller J L, Austin R W. 1995. Ocean optics protocols for SeaWiFS validation. NASA Tech M emo: 104566,25

Neckel H & Labs D. 1984. The solar radiation between 3300 and 12500Å. Solar Physics, 90(2):205～258

O'Reilly J, et al. 1998. Ocean color chlorophyll algorithms for SeaWiFS. Journal of Geophysical Research, 103(C11): 24937～24953

Preisendorfer R W. 1976. Hydrologic Optics. Honolulu: U. S. Department of Commerce,National Oceanic and Atmospheric Administration,209

Prieur L & Sathyendranath S. 1981. An optical classification of coastal and oceanic waters based on the specific spectral absorption curves of phytoplankton pigments, dissolved organic matter, and other particulate materials. Limnology and Oceanography, 26(4):671～689

Quattrochi D A & Goodchild M F, et al. 1997. Scale in Remote Sensing and GIS. Washington D. C. : Lewis

Pub, 406

Ready P J & Wintz P A. 1973. Information extraction, SNR improvement and data compression in multispectral imagery. IEEE. Trans. Comm. COM., 21(10):1123～1131

Sathyendranath S, Prieur L & Morel A. 1989. A three-component model of ocean colour and its application to remote sensing of phytoplankton pigments in coastal waters. International Journal of Remote Sensing, 10(8):1373～1394

Shepherd G G & Thuillier G, et al. 1993. The wind imaging interferometer on the upper atmosphere research satellite. Geophys. Res., 98(D6): 10725～10750

Smith R C & Baker K S. 1978. The remote sensing of chlorophyll. Godby E A and Otterman J. COSPAR: The Contribution of Space Observations to Global Food Information Systems. Oxford and New York: Pergamon Press. 161～172

Smith R C & Baker K S. 1981. Optical properties of the clearest optical water (200-800nm). Applied Optics, 20(2):177～184

Smith R C & Wilson W H. 1981. Ship and satellite bio-optical research in the California Bight. In: Gower, J, R. F. Oceanographyfrom Space. New York:Plenum Press. 281～294

Sturm B. 1981. The atmospheric correction of remotely sensed data and the quantitative of suspended matter in marine water surface layers. In: Cracknell A P. Remote Sensing in Meteorology Oceanography and Hydrology. Chichester: Ellis Horwood. 163～197

Tassan S. 1993. An Improved In-water Algorithm for the Determination of Chlorophyll and Suspended sediment concentration from Thematic Mapper data in coastal waters. Int. J. of Remote Sensing, 14(6): 1221～1229

Tassan S. 1994. Local algorithms using Sea WiFS data for the retrieval of phytoplankton, pigments, suspended sediment, and yellow substances in coastal waters. Applied Optics, 33(12): 2369～2378

Vermote E F & Tanre D, et al. 1997. Second Simulation of the Satellite Signal in the Solar Spectrum, 6S: An Overview. IEEE Transactions on Geoscience and Remote Sensing, 35(3)